河南省高等院校公共数学统编教材

Probability and Mathematical Statistics
概率论与数理统计

主 编 郭运瑞 董 瑞

河南大学出版社
·郑州·

图书在版编目(CIP)数据

概率论与数理统计/郭运瑞,董瑞主编. —郑州:河南大学出版社,2015.3
ISBN 978-7-5649-1923-8

Ⅰ.①概… Ⅱ.①郭…②董… Ⅲ.①概率论－高等学校－教材 ②数理统计－高等学校－教材 Ⅳ.①O21

中国版本图书馆 CIP 数据核字(2015)第 055658 号

责任编辑 张雪彩
责任校对 林方丽
助理校对 王　贝
封面设计 郭　灿

出　版	河南大学出版社		
	地址:郑州市郑东新区商务外环中华大厦 2401 号	邮编:450046	
	电话:0371-86059701(营销部)	网址:www.hupress.com	
排　版	郑州市今日文教印制有限公司		
印　刷	虎彩印艺股份有限公司		
版　次	2018 年 1 月第 1 版	印　次	2018 年 1 月第 1 次印刷
开　本	787mm×1092mm　1/16	印　张	18.75
字　数	445 千字	定　价	45.00 元

(本书如有印装质量问题,请与河南大学出版社营销部联系调换)

引 言

客观世界中存在着各种各样的现象,概括起来可分为两大类:确定性现象和随机现象.

确定性现象指的是在一定的条件下必然出现或必然不出现某一种结果的现象.例如:"水在一个标准大气压下,当温度升高到100℃时必然沸腾""同种电荷互相排斥""石头孵不出小鸡",等等.

随机现象指的是在完全相同的条件下,某种结果发生与否具有不确定性,即可能出现也可能不出现某种结果,事先不能准确地预言究竟会出现哪一种结果的现象.例如:将一枚硬币向桌面上抛出,结果可能是"正面"向上,也可能是"反面"向上,事先无法准确预言究竟是哪一面向上;某人向某一目标射击时,炮弹可能落在目标附近的任一点处,但事先无法准确地预言究竟会落在哪一点;某电话交换台在单位时间内收到的呼叫次数,可能是0次,也可能是1次,2次,……事先无法准确预测究竟会收到多少次呼叫;从一批同型号的产品中任取一件进行检验,结果可能是正品,也可能是次品,还可能是废品,事先无法准确预言究竟会取到哪一种等级的产品.这些都是随机现象的典型例子.

这些随机现象有一个共同的特点:即使是在完全相同(假设可以做到)的条件下重复进行观察,每一次出现的结果也会不尽相同,事先无法准确预言究竟会出现哪一种结果.这种特点称为随机性,产生这种随机性的原因是复杂的,因为一切现象都是相互联系和互相影响的,它们总是受着各种各样因素的影响和制约.这些因素有些是主要的,有些是次要的,有些甚至是微不足道的;有些是可以控制的,而有些则是无法控制的、随机的.人们对某一现象进行观察或试验时,往往只对一些主要的、可以控制的因素加以控制.通常所说的"条件",实质上是指可以控制的因素.然而,除了可以控制的因素,还存在着大量的、时隐时现的、时强时弱的、变化多端的、无法控制的偶然因素.当可以控制的因素完全相同时,由于这些偶然因素的效应是不尽相同的、不确定的和不能完全预测的,因此就使得现象带有了随机性.例如,在向某一目标射击时,尽管射手认真地进行瞄准,然而射手的技术,炮弹的质量,射击时的气温、风力、风向,甚至射手当时情绪的微小变化等都将影响射击的效果,造成结果的不确定性,从而事先无法准确预言落弹点的位置.

尽管在对随机现象的一次观测中我们无法准确地预言究竟会出现哪一种结果,然而人们在长期的实践和观察中发现:随机现象并非毫无规律可言,而是有它内在的客观规律性.例如,尽管在一次投掷完全均匀的硬币时,我们无法准确预言究竟是哪一面向上,然而历史上很多人进行了实践:德·摩根做了2048次试验,发现出现正面向上的次数与试验总次数之比为0.5181;蒲丰做了4040次试验,发现出现正面向上的次数与试验总次数之比为0.5069;费勒做了10000次试验,发现出现正面向上的次数与试验总次数之比为0.4979;皮尔逊做了12000次试验,发现出现正面向上的次数与试验总次数之比为

0.5016,而他做了24000次试验后,发现出现正面向上的次数与试验总次数之比为0.5005.也就是说,随着试验次数的增多,出现正面向上的次数与试验总次数之比愈来愈接近0.5000.上述事实说明:尽管对于一个随机现象,就某一次观察而言,它的结果具有随机性,但是若在相同条件下大量地重复进行,它的结果就呈现出某种规律性.这种规律性称为随机现象的统计规律性.所以,恩格斯曾经指出:"在表面上偶然性在起作用的地方,这种偶然性始终是受内部的隐蔽着的规律性支配的,而问题只是在于发现这些规律."概率论与数理统计学正是研究随机现象的统计规律的数学学科.

概率论与数理统计是本教材的两大部分内容,它们有着密切的联系,但又有各自的独立性.通常认为概率论是数理统计的理论基础,数理统计则是概率论的一种应用.

概率论与数理统计不仅内容十分丰富,而且应用日益广泛.它不但在工业、农业、军事、经济等各个部门得到了广泛应用,同时它还是信息论、控制论、可靠性理论、人工智能等许多新兴学科的基础.

编 者

2017年5月

目　录

第 1 章　随机事件与概率 ……………………………………………………………（ 1 ）
　§1.1　随机事件 ………………………………………………………………………（ 1 ）
　§1.2　概率 ……………………………………………………………………………（ 6 ）
　§1.3　古典概型与几何概型 …………………………………………………………（ 10 ）
　§1.4　条件概率 ………………………………………………………………………（ 13 ）
　§1.5　全概率公式与贝叶斯公式 ……………………………………………………（ 16 ）
　§1.6　事件和试验的独立性 …………………………………………………………（ 19 ）
　§1.7　伯努利试验 ……………………………………………………………………（ 22 ）
　习题 1 …………………………………………………………………………………（ 23 ）

第 2 章　随机变量及其分布 …………………………………………………………（ 28 ）
　§2.1　随机变量及其分布函数 ………………………………………………………（ 28 ）
　§2.2　离散型随机变量 ………………………………………………………………（ 30 ）
　§2.3　连续型随机变量 ………………………………………………………………（ 36 ）
　§2.4　随机变量函数的分布 …………………………………………………………（ 45 ）
　习题 2 …………………………………………………………………………………（ 50 ）

第 3 章　随机向量及其分布 …………………………………………………………（ 56 ）
　§3.1　二维随机向量及其分布 ………………………………………………………（ 56 ）
　§3.2　边缘分布 ………………………………………………………………………（ 62 ）
　*§3.3　条件分布 ………………………………………………………………………（ 67 ）
　§3.4　随机变量的独立性 ……………………………………………………………（ 72 ）
　§3.5　两个随机变量函数的分布 ……………………………………………………（ 74 ）
　*§3.6　n 维随机向量及其分布 ………………………………………………………（ 86 ）
　习题 3 …………………………………………………………………………………（ 88 ）

第 4 章　随机变量的数字特征 ………………………………………………………（ 93 ）
　§4.1　数学期望 ………………………………………………………………………（ 93 ）
　§4.2　方差 ……………………………………………………………………………（102）
　§4.3　常用随机变量的期望和方差 …………………………………………………（106）
　§4.4　协方差及相关系数 ……………………………………………………………（110）
　§4.5　矩、协方差矩阵 ………………………………………………………………（117）
　习题 4 …………………………………………………………………………………（120）

第5章 大数定律和中心极限定理 (125)
- §5.1 切比雪夫不等式 (125)
- §5.2 大数定律 (127)
- §5.3 中心极限定理 (130)
- 习题 5 (137)

第6章 抽样分布 (139)
- §6.1 统计量 (139)
- §6.2 抽样分布 (142)
- 习题 6 (149)

第7章 参数估计 (152)
- §7.1 点估计 (152)
- §7.2 区间估计 (164)
- *§7.3 单侧置信区间 (172)
- 习题 7 (178)

第8章 假设检验 (181)
- §8.1 假设检验的基本思想和概念 (181)
- §8.2 一个正态总体的假设检验 (184)
- §8.3 两个正态总体的假设检验 (196)
- *§8.4 0-1 分布参数的假设检验 (203)
- *§8.5 总体分布的 χ^2 检验法 (204)
- 习题 8 (208)

第9章 方差分析 (212)
- §9.1 单因素试验的方差分析 (212)
- §9.2 双因素试验的方差分析 (217)
- §9.3 正交试验设计及其方差分析 (226)
- 习题 9 (233)

第10章 回归分析 (239)
- §10.1 一元线性回归 (240)
- §10.2 一元线性回归效果的显著性检验 (243)
- §10.3 利用一元线性回归进行预测和控制 (249)
- §10.4 多元线性回归的最小二乘法 (251)
- §10.5 非线性回归的线性化处理 (254)
- 习题 10 (257)

附表 (259)
习题参考答案 (281)
参考文献 (294)

第1章 随机事件与概率

在自然界及人类社会活动中,可观察到的现象多种多样,其中有一类现象是具有确定性的.例如:同性电荷必然互相排斥,一个平面三角形的内角和一定等于 $180°$,在一个标准大气压下纯净的水加热到 $100℃$ 时必然沸腾.这类现象,只要在一定条件下进行观察或试验,其结果必然发生,人们可以预先知道.另有一类现象,在一定条件下有多种可能的结果,但到底出现哪一种结果是带有偶然性的,事先并不能确定.例如:掷同一枚质地均匀的硬币,硬币落地后的结果可能是正面朝上也可能是反面朝上;在城市交通的某一路口,一段时间内经过的车辆数目可能较多也可能较少;在一大批同类产品中任意抽取一件,抽到的可能是合格品也可能是次品.诸如此类现象,只有在进行观察和试验后才能知道结果,事先不能预知这类现象的具体结果,这类现象称为**随机现象**.

对于随机现象的一次具体观察或试验,事先并不能预知其结果,但在大量重复观察和试验中,它的结果却呈现某种客观规律性(统计规律性).例如,就掷一枚硬币而言,出现正面朝上或反面朝上完全是偶然的,但在相同条件下多次掷同一枚质地均匀的硬币,就会发现"出现正面朝上"或"出现反面朝上"的次数大约各占总抛掷次数的 1/2.又如,就投一次篮球而言,NBA 球星和非职业球员都有可能投进也可能投不进,但在相同条件下各多次投篮,几乎可以肯定是 NBA 球星进球的比例高.

概率论与数理统计是研究随机现象内部蕴含的数量规律性的一门数学学科,也是现代数学的一个重要分支.它的思想、理论和方法在自然科学、社会科学、工农业生产实践、工程技术等领域有着广泛的应用.

§1.1 随 机 事 件

一、随机试验与样本空间

为研究客观现象的规律,常常需要进行大量的观察或实验.我们把这种对客观现象进行的一次观察或一次科学实验统称为**一个试验**.

若一个试验满足下述条件:

(1) 可以在相同条件下重复进行(**可重复性**);

(2) 所有可能结果是明确知道的,并且不止一个(**确定性**);

(3) 每次试验总是恰好出现这些可能结果中的一个,但在试验之前却不能肯定究竟出现哪一个(**随机性**),

则称它为**一个随机试验**,为方便起见,也简称为**试验**,用字母 E 表示.

以后,如无特别说明,我们所提到的试验都是指随机试验.

随机试验的每一个可能的不可分割的结果称为**基本事件**,也称为**样本点**,常用 ω 表示. 由所有基本事件组成的集合称为**样本空间**,常用 Ω 表示.

每一个试验都有一个观测的目的,根据这个目的,试验被观测到有多个不同的不可分割的可能结果,这些可能的结果便是基本事件,它们组成的集合便是样本空间.

例 1 抛掷一枚质地均匀的硬币,目的是观察它哪一面朝上,这时只有"正面""反面"两种不同的结果,至于硬币落在哪一个位置,朝哪一个方向滚动以及滚动的距离等都不在观察的目的之列,不能看作试验的结果. 因此这一随机试验的基本事件为 $\omega_1=$"正面", $\omega_2=$"反面",样本空间 $\Omega=\{\omega_1,\omega_2\}$.

例 2 麻将游戏中抛掷一枚骰子的目的是观测向上一面出现的点数,因此有 6 个不同的结果:"出现的点数为 $i,i=1,2,\cdots,6$". 于是,这一随机试验的基本事件为 $\omega_i=$"出现的点数为 $i,i=1,2,\cdots,6$",样本空间 $\Omega=\{\omega_1,\omega_2,\omega_3,\omega_4,\omega_5,\omega_6\}$.

二、随机事件

1. 随机事件

在一定的条件下可能出现也可能不出现的结果,称为这一条件下的**随机事件**,简称**事件**. 随机事件常用大写字母 A,B,C 等表示,若属于随机事件 A 的某一个基本事件 ω 在随机试验中出现,则称 A 发生,否则,称 A 没发生.

由随机事件的定义可得,随机试验的每一个可能的结果都是随机事件,因此基本事件必为随机事件. 除此以外,还有一类随机事件是由若干基本事件组合而成的,我们称这类随机事件为**复合事件**.

例 3 在 $0,1,2,\cdots,9$ 这 10 个数中任意选取一个,所有不同的结果有 10 个,即"取得的数是 $i,i=0,1,2,\cdots,9$",因此基本事件为 $\omega_i=$"取得的数是 $i,i=0,1,2,\cdots,9$". $A=$"取得的数是奇数", $B=$"取得的数大于 6"都是复合事件. 事实上, $A=\{\omega_1,\omega_3,\omega_5,\omega_7,\omega_9\}$, $B=\{\omega_7,\omega_8,\omega_9\}$.

2. 必然事件与不可能事件

在一定的条件下,一定出现的结果称为这一条件下的**必然事件**,用字母 Ω 表示. 在一定的条件下,一定不出现的结果称为这一条件下的**不可能事件**,用字母 $\varnothing$ 表示.

对于例 3,我们有 $C=$"取得的数不大于 10"是必然事件, $D=$"取得的数大于 10"是不可能事件.

由于每一次随机试验必然有该随机试验的样本空间 Ω 中的一个基本事件出现,因此样本空间在每一次试验中必然发生,因而样本空间作为一个事件,是必然事件.

必然事件和不可能事件都是在试验之前可以准确预言的,因而本质上它们不是随机事件. 但为了方便起见,以后将它们均看作随机事件.

三、事件的关系和运算

我们引进了样本空间,并建立了事件和集合间的联系,于是事件的关系和运算完全可以运用集合间的关系和运算来处理.为方便起见,我们假设 A,B,C 等为同一个试验中的事件.

1. 事件的包含与相等

如果事件 A 发生必然导致事件 B 发生,那么称**事件 A 包含于事件 B**(或**事件 B 包含事件 A**),记作 $A \subset B$(或 $B \supset A$).

如果事件 A,B 满足 $A \subset B$ 且 $B \subset A$,那么称**事件 A 与 B 相等**,或称 **A 与 B 等价**,记作 $A = B$.

2. 事件的和(并)

事件 A 与 B 至少有一个发生(事件 A 发生或事件 B 发生)仍是一个事件,称此事件为 **A 与 B 的和(并)**,记作 $A \cup B$(或 $A+B$),即 $A \cup B = \{\omega | \omega \in A \text{ 或 } \omega \in B\}$.

类似地,事件"$A_1, A_2, \cdots, A_n$ 中至少有一个发生"称为 **n 个事件 $A_1, A_2, \cdots, A_n$ 的和(并)**,记作 $\bigcup_{i=1}^{n} A_i$.事件"$A_1, A_2, \cdots, A_n, \cdots$ 中至少有一个发生"称为**可列无穷多个事件 $A_1, A_2, \cdots, A_n, \cdots$ 的和(并)**,记作 $\bigcup_{i=1}^{\infty} A_i$.

3. 事件的积(交)

事件 A 与 B 同时发生仍是一个事件,称此事件为 **A 与 B 的积(交)**,记作 $A \cap B$(或 AB),即 $A \cap B = \{\omega | \omega \in A \text{ 且 } \omega \in B\}$.

类似地,事件"$A_1, A_2, \cdots, A_n$ 同时发生"称为 **n 个事件 $A_1, A_2, \cdots, A_n$ 的积(交)**,记作 $\bigcap_{i=1}^{n} A_i$.事件"$A_1, A_2, \cdots, A_n, \cdots$ 同时发生"称为**可列无穷多个事件 $A_1, A_2, \cdots, A_n, \cdots$ 的积(交)**,记作 $\bigcap_{i=1}^{\infty} A_i$.

4. 事件的差

事件 A 发生但事件 B 不发生仍是一个事件,称此事件为 **A 与 B 的差**,记作 $A-B$,即 $A-B = \{\omega | \omega \in A \text{ 且 } \omega \notin B\}$.

5. 互不相容(互斥)事件

若事件 A 与 B 不能同时发生,则称**事件 A 与 B 互不相容(或互斥)**,记作 $A \cap B = \varnothing$.

例如,在例 3 的取数试验中,若设 $A=$"取到数 2",$B=$"取到奇数",则事件 A 与 B 互不相容,即 $A \cap B = \varnothing$.

6. 对立(逆)事件

若事件 B 等于 Ω 与事件 A 的差 $\Omega - A$,则称**事件 B 为事件 A 的对立(逆)事件**,记作 $B = \overline{A}$.

显然,这里 A,B 满足关系:$A \cup B = \Omega$ 且 $A \cap B = \varnothing$,即就每次试验而言,A 与 B 有且仅有一个发生.若 B 为 A 的对立事件,则 A 也是 B 的对立事件,故也称 A 与 B 互为对立(逆)事件.

仍以例3的取数试验为例,若设 $A=$ "取到小于7的数",$B=$ "取到不小于7的数",则 A 与 B 互为对立事件.

显然,若 A 与 B 互为对立事件,则 A 与 B 一定互不相容.但是,若 A 与 B 互不相容,则 A 与 B 不一定是对立事件.

关于对立事件,有下列关系成立:

(1) $\overline{\overline{A}}=A$; (2) $A\overline{A}=\varnothing$,$A\cup\overline{A}=\Omega$;

(3) $A\overline{B}=A-B=A-AB$; (4) 若 $A\subset B$,则 $\overline{A}\supset\overline{B}$;

(5) $\overline{\varnothing}=\Omega$,$\overline{\Omega}=\varnothing$.

7. 完备事件组

若事件 $A_1,A_2,\cdots,A_n$ 满足 $A_iA_j=\varnothing$($i\neq j,i,j=1,2,\cdots,n$)且 $\bigcup\limits_{i=1}^{n}A_i=\Omega$,即在每次试验中,事件 $A_1,A_2,\cdots,A_n$ 中有且仅有一个发生,则称 $A_1,A_2,\cdots,A_n$ 构成一个**完备事件组**,或称它们是样本空间 Ω 的一个**划分**.

类似地,对于可列无穷多个事件 $A_1,A_2,\cdots,A_n,\cdots$,如果它们满足 $A_iA_j=\varnothing$($i\neq j,i,j=1,2,\cdots$)且 $\bigcup\limits_{i=1}^{\infty}A_i=\Omega$,那么 $A_1,A_2,\cdots,A_n,\cdots$ 构成一个**完备事件组**,或称它们是样本空间 Ω 的一个**划分**.

特别地,若 A 与 B 为对立事件,则 A,B 也构成一个完备事件组,也称 A,B 是样本空间 Ω 的一个划分.

事件间的各种关系和运算,可用文氏图表示(见图1.1).

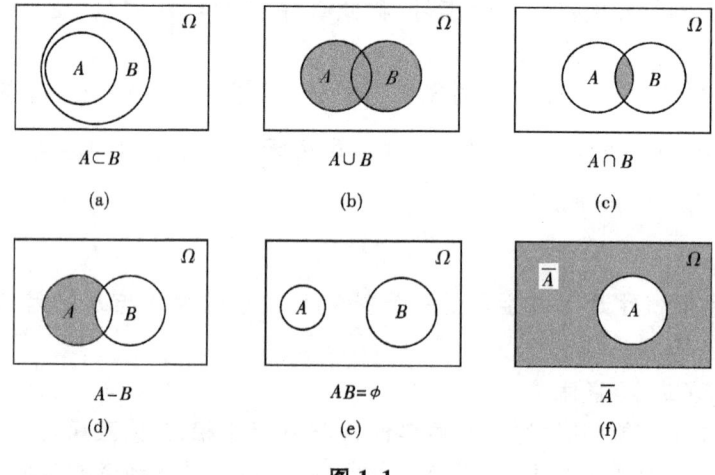

图 1.1

四、事件的运算性质

随机事件的运算具有以下基本性质:

(1) 交换律:

$$A\cup B = B\cup A,$$
$$A\cap B = B\cap A.$$

(2) 结合律：
$$A \cup (B \cup C) = (A \cup B) \cup C,$$
$$A \cap (B \cap C) = (A \cap B) \cap C.$$

(3) 分配律：
$$A \cup (B \cap C) = (A \cup B) \cap (A \cup C),$$
$$A \cap (B \cup C) = (A \cap B) \cup (A \cap C).$$

(4) 德·摩根律：
$$\overline{A \cup B} = \overline{A} \cap \overline{B},$$
$$\overline{A \cap B} = \overline{A} \cup \overline{B}.$$

分配律和德·摩根律均可推广到有限个或可列无穷多个事件的情形. 如
$$\left(\bigcup_i A_i\right) \cap B = \bigcup_i (A_i \cap B),$$
$$\left(\bigcap_i A_i\right) \cup B = \bigcap_i (A_i \cup B),$$
$$\overline{\bigcup_i A_i} = \bigcap_i \overline{A_i}, \quad \overline{\bigcap_i A_i} = \bigcup_i \overline{A_i}.$$

例 4 设 A,B,C 为三个事件，用 A,B,C 的运算式表示下列事件.

(1) A 发生而 B 与 C 都不发生：$A\overline{B}\overline{C}$ 或 $A-B-C$ 或 $A-(B \cup C)$.

(2) A,B 都发生而 C 不发生：$AB\overline{C}$ 或 $AB-C$.

(3) A,B,C 至少有一个发生：$A \cup B \cup C$.

(4) A,B,C 至少有两个发生：$(AB) \cup (AC) \cup (BC)$.

(5) A,B,C 恰好有两个发生：$(AB\overline{C}) \cup (AC\overline{B}) \cup (BC\overline{A})$.

(6) A,B,C 恰好有一个发生：$(A\overline{B}\overline{C}) \cup (B\overline{A}\overline{C}) \cup (C\overline{A}\overline{B})$.

(7) A,B 至少有一个发生而 C 不发生：$(A \cup B)\overline{C}$.

(8) A,B,C 都不发生：$\overline{A \cup B \cup C}$ 或 $\overline{A}\overline{B}\overline{C}$.

例 5 甲、乙、丙三人各向靶子射击一次，设 A_i 表示"第 i 人击中靶子"，$i=1,2,3$. 试说明下列各式表示的事件：

(1) $A_1 \overline{A_2} A_3$；
(2) $(A_1 \cup A_2)\overline{A_3}$；
(3) $A_1 A_2 \cup A_2 A_3 \cup A_1 A_3$；
(4) $A_1 \overline{A_2} \overline{A_3} \cup \overline{A_1} A_2 \overline{A_3} \cup \overline{A_1} \overline{A_2} A_3$.

解 (1) 仅有乙未击中靶；
(2) 甲、乙至少一人击中，而丙未击中靶；
(3) 至少两人击中靶；
(4) 靶上仅中一弹.

§1.2 概　　率

一、概率的直观意义

随机事件虽然有偶然性的一面,即在一次试验中可能发生也可能不发生,但在相同条件下进行大量重复试验,人们还是可以发现它有内在统计规律性的,即它出现的可能性大小可通过区间$[0,1]$中的一个数值p来度量,这种用来刻画随机事件出现的可能性大小的数值称为事件的概率. 这就是概率的直观意义.

然而,要确定事件的概率并不是一件很容易的事,为此我们引入描述事件出现的可能性大小的另一个数量指标——频率的概念,进而引入概率的公理化定义.

二、频率及其性质

定义 1.1 将试验E重复进行n次,称事件A出现的次数n_A为**事件A出现的频数**,称比值$\frac{n_A}{n}$为**事件A在n次试验中出现的频率**,记作$\mu_n(A)$,即

$$\mu_n(A) = \frac{n_A}{n}.$$

频率具有如下性质:
(1) $0 \leqslant \mu_n(A) \leqslant 1$ (A 为任一事件);
(2) $\mu_n(\Omega) = 1$;
(3) 若事件 $A_1, A_2, \cdots, A_m$ 互不相容,则有

$$\mu_n\left(\bigcup_{i=1}^m A_i\right) = \sum_{i=1}^m \mu_n(A_i).$$

性质(1)、(2)显然成立.
对性质(3),下面仅就$m=2$的情形给出证明.

设在n次重复试验中,A_1出现了n_1次,A_2出现了n_2次,则$\mu_n(A_1) = \frac{n_1}{n}$,$\mu_n(A_2) = \frac{n_2}{n}$,因为$A_1$与$A_2$互不相容,所以$A_1 \cup A_2$出现了$n_1 + n_2$次,于是有

$$\mu_n(A_1 \cup A_2) = \frac{n_1 + n_2}{n} = \frac{n_1}{n} + \frac{n_2}{n} = \mu_n(A_1) + \mu_n(A_2).$$

为研究事件的概率,人们曾做过投掷硬币的试验,并将其频率统计列表,如表1.1和表1.2所示,表中A表示出现"正面".

表 1.1 投掷硬币的试验结果

试验序号	n=5		n=50		n=500	
	n_A	$\mu_n(A)$	n_A	$\mu_n(A)$	n_A	$\mu_n(A)$
1	4	0.8	25	0.50	251	0.502
2	2	0.4	21	0.42	249	0.498
3	3	0.6	22	0.44	248	0.496
4	4	0.8	26	0.52	250	0.500
5	1	0.2	24	0.48	251	0.502
6	2	0.4	25	0.50	261	0.522

表 1.2 历史上研究者所做的投掷硬币的试验结果

试验者	n	n_A	$\mu_n(A)$
德·摩根	2048	1061	0.5181
蒲 丰	4040	2048	0.5069
费 勒	10000	4979	0.4979
皮尔逊	12000	6019	0.5016
皮尔逊	24000	12012	0.5005
维 尼	30000	14994	0.4998

从上述数据不难看出,在相同条件下进行的重复试验,同一个事件出现的频率是不尽相同的,也就是说频率具有波动性.但是,当试验次数很大时,频率总是在某一个固定的数值 p(上述试验中 $p=0.5$)附近摆动,并且随着试验次数的无限增大,频率与数值 p 相差很大的可能性越来越小(这将在第 5 章有比较详细的描述),也就是说频率具有稳定性,数值 p 便是频率的稳定值.显然,若频率稳定于较小的数值,则表明相应事件出现的可能性较小,反之,表明事件出现的可能性较大.

大量的随机试验显示:尽管频率具有波动性,然而频率也具有稳定性.频率的稳定性,正是随机现象的统计规律的体现,频率的稳定值 p 正是相应事件发生的可能性大小的数值度量.因此,我们将频率的稳定值 p 作为相应事件的概率是合理的.

由于频率的稳定值是客观存在的,因此对于任何一个事件 A,描述它发生的可能性大小的概率值 $P(A)$ 也是客观存在的,由频率的三条性质人们很自然地认为事件的概率值也应具备相应的三条基本性质.基于此,建立了概率的公理化定义.

三、概率的数学定义

定义 1.2 设 E 为一个随机试验,Ω 是 E 的样本空间,对于 E 的每一个事件 $A(A \subset \Omega)$,都赋予一个实数 $P(A)$,若 $P(A)$ 满足以下三条公理,则称 $P(A)$ 为事件 A 的概率.

公理 1(非负性) 对于任一事件 A,有 $0 \leqslant P(A) \leqslant 1$.
公理 2(正则性) $P(\Omega)=1$.

公理 3（可列可加性） 若 $A_1, A_2, \cdots, A_n, \cdots$ 为可列无穷多个互不相容的事件，则

$$P\left(\bigcup_{i=1}^{\infty} A_i\right) = \sum_{i=1}^{\infty} P(A_i).$$

由上可知，对于试验 E 的任意一个确定的随机事件 A，所谓 A 的概率 $P(A)$，实际上是一个定义在由试验 E 的所有随机事件组成的集合到 $[0,1]$ 上的函数（布尔代数）在自变量取事件 A 时的函数值，若令 $\mathscr{F} = \{A \mid A \subset \Omega\}$，$D = [0,1]$，则 $P(A)$ 是由 $\mathscr{F}$ 到 D 的函数.

四、概率的性质

由概率的公理化定义出发，可推出概率的性质.

性质 1.1 $P(\varnothing) = 0$.

证明 因为

$$\varnothing = \varnothing \cup \varnothing \cup \cdots,$$

由概率的可加性，得

$$P(\varnothing) = P(\varnothing) + P(\varnothing) + \cdots,$$

又由概率的非负性，所以有

$$P(\varnothing) = 0.$$

此性质说明，不可能事件的概率为零. 但需要指出的是，概率为零的事件不一定是不可能事件（见 §2.3）.

性质 1.2 若 $A_1, A_2, \cdots, A_n$ 为有限个互不相容事件，则有

$$P\left(\bigcup_{i=1}^{n} A_i\right) = \sum_{i=1}^{n} P(A_i). \tag{1-1}$$

证明 因为

$$A_1 \cup A_2 \cup \cdots \cup A_n = A_1 \cup A_2 \cup \cdots \cup A_n \cup \varnothing \cup \cdots,$$

由概率的可列可加性和性质 1.1，有

$$P\left(\bigcup_{i=1}^{n} A_i\right) = \sum_{i=1}^{n} P(A_i).$$

性质 1.3 对任一事件 A，有

$$P(A) = 1 - P(\overline{A}). \tag{1-2}$$

证明 因为

$$A \cup \overline{A} = \Omega \text{ 且 } A\overline{A} = \varnothing,$$

由概率的正则性和性质 1.2，有

$$P(A \cup \overline{A}) = P(A) + P(\overline{A}) = 1,$$

所以，有

$$P(A) = 1 - P(\overline{A}).$$

性质 1.4 若 $A \subset B$，则

$$P(B - A) = P(B) - P(A). \tag{1-3}$$

证明 因为 $A \subset B$，所以 $B = A \cup (B - A)$，又由于 $A \cap (B - A) = \varnothing$，由性质 1.2，有

$$P(B) = P(A) + P(B-A),$$

所以,有
$$P(B-A) = P(B) - P(A).$$

推论 1.1 对任意的事件 A,B,有
$$P(A-B) = P(A) - P(AB). \tag{1-4}$$

性质 1.5 对任意两个事件 A,B,有
$$P(A \cup B) = P(A) + P(B) - P(AB). \tag{1-5}$$

证明 因为 $A \cup B = A \cup (B-AB)$,又 $A \cap (B-AB) = \varnothing$,$AB \subset B$,由性质 1.2 与性质 1.4,有
$$P(A \cup B) = P(A) + P(B-AB) = P(A) + P(B) - P(AB).$$

这一性质可推广到有限个事件的情形,即
$$\begin{aligned}P(\bigcup_{i=1}^{n} A_i) = &\sum_{i=1}^{n} P(A_i) - \sum_{1 \leqslant i<j \leqslant n} P(A_i A_j) \\ &+ \sum_{1 \leqslant i<j<k \leqslant n} P(A_i A_j A_k) + \cdots + (-1)^{n-1} P(A_1 A_2 \cdots A_n),\end{aligned} \tag{1-6}$$

此式称为**概率一般加法公式**.

例 1 设事件 A,B 的概率分别为 $\frac{1}{3},\frac{1}{2}$.在下列三种情况下分别求 $P(B\overline{A})$ 的值:

(1) A 与 B 互斥;

(2) $A \subset B$;

(3) $P(AB) = \frac{1}{8}$.

解 由概率的性质,可得 $P(B\overline{A}) = P(B) - P(AB)$.

(1) 因为 A 与 B 互斥,所以 $AB = \varnothing$,$P(B\overline{A}) = P(B) - P(AB) = P(B) = \frac{1}{2}$.

(2) 因为 $A \subset B$,所以 $P(B\overline{A}) = P(B) - P(AB) = P(B) - P(A) = \frac{1}{2} - \frac{1}{3} = \frac{1}{6}$.

(3) $P(B\overline{A}) = P(B) - P(AB) = \frac{1}{2} - \frac{1}{8} = \frac{3}{8}$.

例 2 某地共发行 A、B、C 三种报纸,调查表明居民家庭中订购 A 报纸的有 45%,订购 B 报纸的有 35%,订购 C 报纸的有 30%,同时订购 A、B 报纸的有 10%,同时订购 A、C 报纸的有 8%,同时订购 B、C 报纸的有 5%,同时订购 A、B、C 报纸的有 3%.试求下列事件的概率:

(1) 只订购 A 报纸;   (2) 只订购 A 与 B 报纸;

(3) 至少订购一种报纸;   (4) 不订购任何报纸.

解 设 A,B,C 分别表示订购 A 报纸、B 报纸、C 报纸的事件,由题设,有 $P(A) = 0.45$,$P(B) = 0.35$,$P(C) = 0.3$,$P(AB) = 0.1$,$P(AC) = 0.08$,$P(BC) = 0.05$,$P(ABC) = 0.03$.

(1) $P(A\overline{B}\overline{C}) = P(A-B-C) = P(A-AB-AC) = P(A-A(B \cup C))$
$= P(A) - P(AB \cup AC) = P(A) - P(AB) - P(AC) + P(ABC)$

$$= 0.45 - 0.1 - 0.08 + 0.03 = 0.3.$$

(2) $P(AB\bar{C}) = P(AB-C) = P(AB-ABC) = P(AB) - P(ABC) = 0.1 - 0.03 = 0.07.$

(3) $P(A \cup B \cup C) = P(A) + P(B) + P(C) - P(AB) - P(AC) - P(BC) + P(ABC)$
$$= 0.45 + 0.35 + 0.3 - 0.1 - 0.08 - 0.05 + 0.03 = 0.9.$$

(4) $P(\overline{ABC}) = P(\overline{A \cup B \cup C}) = 1 - P(A \cup B \cup C) = 1 - 0.9 = 0.1.$

§1.3 古典概型与几何概型

一、古典概型

在历史上人们最早研究的随机试验是"抛硬币""掷骰子"之类的问题. 对于这类随机试验,直观上可以清楚地看到应如何用数值来度量事件出现的可能性大小,它的有关事件的概率可直接通过计算得出.

定义 1.3 称具有以下两个特点的随机试验 E 为**古典型随机试验**(简称**古典概型**):

(1) 有限性:试验 E 的样本空间 Ω 中只含有有限多个基本事件;

(2) 等可能性:每次试验中它的各个基本事件出现的可能性大小都相等.

对于一个古典概型,若样本空间 Ω 中样本点的总数为 n,事件 A 包含的样本点个数为 m_A(m_A 也称为 **A 的有利场合数**),则事件 A 的概率为

$$P(A) = \frac{m_A}{n} = \frac{\text{事件 } A \text{ 所含样本点数}}{\Omega \text{ 中样本点总数}}. \tag{1-7}$$

容易验证,(1-7)式满足概率的三条公理.

例 1 将一枚完全均匀的硬币连抛两次,记 $A=$"只有一次出现正面",$B=$"至少一次出现正面",试求事件 A 与 B 的概率.

解 该试验的样本空间为 $\Omega=\{(正面,正面),(正面,反面),(反面,正面),(反面,反面)\}$,其中共有 4 个基本事件,且每个基本事件的出现是等可能的,所以试验是古典概型.

由题设条件可得

$A=\{(正面,反面),(反面,正面)\}$,

$B=\{(正面,正面),(正面,反面),(反面,正面)\}$,

可知 $n=4, m_A=2, m_B=3$.

故由公式(1-7)得

$$P(A) = \frac{m_A}{n} = \frac{2}{4} = 0.5,$$

$$P(B) = \frac{m_B}{n} = \frac{3}{4} = 0.75.$$

例 2 在 $1 \sim 9$ 的整数中可重复地随机取 6 个数组成 6 位数,求下列事件的概率:

(1) 6 个数完全不同;

(2) 6 个数不含奇数；

(3) 6 个数中 5 恰好出现 4 次.

解 从 9 个数中允许重复地取 6 个数进行排列，共有 $n=9^6$ 种排列方法.

(1) 事件 $A=$ "6 个数完全不同"的取法有 $m_A=P_9^6$ 种，故

$$P(A)=\frac{m_A}{n}=\frac{9\times 8\times 7\times 6\times 5\times 4}{9^6}\approx 0.11.$$

(2) 事件 $B=$ "6 个数不含奇数". 因为 6 个数只能在 2,4,6,8 中选，每次有 4 种取法，所以有 $m_B=4^6$，故

$$P(B)=\frac{m_B}{n}=\frac{4^6}{9^6}\approx 0.0077.$$

(3) 事件 $C=$ "6 个数中 5 恰好出现 4 次". 因为 6 个数中 5 恰好出现 4 次是 6 次中的任意 4 次，所以出现的方式有 C_6^4 种，剩下的两次只能在 1,2,3,4,6,7,8,9 中任取，共有 8^2 种取法，故

$$P(C)=\frac{m_C}{n}=\frac{C_6^4 8^2}{9^6}\approx 0.0018.$$

例 3 袋中装有 10 个小球，其中 4 个红色的，6 个白色的. 分别按下列方式抽取：

(1) 放回抽样（每次取 1 个，取出后就放回）的方式取 3 次；

(2) 不放回抽样（每次取 1 个，取出后不再放回）的方式随机地连续从袋中取 3 个球. 试求事件 $A=$ "3 个球都是白色球"和事件 $B=$ "2 个红色球 1 个白色球"的概率.

解 (1) 由于每次取出小球看过颜色后又将其放回袋中，所以每次都是从 10 个球中抽取，样本空间的基本事件即为从 10 个小球中每次取 1 个连取 3 次的所有可能取法，有 $10^3=1000$ 种，即样本空间的基本事件总数 $n=10^3=1000$.

而 A 中含有的基本事件数 m_A，即是每次从 6 个白球中取出 1 个连取 3 次的不同取法数，即 $m_A=6^3=216$. 因此

$$P(A)=\frac{m_A}{n}=\frac{6^3}{10^3}=0.216.$$

而 B 中含有的样本点数 m_B，即是 3 次抽取中有两次取的是红球，1 次取的是白球的不同取法数，于是 $m_B=C_3^2\times 4^2\times 6$，所以有

$$P(B)=\frac{m_B}{n}=\frac{C_3^2\times 4^2\times 6}{10^3}=0.288.$$

(2) 由于每次取出小球看过颜色后不再放回，所以第一次有 10 个球可取，任取 1 个有 10 种可能取法，而第二次只能从剩下的 9 个球中抽取，有 9 种不同取法，同理可知，第三次只有 8 种取法. 因此，样本空间中的基本事件总数 $n=10\times 9\times 8$.

同样的分析可知，事件 A 所含的基本事件数 $m_A=P_6^3=6\times 5\times 4$，事件 B 所含的基本事件数 $m_B=C_3^2 P_4^2 P_6^1=3\times 4\times 3\times 6$. 所以有

$$P(A)=\frac{6\times 5\times 4}{10\times 9\times 8}=\frac{1}{6}\approx 0.167,$$

$$P(B)=\frac{3\times 4\times 3\times 6}{10\times 9\times 8}=0.3.$$

二、几何概型

在概率论的发展初期,人们就认识到,仅假定样本空间为有限集是不够的,有时需要处理有无穷多个样本点的情形. 我们先看下面两个例子.

例 4 用计算机在 $[0,1]$ 区间上任打出一个随机数 x,求 x 小于 $\frac{1}{3}$ 的概率.

例 5 随机地在单位圆内任掷一点 M,求点 M 到原点距离小于 $\frac{1}{2}$ 的概率.

以上两个例子都具有"等可能性"的性质. 在例 4 中,我们认为随机数 x 在 $[0,1]$ 上任何一处出现的机会均等,其概率应只与区间 $[0,\frac{1}{3}]$ 的长度有关,应该等于 $\frac{1}{3}$. 在例 5 中,我们亦认为单位圆中每一点被掷到的机会均等,只要点 M 落入以原点为圆心、以 $\frac{1}{2}$ 为半径的小圆内,对应的事件就会发生,其概率应该为小圆面积与大圆面积之比,即为 $\frac{1}{4}$.

为了研究的方便,我们引入几何概型的定义.

定义 1.4 如果试验 E 的样本空间为某一可度量的区域 Ω,并且 Ω 中任一子区域 A 出现的可能性大小与该区域的几何度量成正比,而与 A 的形状和位置无关,那么称 E 为**几何型随机试验**,简称**几何概型**. 几何概型中随机事件的概率称为**几何概率**.

可知,对于几何概型 E,若其样本空间 Ω 为欧氏空间中的一个区域,以 $m(\Omega)$ 表示 Ω 的几何度量(一维为长度,二维为面积,三维为体积等),$A \subset \Omega$ 是 Ω 中一个可以度量的子集,则事件 A 出现的概率为

$$P(A) = \frac{m(A)}{m(\Omega)}. \tag{1-8}$$

例 6 (会面问题)两人约定于 0 到 T 时间内在某地相见,先到者等待 $t(t \leqslant T)$ 时,若未见后到者便离去. 假设两人在 0 到 T 时间内任一时刻到达是等可能的,试求两人能会面的概率.

解 以 x,y 分别表示两人的到达时刻,则 $0 \leqslant x \leqslant T, 0 \leqslant y \leqslant T$,这样 (x,y) 便构成一个正方形 Ω,因此,两人会面相当于向平面区域 $\Omega = \{(x,y) \mid 0 \leqslant x \leqslant T, 0 \leqslant y \leqslant T\}$ 内随机地投掷点. 记 $A=$"两人能会面",则 A 发生的充要条件为投掷的点落在平面区域

$$D = \{(x,y) \mid |x-y| \leqslant t, 0 \leqslant x \leqslant T, 0 \leqslant y \leqslant T\}$$

内,如图 1.2 所示,故所求的概率为

$$P(A) = \frac{m(A)}{m(\Omega)} = \frac{D \text{ 的面积}}{\Omega \text{ 的面积}} = \frac{T^2 - (T-t)^2}{T^2} = 1 - \left(1 - \frac{t}{T}\right)^2.$$

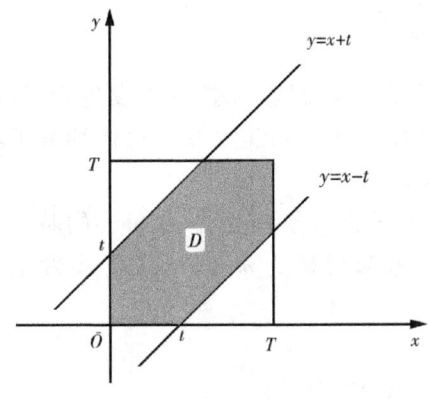 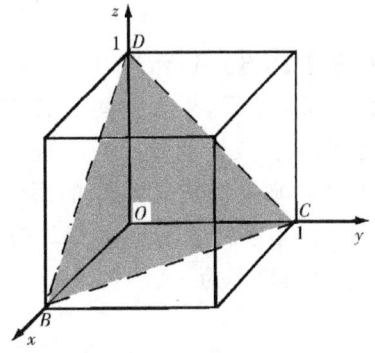

图 1.2　　　　　　　　　　图 1.3

例 7　从区间$[0,1]$中任取三个随机数,求三数和不大于 1 的概率.

解　设 x,y,z 分别表示此三个数,则易知样本空间
$$\Omega = \{(x,y,z) \mid 0 \leqslant x \leqslant 1, 0 \leqslant y \leqslant 1, 0 \leqslant z \leqslant 1\},$$
这是三维空间中一个棱长为 1 的正方体. 设 A 表示"三数和不大于 1",则有
$$A = \{(x,y,z) \in \Omega \mid x+y+z \leqslant 1\},$$
A 中样本点组成如图 1.3 所示的锥体 O-BCD,于是有
$$P(A) = \frac{m(A)}{m(\Omega)} = \frac{1}{3} \times \frac{1}{2} \times 1 = \frac{1}{6}.$$

§1.4　条　件　概　率

一、条件概率

在自然界及人类的活动中,有许多事物是互相联系、互相影响的. 在概率论中,除了要考虑随机事件 A 发生的概率 $P(A)$ 外,常常还需要考虑在事件 A 已经发生的条件下另一事件 B 发生的概率,我们将它记为 $P(B \mid A)$. 一般而言,在事件 A 发生的条件下事件 B 发生的概率与事件 B 发生的概率是不相同的,我们先看一个例子.

例 1　一箱产品共有 100 件,其中 5 件不合格,且这 5 件不合格品中有 3 件次品,2 件废品. 今从箱中任取一件,求:

(1) 取得废品的概率;

(2) 已知取得的是不合格品,求它是废品的概率.

解　设 $A=$"取得不合格品",$B=$"取得废品",则有

(1) $P(B) = \dfrac{C_2^1}{100} = \dfrac{1}{50}$.

(2) 由于已经取得不合格品,故废品只能在 5 件不合格品中取得,从而

$$P(B \mid A) = \frac{2}{5}.$$

从上例可见 $P(B \mid A) \neq P(B)$，产生两式不等的原因是，当事件 A 发生后，可供选择的样本点的范围缩小了，样本空间由 Ω 变成 A，这时再发生事件 B 的可能性就可能起了变化．下面我们从古典概型导出条件概率的定义．

设 A,B 为古典型随机试验 E 的两个事件，E 的样本空间为 Ω，Ω 包含的基本事件数为 n，A 包含的基本事件数为 m_A，AB 包含的基本事件数为 m_{AB}，于是在 A 发生的条件下，事件 B 发生的概率为

$$p = \frac{m_{AB}}{m_A} = \frac{\frac{m_{AB}}{n}}{\frac{m_A}{n}} = \frac{P(AB)}{P(A)}.$$

由此，引入下面的定义．

定义 1.5　对于随机事件 A,B，若 $P(A) > 0$，则称

$$P(B \mid A) = \frac{P(AB)}{P(A)} \tag{1-9}$$

为在事件 A 发生的条件下，事件 B 发生的条件概率．

容易验证，式(1-9)满足概率的三条公理，即

(1) 对任一事件，有 $0 \leqslant P(B \mid A) \leqslant 1$；

(2) $P(\Omega \mid A) = 1$；

(3) 设 $B_1, B_2, \cdots$ 互不相容，则有

$$P(\bigcup_{i=1}^{\infty} B_i \mid A) = \sum_{i=1}^{\infty} P(B_i \mid A).$$

由此可知，概率的有关性质对条件概率也都适用，例如对任意事件 B_1, B_2，有

$$P(B_1 \cup B_2 \mid A) = P(B_1 \mid A) + P(B_2 \mid A) - P(B_1 B_2 \mid A),$$
$$P(B_1 \mid A) = 1 - P(\overline{B_1} \mid A).$$

为区别起见，将前面所介绍过的概率称为**无条件概率**．

关于条件概率 $P(B \mid A)$ 的计算，可以按照定义 1.5 在样本空间 Ω 中分别算出 $P(AB)$ 与 $P(A)$，再用式(1-9)计算 $P(B \mid A)$，也可以将事件 A 看作样本空间，直接计算事件 AB 发生的概率．

例 2　某电子元件厂有职工 180 人，其中男职工有 100 人，女职工有 80 人，男、女职工中非熟练工人分别有 20 人与 5 人．现从该厂选一名职工，求：

(1) 该职工为非熟练工人的概率是多少？

(2) 若已知被选出的是女职工，则她是非熟练工人的概率又是多少？

解　设 $A =$"任选一名职工为女职工"，$B =$"任选一名职工为非熟练工人"，由题设可得

(1) $P(B) = \dfrac{25}{180} = \dfrac{5}{36}.$

(2) 题目实际上是要求在"已知事件 A 发生的条件下事件 B 发生"的概率，用条件概

率公式,有

$$P(B \mid A) = \frac{P(AB)}{P(A)} = \frac{5}{180} \Big/ \frac{80}{180} = \frac{1}{16}.$$

此题也可考虑用缩小样本空间的方法来做,既然已知选出的是女职工,那么男职工就可排除在考虑范围之外.因此"A 已发生条件下的事件 B"就相当于在全部女职工中任选一人,并选出了非熟练工人,从而 Ω_A 的样本点总数不是原样本空间 Ω 的 180 人,而是全体女职工数 80 人,而上述事件中包含的样本点总数就是女职工中的非熟练工人数 5 人,因此所求概率为

$$P(B \mid A) = \frac{5}{80} = \frac{1}{16}.$$

二、乘法公式

由条件概率的定义,立即可得下述公式.

乘法公式 设 A,B 为两个事件,则有

$$P(AB) = P(A)P(B \mid A) \quad (P(A) > 0 \text{ 时}), \tag{1-10}$$

$$P(AB) = P(B)P(A \mid B) \quad (P(B) > 0 \text{ 时}). \tag{1-11}$$

上述公式可以推广到有限个事件的情形:

设 $A_1, A_2, \cdots, A_n$ 为 n 个事件,且 $P(A_1 A_2 \cdots A_{n-1}) > 0$,则有

$$P(A_1 A_2 \cdots A_n) = P(A_1)P(A_2 \mid A_1)P(A_3 \mid A_1 A_2) \cdots P(A_n \mid A_1 A_2 \cdots A_{n-1}). \tag{1-12}$$

证明 因为 $P(A_1) \geqslant P(A_1 A_2) \geqslant \cdots \geqslant P(A_1 A_2 \cdots A_{n-1}) > 0$,所以式(1-12)右边各条件概率均有意义.由条件概率的定义,有

$$P(A_1)P(A_2 \mid A_1)P(A_3 \mid A_1 A_2) \cdots P(A_n \mid A_1 A_2 \cdots A_{n-1})$$
$$= P(A_1) \frac{P(A_1 A_2)}{P(A_1)} \frac{P(A_1 A_2 A_3)}{P(A_1 A_2)} \cdots \frac{P(A_1 A_2 \cdots A_n)}{P(A_1 A_2 \cdots A_{n-1})}$$
$$= P(A_1 A_2 \cdots A_n).$$

例 3 一批彩电共 100 台,其中有 10 台次品,采用不放回抽样方式依次抽取三次,每次抽一台,求第三次才抽到合格品的概率.

解 设 $A_i (i=1,2,3)$ 为"第 i 次抽到合格品"的事件,则有

$$P(\overline{A}_1 \overline{A}_2 A_3) = P(\overline{A}_1) P(\overline{A}_2 \mid \overline{A}_1) P(A_3 \mid \overline{A}_1 \overline{A}_2)$$
$$= \frac{10}{100} \cdot \frac{9}{99} \cdot \frac{90}{98} \approx 0.0083.$$

例 4 设盒中有 m 只红球,n 只白球,每次从盒中任取一只球,看后放回,并再放入 k 只与所取颜色相同的球.若在盒中连取四次,试求第一次、第二次取到红球,第三次、第四次取到白球的概率.

解 设 $R_i (i=1,2,3,4)$ 表示"第 i 次取到红球"的事件,$\overline{R}_i (i=1,2,3,4)$ 表示"第 i 次取到白球"的事件,则有

$$P(R_1 R_2 \overline{R}_3 \overline{R}_4) = P(R_1) P(R_2 \mid R_1) P(\overline{R}_3 \mid R_1 R_2) P(\overline{R}_4 \mid R_1 R_2 \overline{R}_3)$$

$$= \frac{m}{m+n} \cdot \frac{m+k}{m+n+k} \cdot \frac{n}{m+n+2k} \cdot \frac{n+k}{m+n+3k}.$$

例 5 签筒中放有 10 支签,其中只有一支是"好"签.10 人依次随机地从中取走一签,求第 $i(i=1,2,\cdots,10)$ 人抽得"好"签的概率.

解 设 A_i 表示"第 i 人抽得'好'签"的事件,于是

$$P(A_1) = \frac{1}{10} \text{ 且 } A_2 \subset \overline{A}_1,$$

$$P(A_2) = P(\overline{A}_1 A_2) = P(\overline{A}_1)P(A_2 \mid \overline{A}_1) = \frac{9}{10} \cdot \frac{1}{9} = \frac{1}{10},$$

$$P(A_3) = P(\overline{A}_1 \overline{A}_2 A_3) = P(\overline{A}_1)P(\overline{A}_2 \mid \overline{A}_1)P(A_3 \mid \overline{A}_1 \overline{A}_2)$$

$$= \frac{9}{10} \cdot \frac{8}{9} \cdot \frac{1}{8} = \frac{1}{10},$$

……

易知

$$P(A_{10}) = P(\overline{A}_1)P(\overline{A}_2 \mid \overline{A}_1)\cdots P(\overline{A}_9 \mid \overline{A}_1 \cdots \overline{A}_8)P(A_{10} \mid \overline{A}_1 \cdots \overline{A}_9)$$

$$= \frac{9}{10} \cdot \frac{8}{9} \cdot \cdots \cdot \frac{1}{2} \cdot 1 = \frac{1}{10}.$$

此题表明,抽到"好"签的概率与抽签顺序无关.

例 6 设在空战中,甲机先向乙机开火,击落乙机的概率为 0.2;若乙机未被击落,则进行还击,击落甲机的概率为 0.3;若甲机亦未被击落,则再次进行还击,击落乙机的概率为 0.4. 在这几个回合中,分别计算甲、乙机被击落的概率.

解 设 $A_i=$"乙机在第 i 次被击落"$(i=1,2)$,$A=$"乙机被击落",$B=$"甲机被击落",依题意知:$A=A_1 \cup A_2$ 且 $A_1 A_2 = \varnothing$,$B \subset \overline{A}_1$,$A_2 \subset \overline{A}_1 \overline{B}$,$P(A_1)=0.2$,$P(B \mid \overline{A}_1)=0.3$,$P(A_2 \mid \overline{A}_1 \overline{B})=0.4$,于是有

$$P(B) = P(B\overline{A}_1) = P(\overline{A}_1)P(B \mid \overline{A}_1) = 0.8 \times 0.3 = 0.24,$$

$$P(A_2) = P(\overline{A}_1 \overline{B} A_2) = P(\overline{A}_1)P(\overline{B} \mid \overline{A}_1)P(A_2 \mid \overline{A}_1 \overline{B})$$

$$= 0.8 \times 0.7 \times 0.4 = 0.224,$$

$$P(A) = P(A_1 \cup A_2) = P(A_1) + P(A_2)$$

$$= 0.2 + 0.224 = 0.424.$$

即甲机被击落的概率为 0.24,乙机被击落的概率为 0.424.

§1.5 全概率公式与贝叶斯公式

本节介绍由条件概率与乘法公式所建立的两个重要公式:全概率公式和贝叶斯(Bayes)公式.

我们先考查一个例子.

例 1 某厂使用甲、乙、丙三个产地的同型号电子元件生产电视机,来自三地的元件

数量各占 $24\%,30\%,46\%$,且它们的合格率分别为 $94\%,96\%,98\%$.

(1) 若任取一元件,问取到的是合格品的概率是多少.

(2) 若查出某一元件不合格,问该元件最有可能来自何地.

在第一个问题中,我们虽然不知道元件产自何地,但知道必是甲、乙、丙三地之一,合格率的大小与产地有关;而第二个问题则是已知结果而追溯原因,并要求对此做出决策.为此,我们可以引出解决这两类问题的方法,这就是全概率公式、贝叶斯公式及贝叶斯决策.

定理 1.1 设 $A_1,A_2,\cdots,A_n$ 构成一个完备事件组,且 $P(A_i)>0, i=1,2,\cdots,n$,则对于任一事件 B,有

$$P(B) = \sum_{i=1}^{n} P(A_i)P(B \mid A_i). \tag{1-13}$$

公式(1-13)称为**全概率公式**.

证明 因为 $A_1,A_2,\cdots,A_n$ 构成完备事件组,即 $A_iA_j=\varnothing$, $i\neq j$, $i,j=1,2,\cdots,n$,且 $\bigcup_{i=1}^{n} A_i = \Omega$,因此对于任一事件 B,有

$$B = B\Omega = B(\bigcup_{i=1}^{n} A_i) = \bigcup_{i=1}^{n} A_i B.$$

这里 $(A_iB) \cap (A_jB) = \varnothing$, $i\neq j$, $i,j=1,2,\cdots,n$. 由概率的可加性,有

$$P(B) = P(\bigcup_{i=1}^{n} A_i B) = \sum_{i=1}^{n} P(A_i B) = \sum_{i=1}^{n} P(A_i)P(B \mid A_i).$$

定理中的完备事件组若由可列个事件 $A_1,A_2,\cdots,A_n,\cdots$ 组成,则仍有

$$P(B) = \sum_{i=1}^{\infty} P(A_i)P(B \mid A_i). \tag{1-14}$$

定理 1.2 若 $A_1,A_2,\cdots,A_n$ 构成一个完备事件组,且 $P(A_i)>0, i=1,2,\cdots,n$,则对于任一事件 B,若 $P(B)>0$,则有

$$P(A_i \mid B) = \frac{P(A_i)P(B \mid A_i)}{\sum_{i=1}^{n} P(A_i)P(B \mid A_i)}. \tag{1-15}$$

公式(1-15)称为**贝叶斯公式**(或**逆概率公式**).

证明 由条件 $P(A_i)>0(i=1,2,\cdots,n)$ 及定理 1.1 可得

$$P(A_i \mid B) = \frac{P(A_iB)}{P(B)} = \frac{P(A_i)P(B \mid A_i)}{\sum_{i=1}^{n} P(A_i)P(B \mid A_i)}.$$

例 2 对例 1 的解.

解 设 A_1,A_2,A_3 分别表示电子元件来自甲、乙、丙三地,则 A_1,A_2,A_3 构成 Ω 的一个划分,又设 B 表示"取得的元件为合格品",则易知 $P(A_1)=0.24$, $P(A_2)=0.3$, $P(A_3)=0.46$, $P(B \mid A_1)=0.94$, $P(B \mid A_2)=0.96$, $P(B \mid A_3)=0.98$. 于是

(1) $$P(B) = \sum_{i=1}^{3} P(A_i)P(B \mid A_i)$$
$$= 0.24 \times 0.94 + 0.3 \times 0.96 + 0.46 \times 0.98$$
$$= 0.9644.$$

(2)
$$P(A_1\mid \overline{B})=\frac{P(A_1)P(\overline{B}\mid A_1)}{\sum_{j=1}^{3}P(A_j)P(\overline{B}\mid A_j)}$$

$$=\frac{0.24\times 0.06}{0.24\times 0.06+0.3\times 0.04+0.46\times 0.02}$$

$$=\frac{0.0144}{0.0356}=0.4045,$$

$$P(A_2\mid \overline{B})=\frac{P(A_2)P(\overline{B}\mid A_2)}{P(\overline{B})}=\frac{0.3\times 0.04}{0.0356}=0.3371,$$

$$P(A_3\mid \overline{B})=\frac{0.46\times 0.02}{0.0356}=0.2584.$$

由计算结果知 $P(A_1\mid \overline{B})>P(A_2\mid \overline{B})>P(A_3\mid \overline{B})$,于是检查人员可以做出这样的判断:这个不合格零件最有可能来自甲地. 这种由贝叶斯公式计算出概率,再由最大概率来做出判断的方法叫**贝叶斯决策**.

从这个例子可以看到,在全概率公式中,构成划分的事件 $A_1,A_2,\cdots,A_n$ 是导致试验结果的原因,故 $P(A_i)$ 叫**先验概率**;而在贝叶斯公式中,$P(A_i\mid B)$ 叫**后验概率**,这是已知结果后再追溯原因出在何处,由此修正先验概率,并做出贝叶斯决策. 这个决策方法在随机信号处理、模式识别等新兴学科中以及在风险管理、投资决策等方面都有广泛的应用.

在应用全概率及贝叶斯公式时,有时使用某事件 A 及其逆事件 $\overline{A}$ 作为 Ω 的划分,请看下例.

例3 设机器正常时,生产合格品的概率为 95%,当机器有故障时,生产合格品的概率为 50%,而机器的无故障率为 95%. 某天上班时,工人生产的第一件产品是合格品,问能以多大把握判断该机器是正常的.

解 设 A 表示"机器正常",B 表示"生产合格品",则由题设有 $P(A)=0.95$, $P(B\mid A)=0.95$,$P(B\mid \overline{A})=0.5$. 由于 $A,\overline{A}$ 构成样本空间 Ω 的划分,从而

$$P(A\mid B)=\frac{P(A)P(B\mid A)}{P(A)P(B\mid A)+P(\overline{A})P(B\mid \overline{A})}$$

$$=\frac{0.95\times 0.95}{0.95\times 0.95+0.05\times 0.5}=97.3\%,$$

即能以 97.3% 的概率保证该机器是正常的.

例4 用甲胎蛋白法普查肝癌,令 $C=$"被查者患肝癌",$A=$"甲胎蛋白检验结果为阳性",已知 $P(A\mid C)=0.95,P(\overline{A}\mid \overline{C})=0.90,P(C)=0.0004$,现检查发现某人的甲胎蛋白检验结果为阳性,求此人真患有肝癌的概率 $P(C\mid A)$.

解 由贝叶斯公式可得

$$P(C\mid A)=\frac{P(C)P(A\mid C)}{P(C)P(A\mid C)+P(\overline{C})P(A\mid \overline{C})}$$

$$=\frac{0.0004\times 0.95}{0.0004\times 0.95+0.9996\times 0.1}$$

$$=0.0038.$$

§1.6 事件和试验的独立性

独立性是概率论中又一重要的概念,它从某一侧面反映了事件之间的关系.概率论中的许多结论都是建立在独立性基础上的.

对于两个事件 A,B,$P(B|A)$ 与 $P(B)$ 是不一定相等的.例如,设 $P(A)>0$,$P(B)>0$,若 A 与 B 不相容,则

$$P(B|A) = 0 \neq P(B).$$

而若 $A \subset B$,且 $P(B) \neq 1$,则

$$P(B|A) = 1 \neq P(B).$$

这两种情形都反映了事件 A 的发生对事件 B 发生的概率产生了影响,从而使 $P(B|A)$ 与 $P(B)$ 不相等,但有些情形恰恰相反.

例 1 任意抛掷两次质地均匀的一枚硬币,令 B 表示"第一次出现正面",A 表示"第二次出现正面",试求 $P(A)$,$P(A|B)$.

解 抛掷两次硬币的基本事件为 {(正面,正面)},{(正面,反面)},{(反面,正面)},{(反面,反面)}.

事件 $B=\{(正面,正面),(正面,反面)\}$,事件 $A=\{(正面,正面),(反面,正面)\}$,$A \cap B = \{(正面,正面)\}$,故

$$P(B) = \frac{1}{2},\ P(A) = \frac{1}{2},\ P(AB) = \frac{1}{4},\ P(A|B) = \frac{P(AB)}{P(B)} = \frac{1}{2}.$$

这说明事件 B 发生与否对事件 A 发生的概率没有影响.

一般地,若 $P(A)>0,P(B)>0$,总能由

$$P(B|A) = P(B) \tag{1-16}$$

推出

$$P(A|B) = P(A). \tag{1-17}$$

反之,也成立.在这种意义下,称事件 A 与 B 相互独立.

式(1-16)或式(1-17)成立便意味着 $P(AB)=P(A)P(B)$.

定义 1.6 若事件 A,B 满足等式

$$P(AB) = P(A)P(B), \tag{1-18}$$

则称**事件 A 与 B 相互独立**,简称 A 与 B 独立.

定理 1.3 设 A,B 是两随机事件,且 $P(A)>0$,则 A 与 B 独立的充要条件是

$$P(B|A) = P(B).$$

证明留给读者.

定理 1.4 若事件 A 与 B 相互独立,则 A 与 $\bar{B}$,$\bar{A}$ 与 B,$\bar{A}$ 与 $\bar{B}$ 也相互独立.

证明 因为 $A\bar{B} = A - AB$,显然 $AB \subset A$,又因为 A 与 B 相互独立,有 $P(AB)=P(A)P(B)$,所以

$$P(A\bar{B}) = P(A - AB) = P(A) - P(AB)$$
$$= P(A) - P(A)P(B)$$
$$= P(A)[1 - P(B)]$$
$$= P(A)P(\bar{B}),$$

即事件 A 与 $\bar{B}$ 相互独立.

由 A,B 的对称性,可知 $\bar{A}$ 与 B 也相互独立. 对 $\bar{A}$ 与 B 重复使用上述方法,可得 $\bar{A}$ 与 $\bar{B}$ 也相互独立.

下面将事件独立性的概念推广到三个事件的情形.

定义 1.7 若事件 A,B,C 满足下列等式:
$$\begin{cases} P(AB) = P(A)P(B), \\ P(AC) = P(A)P(C), \\ P(BC) = P(B)P(C), \end{cases}$$

则称**事件 A,B,C 两两独立**.

一般地,事件 A,B,C 两两独立时,等式 $P(ABC)=P(A)P(B)P(C)$ 不一定成立.

例 2 设有四张卡片,一张涂有红色,一张涂有白色,一张涂有黑色,一张涂有红、白、黑三种颜色. 从中任意抽取一张,令 A="抽取的卡片上出现红色", B="抽取的卡片上出现白色", C="抽取的卡片上出现黑色",显然有

$$P(A) = P(B) = P(C) = \frac{2}{4} = \frac{1}{2} \text{ 且 } P(AB) = P(AC) = P(BC) = \frac{1}{4},$$

从而 A,B,C 是两两相互独立的,但 $P(ABC)=\frac{1}{4} \neq P(A)P(B)P(C)$.

定义 1.8 若事件 A,B,C 满足以下各等式:
$$\begin{cases} P(AB) = P(A)P(B), \\ P(AC) = P(A)P(C), \\ P(BC) = P(B)P(C), \\ P(ABC) = P(A)P(B)P(C), \end{cases} \quad (1\text{-}19)$$

则称**事件 A,B,C 相互独立**.

更一般地,有如下定义.

定义 1.9 设 $A_1, A_2, \cdots, A_n$ 是 n 个事件,如果对于任意 $k(1 < k \leqslant n)$ 个事件 $A_{i_1}, A_{i_2}, \cdots, A_{i_k} (1 \leqslant i_1 < i_2 < \cdots < i_k \leqslant n)$,有

$$P(A_{i_1} A_{i_2} \cdots A_{i_k}) = P(A_{i_1})P(A_{i_2}) \cdots P(A_{i_k}) \quad (1\text{-}20)$$

成立,那么称 $A_1, A_2, \cdots, A_n$ **相互独立**.

注 $A_1, A_2, \cdots, A_n$ 相互独立必须满足 $2^n - n - 1$ 个形如式(1-20)的等式.

在实际应用中,判断事件的独立性往往不是根据定义,而是根据实际意义,只要能判定事件 $A_1, A_2, \cdots, A_n$ 中任何一个事件发生的概率不受其余某一个或某几个事件发生与否的影响,就认为事件 $A_1, A_2, \cdots, A_n$ 相互独立.

由定义 1.9 不难推出以下事实:

(1) 若事件 $A_1, A_2, \cdots, A_n$ 相互独立,则它们中的任意一个事件换成各自的对立事件

后,所得的 n 个事件仍相互独立.(证明略)

(2) 若事件 $A_1, A_2, \cdots, A_n$ 相互独立,则其中任意 $k(1 < k \leqslant n)$ 个事件也相互独立.

定义 1.10 设 $E_1, E_2, \cdots, E_n$ 为 n 个随机试验,$A_1, A_2, \cdots, A_n$ 分别是试验 $E_1, E_2, \cdots, E_n$ 的任意随机事件,若 $A_1, A_2, \cdots, A_n$ 总相互独立,则称 **n 个随机试验 $E_1, E_2, \cdots, E_n$ 相互独立**.

可知,n 个随机试验相互独立与这 n 个随机试验下的任意随机事件相互独立等价.

例 3 加工某种零件共需经过三道工序,设第一、第二、第三道工序产生的次品率分别为 $0.02, 0.03, 0.05$,已知各道工序相互独立,求加工出来的零件的次品率.

解 设 $A_i =$ "第 i 道工序产生次品"$(i = 1, 2, 3)$,则由题设条件知 A_1, A_2, A_3 相互独立,且
$$P(A_1) = 0.02, \quad P(A_2) = 0.03, \quad P(A_3) = 0.05.$$
因此,所求的概率为
$$\begin{aligned}
P(A_1 \cup A_2 \cup A_3) &= 1 - P(\overline{A_1 \cup A_2 \cup A_3}) \\
&= 1 - P(\overline{A_1} \overline{A_2} \overline{A_3}) \\
&= 1 - P(\overline{A_1}) P(\overline{A_2}) P(\overline{A_3}) \\
&= 1 - [1 - P(A_1)][1 - P(A_2)][1 - P(A_3)] \\
&= 1 - 0.98 \times 0.97 \times 0.95 \\
&\approx 0.10.
\end{aligned}$$

例 4 设每门大炮射击飞机命中的概率为 0.004,250 门大炮同时独立地射击时,求:

(1) 飞机被击中的概率;

(2) 若要以 0.99 的概率击中飞机,则所需的大炮门数是多少?

解 令 $A_i =$ "第 i 门大炮击中飞机"$(i = 1, 2, \cdots, n)$,则由题意可知:$A_1, A_2, \cdots, A_n$ 相互独立,且 $P(A_i) = 0.004$ $(i = 1, 2, \cdots, n)$.

(1) 令 $A =$ "飞机被击中",则
$$\begin{aligned}
A &= A_1 \cup A_2 \cup \cdots \cup A_{250}, \\
P(A) &= P(A_1 \cup A_2 \cup \cdots \cup A_{250}) \\
&= 1 - P(\overline{A_1} \overline{A_2} \cdots \overline{A_{250}}) \\
&= 1 - P(\overline{A_1}) P(\overline{A_2}) \cdots P(\overline{A_{250}}) \\
&= 1 - (1 - 0.004)^{250} \\
&\approx 1 - 0.37 \\
&= 0.63.
\end{aligned}$$

(2) 设击中飞机所需的大炮门数为 n,则由(1)及题设可得
$$1 - (1 - 0.004)^n \geqslant 0.99,$$
即
$$0.996^n \leqslant 0.01,$$
故
$$n \geqslant \frac{\lg 0.01}{\lg 0.996} \approx 1150.$$
即至少需要 1150 门大炮才能保证以 0.99 的概率击中飞机.

例 5 设电路如图 1.4 所示,其中 1,2,3,4,5 为继电器接点,设各继电器接点闭合与否相互独立,且每一继电器闭合的概率为 p,求 L 至 R 为通路的概率.

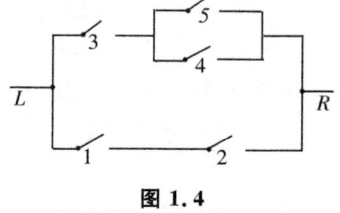

图 1.4

解 设事件 $A_i (i=1,2,3,4,5)$ 表示"第 i 个继电器接点闭合",A 表示"L 至 R 为通路",于是
$$A = (A_1 A_2) \cup (A_3 A_4) \cup (A_3 A_5),$$
$$\begin{aligned} P(A) &= P((A_1 A_2) \cup (A_3 A_4) \cup (A_3 A_5)) \\ &= P(A_1 A_2) + P(A_3 A_4) + P(A_3 A_5) - P(A_1 A_2 A_3 A_4) \\ &\quad - P(A_1 A_2 A_3 A_5) - P(A_3 A_4 A_5) + P(A_1 A_2 A_3 A_4 A_5). \end{aligned}$$

由 A_1, A_2, A_3, A_4, A_5 的相互独立性可知
$$P(A) = 3p^2 - 2p^4 - p^3 + p^5.$$

§1.7 伯努利试验

§1.3 介绍了古典型随机试验(古典概型)和几何型随机试验(几何概型),本节将介绍另一类重要的随机试验——伯努利试验.

定义 1.11 若试验 E 只有两个可能的结果 A 与 $\overline{A}$(或称"成功"与"失败"),则称 E 为**伯努利试验**.

定义 1.12 将某一试验 E 重复进行 n 次,若各次试验的事件相互独立,则称这 n 次试验为**独立重复试验**.

定义 1.13 设 E 为一个伯努利试验,将 E 独立重复进行 n 次,则称这 n 次试验为 **n 重伯努利试验**(简称**伯努利试验**),记为 E^n.

定理 1.5 若 E^n 为 n 重伯努利试验,且每一次试验时事件 A 发生的概率 $P(A)=p$,设 $B_k = $"在 n 次试验中事件 A 恰好发生 k 次",则
$$P(B_k) = C_n^k p^k (1-p)^{n-k} \quad (k=0,1,\cdots,n). \tag{1-21}$$

证明 在 n 重伯努利试验中,因为试验是独立的,所以事件 A 在某 k 次(如前 k 次)试验中发生而在其余的 $n-k$ 次(如后 $n-k$ 次)不发生这一事件为
$$\underbrace{AA\cdots A}_{k} \underbrace{\overline{A}\overline{A}\cdots \overline{A}}_{n-k},$$
它的概率为
$$\underbrace{pp\cdots p}_{k} \underbrace{(1-p)(1-p)\cdots(1-p)}_{n-k} = p^k (1-p)^{n-k}.$$

又因为在 n 次试验中事件 A 恰好发生 k 次的含义是,只要在 n 次试验中,事件 A 发生了 k 次即可,并未规定发生在哪 k 次,所以 n 次试验中事件 A 恰好发生 k 次应有 C_n^k 种不同情形,且这 C_n^k 种情形是互斥的,每一种情形的概率都是 $p^k (1-p)^{n-k}$,故由概率的可加性有
$$P(B_k) = C_n^k p^k (1-p)^{n-k} \quad (k=0,1,\cdots,n).$$

例 1 对某种药物的疗效进行研究,假定这种药物对某种疾病的治愈率为 0.8,现在 10 个患此病的病人同时服用此药,求其中至少有 6 个病人被治愈的概率 p(假设病人要么被治愈,要么未被治愈).

解 令 $A=$"病人服用该药后被治愈",$B_k=$"k 个病人被治愈"$(k=1,2,\cdots,10)$,则由题设可知
$$P(A)=0.8, \quad P(\overline{A})=0.2.$$
因此,所求的概率为
$$p=\sum_{k=6}^{10}P(B_k)=\sum_{k=6}^{10}C_{10}^k(0.8)^k(0.2)^{10-k}\approx 0.97.$$
结果表示,在 100 次药物服用试验中,大约有 97 次使得 10 人中至少有 6 人被治愈,换句话说,在 10 个病人服药后治愈人数小于 6 这一事件很少出现(概率为 0.03).在数理统计中,利用这一结果,可判定实际治愈率是否小于 0.8.

例 2 某工厂生产车间有 10 台同类型的机床,每台机床的电动机功率为 10 kW.已知每台机床平均每小时开动 12 分钟,且开动与否是相互独立的,现因当地电力供应紧张,供电部门只提供 50 kW 的电力给该生产车间,问该车间能够正常工作的概率是多少.

解 50 kW 的电力仅可同时供给 5 台机床开动,因此,该车间的 10 台机床中同时开动的台数不超过 5 时可正常工作,而每台机床要么"开动",要么"不开动",记 $A=$"开动",则 $P(A)=\dfrac{12}{60}=0.2$.于是该车间能正常工作的概率为
$$p=\sum_{k=0}^{5}C_{10}^k(0.2)^k(0.8)^{10-k}$$
$$\approx 0.994.$$
由此可知,车间正常工作的概率为 0.994,不能正常工作的概率仅为 0.006,即 8 小时的工作中,仅有 $8\times 60\times 0.006=2.88$ 分钟不能正常工作.

习 题 1

1. 写出下列随机试验的样本空间:
(1) 记录一个小班一次数学考试的平均分数(设以百分制记分);
(2) 同时掷三颗骰子,记录三颗骰子点数之和;
(3) 生产产品直到有 10 件正品为止,记录生产产品的总件数;
(4) 对某工厂出厂的产品进行检查,合格的记上"正品",不合格的记上"次品",如连续查出两个次品就停止检查,或检查 4 个产品就停止检查,记录检查的结果;
(5) 在单位圆内任意取一点,记录它的坐标;
(6) 将一尺之棰折成三段,观察各段的长度.

2. 三人参加射击训练,A_i 表示"第 i 人成绩优秀"$(i=1,2,3)$,B 表示"至少有一人成绩优秀",C 表示"恰有一人成绩优秀".试说明 $\overline{B}$,$B-C$,$\overline{B-C}$ 的含义,并用 $A_i(i=1,2,3)$ 表示出来.

3. 化简下列各式：
(1) $(A\cup B)\cup(A\cup \bar{B})$；　　　　(2) $(A\cup B)\cap(A\cup \bar{B})$；
(3) $\bar{A}B\cup(AB)\cup A\bar{B}$；　　　　(4) $AB\cup(A-B)\cup \bar{A}$.

4. 设 A,B 为随机事件，且 $P(A)=0.7$, $P(A-B)=0.3$，求 $P(\overline{AB})$.

5. 设 A,B 是两个随机事件，且 $P(A)=0.6$, $P(B)=0.7$，求：
(1) 在什么条件下 $P(AB)$ 取到最大值？
(2) 在什么条件下 $P(AB)$ 取到最小值？

6. 设 A,B,C 为三事件，且 $P(A)=P(B)=\dfrac{1}{4}$, $P(C)=\dfrac{1}{3}$, $P(AB)=P(BC)=0$, $P(AC)=\dfrac{1}{12}$，求 A,B,C 至少有一事件发生的概率.

7. 从 52 张扑克牌中任意取出 13 张，问有 5 张黑桃、3 张红心、3 张方块、2 张梅花的概率是多少.

8. 袋中装有 11 件产品，其中 6 个正品、3 个次品和 2 个废品，从袋中随机地一次取出 2 个，求下列事件的概率：
(1) 取到 2 个正品；
(2) 取到 2 个同等级的产品；
(3) 至少取到 1 个正品.

9. 袋中装有 5 个红球和 3 个白球. 从中依次取出 5 个，分别按不放回抽样和有放回抽样计算下列事件的概率：
(1) 取到的全是红球；
(2) 取到 2 个红球和 3 个白球；
(3) 最后一次取到的是红球.

10. 把 $1,2,\cdots,n$ 共 n 个数分别写在 n 张卡片上，然后把卡片随机地排成一列. 以 A 表示"至少有一张卡片上的数字与它在排列中的顺序号一致"，试求事件 A 的概率.

11. 桥牌比赛中，4 人从 52 张牌中各分得 13 张，求 4 张 A 集中在一人手中的概率.

12. 50 只铆钉被随机地取来用在 10 个部件上，其中有 3 个铆钉强度太弱. 每个部件用 3 只铆钉，若将 3 只强度太弱的铆钉都装在一个部件上，则这个部件强度就太弱. 求发生一个部件强度太弱的概率.

13. 一盒中装有 4 只次品晶体管和 6 只正品晶体管，从中随机地取出一只测试，直到 4 只次品都找到为止，求第 4 只次品晶体管在下列情况被发现的概率：
(1) 在第 5 次测试时被发现；
(2) 在第 10 次测试时被发现.

14. 从 5 副不同花色的手套中任取 4 只，求这 4 只手套中至少有 2 只恰为一副的概率.

15. 设电台每到整点报时，一人早上醒来后打开收音机，求他等待时间不超过 10 分钟就能听到电台报时的概率.

16. 从 $(0,1)$ 内任取两个数，求这两数之积小于 0.25 的概率.

17. 某货运码头仅能容一船卸货，而甲、乙两船在码头的卸货时间分别为 1 小时和 2

小时.设甲、乙两船在24小时内随时可能到达,求它们中任何一船都不需等待码头空出的概率.

18. 已知 $P(A)=0.3$, $P(B)=0.4$, $P(A|B)=0.32$, 求 $P(AB)$, $P(\overline{A}B)$, $P(A\cup B)$, $P(\overline{A\cup B})$.

19. 已知 $P(A)=a$, $P(B)=b$, 求证: $P(A|B)\geqslant\dfrac{a+b-1}{b}$.

20. 已知 $P(\overline{A})=0.3$, $P(B)=0.4$, $P(A\overline{B})=0.5$, 求 $P(B|A\cup\overline{B})$.

21. 已知事件 A 与 B 相互独立, $P(A)=P(\overline{B})=a-1$, $P(B\cup A)=\dfrac{7}{9}$, 求 a 的值.

22. 已知10张票券中有一张为有奖票券,10人轮流抽签,求第 $k(k=1,2,\cdots,10)$ 人抽到有奖票券的概率.

23. 根据以往的记录,某种诊断肝炎的试验有如下效果:对肝炎病人的试验呈阳性的概率为0.95,对非肝炎病人的试验呈阴性的概率为0.95.对自然人群进行普查的结果为有0.5%的人患有肝炎.现有某人做此试验结果为阳性,问此人确有肝炎的概率是多少.

24. 一批电子元件使用到2000小时还能正常工作的概率是0.94,使用到3000小时还能正常工作的概率是0.87,求已经工作了2000小时的元件继续工作到3000小时还能正常工作的概率.

25. 仓库里堆放了一大批木材,其中有70%来自甲地,30%来自乙地.已知甲地木材中杉木占50%,乙地木材中杉木占60%.今从这一堆木材中任取一根,设 A 表示"取到甲地的木材", B 表示"取到杉木".
(1) 写出 $P(A)$, $P(\overline{A})$, $P(B|A)$, $P(B|\overline{A})$;
(2) 求取到杉木的概率.

26. 有两箱同类型产品,第一箱装50只,其中有10只一等品,第二箱装30只,其中有12只一等品.从两箱中任选一箱,然后从该箱中任取两只,求取到两只一等品的概率.

27. 有编号为一、二的两个盒子.从装有3个白球和2个黑球的一号盒中任取2个球,放入装有3个白球和5个黑球的二号盒中,再从二号盒中任取一球,求最后取得一个白球的概率.

28. 有编号为Ⅰ、Ⅱ、Ⅲ的三个口袋,其中Ⅰ号袋装有两个1号球、一个2号球和一个3号球,Ⅱ号袋装有两个1号球和一个3号球,Ⅲ号袋装有三个1号球和两个2号球.现在先从Ⅰ号袋内任取一球,放入与球上号码相同的口袋中,第二次从该口袋中任取一球,计算第二次取到 $i(i=1,2,3)$ 号球的概率.

29. 将两信息分别编码为 A 和 B 传送出去,接收站收到时,A 被误收作 B 的概率为0.02,而 B 被误收作 A 的概率为0.01.信息 A 与信息 B 传送的频繁程度为2∶1,若接收站收到的信息是 A,问原发信息是 A 的概率为多少.

30. 两箱产品,第一箱装50件,其中有10件一等品,第二箱装30件,其中有18件一等品.今从两箱中任取一箱,然后从该箱中不放回地连取两次,每次取一件.求:
(1) 第一次取到的是一等品的概率;
(2) 在已知第一次取到的是一等品的条件下,第二次取到的是一等品的概率.

31. 一箱产品有 100 件,其中的次品件数从 0 到 2 是等可能的. 开箱检验时,从中随机地取出 10 件,若发现有次品,则认为该箱产品不合要求而拒收. 若已知一箱产品通过检验被接收,求其中确实没有次品的概率.

32. 10 个乒乓球中有 7 个新球. 第一次随机地取出 2 个,用完后放回去,第二次又随机地取出 2 个.
(1) 求第二次取到 $i(i=0,1,2)$ 个新球的概率;
(2) 如发现第二次取到的是两个新球,计算第一次没有取到新球的概率.

33. 某保险公司将投保人分为三类:谨慎的、一般的和冒失的. 统计资料表明,上述三种人在一年内发生事故的概率依次为 0.05,0.15,0.30. 如果投保人中"谨慎的"占 20%,"一般的"占 50%,"冒失的"占 30%,求:
(1) 投保人在一年内出事故的概率;
(2) 已知投保人在一年内出事故,求他属于"谨慎的"客户的概率.

34. 设事件 A,B 相互独立,且 $P(A)=0.6$, $P(B)=0.5$,求 $P(\bar{A}\cup B)$, $P(A\mid A\cup B)$.

35. 设 $P(A)>0, P(B)>0$,若 A 与 B 独立,则它们是否互不相容?为什么?

36. 甲、乙、丙三人练习投篮,他们能投中的概率分别为 0.7,0.4,0.35,今三人各投一次,求:
(1) 只有一人投中的概率;
(2) 最多有一人投中的概率;
(3) 至少有一人投中的概率.

37. 某单位电话总机的占线率为 0.4,其中某车间分机的占线率为 0.3,假设两者独立,现从外部打电话给该车间,求一次就能打通的概率、第二次才能打通的概率以及第 m 次(m 为任意正整数)才能打通的概率.

38. 某仪器有三个灯泡,烧坏第一、第二、第三个灯泡的概率相应为 0.1,0.2,0.3. 当烧坏一个灯泡时,仪器发生故障的概率为 0.25;当烧坏两个灯泡时,仪器发生故障的概率为 0.60;当烧坏三个灯泡时,仪器发生故障的概率为 0.90. 假设它们是否烧坏是相互独立的,求仪器发生故障的概率.

39. 甲、乙、丙三人同时向一架飞机射击,他们击中目标的概率分别为 0.4,0.5,0.7. 假设飞机被一人击中而被击落的概率为 0.2,被两人击中而被击落的概率为 0.6,若被三人击中,则飞机定被击落. 求飞机被击落的概率.

40. 甲、乙两人轮流投篮,甲先开始. 假设他们投中的概率分别为 0.4 和 0.5,问谁先投中的概率较大. 为什么?

41. 甲、乙两人比赛射击,每进行一轮,胜者得一分. 在一次射击中,甲胜的概率为 α,乙胜的概率为 β. 设 $\alpha>\beta$ $(\alpha+\beta=1)$,且独立地进行到有一人超过对方两分就停止,多得两分者为胜,求甲、乙获胜的概率.

42. 一寝室内有 4 个同学将英语词典都放在一起,第二天上课前,每人任意地拿一本词典,求至少有一人拿到自己词典的概率及都没拿到自己词典的概率.

43. 设有五门高射炮,每一门高射炮击中飞机的概率都是 0.6,求它们同时发射一发炮弹而击中飞机的概率. 又若一架敌机入侵领空,欲以 99.99% 的概率击中它,问至少需多少门高射炮.

44. 设在 4 次独立试验中,事件 A 在每次试验中发生的概率相等.若已知事件 A 在 4 次试验中至少发生一次的概率为 $\frac{65}{81}$,求事件 A 在一次试验中发生的概率.

45. 某加工车间有 10 台车床,每台电动机的功率均为 7.5 kW.由于装卸工件和检修等原因,每台车床平均每小时开动 24 分钟,且各车床开动与否是相互独立的,问全部车床用电超过 55 kW 的概率有多大.

第 2 章 随机变量及其分布

在第 1 章中,我们介绍了随机试验、随机事件及其概率,细心的读者可能已经注意到,有些随机试验的结果(随机事件)和实数之间存在着某种客观的联系,而有些随机试验的结果(随机事件)和实数之间并不存在着这样的联系.作为一门数学学科,为了对随机现象的统计规律做更深入、更全面的研究,有必要在随机试验的结果(随机事件)与实数之间建立一个对应关系,进而简化对随机事件的研究,为此将引入随机变量的概念.可以看到,随着随机变量这一概念的引入,对随机事件的研究进而转化为对随机变量的研究,从而有利于使用现代数学工具(如微积分等)来研究随机现象的统计规律.本章介绍一维随机变量、随机变量的概率分布、随机变量函数的分布等概念,并给出了常见的一维随机变量的概率分布.

§2.1 随机变量及其分布函数

一、随机变量

定义 2.1 设 Ω 是试验 E 的样本空间.如果对于 Ω 中的每一个样本点 ω,都有唯一一个确定的实数 $X(\omega)$ 与之相对应,那么称 $X=X(\omega)$ 为**随机变量**.

如图 2.1 所示为随机变量的示意图,图中 R_X 表示 X 的值域.

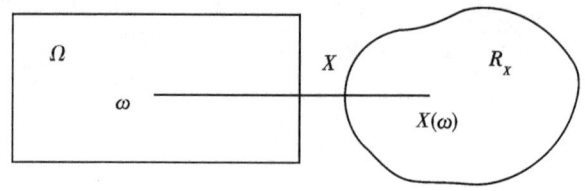

图 2.1

常用大写英文字母 $X,Y,Z,\cdots$ 或小写希腊字母 $\xi,\eta,\zeta,\cdots$ 表示随机变量,用小写字母 $x,y,z,\cdots$ 表示随机变量的取值.

引入随机变量以后,可以用随机变量来表示事件.设 L 是由实数组成的集合(L 可以是开区间、闭区间、半开半闭区间,也可以是任一实数),我们将用 $\{X \in L\}$ 表示样本空间中满足 $X(\omega) \in L$ 的样本点的集合,即

$$\{X \in L\} = \{\omega \mid X(\omega) \in L\},$$

这是随机事件,显然有

$$P\{X \in L\} = P\{\omega \mid X(\omega) \in L\}. \tag{2-1}$$

在随机试验中我们常常关心某一事件发生与否,这时可引进随机变量:

$$X = \begin{cases} 1, & A \text{ 发生}; \\ 0, & \overline{A} \text{ 发生}. \end{cases}$$

并称之为**事件 A 的示性函数**.

本章主要讨论在现实中有着广泛应用的离散型随机变量和连续型随机变量.

二、随机变量的分布函数

对于随机变量,我们不仅要知道它可能取哪些值,还需要知道它的概率特征以及统计规律,为此引入随机变量的分布函数概念.

定义 2.2 设 X 是一个随机变量,x 为任意实数,函数

$$F(x) = P\{X \leqslant x\} \tag{2-2}$$

称为**随机变量 X 的分布函数**.

为便于理解分布函数这一概念,我们不妨将随机变量 X 看作是向数轴上随机投掷点时落点处的坐标,$F(x)$ 就表示随机点落入半开半闭区间 $(-\infty, x]$ 这一事件发生的概率,它是随着 x 的变化而变化的,因此 $F(x)$ 是定义在实数集 **R** 上的函数.

分布函数具有以下性质(证明超出本书范围,略):

(1) $F(x)$ 是 x 的单调不减函数;

(2) $0 \leqslant F(x) \leqslant 1$ $(-\infty < x < +\infty)$,且

$$F(-\infty) = \lim_{x \to -\infty} F(x) = 0,$$
$$F(+\infty) = \lim_{x \to +\infty} F(x) = 1;$$

(3) $F(x)$ 是右连续的,即对于任意实数 x,有 $F(x+0) = F(x)$.

反之,任何一个满足上述三条性质的实函数,一定是某一随机变量的分布函数.

利用 $F(x)$,可计算 X 落在各种区间内的概率,如

$$P\{a < X \leqslant b\} = F(b) - F(a),$$
$$P\{X > a\} = 1 - F(a),$$
$$P\{X = a\} = F(a) - F(a-0).$$

例 1 设随机变量 X 只取实数 $0, 1, 2$,且 $P\{X=0\}=0.3, P\{X=1\}=0.6, P\{X=2\}=0.1$.

(1) 求 X 的分布函数 $F(x)$ 并作出图像;

(2) 利用分布函数求 $P\{X \leqslant 1\}$,$P\{0.5 \leqslant X \leqslant 1.5\}$.

解 (1) 由题设知,X 只能取 $0, 1, 2$ 三个值,取其他任何实数时概率均为 0,由概率的可加性可得

$$F(x) = \begin{cases} 0, & x < 0; \\ 0.3, & 0 \leqslant x < 1; \\ 0.3+0.6, & 1 \leqslant x < 2; \\ 0.3+0.6+0.1, & x \geqslant 2 \end{cases}$$

$$= \begin{cases} 0, & x < 0; \\ 0.3, & 0 \leqslant x < 1; \\ 0.9, & 1 \leqslant x < 2; \\ 1, & x \geqslant 2. \end{cases}$$

其图像如图 2.2 所示.

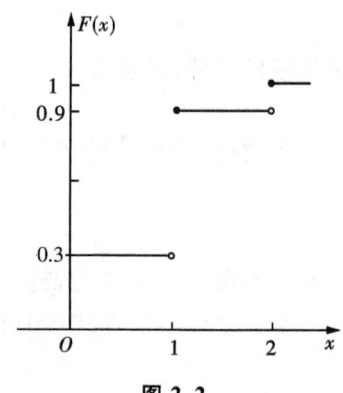

图 2.2

(2) $P\{X \leqslant 1\} = F(1) = 0.9$,

$P\{0.5 \leqslant X \leqslant 1.5\} = F(1.5) - F(0.5-0)$

$= 0.9 - 0.3 = 0.6$.

例 2 设 $F_1(x)$ 与 $F_2(x)$ 分别是随机变量 X_1 与 X_2 的分布函数,a 与 b 是两个非负实常数,且 $a+b=1$,证明:$F(x) = aF_1(x) + bF_2(x)$ 也是某一随机变量的分布函数.

证明 由题设条件可知:$F_1(x)$ 与 $F_2(x)$ 具有随机变量的分布函数的三个性质,即

① $F_1(x)$ 与 $F_2(x)$ 均为关于 x 的单调不减函数;

② $0 \leqslant F_i(x) \leqslant 1$,且

$$\lim_{x \to -\infty} F_i(x) = 0, \quad \lim_{x \to +\infty} F_i(x) = 1, \quad i=1,2;$$

③ $F_i(x)$ 右连续,即 $\lim_{x \to x_0+0} F_i(x) = F_i(x_0)$,$i=1,2$.

于是,当 a 与 b 是两个非负实常数,且 $a+b=1$ 时,

① 若 $x_1 < x_2$,则 $F(x_1) = aF_1(x_1) + bF_2(x_1) \leqslant aF_1(x_2) + bF_2(x_2) = F(x_2)$;

② $0 \leqslant F(x) = aF_1(x) + bF_2(x) \leqslant 1$,且

$$\lim_{x \to -\infty} F(x) = \lim_{x \to -\infty} [aF_1(x) + bF_2(x)] = 0,$$

$$\lim_{x \to +\infty} F(x) = \lim_{x \to +\infty} [aF_1(x) + bF_2(x)] = a+b = 1;$$

③ $\lim_{x \to x_0+0} F(x) = \lim_{x \to x_0+0} [aF_1(x) + bF_2(x)] = aF_1(x_0) + bF_2(x_0) = F(x_0)$.

可知,$F(x)$ 具有随机变量的分布函数的所有性质,所以它是某一随机变量的分布函数.

§2.2 离散型随机变量

一、离散型随机变量及其概率分布

定义 2.3 若随机变量 X 只取有限个或可列无穷多个值,则称 X 为**离散型随机变量**.

定义 2.4 设 X 为离散型随机变量,它的所有可能取值为 $x_i(i=1,2,\cdots)$,X 取各可能值的概率为

$$P\{X=x_i\} = p_i(i=1,2,\cdots), \tag{2-3}$$

称式(2-3)为随机变量 X 的**概率分布**,或称为 X 的**分布律**,简称**分布**.

式(2-3)也可列表表示如下:

X	x_1	x_2	$\cdots$	x_n	$\cdots$
P	p_1	p_2	$\cdots$	p_n	$\cdots$

容易验证,分布律(2-3)中的概率具有以下性质:

(1) $p_i \geq 0, i=1,2,\cdots;$ (2-4)

(2) $\sum_{i=1}^{\infty} p_i = 1.$ (2-5)

反之,具有上述两个性质的任何一组数 $\{p_i\}$,一定是某一离散型随机变量的分布律中的概率.

为了直观地表达分布律,我们还可以作类似图 2.3 的分布律图.

图 2.3 中,点 x_i 处垂直于 x 轴的线段高度为 p_i,它表示 X 取 x_i 时的概率值.

例 1 设一汽车在开往目的地的道路上需通过 4 盏信号灯,每盏灯以 0.6 的概率允许汽车通过,以 0.4 的概率禁止汽车通过(设各盏信号灯的工作相互独立).以 X 表示汽车首次停下时已经通过的信号灯盏数,求 X 的分布律.

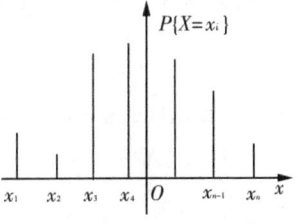

图 2.3

解 以 p 表示每盏信号灯禁止汽车通过的概率,显然 X 的可能取值为 0, 1, 2, 3, 4,易知 X 的分布律为

X	0	1	2	3	4
P	p	$(1-p)p$	$(1-p)^2 p$	$(1-p)^3 p$	$(1-p)^4$

或写成

$$P\{X=k\} = (1-p)^k p, \quad k=0,1,2,3,$$
$$P\{X=4\} = (1-p)^4.$$

将 $p=0.4, 1-p=0.6$ 代入上式,得 X 的分布律为

X	0	1	2	3	4
P	0.4	0.24	0.144	0.0864	0.1296

若已知 X 的分布律,则可求出任一事件 $\{X \in A\}$ (A 为实数集合)的概率:

$$P\{X \in A\} = \sum_{x_i \in A} p_i. \tag{2-6}$$

一般地,由 X 的分布律 $P\{X=x_i\}=p_i$ ($i=1,2,\cdots$)可得出 X 的分布函数如下:

$$F(x) = \sum_{x_i \leq x} p_i, \quad -\infty < x < +\infty. \tag{2-7}$$

这里,$F(x)$ 是一个分段函数,它在 X 的每一个可能值 $x_i(i=1,2,\cdots)$ 处间断,其图像在 x_i 处有一跳跃值 $p_i = P\{X=x_i\}$.

对于离散型随机变量的概率规律,既可以用分布函数来描述,也可以用分布律来描

述,不过分布律常常比分布函数更直观.

二、常见的离散型随机变量的分布

1. 0-1 分布

定义 2.5 若随机变量 X 的概率分布为

X	0	1
P	$1-p$	p

$(0<p<1)$ (2-8)

则称随机变量 X 服从 **0-1 分布**.

在前一节中提到的示性函数,就是一个服从 0-1 分布的随机变量,它常用来描述只有两个可能结果的试验,如新生儿性别的登记、观察机器工作是否正常、检查产品是否为合格品等.

2. 超几何分布

定义 2.6 若随机变量 X 的分布律为

$$P\{X=k\} = \frac{C_M^k C_{N-M}^{n-k}}{C_N^n} \quad (k=0,1,2,\cdots,l), \tag{2-9}$$

其中 $l=\min\{M,n\}$,则称 X 服从**超几何分布**.

显然 $P\{X=k\}\geqslant 0$, $k=0,1,2,\cdots,l$.

利用组合公式 $\sum_{k=0}^{l} C_{N_1}^k C_{N_2}^{n-k} = C_{N_1+N_2}^n$ 可以证明: $\sum_{k=0}^{l} P\{X=k\} = 1$.

超几何分布是描述不放回抽样的数学模型. 如一批产品共 N 件,其中有 M 件次品,从中取出 n 件,恰好取到的次品件数 X 的分布律正如式(2-9)所示.

3. 几何分布

定义 2.7 若随机变量 X 的分布律为

$$P\{X=k\} = p(1-p)^{k-1} \quad (k=1,2,\cdots; p>0), \tag{2-10}$$

则称 X 服从参数为 p 的**几何分布**.

显然,$P\{X=k\}\geqslant 0$,$\sum_{k=1}^{\infty} P\{X=k\} = 1$ 成立.

几何分布常用来描述独立重复试验中首次"成功"所需要的试验次数. 例如,甲射击中靶的概率为 p,以 X 表示甲射击中靶所需要的射击次数,则 X 服从参数为 p 的几何分布.

4. 二项分布

定义 2.8 若随机变量 X 的分布律为

$$P\{X=k\} = C_n^k p^k (1-p)^{n-k} \quad (k=0,1,2,\cdots,n; 0<p<1), \tag{2-11}$$

则称 X 服从参数为 n,p 的**二项分布**,记为 $X\sim B(n,p)$.

显然 $P\{X=k\}\geqslant 0$,$k=0,1,2,\cdots,n$.

$$\sum_{k=0}^{n} P\{X=k\} = \sum_{k=0}^{n} C_n^k p^k (1-p)^{n-k} = (p+1-p)^n = 1.$$

我们知道,$P\{X=k\}=C_n^k p^k (1-p)^{n-k}$ 恰好是 $[p+(1-p)]^n$ 二项展开式中出现 p^k 的

那一项,这就是二项分布名称的由来.

设 E 为伯努利试验,A 为试验 E 的随机事件,且 A 发生的概率 $P(A)=p$,以 X 表示在 n 重伯努利试验 E^n 中事件 A 发生的次数,则 X 服从二项分布,即 $X \sim B(n,p)$(详细推导见第 1 章).

特别地,当 $n=1$ 时,二项分布即为 0-1 分布.

二项分布的概率值可由附表 1 查得.

例 2 某大学的校乒乓球队与数学系乒乓球队举行对抗赛.校队的实力较系队强,当一个校队运动员与一个系队运动员比赛时,校队运动员获胜的概率为 0.6,现在校、系双方商量对抗赛的方式,提了三种方案:

(1) 双方各出 3 人;   (2) 双方各出 5 人;   (3) 双方各出 7 人.

三种方案中均以比赛中得胜人数多的一方为胜利.问:对系队来说,哪一种方案有利?

解 设系队得胜人数为 X,则在上述三种方案中,系队胜利的概率为

(1) $P\{X \geqslant 2\} = \sum_{k=2}^{3} C_3^k (0.4)^k (0.6)^{3-k} \approx 0.352$;

(2) $P\{X \geqslant 3\} = \sum_{k=3}^{5} C_5^k (0.4)^k (0.6)^{5-k} \approx 0.317$;

(3) $P\{X \geqslant 4\} = \sum_{k=4}^{7} C_7^k (0.4)^k (0.6)^{7-k} \approx 0.290$.

因此第一种方案对系队最为有利.这在直觉上是容易理解的,因为参赛人数越少,系队侥幸获胜的可能性也就越大.

例 3 袋中有 6 个红球,4 个白球,从中有放回地连取 5 次,以 X 表示取到的白球个数,求 X 的分布律并作出 X 的概率分布图.

解 由于是有放回抽样,每次只有两个可能的结果,因而连取 5 个球是一个 5 重伯努利试验.又因为在每次取球中取到白球的概率为 $p = \frac{4}{10} = 0.4$,于是

$$P\{X=k\} = C_5^k (0.4)^k (0.6)^{5-k}, k=0,1,2,\cdots,5.$$

将结果列表如下:

X	0	1	2	3	4	5
P	0.07776	0.2592	0.3456	0.2304	0.0768	0.01024

其概率分布图如图 2.4 所示.

可以看出,随着 k 的增加,事件 $\{X=k\}$ 的概率先增加,在 $k=2$ 处达到最大值,然后减少.我们称 2 为 5 次取球中最可能取得的白球数.

一般地,设 $X \sim B(n,p)$,若 $P\{X=k\}$ 在 $X=m$ 处取得最大值,则称 $P\{X=m\}$ 为二项分布的中心项,m 称为最可能成功次数(或最可能值).对于给定的 n 及 p,可以证明:当 $(n+1)p$ 不是整数时,$[(n+1)p]$ 为最可能成功次数;当 $(n+1)p$ 为整数时,$(n+1)p$ 和 $(n+1)p-1$ 均为最可能成功次数.

二项分布与超几何分布有如下关系.

定理 2.1 在超几何分布中,对于固定的 n,若 $\lim_{N \to \infty} \frac{M}{N} = p$,则有

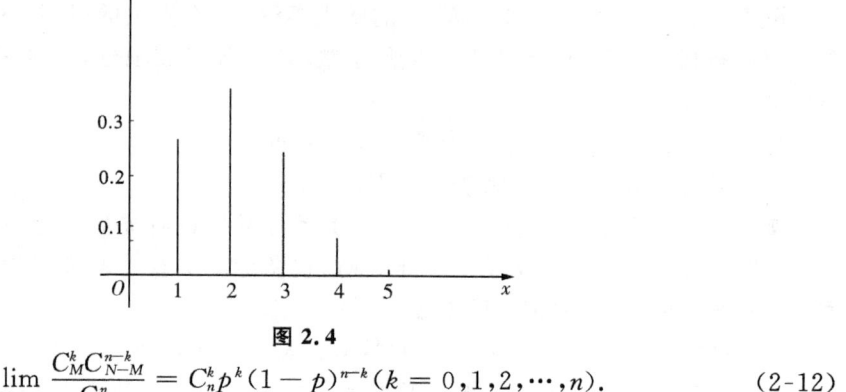

图 2.4

$$\lim_{N\to\infty}\frac{C_M^k C_{N-M}^{n-k}}{C_N^n}=C_n^k p^k(1-p)^{n-k}\ (k=0,1,2,\cdots,n). \tag{2-12}$$

证明 从略.

此定理表明,当 N 充分大、n 相对较小(如 $\frac{n}{N}\leqslant 0.05$)时,超几何分布近似于二项分布.事实上,二项分布描述有放回抽样,超几何分布描述不放回抽样,两者虽然不相同,但当抽样的对象总数很大时,不放回抽样与有放回抽样的差别就不是很大了.

5. 泊松分布

定义 2.9 若随机变量 X 的概率分布为

$$P\{X=k\}=\frac{\lambda^k \mathrm{e}^{-\lambda}}{k!}(k=0,1,2,\cdots;\lambda>0), \tag{2-13}$$

则称 X 服从参数为 λ 的**泊松分布**.

显然,式(2-13)满足 $P\{X=k\}\geqslant 0, k=0,1,2,\cdots,$

$$\sum_{k=0}^{\infty}P\{X=k\}=\sum_{k=0}^{\infty}\frac{\lambda^k \mathrm{e}^{-\lambda}}{k!}=\mathrm{e}^{-\lambda}\sum_{k=0}^{\infty}\frac{\lambda^k}{k!}=\mathrm{e}^{-\lambda}\mathrm{e}^{\lambda}=1.$$

泊松分布与二项分布有如下关系.

定理 2.2(泊松定理) 在 n 重伯努利试验中,设 $p_n(0<p_n<1)$ 表示事件 A 在每次试验中发生的概率,它与试验的总次数有关.若它满足 $\lim_{n\to\infty}np_n=\lambda\ (\lambda>0)$,则有

$$\lim_{n\to\infty}P\{X=k\}=\lim_{n\to\infty}C_n^k p_n^k(1-p_n)^{n-k}=\frac{\lambda^k \mathrm{e}^{-\lambda}}{k!}(k=0,1,2,\cdots). \tag{2-14}$$

证明 从略.

定理表明,如果事件 A("成功")在一次试验中出现的概率 p 充分小,而试验次数 n 充分大,那么在 n 重伯努利试验中事件 A 出现的次数 X 近似地服从参数为 $\lambda=np$ 的泊松分布,即有

$$P\{X=k\}=C_n^k p^k(1-p)^{n-k}\approx\frac{\lambda^k \mathrm{e}^{-\lambda}}{k!}(k=0,1,2,\cdots), \tag{2-15}$$

其中 $\lambda=np$.

例 4 某一大批产品的合格品率为 98%,现随机地从这批产品中抽样 20 次,每次抽一个产品,问抽得的 20 个产品中恰好有 $k(k=1,2,\cdots,20)$ 个为合格品的概率是多少.

解 这是不放回抽样.由于这批产品的总数很大,而抽出的产品的数量相对于产品总

数来说又很小,那么取出少许几件可以认为并不影响剩下部分的合格品率,因而可以当作放回抽样来处理. 我们将抽检一个产品看其是否为合格品看成一次试验,显然,抽检 20 个产品就相当于做 20 次伯努利试验,以 X 记 20 个产品中合格品的个数,那么 $X \sim B(20, 0.98)$,即

$$P\{X=k\} = C_{20}^{k}(0.98)^{k}(0.02)^{20-k}, k=1,2,\cdots,20.$$

若在上例中将参数 20 改为 200 或更大,显然此时直接计算该概率就显得相当麻烦. 从下表可以直观地看出(2-15)式两端的近似程度. 当 $n \geq 20$ 时,两者的结果是很接近的.

k	按二项分布公式直接计算				按泊松近似公式(2-15)计算
	$n=10$ $p=0.1$	$n=20$ $p=0.05$	$n=40$ $p=0.025$	$n=100$ $p=0.01$	$\lambda=np$
0	0.349	0.358	0.363	0.366	0.368
1	0.385	0.377	0.372	0.370	0.368
2	0.194	0.189	0.186	0.185	0.184
3	0.057	0.060	0.060	0.061	0.061
4	0.011	0.013	0.014	0.015	0.015
⋮	⋮	⋮	⋮	⋮	⋮

在实际计算中,一般地,当 $n>20$, $p<0.05$ 或者 $n>100$, $p<0.1$ 时,近似程度较好.

在实际应用中,常用服从泊松分布的随机变量来描述大量重复随机试验中的稀有事件(每次试验时出现的概率很小的事件)出现的次数,如印刷品中错字出现的数目、纺织品上的疵点数、某震区的地震次数、放射性物质分裂落到某区域的质子数等. 另外,很多"排队"问题,如某段时间内电话交换台收到的呼叫次数、公共汽车站来到的乘客数等都可近似地用泊松分布来描述.

例 5 某厂共有 300 台同类型的车床,它们相互独立地工作,且每台车床发生故障的概率为 0.01. 通常情况下,一台车床的故障可由一人来处理,问至少配备多少个维修工,才能保证车床发生故障而不能及时维修的概率小于 0.01.

解 令 $X=$"同时发生故障的车床数",设需要配备 r 个工人便满足题设条件,则由题意可得:$n=300$, $p=0.01$, $X \sim B(300, 0.01)$,且 $1-P\{X \leq r\} \leq 0.01$. 于是,由泊松定理可得

$$P\{X \leq r\} \approx \sum_{k=0}^{r} \frac{(np)^{k} e^{-np}}{k!} = \sum_{k=0}^{r} \frac{3^{k} e^{-3}}{k!} \geq 0.99,$$

即

$$1 - \sum_{k=0}^{r} \frac{3^{k} e^{-3}}{k!} = \sum_{k=r+1}^{+\infty} \frac{3^{k} e^{-3}}{k!} \leq 0.01.$$

查泊松分布表得 $r+1 \geq 9$,即 $r \geq 8$,因此至少需配备 8 个维修工人才能满足要求.

例 6 根据过去的统计知道,某厂生产的某种产品中出现废品的概率为 0.014,现若要求有 90% 的可能性在一个箱子的这种产品中能选得 100 件合格品,试问在一个箱子中至少应放多少件产品.

解 设一个箱子中至少应放 $100+x$ 件产品,则由于每一件产品要么为废品,要么为

合格品,只有两种可能的结果,因此 $100+x$ 件产品中的废品数相当于 $100+x$ 次伯努利试验"成功"的次数,若令 X 表示 $100+x$ 件产品中的废品数,则

$$X \sim B(100+x, 0.014).$$

题中问题变为求最小的 x,使

$$P\{X \leqslant x\} = \sum_{k=0}^{x} C_{100+x}^{k} (0.014)^k (0.986)^{100+x-k} \geqslant 0.90.$$

由于 $np = (100+x) \times 0.014 \approx 100 \times 0.014 = 1.4$,于是由泊松定理近似可得

$$\sum_{k=0}^{x} \frac{(np)^k e^{-np}}{k!} \approx \sum_{k=0}^{x} \frac{(1.4)^k e^{-1.4}}{k!} \geqslant 0.90,$$

即

$$\sum_{k=x+1}^{+\infty} \frac{(1.4)^k e^{-1.4}}{k!} \leqslant 0.10.$$

查泊松分布表得 $x+1 \geqslant 4$,即 $x \geqslant 3$,因此一个箱子中至少应放 103 件产品才能满足要求.

§2.3 连续型随机变量

一、连续型随机变量及其概率密度

定义 2.10 设 X 为随机变量,如果存在某一非负可积函数 $f(x)$,使得对于任意实数 x,均有

$$F(x) = P\{X \leqslant x\} = \int_{-\infty}^{x} f(t) \mathrm{d}t, \tag{2-16}$$

那么称 X 为**连续型随机变量**,并称函数 $f(x)$ 为 X 的**概率密度**或**概率密度函数**、**分布密度**.

显然,连续型随机变量的分布函数是一个连续函数.

概率密度 $f(x)$ 具有如下性质:

(1) $f(x) \geqslant 0, -\infty < x < +\infty$; \qquad (2-17)

(2) $\int_{-\infty}^{+\infty} f(x) \mathrm{d}x = 1$; \qquad (2-18)

(3) 在 $f(x)$ 的连续点处,有

$$F'(x) = f(x); \tag{2-19}$$

(4) 对任意实数 $a, b (a \leqslant b)$,有

$$P\{a < X \leqslant b\} = \int_{a}^{b} f(x) \mathrm{d}x. \tag{2-20}$$

上述性质均不难由定义 2.10 推出(推导过程留给读者练习).

由上可知,任一连续型随机变量的概率密度函数均满足式(2-17)和式(2-18),可以证

明,任何一个同时满足式(2-17)和式(2-18)的函数 $f(x)$,一定是某一连续型随机变量的概率密度函数.

同时,由式(2-17)与式(2-18)可知,概率密度函数 $f(x)$ 的图像(称作密度曲线)在 x 轴的上方,且曲线 $y=f(x)$ 与 x 轴所围图形的面积等于1(见图2.5).

式(2-20)则表明事件 $\{a<X\leqslant b\}$ 发生的概率 $P\{a<X\leqslant b\}$ 等于曲线 $y=f(x)$,$y=0$,$x=a$,$x=b$ 所围成的曲边梯形的面积(见图2.6).

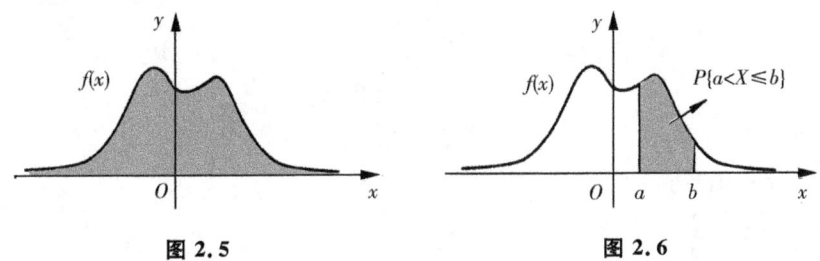

图 2.5　　　　　　　图 2.6

由定义2.10不难发现,对于任一常数 a,有
$$P\{X=a\} = 0, \tag{2-21}$$
这是连续型随机变量的一个特殊性质.

事实上,设 $\Delta x > 0$,则有 $\{X=a\} \subset \{a-\Delta x < X \leqslant a+\Delta x\}$,于是
$$0 \leqslant P\{X=a\} \leqslant P\{a-\Delta x < X \leqslant a+\Delta x\} = F(a+\Delta x) - F(a-\Delta x).$$
由于 $F(x)$ 是一连续函数,于是有
$$\lim_{\Delta x \to 0}[F(a+\Delta x) - F(a-\Delta x)] = \lim_{\Delta x \to 0}F(a+\Delta x) - \lim_{\Delta x \to 0}F(a-\Delta x)$$
$$= F(a) - F(a) = 0,$$
故有
$$P\{X=a\} = 0.$$
由此,若 X 是一个连续型随机变量,则有下述等式成立:
$$P\{a < X \leqslant b\} = P\{a \leqslant X < b\} = P\{a < X < b\}$$
$$= P\{a \leqslant X \leqslant b\}$$
$$= \int_a^b f(x)\mathrm{d}x. \tag{2-22}$$

特别要指出的是,尽管 $\{X=a\}$ 的概率为零,但它并不一定是不可能事件.这一事实说明,不可能事件的概率一定为零,反之,概率为零的事件不一定是不可能事件.进而可知,概率为1的事件也不一定是必然事件.

例1 设连续型随机变量 X 的分布函数为
$$F(x) = A + B\arctan x.$$
求:(1) 常数 A,B 的值;

(2) X 的概率密度 $f(x)$.

解　(1) 由分布函数的性质可得
$$\lim_{x \to -\infty} F(x) = \lim_{x \to -\infty}(A + B\arctan x) = A - \frac{\pi}{2}B = 0,$$

$$\lim_{x\to+\infty} F(x) = \lim_{x\to+\infty}(A + B\arctan x) = A + \frac{\pi}{2}B = 1,$$

解得 $A = \frac{1}{2}$，$B = \frac{1}{\pi}$.

(2) $f(x) = F'(x) = \dfrac{1}{\pi(1+x^2)} \ (-\infty < x < +\infty)$.

例 2 已知连续型随机变量 X 的概率密度为

$$f(x) = \begin{cases} \dfrac{A}{\sqrt{x}}, & 0 < x < 1; \\ 0, & \text{其他}. \end{cases}$$

求：(1) 常数 A 的值；

(2) X 的分布函数；

(3) $P\{\frac{1}{9} < X < \frac{1}{4}\}$.

解 由概率密度的性质及题意可得

(1) $\displaystyle\int_{-\infty}^{+\infty} f(x)\,\mathrm{d}x = \int_0^1 \dfrac{A}{\sqrt{x}}\,\mathrm{d}x = 2A = 1$,

所以 $A = \dfrac{1}{2}$.

(2) 当 $x < 0$ 时，$F(x) = 0$；

当 $0 \leqslant x < 1$ 时，$F(x) = \displaystyle\int_{-\infty}^{x} f(t)\,\mathrm{d}t = \int_0^x \dfrac{1}{2\sqrt{t}}\,\mathrm{d}t = \sqrt{x}$；

当 $x \geqslant 1$ 时，$F(x) = \displaystyle\int_{-\infty}^{x} f(t)\,\mathrm{d}t = \int_0^1 \dfrac{1}{2\sqrt{t}}\,\mathrm{d}t = 1$.

所以

$$F(x) = \begin{cases} 0, & x < 0; \\ \sqrt{x}, & 0 \leqslant x < 1; \\ 1, & x \geqslant 1. \end{cases}$$

(3) $P\left\{\dfrac{1}{9} < X < \dfrac{1}{4}\right\} = F\left(\dfrac{1}{4}\right) - F\left(\dfrac{1}{9}\right) = \dfrac{1}{6}$.

二、几个重要的连续型分布

1. 均匀分布

定义 2.11 若随机变量 X 的概率密度为

$$f(x) = \begin{cases} \dfrac{1}{b-a}, & a \leqslant x \leqslant b; \\ 0, & \text{其他}. \end{cases} \tag{2-23}$$

则称 X 在 $[a,b]$ 上服从**均匀分布**，记作 $X \sim U[a,b]$.

随机变量 X 的概率密度函数图像如图 2.7 所示.

可知,若 X 表示向 $[a,b]$ 上随机投掷点的落点处坐标,则 $X\sim U[a,b]$.

由式(2-23)可得 X 的分布函数为

$$F(x) = \begin{cases} 0, & x < a; \\ \dfrac{x-a}{b-a}, & a \leqslant x \leqslant b; \\ 1, & x > b. \end{cases}$$

其图像如图 2.8 所示.

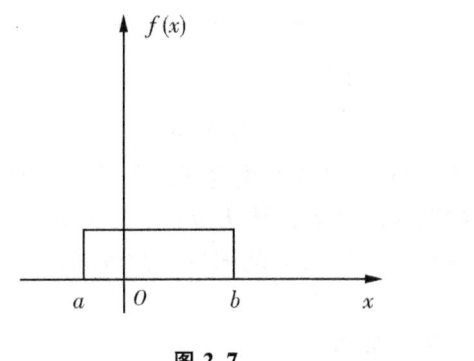

图 2.7

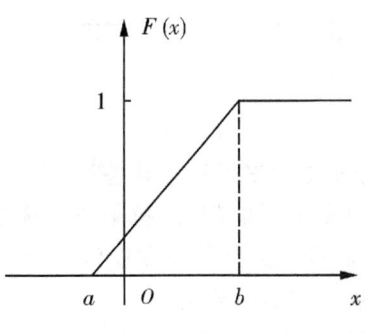

图 2.8

易证式(2-23)满足式(2-17)及式(2-18).

例 3 某公共汽车站从上午 7:00 开始,每 15 分钟来一辆车,如某乘客到达此站的时间是 7:00 到 7:30 之间的均匀分布的随机变量,试求他等车少于 5 分钟的概率.

解 设乘客于 7:00 过 X 分钟到达车站,由于 X 在 $[0,30]$ 上服从均匀分布,即有

$$f(x) = \begin{cases} \dfrac{1}{30}, & 0 \leqslant x \leqslant 30; \\ 0, & 其他. \end{cases}$$

显然,只有当乘客在 7:10 到 7:15 之间或 7:25 到 7:30 之间到达车站时,他等车的时间才会少于 5 分钟,因此所求概率为

$$P\{10 < X \leqslant 15\} + P\{25 < X \leqslant 30\} = \int_{10}^{15} \frac{1}{30} \mathrm{d}x + \int_{25}^{30} \frac{1}{30} \mathrm{d}x = \frac{1}{3}.$$

2. 指数分布

定义 2.12 若随机变量 X 的概率密度为

$$f(x) = \begin{cases} \lambda \mathrm{e}^{-\lambda x}, & x > 0; \\ 0, & x \leqslant 0. \end{cases} \tag{2-24}$$

其中 $\lambda > 0$,则称 X 服从参数为 λ 的**指数分布**.

易证式(2-24)满足式(2-17)及式(2-18).

由式(2-24)可得 X 的分布函数为

$$F(x) = \begin{cases} 1 - \mathrm{e}^{-\lambda x}, & x > 0; \\ 0, & x \leqslant 0. \end{cases} \tag{2-25}$$

服从参数为 λ 的指数分布的随机变量,其概率密度函数以及分布函数的图像如图 2.9,2.10 所示.

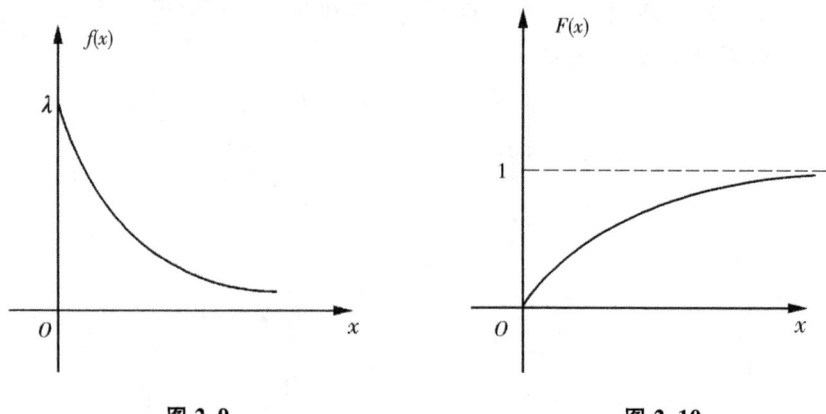

图 2.9　　　　　　　　图 2.10

指数分布常用来近似描述各种"寿命"的分布,例如无线电电子元件的使用寿命、动物的寿命、电话的通话时间、随机服务系统中的服务时间等常被认为服从指数分布.

例 4　假设某大型设备在任何长为 t（单位：小时）的时间内发生故障的次数 $N(t)$ 服从参数为 λt 的泊松分布. 求:

(1) 相继两次故障之间的时间间隔 T 的概率分布;

(2) 在设备已经无故障工作 8 小时的情况下,再无故障工作 6 小时的概率.

解　(1) 由题设条件可知,随机变量 T 只取非负实数,因此

当 $t<0$ 时,$F(t)=P\{T\leqslant t\}=0$;

当 $t\geqslant 0$ 时,$F(t)=P\{T\leqslant t\}=1-P\{T>t\}=1-P\{N(t)=0\}=1-e^{-\lambda t}$.

所以,T 的分布函数为

$$F(t)=\begin{cases}0, & t<0;\\ 1-e^{-\lambda t}, & t\geqslant 0.\end{cases}$$

(2) 所求的概率为

$$P\{T>14\mid T>8\}=\frac{P\{T>14,T>8\}}{P\{T>8\}}=\frac{P\{T>14\}}{P\{T>8\}}$$

$$=\frac{1-P\{T\leqslant 14\}}{1-P\{T\leqslant 8\}}=\frac{1-(1-e^{-14\lambda})}{1-(1-e^{-8\lambda})}$$

$$=e^{-6\lambda}.$$

例题说明指数分布具有"无记忆性",即若随机变量 X 服从参数为 λ 的指数分布,则对于任意的 $s>0$,$t>0$,有

$$P\{X>s+t\mid X>s\}=P\{X>t\}.$$

3. 正态分布

1) 正态分布的定义

定义 2.13　若随机变量 X 的概率密度为

$$f(x)=\frac{1}{\sqrt{2\pi}\sigma}e^{-\frac{(x-\mu)^2}{2\sigma^2}},\quad -\infty<x<+\infty,\tag{2-26}$$

其中 μ,σ 均为常数,且 $\sigma>0$,则称 X 服从参数为 μ 与 σ^2 的**正态分布**,记作 $X\sim N(\mu,\sigma^2)$.

由式(2-26)得 X 的分布函数为

$$F(x) = \int_{-\infty}^{x} \frac{1}{\sqrt{2\pi}\sigma} e^{-\frac{(t-\mu)^2}{2\sigma^2}} dt, \quad -\infty < x < +\infty. \tag{2-27}$$

下面验证式(2-26)满足式(2-17)及式(2-18).

(1) $f(x) \geqslant 0$ 显然成立;

(2)
$$\int_{-\infty}^{+\infty} f(x) dx = \int_{-\infty}^{+\infty} \frac{1}{\sqrt{2\pi}\sigma} e^{-\frac{(x-\mu)^2}{2\sigma^2}} dx,$$

令 $y = \frac{x-\mu}{\sigma}$,则

$$\int_{-\infty}^{+\infty} f(x) dx = \int_{-\infty}^{+\infty} \frac{1}{\sqrt{2\pi}} e^{-\frac{y^2}{2}} dy.$$

由于

$$\left(\int_{-\infty}^{+\infty} \frac{1}{\sqrt{2\pi}} e^{-\frac{x^2}{2}} dx\right)\left(\int_{-\infty}^{+\infty} \frac{1}{\sqrt{2\pi}} e^{-\frac{y^2}{2}} dy\right) = \frac{1}{2\pi} \int_{-\infty}^{+\infty}\int_{-\infty}^{+\infty} e^{-\frac{x^2+y^2}{2}} dxdy,$$

作极坐标变换 $x = r\cos\theta$, $y = r\sin\theta$,得

$$\frac{1}{2\pi} \int_{-\infty}^{+\infty}\int_{-\infty}^{+\infty} e^{-\frac{x^2+y^2}{2}} dxdy = \frac{1}{2\pi} \int_{0}^{+\infty}\int_{0}^{2\pi} e^{-\frac{r^2}{2}} r dr d\theta = \int_{0}^{+\infty} r e^{-\frac{r^2}{2}} dr = 1.$$

由 $\int_{-\infty}^{+\infty} \frac{1}{\sqrt{2\pi}} e^{-\frac{y^2}{2}} dy$ 的非负性知

$$\int_{-\infty}^{+\infty} \frac{1}{\sqrt{2\pi}\sigma} e^{-\frac{(x-\mu)^2}{2\sigma^2}} dx = \int_{-\infty}^{+\infty} \frac{1}{\sqrt{2\pi}} e^{-\frac{y^2}{2}} dy = 1.$$

$f(x)$ 的图像如图 2.11 所示.

正态分布的图像特征:

(1) 曲线关于直线 $x = \mu$ 对称.这表明对于任意的正数 h,有
$$P\{\mu - h < X \leqslant \mu\} = P\{\mu < X \leqslant \mu + h\}.$$

(2) $f(x)$ 在 $x = \mu$ 处取得最大值;曲线 $y = f(x)$ 以 x 轴为渐近线,对应于 $x = \mu \pm \sigma$ 的点为曲线拐点.可见对于同样长度的区间,当区间离 μ 越远时,X 在其上取值的概率越小.

(3) 若固定 σ,改变 μ 的值,则 $f(x)$ 的图像沿 x 轴左右平移而不改变其形状,可见 $f(x)$ 图像的位置由 μ 确定;若固定 μ,改变 σ 的值,则当 σ 越小时,图像越陡峭,这时 X 的值落在 μ 附近的概率越大,当 σ 越大时,图像越平缓,这时 X 的值落在 μ 附近的概率越小(见图 2.12).

正态分布在概率统计的理论和应用中都起着特别重要的作用.实践证明,在自然现象和社会现象中,大量的随机变量都服从或近似地服从正态分布.例如,在正常生产条件下,产品的各种质量指标及随机测量中的测量误差等都可用正态分布来描述.

2) 标准正态分布

在定义 2.13 中,若 $\mu = 0$, $\sigma = 1$,则称 X 服从**标准正态分布**.这时 X 的概率密度和分布函数分别记作 $\varphi(x)$ 和 $\Phi(x)$,即

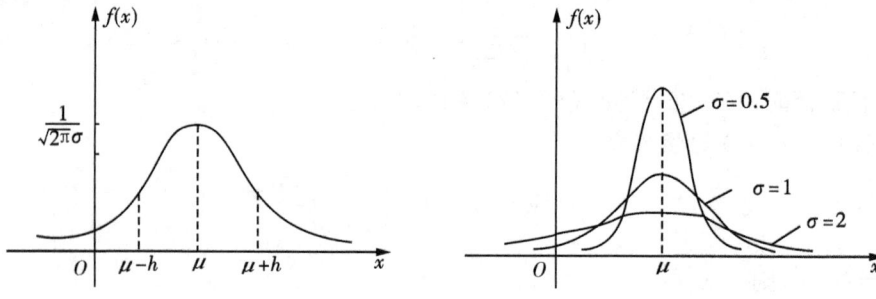

图 2.11　　　　　　　　　　图 2.12

$$\varphi(x) = \frac{1}{\sqrt{2\pi}} e^{-\frac{x^2}{2}}, \quad -\infty < x < +\infty, \tag{2-28}$$

$$\Phi(x) = \int_{-\infty}^{x} \frac{1}{\sqrt{2\pi}} e^{-\frac{t^2}{2}} dt. \tag{2-29}$$

显然,对 $\varphi(x)$ 及 $\Phi(x)$ 分别有以下公式成立:

$$\varphi(-x) = \varphi(x), \tag{2-30}$$

$$\Phi(-x) = 1 - \Phi(x), \tag{2-31}$$

如图 2.13 所示.

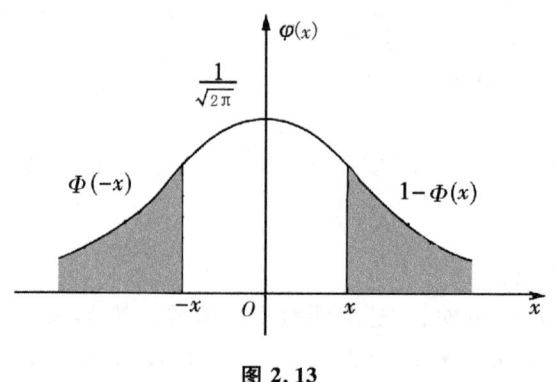

图 2.13

3) 正态分布表

书末附表 3 是 $\Phi(x)$ 的数值表. 若 $X \sim N(0,1)$,直接查表可得 $\Phi(x)$ 的值,从而可得 X 落在任意区间上的概率.

例如,设 $X \sim N(0,1)$, $x > 0$,则有

$$P\{X \leqslant x\} = \Phi(x),$$

$$P\{|X| < x\} = 2\Phi(x) - 1, \tag{2-32}$$

$$P\{|X| > x\} = 2[1 - \Phi(x)]. \tag{2-33}$$

一般地,若 $X \sim N(\mu, \sigma^2)$,则可利用下述定理,再通过查表求其分布函数 $F(x)$ 的值.

定理 2.3　若随机变量 $X \sim N(\mu, \sigma^2)$,则

$$F(x) = \Phi\left(\frac{x-\mu}{\sigma}\right). \tag{2-34}$$

证明　令 $y = \dfrac{t-\mu}{\sigma}$,则

$$F(x) = \int_{-\infty}^{x} \frac{1}{\sqrt{2\pi}\sigma} e^{-\frac{(t-\mu)^2}{2\sigma^2}} dt = \int_{-\infty}^{\frac{x-\mu}{\sigma}} \frac{1}{\sqrt{2\pi}} e^{-\frac{y^2}{2}} dy = \Phi\left(\frac{x-\mu}{\sigma}\right).$$

因此,若 $X \sim N(\mu, \sigma^2)$,则对任意实数 $a, b (a < b)$ 有

$$P\{a < X \leqslant b\} = F(b) - F(a) = \Phi\left(\frac{b-\mu}{\sigma}\right) - \Phi\left(\frac{a-\mu}{\sigma}\right). \tag{2-35}$$

例 5 设随机变量 $X \sim N(5, 2^2)$,试求概率:
(1) $P\{X \leqslant 5\}$;
(2) $P\{|X-5| < 2\}$;
(3) $P\{|X| > 4\}$.

解 应用定理 2.3 并通过查标准正态分布表可得:

(1) $P\{X \leqslant 5\} = F(5) = \Phi\left(\dfrac{5-5}{2}\right) = \Phi(0) = 0.5.$

(2) $P\{|X-5| \leqslant 2\} = P\{3 \leqslant X \leqslant 7\} = F(7) - F(3) = \Phi\left(\dfrac{7-5}{2}\right) - \Phi\left(\dfrac{3-5}{2}\right)$
$= \Phi(1) - \Phi(-1) = 2\Phi(1) - 1 = 0.6826.$

(3) $P\{|X| > 4\} = 1 - P\{|X| \leqslant 4\} = 1 - P\{-4 \leqslant X \leqslant 4\} = 1 - [F(4) - F(-4)]$
$= 1 - \left[\Phi\left(\dfrac{4-5}{2}\right) - \Phi\left(\dfrac{-4-5}{2}\right)\right] = 1 - [\Phi(-0.5) - \Phi(-4.5)]$
$= 0.6915.$

例 6 将一温度调节器放置在贮存着某种液体的容器内,调节器的温度定在 d℃,液体的温度 X(以℃计)是一个随机变量,且

$$X \sim N(d, 0.5^2).$$

(1) 若 $d = 90$℃,求 X 小于 89℃ 的概率;
(2) 若要求保持液体的温度至少为 80℃ 的概率不低于 0.99,问 d 至少为多少.

解 (1) 所求概率为

$$P\{X < 89\} = P\left\{\frac{X-90}{0.5} < \frac{89-90}{0.5}\right\} = \Phi\left(\frac{89-90}{0.5}\right) = \Phi(-2)$$
$$= 1 - \Phi(2) = 1 - 0.9772 = 0.0228.$$

(2) 依题意,所求 d 满足

$$0.99 \leqslant P\{X \geqslant 80\},$$

而

$$P\{X \geqslant 80\} = P\left\{\frac{X-d}{0.5} \geqslant \frac{80-d}{0.5}\right\}$$
$$= 1 - P\left\{\frac{X-d}{0.5} < \frac{80-d}{0.5}\right\} = 1 - \Phi\left(\frac{80-d}{0.5}\right),$$

即

$$\Phi\left(\frac{80-d}{0.5}\right) \leqslant 1 - 0.99 = 1 - \Phi(2.325) = \Phi(-2.325),$$

亦即

$$\frac{80-d}{0.5} \leqslant -2.325,$$

故需 $d \geqslant 81.1635$.

注 设 $X \sim N(\mu, \sigma^2)$, 则

(1) $P\{\mu - \sigma < X \leqslant \mu + \sigma\} = P\left\{-1 < \dfrac{X-\mu}{\sigma} \leqslant 1\right\} = \Phi(1) - \Phi(-1)$
$= 2\Phi(1) - 1 = 0.6826$;

(2) $P\{\mu - 2\sigma < X \leqslant \mu + 2\sigma\} = \Phi(2) - \Phi(-2) = 0.9544$;

(3) $P\{\mu - 3\sigma < X \leqslant \mu + 3\sigma\} = \Phi(3) - \Phi(-3) = 0.9974$.

如图 2.14 所示, 尽管正态随机变量 X 的取值范围是 $(-\infty, +\infty)$, 但它的值几乎全部集中在区间 $(\mu - 3\sigma, \mu + 3\sigma)$ 内, 超出这个范围的值仅占不到 0.3%. 这在统计学上称为 3σ (三倍标准差) 原则.

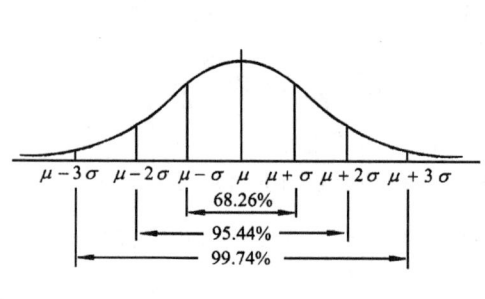

图 2.14　　　　　　　　　　图 2.15

4. Γ 分布

定义 2.14 若随机变量 X 的概率密度为

$$f(x) = \begin{cases} \dfrac{\lambda^r}{\Gamma(r)} x^{r-1} e^{-\lambda x}, & x > 0; \\ 0, & x \leqslant 0. \end{cases} \tag{2-36}$$

其中 $\lambda > 0$, $r > 0$, $\Gamma(r) = \displaystyle\int_0^{+\infty} x^{r-1} e^{-x} dx$, 则称 X 服从参数为 λ 和 r 的 Γ **分布**, 记作 $X \sim \Gamma(\lambda, r)$. Γ 分布的概率密度如图 2.15 所示.

易证式 (2-36) 满足式 (2-17) 和式 (2-18).

显然 $f(x) \geqslant 0$,

$$\int_{-\infty}^{+\infty} f(x) dx = \int_0^{+\infty} \frac{\lambda^r}{\Gamma(r)} x^{r-1} e^{-\lambda x} dx = \frac{1}{\Gamma(r)} \int_0^{+\infty} (\lambda x)^{r-1} e^{-\lambda x} d(\lambda x) = \frac{1}{\Gamma(r)} \Gamma(r) = 1.$$

利用 $\Gamma(r) = (r-1)!$ (r 为正整数), 可知:

若 $r = 1$, 则式 (2-36) 为

$$f(x) = \begin{cases} \lambda e^{-\lambda x}, & x > 0; \\ 0, & x \leqslant 0. \end{cases}$$

此即参数为 λ 的指数分布的概率密度.

若 r 为正整数, 则式 (2-36) 为

$$f(x) = \begin{cases} \dfrac{\lambda^r}{(r-1)!} x^{r-1} e^{-\lambda x}, & x > 0; \\ 0, & x \leqslant 0. \end{cases} \tag{2-37}$$

这是排队论中常用到的 r 阶厄兰特分布的概率密度.

若 $\lambda = \dfrac{1}{2}, r = \dfrac{n}{2}$($n$ 为自然数),则式(2-36)为

$$f(x) = \begin{cases} \dfrac{1}{2^{\frac{n}{2}} \Gamma\left(\dfrac{n}{2}\right)} x^{\frac{n}{2}-1} e^{-\frac{x}{2}}, & x > 0; \\ 0, & x \leqslant 0. \end{cases} \tag{2-38}$$

这是数理统计中常用的重要分布之一:自由度为 n 的 χ^2(卡方)分布的概率密度.

§2.4 随机变量函数的分布

本节重点讨论如何由已知的随机变量 X 的分布求出 X 的函数 $Y = g(X)$ 的分布.

一、离散型随机变量函数的分布

设 X 是离散型随机变量,则其函数 $Y = g(X)$ 也是离散型随机变量.若 X 的分布律已知,为求 $Y = g(X)$ 的分布律,只需将事件 $\{Y = y\}$ 转化为事件 $\{g(X) = y\}$,然后利用 X 的概率分布和概率的可加性便可求出.

例 1 设离散型随机变量 X 的分布律为

X	-1	0	1	2
P	0.1	0.3	0.4	0.2

$Y = 2X - 1, Z = X^2$,求随机变量 Y 和 Z 的分布律.

解 由题设条件可得 Y 的所有可能取值为 $-3, -1, 1, 3$,且

$$P\{Y = -3\} = P\{2X - 1 = -3\} = P\{X = -1\} = 0.1.$$

同理可得

$$P\{Y = -1\} = 0.3, \quad P\{Y = 1\} = 0.4, \quad P\{Y = 3\} = 0.2.$$

故 Y 的分布律为

Y	-3	-1	1	3
P	0.1	0.3	0.4	0.2

由 Z 的所有可能取值为 $0, 1, 4$,且

$$P\{Z = 0\} = P\{X^2 = 0\} = P\{X = 0\} = 0.3,$$
$$P\{Z = 1\} = P\{X^2 = 1\} = P\{X = -1\} + P\{X = 1\} = 0.5,$$
$$P\{Z = 4\} = P\{X^2 = 4\} = P\{X = 2\} = 0.2,$$

得 Z 的分布律为

Z	0	1	4
P	0.3	0.5	0.2

一般地,若已知 X 的分布律 $P\{X=x_i\}=p_i(i=1,2,\cdots)$,$Y=g(X)$,则可依 X 取 $x_i(i=1,2,\cdots)$求出 Y 的所有可能不同取值 $y_j(j=1,2,\cdots)$,然后由下式求得分布律:

$$P\{Y=y_j\} = \sum_{g(x_i)=y_j} p_i, \quad j=1,2,\cdots.$$

二、连续型随机变量函数的分布

若 X 是一个连续型随机变量,则随机变量 X 的函数 $Y=g(X)$ 可能是离散型的随机变量.此时为求 Y 的分布律,只需将事件 $\{Y=y\}$ 转化为与之等价的事件 $\{X\in A\}$,再利用 X 的概率密度求出其概率.

例 2 某人向某一目标靶射击,X 表示落点处到靶心的距离.已知 X 服从 $[0,10]$ 上的均匀分布,若规定 $X\leqslant 1$ 时可得 10 分,$1<X\leqslant 4$ 时可得 8 分,$4<X\leqslant 10$ 时可得 5 分,$X>10$ 时得 0 分,则用 Y 表示他射击的得分,求 Y 的分布律.

解 由题设条件可知,Y 是 X 的函数,而且它是所有可能取值为 0,5,8,10 的离散型随机变量.已知 $X\sim U[0,10]$,则

$$f(x)=\begin{cases} \dfrac{1}{10}, & 0\leqslant x\leqslant 10;\\ 0, & \text{其他}. \end{cases}$$

于是

$$P\{Y=0\} = P\{X>10\} = \int_{10}^{+\infty} f(x)\mathrm{d}x = 0,$$

$$P\{Y=5\} = P\{4<X\leqslant 10\} = \int_{4}^{10} f(x)\mathrm{d}x = \int_{4}^{10} \frac{1}{10}\mathrm{d}x = 0.6,$$

类似地,得

$$P\{Y=8\} = 0.3, \quad P\{Y=10\} = 0.1.$$

故 Y 的分布律如下:

Y	0	5	8	10
P	0	0.6	0.3	0.1

或为

Y	5	8	10
P	0.6	0.3	0.1

另一方面,连续型随机变量 X 的函数 $Y=g(X)$ 也可能是连续型随机变量(如 $y=g(x)$ 为连续函数时).我们只介绍几种常见的函数类型,但重要的不是记忆公式,而是掌握推导的方法.

1. 线性函数:$Y=aX+b(a\neq 0)$

例 3 设 X 是连续型随机变量,X 的概率密度为 $f_X(x)$,试证明 $Y=aX+b(a\neq 0)$ 的

概率密度为
$$f_Y(y) = f_X\left(\frac{y-b}{a}\right)\left|\frac{1}{a}\right|. \tag{2-39}$$

证明 当 $a>0$ 时,
$$F_Y(y) = P\{Y \leqslant y\} = P\{aX+b \leqslant y\} = P\left\{X \leqslant \frac{y-b}{a}\right\} = \int_{-\infty}^{\frac{y-b}{a}} f_X(x)\mathrm{d}x,$$
于是有
$$f_Y(y) = F'_Y(y) = f_X\left(\frac{y-b}{a}\right) \cdot \frac{1}{a}.$$

当 $a<0$ 时,
$$F_Y(y) = P\{Y \leqslant y\} = P\{aX+b \leqslant y\} = P\left\{X \geqslant \frac{y-b}{a}\right\} = -\int_{+\infty}^{\frac{y-b}{a}} f_X(x)\mathrm{d}x,$$
于是有
$$f_Y(y) = F'_Y(y) = -f_X\left(\frac{y-b}{a}\right) \cdot \frac{1}{a}.$$

综上所述,有
$$f_Y(y) = f_X\left(\frac{y-b}{a}\right)\left|\frac{1}{a}\right|.$$

例 4 试证:若 X 服从一般正态分布 $N(\mu,\sigma^2)$,则 $Y=\dfrac{X-\mu}{\sigma}$ 服从标准正态分布.

证明 X 的概率密度函数为
$$f(x) = \frac{1}{\sqrt{2\pi}\sigma}\exp\left\{-\frac{(x-\mu)^2}{2\sigma^2}\right\},$$
则 Y 的分布函数 $G(y)$ 与概率密度函数 $g(y)$ 分别为
$$\begin{aligned}G(y) &= P\{Y \leqslant y\} = P\left\{\frac{X-\mu}{\sigma} \leqslant y\right\} \\ &= P\{X \leqslant \sigma y + \mu\} = F(\sigma y + \mu), \\ g(y) &= G'(y) = \sigma f(\sigma y + \mu) \\ &= \sigma \cdot \frac{1}{\sqrt{2\pi}\sigma}\exp\left\{-\frac{(\sigma y + \mu - \mu)^2}{2\sigma^2}\right\} \\ &= \frac{1}{\sqrt{2\pi}}\mathrm{e}^{-\frac{y^2}{2}} = \varphi(y),\end{aligned}$$
所以 $Y \sim N(0,1)$.

2. 严格单调函数

定理 2.4 设随机变量 X 具有概率密度 $f_X(x)$,$-\infty<x<+\infty$,又设函数 $g(x)$ 处处可导且 $g'(x)>0$(或 $g'(x)<0$),则 $Y=g(X)$ 是连续型随机变量,其概率密度为
$$f_Y(y) = \begin{cases} f_X[h(y)]|h'(y)|, & \alpha < y < \beta; \\ 0, & \text{其他.} \end{cases} \tag{2-40}$$
其中 $\alpha=\min\{g(-\infty),g(+\infty)\}$,$\beta=\max\{g(-\infty),g(+\infty)\}$,$h(y)$ 是 $g(x)$ 的反函数.

我们只证 $g'(x)>0$ 的情况. 由于 $g'(x)>0$,故 $g(x)$ 在 $(-\infty,+\infty)$ 上严格单调递

增,它的反函数 $h(y)$ 存在,并在 (α,β) 上严格单调递增且可导,我们先求 Y 的分布函数 $F_Y(y)$,并通过对 $F_Y(y)$ 求导求出 $f_Y(y)$.

由于 $Y=g(X)$ 在 (α,β) 上取值,故

当 $y\leqslant\alpha$ 时,$F_Y(y)=P\{Y\leqslant y\}=0$;

当 $y\geqslant\beta$ 时,$F_Y(y)=P\{Y\leqslant y\}=1$;

当 $\alpha<y<\beta$ 时

$$F_Y(y) = P\{Y\leqslant y\} = P\{g(X)\leqslant y\}$$
$$= P\{X\leqslant h(y)\} = \int_{-\infty}^{h(y)} f_X(x)\mathrm{d}x.$$

于是得概率密度

$$f_Y(y) = \begin{cases} f_X[h(y)]h'(y), & \alpha<y<\beta; \\ 0, & \text{其他}. \end{cases}$$

对于 $g'(x)<0$ 的情况可以同样证明,即

$$f_Y(y) = \begin{cases} f_X[h(y)][-h'(y)], & \alpha<y<\beta; \\ 0, & \text{其他}. \end{cases}$$

将上面两种情况合并,得

$$f_Y(y) = \begin{cases} f_X[h(y)]\,|\,h'(y)\,|, & \alpha<y<\beta; \\ 0, & \text{其他}. \end{cases}$$

注 若 $f(x)$ 在 $[a,b]$ 之外为零,则只需假设在 (a,b) 上恒有 $g'(x)>0$(或恒有 $g'(x)<0$),此时

$$\alpha = \min\{g(a), g(b)\}, \quad \beta = \max\{g(a), g(b)\}.$$

例 5 已知正值随机变量 X 的概率密度函数为

$$f(x) = \begin{cases} \dfrac{x}{a^2}\exp\left\{-\dfrac{x^2}{2a^2}\right\}, & x>0; \\ 0, & x\leqslant 0. \end{cases}$$

求 $Y=\dfrac{1}{X}$ 的概率密度函数 $g(y)$.

解 注意 $y=\dfrac{1}{x}$ 在 $x>0$ 时是减函数. 由于 $X>0$,所以 $Y>0$. 于是当 $y\leqslant 0$ 时,Y 的分布函数 $G(y)=0$,亦有 $g(y)=0$. 当 $y>0$ 时,

$$G(y) = P\{Y\leqslant y\} = P\left\{\dfrac{1}{X}\leqslant y\right\} = P\left\{X\geqslant \dfrac{1}{y}\right\}$$
$$= \int_{1/y}^{+\infty} \dfrac{x}{a^2}\exp\left\{-\dfrac{x^2}{2a^2}\right\}\mathrm{d}x$$
$$= \int_{1/y}^{\infty} \exp\left\{-\dfrac{x^2}{2a^2}\right\}\mathrm{d}\left\{\dfrac{x^2}{2a^2}\right\} = \exp\left\{-\dfrac{1}{2a^2y^2}\right\}.$$

此时

$$g(y) = G'(y) = \dfrac{1}{a^2y^3}\exp\left\{-\dfrac{1}{2a^2y^2}\right\},$$

所以

$$g(y) = \begin{cases} \dfrac{1}{a^2 y^3} \exp\left\{-\dfrac{1}{2a^2 y^2}\right\}, & y > 0; \\ 0, & y \leqslant 0. \end{cases}$$

3. 平方函数 $Y = X^2$

这是经常遇到的一个函数,有必要特别列出. 设 X 的概率密度函数为 $f(x)$,分布函数为 $F(x)$,则 $Y = X^2$ 的分布函数 $G(y)$ 与概率密度函数 $g(y)$ 可按如下方法求得.

因 $Y = X^2$ 为非负随机变量,所以当 $y \leqslant 0$ 时,$G(y) = 0$,$g(y) = 0$. 设 $y > 0$,则

$$G(y) = P\{Y \leqslant y\} = P\{X^2 \leqslant y\} = P\{|x| \leqslant \sqrt{y}\}$$
$$= P\{-\sqrt{y} \leqslant X \leqslant \sqrt{y}\} = F(\sqrt{y}) - F(-\sqrt{y}),$$
$$g(y) = G'(y) = f(\sqrt{y}) \dfrac{1}{2\sqrt{y}} + f(-\sqrt{y}) \dfrac{1}{2\sqrt{y}}.$$

于是

$$g(y) = \begin{cases} \dfrac{1}{2\sqrt{y}}[f(\sqrt{y}) + f(-\sqrt{y})], & y > 0; \\ 0, & y \leqslant 0. \end{cases} \tag{2-41}$$

例 6 若 $X \sim N(0,1)$,求 $Y = X^2$ 的概率密度函数.

解 X 的概率密度函数为

$$f(x) = \dfrac{1}{\sqrt{2\pi}} e^{-\frac{x^2}{2}}, \quad -\infty < x < \infty,$$

那么

$$f(\sqrt{y}) = f(-\sqrt{y}) = \dfrac{1}{\sqrt{2\pi}} e^{-\frac{y}{2}}, \quad y > 0.$$

由公式(2-41)可得

$$g(y) = \begin{cases} \dfrac{1}{\sqrt{2\pi}} y^{-\frac{1}{2}} e^{-\frac{y}{2}}, & y > 0; \\ 0, & y \leqslant 0. \end{cases} \tag{2-42}$$

分布(2-42)称为自由度为 1 的 χ^2 分布.

由上述例3、例4、例6可得下述结论:

(1) 若 $X \sim N(\mu, \sigma^2)$,则 $Y = aX + b \, (a \neq 0)$ 仍服从正态分布;

(2) 若 $X \sim N(\mu, \sigma^2)$,则 $Y = \dfrac{X - \mu}{\sigma} \sim N(0, 1)$;

(3) 若 $X \sim N(0, 1)$,则 $Y = X^2 \sim \chi^2(1)$.

例 7 由统计物理学知道,气体分子运动速度的绝对值 X 服从马克斯威分布,其概率密度函数为

$$f(x) = \begin{cases} \dfrac{4}{\alpha^3 \sqrt{\pi}} x^2 \exp\left\{-\dfrac{x^2}{\alpha^2}\right\}, & x > 0; \\ 0, & x \leqslant 0. \end{cases}$$

试求分子的动能 $Y = \dfrac{1}{2} m X^2$ 的概率密度函数.

解 先求 Y 的分布函数 $G(y)$. 显然当 $y \leqslant 0$ 时, $G(y)=0$. 对于 $y>0$,

$$G(y) = P\{Y \leqslant y\} = P\left\{\frac{1}{2}mX^2 \leqslant y\right\}$$

$$= P\left\{0 \leqslant X \leqslant \sqrt{\frac{2y}{m}}\right\}$$

$$= \frac{4}{\alpha^3 \sqrt{\pi}} \int_0^{\sqrt{2y/m}} x^2 \exp\left\{-\frac{x^2}{\alpha^2}\right\} dx,$$

故当 $y>0$ 时,

$$g(y) = G'(y) = \frac{4}{\alpha^3 \sqrt{\pi}} \cdot \frac{2y}{m} \cdot \exp\left\{-\frac{2y}{\alpha^2 m}\right\} \cdot \frac{1}{\sqrt{2my}}$$

$$= \frac{4}{(\alpha\sqrt{m})^3 \sqrt{\pi}} \sqrt{2y} \cdot \exp\left\{-\frac{2y}{\alpha^2 m}\right\},$$

而当 $y \leqslant 0$ 时, $g(y)=0$.

例 8 若随机变量 X 服从 $[1,6]$ 上的均匀分布, 求方程 $x^2+Xx+1=0$ 有实根的概率.

解 方程有实根的条件是 $\Delta = X^2-4 \geqslant 0$. 因 X 服从 $[1,6]$ 上的均匀分布, 故有

$$P\{X^2 \geqslant 4\} = P\{2 \leqslant X \leqslant 6\} = \frac{4}{5}.$$

上面我们推导了一些特殊函数的概率密度公式. 在实际计算中不必直接利用公式, 最好是根据具体函数, 通过先求分布函数、再求概率密度的步骤来进行.

例 9 设 X 服从 $[0,\pi]$ 上的均匀分布, 求 $Y=\sin X$ 的分布函数 $G(y)$ 与概率密度函数 $g(y)$.

解 因 $0 \leqslant X \leqslant \pi$, 所以 $0 \leqslant Y \leqslant 1$. 因此当 $y \leqslant 0$ 时, $G(y)=g(y)=0$; 当 $y \geqslant 1$ 时, $G(y)=1, g(y)=0$; 而当 $0<y<1$ 时,

$$G(y) = P\{Y \leqslant y\} = P\{\sin X \leqslant y\}$$

$$= \frac{1}{\pi}\left[\int_0^{\arcsin y} dy + \int_{\pi-\arcsin y}^{\pi} dy\right]$$

$$= \frac{2}{\pi} \arcsin y.$$

所以

$$g(y) = \begin{cases} \frac{2}{\pi} \cdot \frac{1}{\sqrt{1-y^2}}, & 0<y<1; \\ 0, & \text{其他.} \end{cases}$$

习 题 2

1. 设 X, Y 是两个随机变量, 且 $P\{X \geqslant 0, Y \geqslant 0\} = \frac{3}{7}$, $P\{X \geqslant 0\} = P\{Y \geqslant 0\} = \frac{4}{7}$, 求 $P\{\max(X,Y) \geqslant 0\}$.

2. 设随机变量 X 取 $-1, 1, 2$ 的概率均为 $\frac{1}{3}$, 取其他值的概率为零, 求 X 的分布函

数及 $P\left\{\frac{1}{2}<X<\frac{9}{4}\right\}$.

3. 试确定下列各分布律中的常数 C 的值：

(1) $P\{X=k\}=C^k$, $k=2,4,6,\cdots$；

(2) $P\{X=k\}=C\frac{\lambda^k}{k!}$, $k=1,2,\cdots$.

4. 从数 $1,2,\cdots,N$ 中不重复地任取 $n(n\leqslant N)$ 个数，按大小排成：$x_1<x_2<\cdots<x_n$. 求 $x_m=M(m\leqslant M\leqslant N)$ 的概率.

5. 一箱产品中有 9 件正品和 3 件次品，从中依次抽取 2 件，每次任取 1 件. X 表示取出的次品件数. 试分别在不放回抽样和有放回抽样两种情况下，求 X 的分布律.

6. 进行独立重复试验，设每次试验"成功"的概率为 p $(0<p<1)$，若将试验进行到出现 r 次"成功"为止，以 Y 表示所需的试验次数，求 Y 的分布律.

7. 一房间有 3 扇同样大小的窗子，其中只有一扇是打开的. 有一只鸟自开着的窗子飞入了房间，它只能从开着的窗子飞出去. 鸟在房间里飞来飞去，试图飞出房间，假定鸟是没有记忆的，鸟飞向各扇窗子是随机的.

(1) 以 X 表示鸟为了飞出房间试飞的次数，求 X 的分布律.

(2) 户主声称，他养的一只鸟是有记忆的，它飞向任一窗子的尝试不多于一次. 以 Y 表示这只聪明的鸟为了飞出房间试飞的次数，如户主所说是确实的，试求 Y 的分布律.

(3) 求试飞次数 X 小于 Y 的概率，Y 小于 X 的概率.

8. 从数 $1,2,3,4$ 中任取一个数，记为 X，再从 $1,\cdots,X$ 中任取一个数，记为 Y，求 $P\{Y=2\}$.

9. 一自动生产线在调整以后出现废品的概率为 p，生产过程中出现废品时立即重新进行调整，求在两次调整之间生产的合格品数 X 的分布律.

10. 甲、乙两人轮流投篮，甲先开始，直到有一个人投中为止. 设甲、乙两人投篮的命中率分别为 0.4 和 0.5，求：

(1) 两人投篮总次数 Z 的分布律；   (2) 甲投篮次数 X 的分布律；

(3) 乙投篮次数 Y 的分布律.

11. 设每次试验成功的概率为 0.8，重复试验 4 次，失败次数为 X，求 X 的分布律.

12. 设 X 服从参数为 3 的泊松分布，求 $P\{X\leqslant 3\}$.

13. 设 X 服从参数为 λ 的泊松分布，且有 $P\{X\geqslant 1\}=P\{X<1\}$，求参数 λ 的值.

14. 设事件 A 在每一次试验中发生的概率均为 0.3，当 A 发生不少于 3 次时，指示灯发出信号. 分别在下列情形中求指示灯发出信号的概率：

(1) 进行 5 次独立试验；   (2) 进行 15 次独立试验.

15. 设一纺纱女工照管 800 个纱锭. 若每一纱锭在单位时间内断线的概率为 0.005，试求单位时间内最可能的断线次数及其概率，又求单位时间内断线次数不大于 10 的概率.

16. 某种产品每件表面上的疵点数服从参数为 0.8 的泊松分布，若规定疵点数在 4 个以上的为废品，求产品的废品率.

17. 已知每天到达某炼油厂的油船数服从参数为 2.5 的泊松分布，而港口一天最多只能服务3条油船,若一天中到达的油船多于3条,则超过3条的油船必须转向另一港口接受服务.

(1) 求一天中必定有油船转港的概率;

(2) 问设备增加到多少(指每天能服务多少条船)时,才能使每天有90%的船无须转港而能够直接得到服务.

18. 一本500页的书,书上共有500个错字,假设每个错字等可能地出现在每一页上,试求在给定的一页上至少有3个错字的概率.

19. 设书籍中每页的排字错误数服从泊松分布,在某本书上有一个排字错误的页数与有两个排字错误的页数相等,求任意检验4页,每页上都没有排字错误的概率.

20. 某单位共有30台电话分机,设在一小时内每个分机平均有12分钟需要外线.已知各分机的呼叫相互独立.问至少应装多少条外线,才能以99%的把握保证所有分机使用外线时畅通.

21. 一工人管理12台自动机床,每台机床在一小时内由于加料等原因,有3分钟时间需要照看,各机床是否需要照看彼此独立.求在一小时内:

(1) 有4台机床需要照看的概率;

(2) 需要照看的机床数不小于3台且不多于6台的概率.

22. 某保险公司知道,每年由于某种事故而死亡者占总体的0.005%,问某年内10000个保险者中有3个以上需要保险公司赔偿的概率是多少.

23. 已知某种产品不能承受压力的概率为0.001,试求在5000件同一产品中至少有两件不能承受压力试验的概率.

24. 电话交换台总机共有300台分机,13条外线.假设每台分机向总机要外线的概率为3%,试求每台分机向总机要外线时能即时得到满足的概率和同时向总机要外线的分机的最可能台数.

25. 确定下列函数中的常数 A,使之成为概率密度函数.

(1) $f(x)=\begin{cases} \sin x, & x\in[0,A]; \\ 0, & 其他. \end{cases}$

(2) $f(x)=\begin{cases} A\cos x, & -\frac{\pi}{2}\leqslant x\leqslant \frac{\pi}{2}; \\ 0, & 其他. \end{cases}$

26. 设随机变量 X 的概率密度为

$$f(x) = Ae^{-|x|},$$

求常数 A 的值,并计算 $P\{|X|\leqslant 1\}$.

27. 设随机变量 X 的概率密度为

$$f(x) = \begin{cases} \dfrac{2}{\pi(1+x^2)}, & a<x<+\infty; \\ 0, & 其他. \end{cases}$$

且 $P\{a<X<b\}=0.5$,试求常数 a,b 的值.

28. 设随机变量 X 的概率密度为

$$f(x) = \begin{cases} cx^3, & 0<x<1; \\ 0, & 其他. \end{cases}$$

(1) 确定常数 c;

(2) 求常数 a, 使得 $P\{X>a\}=P\{X<a\}$;

(3) 求常数 b, 使得 $P\{X>b\}=0.01$.

29. 设随机变量 X 与 Y 同分布, X 的概率密度为

$$f(x)=\begin{cases}\dfrac{3}{8}x^2, & 0<x<2;\\ 0, & \text{其他}.\end{cases}$$

若事件 $A=\{X>a\}$ 与 $B=\{Y>a\}$ 相互独立, 且 $P\{A\cup B\}=\dfrac{3}{4}$, 求 a 的值.

30. 设随机变量 X 的概率密度如下, 试求常数 a 的值及 X 的分布函数 $F(x)$.

(1) $f(x)=\dfrac{a}{e^x+e^{-x}}$.　　(2) $f(x)=\begin{cases}\dfrac{2x}{\pi^2}, & 0<x<a;\\ 0, & \text{其他}.\end{cases}$

31. 设随机变量 X 的概率密度 $f(x)=\dfrac{a}{\pi(1+x^2)}$, 求:

(1) 常数 a 的值及 X 的分布函数 $F(x)$;

(2) $P\{|X|<1\}$.

32. 设随机变量 X 的概率密度为

$$f(x)=\begin{cases}Ax^2 e^{-kx}, & x>0;\\ 0, & x\leqslant 0.\end{cases}$$

其中 $k(k>0)$ 是给定的常数, 求:

(1) 常数 A 的值;

(2) X 的分布函数 $F(x)$;

(3) $P\{0<X<\dfrac{1}{k}\}$.

33. 设随机变量 X 的分布函数为

$$F(x)=\begin{cases}1-(1-x)e^{-x}, & x\geqslant 0;\\ 0, & x<0.\end{cases}$$

求 X 的概率密度 $f(x)$.

34. 设随机变量 X 的分布函数为

$$F(x)=\begin{cases}1-\dfrac{A}{x^2}, & x>2;\\ 0, & x\leqslant 2.\end{cases}$$

求常数 A 的值并计算 $P\{0\leqslant X\leqslant 4\}$.

35. 设随机变量 X 的分布函数为

$$F(x)=\begin{cases}0, & x<0;\\ A\sqrt{x}, & 0\leqslant x<1;\\ 1, & x\geqslant 1.\end{cases}$$

(1) 求常数 A 的值及 X 的概率密度;

(2) 计算 $P\{0 \leqslant X < \frac{1}{4}\}$.

36. 设随机变量 X 的分布函数为
$$F(x) = A + B\arctan x.$$
(1) 求常数 A, B 的值及 X 的概率密度；　　　(2) 计算 $P\{-1 \leqslant X^3 < 8\}$.

37. 设随机变量 X 的概率密度为
$$f(x) = \begin{cases} 2x, & 0 < x < 1; \\ 0, & \text{其他}. \end{cases}$$
现对 X 进行 n 次独立重复观测，X_n 表示观测值不大于 0.1 的次数，试求 X_n 的分布律.

38. 某类电子管的使用寿命 X(小时)的概率密度为
$$f(x) = \begin{cases} \dfrac{100}{x^2}, & x \geqslant 100; \\ 0, & x < 100. \end{cases}$$
现将三个这种电子管串联在一个线路中，求在最初使用的 150 小时中，这三个电子管
(1) 没有一个损坏的概率；　　　(2) 全部损坏的概率.

39. 设随机变量 X 的分布函数为
$$F(x) = \begin{cases} 0, & x < 0; \\ cx^2, & 0 \leqslant x < 1; \\ 1, & x \geqslant 1. \end{cases}$$
(1) 求常数 c 的值及 X 的概率密度 $f(x)$；
(2) 求 $P(\{0.3 \leqslant X < 0.4\} \cup \{0.4 < X \leqslant 0.5\})$.

40. 设随机变量 X 只在 $(0,1)$ 中取值，其分布函数为 $F(x)$，且对任意的实数 x 与 y $(0 < x < y < 1)$，$F(y) - F(x)$ 的值与 $y - x$ 成正比，求 $F(x)$.

41. 设随机变量 $Y \sim U[0, 5]$，求关于 x 的二次方程 $4x^2 + 4xY + Y + 2 = 0$ 有实根的概率.

42. 设随机变量 X 服从正态分布 $N(\mu, \sigma^2)$ $(\sigma > 0)$，且二次方程 $y^2 + 4y + X = 0$ 无实根的概率为 $\dfrac{1}{2}$，求 μ 的值.

43. 设随机变量 X 服从正态分布 $N(0, 1)$，对给定的 α $(0 < \alpha < 1)$，数 u_α 满足 $P\{X > u_\alpha\} = \alpha$，若 $P\{|X| < x\} = \alpha$，求 x 的值.

44. 设某电话台在长度为 T 的时间间隔内收到的呼叫次数 X 是随机变量，已知 X 服从参数为 λT $(\lambda > 0$，为常数$)$ 的泊松分布，与时间间隔的起点无关，又设 Y 表示两次呼叫的间隔时间，试求 $P\{Y > t\}$ 及 Y 的分布函数 $F(y)$.

45. 某设备上装有三个独立工作的元件，第一、第二、第三个元件无故障工作时间分别服从参数为 0.1，0.2，0.3 的指数分布，求在时间区间 $(0, 10)$ 内：
(1) 至少有一个元件发生故障的概率；
(2) 不少于两个元件发生故障的概率.

46. 设 $X \sim N(0, 1)$，求 a 的值，使得
(1) $P\{X \leqslant a\} = 0.8997$；　　　(2) $P\{|X| \leqslant a\} = 0.9$；

(3) $P\{X>a\}=0.025$；　　　　　(4) $P\{X<a\}=0.05$.

47. 设 $X \sim N(\mu, \sigma^2)$，若 $P\{X<9\}=0.975$，$P\{X<2\}=0.062$，求 μ 与 σ 的值及 $P\{X>6\}$.

48. 测量某一目标的距离时产生的随机误差 X（单位：m）具有概率密度
$$f(x) = \frac{1}{40\sqrt{2\pi}} e^{-\frac{(x-20)^2}{3200}},$$
求在三次测量中至少有一次误差的绝对值不超过 30 m 的概率.

49. 某科统考成绩 X 近似地服从正态分布 $N(70, 10^2)$，第 100 名的成绩为 60 分，问第 20 名的成绩约为多少.

50. 已知 $P\{X=10^n\} = P\{X=10^{-n}\} = \dfrac{1}{3^n}$，$n=1,2,\cdots$，$Y=\lg X$，求 Y 的分布律.

51. 设 $X \sim U[0, \dfrac{\pi}{2}]$，$Y = \cos X$，求 Y 的概率密度 $f_Y(y)$.

52. 设 X 的概率密度为
$$f(x) = \begin{cases} 1+x, & -1 \leqslant x < 0; \\ 1-x, & 0 \leqslant x < 1; \\ 0, & \text{其他}. \end{cases}$$
$Y = X^2 + 2$，求 Y 的概率密度.

53. 设 X 的概率密度为
$$f(x) = \begin{cases} \dfrac{2}{\pi(1+x^2)}, & x \geqslant 0; \\ 0, & x < 0. \end{cases}$$
$Y = \arctan X$，$Z = \dfrac{1}{X}$，分别求随机变量 Y 与 Z 的概率密度 $f_Y(y)$ 与 $f_Z(z)$.

54. 通过点 $(0,1)$ 任意作直线与 x 轴相交成角 α（$0<\alpha<\pi$），求该直线在 x 轴的截距的概率密度.

55. 已知 X 服从参数为 2 的指数分布，试证明 $Y = 1 - e^{-2X}$ 在 $(0,1)$ 上服从均匀分布.

56. 设随机变量 X 服从正态分布 $N(\mu_1, \sigma_1^2)$，Y 服从正态分布 $N(\mu_2, \sigma_2^2)$，且
$$P\{|X-\mu_1|<1\} > P\{|Y-\mu_2|<1\},$$
分析 σ_1, σ_2 的大小关系.

第 3 章　随机向量及其分布

第 2 章研究了随机变量(又称为一维随机变量),但在实际应用中,许多问题需要同时研究两个或两个以上的随机变量.例如,射击的弹着点是随机的,需要用坐标(X,Y)来描述,其中 X,Y 均为随机变量,这样 X 与 Y 就成为在同一随机试验(射击)的样本空间上定义的两个随机变量(又称为二维随机向量).又如,考察某冶炼钢的硬度,需要同时研究其含碳量 X_1,含硫量 X_2 及含磷量 X_3 等三个指标,这样 X_1, X_2, X_3 就成为在一个随机试验(冶炼钢)的样本空间上定义的三个随机变量了.在诸如此类的问题中,同一随机试验同时涉及两个或两个以上的随机变量,而且它们之间往往又有某种内在的联系,因此有必要把这些随机变量作为一个整体来研究,为此引入随机向量.

本章主要讨论二维随机向量,一般的 n 维随机向量与二维随机向量并无本质不同,因此很容易将二维随机向量的情形推广到更多维的问题中去.在二维随机向量问题的研究中,只讨论二维离散型和连续型两类随机向量.

§3.1　二维随机向量及其分布

一、二维随机向量及其分布函数

定义 3.1　设 E 是一个随机试验,Ω 为其样本空间,$X(\omega), Y(\omega)$ 为定义在样本空间 Ω 上的两个随机变量,则称由 X,Y 构成的向量(X,Y) 为**二维随机向量**,也称**二维随机变量**.

因为随机变量是定义在样本空间上的特殊函数,对于样本空间 Ω 中的每一个样本点 ω,X 取实数 $X(\omega)$,Y 取实数 $Y(\omega)$,所以二维随机向量(X,Y) 就与平面区域上的点 $(X(\omega),Y(\omega))$ 对应.当 G 是二维空间的一个可度量的平面区域时,事件"(X,Y) 落在 G 内"等价于事件$\{\omega \mid (X(\omega),Y(\omega))\in G)\}$,即
$$\{(X,Y) \in G\} = \{\omega \mid (X(\omega),Y(\omega)) \in G\}.$$
类似于(一维)随机变量,可以定义二维随机向量的分布函数.

定义 3.2　设(X,Y)是二维随机向量,对于任意实数 x,y,称二元函数
$$F(x,y) = P\{X \leqslant x, Y \leqslant y\} \tag{3-1}$$
为二维随机向量(X,Y)的**分布函数**,或随机变量 X 和 Y 的**联合分布函数**.

如果将二维随机向量(X,Y)看成是平面上随机点的坐标,那么 $F(x,y)$ 就是二维随机点

(X,Y) 落在以点 (x,y) 为右上顶点的无穷矩形区域 $\{(X,Y) \mid -\infty < X \leqslant x, -\infty < Y \leqslant y\}$ 内 (见图 3.1 阴影部分) 的概率.

对于任意的实数 $x_1, x_2, y_1, y_2 (x_1 < x_2, y_1 < y_2)$,随机点 (X,Y) 落入矩形区域 $G = \{(X,Y) \mid x_1 < X \leqslant x_2, y_1 < Y \leqslant y_2\}$ 内的概率可由分布函数表示为

$$P\{x_1 < X \leqslant x_2, y_1 < Y \leqslant y_2\}$$
$$= F(x_2, y_2) - F(x_2, y_1) - F(x_1, y_2) + F(x_1, y_1), \tag{3-2}$$

如图 3.2 所示.

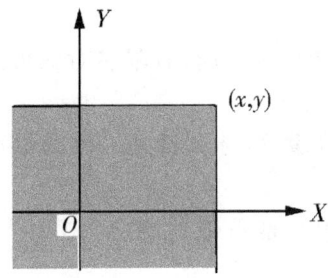

图 3.1 图 3.2

二维随机向量 (X,Y) 的分布函数 $F(x,y)$ 具有如下性质.

(1) $F(x,y)$ 是 x,y 的单调不减函数,即对于任意固定的 y,若 $x_1 < x_2$,则有
$$F(x_1, y) \leqslant F(x_2, y);$$
对于任意固定的 x,若 $y_1 < y_2$,则有
$$F(x, y_1) \leqslant F(x, y_2).$$

(2) 对任意实数 x, y,均有 $0 \leqslant F(x,y) \leqslant 1$,且
$$F(-\infty, y) = \lim_{x \to -\infty} F(x,y) = 0,$$
$$F(x, -\infty) = \lim_{y \to -\infty} F(x,y) = 0,$$
$$F(-\infty, -\infty) = \lim_{\substack{x \to -\infty \\ y \to -\infty}} F(x,y) = 0,$$
$$F(+\infty, +\infty) = \lim_{\substack{x \to +\infty \\ y \to +\infty}} F(x,y) = 1.$$

(3) $F(x,y)$ 对每个自变量都是右连续的,即
$$F(x+0, y) = F(x,y),$$
$$F(x, y+0) = F(x,y).$$

(4) 对于任意的点 $(x_1, y_1), (x_2, y_2)$,若 $x_1 < x_2, y_1 < y_2$,则有
$$F(x_2, y_2) - F(x_2, y_1) - F(x_1, y_2) + F(x_1, y_1) \geqslant 0.$$

性质 (1)~(3) 的证明与 (一维) 随机变量的情形类似,由式 (3-2) 以及概率的非负性可得性质 (4).

可以证明:任意一个二元函数 $F(x,y)$,若具有上述 4 个性质,则必定是某二维随机向量 (X,Y) 的分布函数;只要不具有其中的某一性质,它就必定不是二维随机向量的分布函数.

例如,

$$F(x,y) = \begin{cases} 1, & x+y \geq 0; \\ 0, & x+y < 0. \end{cases}$$

显然 $F(x,y)$ 满足性质(1)~(3),但由于

$$F(1,1) - F(1,-1) - F(-1,1) + F(-1,-1) = 1 - 1 - 1 + 0 = -1 < 0,$$

因此它不具有性质(4),故 $F(x,y)$ 不可能是某二维随机向量 (X,Y) 的分布函数.

二、二维离散型随机向量

定义 3.3 如果二维随机向量 (X,Y) 的所有可能的取值只有有限多对或可列无穷多对,那么称 (X,Y) 为**二维离散型随机向量**.

显然,若 (X,Y) 为二维离散型随机向量,则它的分量 X 与 Y 都是一维离散型随机变量,反之亦然.

定义 3.4 设二维离散型随机向量 (X,Y) 的所有可能取值的集合为 $G=\{(x_i,y_j), i,j=1,2,\cdots\}$,则称

$$P\{X = x_i, Y = y_j\} = p_{ij}, \quad i,j = 1,2,\cdots \tag{3-3}$$

为二维离散型随机向量 (X,Y) 的**分布律**,或 X 与 Y 的**联合概率分布**.

为直观起见,二维离散型随机向量 (X,Y) 的分布律也可用概率分布表(见表 3.1)来表示.

表 3.1 二维离散型随机向量的分布律

X \ Y	y_1	y_2	$\cdots$	y_j	$\cdots$
x_1	p_{11}	p_{12}	$\cdots$	p_{1j}	$\cdots$
x_2	p_{21}	p_{22}	$\cdots$	p_{2j}	$\cdots$
$\cdots$	$\cdots$	$\cdots$	$\cdots$	$\cdots$	$\cdots$
x_i	p_{i1}	p_{i2}	$\cdots$	p_{ij}	$\cdots$
$\cdots$	$\cdots$	$\cdots$	$\cdots$	$\cdots$	$\cdots$

显然,式(3-3)中的 p_{ij} 具有下面两个性质:

(1) $p_{ij} \geq 0, i,j = 1,2,\cdots$; \hfill (3-4)

(2) $\sum_i \sum_j p_{ij} = 1$. \hfill (3-5)

反之,满足式(3-4)及式(3-5)的数集 $\{p_{ij}, i,j=1,2,\cdots\}$ 必为某二维离散型随机向量的分布律中的概率.

对于平面上的任意一个可度量区域 A,事件"$(X,Y) \in A$"的概率

$$P\{(X,Y) \in A\} = \sum_{(x_i,y_j) \in A} \sum p_{ij}. \tag{3-6}$$

二维离散型随机向量 (X,Y) 的分布函数为

$$F(x,y) = \sum_{x_i \leq x, y_j \leq y} p_{ij}. \tag{3-7}$$

例 1 箱中装有 100 件某种产品，其中一、二、三等品分别为 80 件、10 件、10 件，现从中随机地抽取一件，记

$$X_i = \begin{cases} 1, & \text{若抽到 } i \text{ 等品}; \\ 0, & \text{否则}. \end{cases} \quad i = 1, 2, 3.$$

求随机向量 (X_1, X_2) 的分布律.

解 由题设条件可得：随机向量 (X_1, X_2) 的所有可能取值为 $(0,0), (0,1), (1,0), (1,1)$，且

$$P\{X_1 = 0, X_2 = 0\} = P\{X_3 = 1\} = \frac{10}{100} = 0.1,$$

$$P\{X_1 = 0, X_2 = 1\} = P\{X_2 = 1\} = \frac{10}{100} = 0.1,$$

$$P\{X_1 = 1, X_2 = 0\} = P\{X_1 = 1\} = \frac{80}{100} = 0.8,$$

$$P\{X_1 = 1, X_2 = 1\} = P\{\varnothing\} = 0,$$

故随机向量 (X_1, X_2) 的分布律为

X_1 \ X_2	0	1
0	0.1	0.1
1	0.8	0

例 2 某盒内放有 10 个大小相同的球，其中 5 个红球，3 个白球，2 个黑球，第一次随机地取出 2 个球，观察后不放回，第二次再随机地取出 2 个球. 以 $X_i (i=1,2)$ 表示第 i 次取到的红球数目，求 (X_1, X_2) 的分布律.

解 由题设条件可知，随机向量 (X_1, X_2) 的所有可能取值为 $(0,0), (0,1), (0,2), (1,0), (1,1), (1,2), (2,0), (2,1), (2,2)$，相应概率如下：

$$P\{X_1 = i, X_2 = j\} = P\{X_1 = i\} P\{X_2 = j \mid X_1 = i\}$$

$$= \frac{C_5^{2-i} C_5^i}{C_{10}^2} \times \frac{C_{5-i}^j C_{3+i}^{2-j}}{C_8^2} \quad (i = 0, 1, 2; j = 0, 1, 2).$$

故随机向量 (X_1, X_2) 的分布律为

X_1 \ X_2	0	1	2
0	$\frac{3}{126}$	$\frac{15}{126}$	$\frac{10}{126}$
1	$\frac{15}{126}$	$\frac{40}{126}$	$\frac{15}{126}$
2	$\frac{10}{126}$	$\frac{15}{126}$	$\frac{3}{126}$

三、二维连续型随机向量

类似于一维连续型随机变量的定义,二维连续型随机向量的定义如下.

定义 3.5 设 (X,Y) 是二维随机向量,如果存在某个非负可积函数 $f(x,y)$,使得对于任意的实数 x,y,有

$$F(x,y) = P\{X \leqslant x, Y \leqslant y\} = \int_{-\infty}^{x} \int_{-\infty}^{y} f(u,v) \mathrm{d}u \mathrm{d}v, \tag{3-8}$$

那么称 (X,Y) 为**二维连续型随机向量**. 函数 $f(x,y)$ 称为**二维随机向量 (X,Y) 的概率密度**(或概率密度函数或分布密度),或称为 **X 与 Y 的联合概率密度**(或联合概率密度函数).

由定义可以看出,(X,Y) 的概率密度函数 $f(x,y)$ 具有以下性质:

(1) $f(x,y) \geqslant 0$. \hfill (3-9)

(2) $\int_{-\infty}^{+\infty} \int_{-\infty}^{+\infty} f(x,y) \mathrm{d}x \mathrm{d}y = 1$. \hfill (3-10)

反之,任一具有上述两个性质的二元函数 $f(x,y)$,必是某个二维连续型随机向量的概率密度函数.

(3) 设 D 是 xOy 平面上一个可度量的区域,则有

$$P\{(X,Y) \in D\} = \iint_D f(x,y) \mathrm{d}x \mathrm{d}y. \tag{3-11}$$

(4) 若概率密度函数 $f(x,y)$ 在点 (x,y) 处连续,则有

$$\frac{\partial^2 F(x,y)}{\partial x \partial y} = f(x,y). \tag{3-12}$$

例 3 设二维随机向量 (X,Y) 的概率密度为

$$f(x,y) = \begin{cases} \lambda, & (x,y) \in D; \\ 0, & (x,y) \notin D. \end{cases}$$

其中 D 为 xOy 平面上一个可度量的区域,$S_D (\neq 0)$ 为 D 的面积,求 λ 的值及 $P\{(X,Y) \in A\}$,其中 $A \subset D$ 且 A 可度量.

解 由概率密度的性质(2),有

$$\int_{-\infty}^{+\infty} \int_{-\infty}^{+\infty} f(x,y) \mathrm{d}x \mathrm{d}y = \iint_D \lambda \mathrm{d}x \mathrm{d}y = \lambda S_D = 1,$$

于是,有

$$\lambda = \frac{1}{S_D},$$

即

$$f(x,y) = \begin{cases} \dfrac{1}{S_D}, & (x,y) \in D; \\ 0, & (x,y) \notin D. \end{cases}$$

再由式(3-11),得

$$P\{(X,Y) \in A\} = \iint_A f(x,y) \mathrm{d}x \mathrm{d}y = \iint_A \frac{1}{S_D} \mathrm{d}x \mathrm{d}y = \frac{S_A}{S_D},$$

这里 S_A 表示区域 A 的面积.

定义 3.6 设二维随机向量 (X,Y) 的概率密度为

$$f(x,y) = \begin{cases} \dfrac{1}{S_D}, & (x,y) \in D; \\ 0, & (x,y) \notin D. \end{cases}$$

则称 (X,Y) 服从区域 D 上的均匀分布.

例 4 设二维连续型随机向量 (X,Y) 的概率密度为

$$f(x,y) = \begin{cases} kxy, & 0 \leqslant x \leqslant 1, 0 \leqslant y \leqslant 1; \\ 0, & \text{其他}. \end{cases}$$

求：(1) 常数 k；　(2) (X,Y) 的分布函数 $F(x,y)$.

解 (1) 因为 $\displaystyle\int_{-\infty}^{+\infty}\int_{-\infty}^{+\infty} f(x,y)\mathrm{d}x\mathrm{d}y = 1$,

所以 $\displaystyle\int_0^1\int_0^1 kxy\,\mathrm{d}x\mathrm{d}y = k\int_0^1 x\mathrm{d}x\int_0^1 y\mathrm{d}y = \dfrac{k}{4} = 1$,

故 $k=4$.

(2) 当 $x<0$ 或 $y<0$ 时,
$$F(x,y) = P\{X \leqslant x, Y \leqslant y\} = 0;$$

当 $0 \leqslant x \leqslant 1, 0 \leqslant y \leqslant 1$ 时,
$$F(x,y) = \int_{-\infty}^x \int_{-\infty}^y f(s,t)\mathrm{d}s\mathrm{d}t = \int_0^x \int_0^y 4st\,\mathrm{d}s\mathrm{d}t = x^2 y^2;$$

当 $0 \leqslant x \leqslant 1, y>1$ 时,
$$F(x,y) = \int_{-\infty}^x \int_{-\infty}^y f(s,t)\mathrm{d}s\mathrm{d}t = \int_0^x \int_0^1 4st\,\mathrm{d}s\mathrm{d}t = x^2;$$

当 $x>1, 0 \leqslant y \leqslant 1$ 时,
$$F(x,y) = \int_{-\infty}^x \int_{-\infty}^y f(s,t)\mathrm{d}s\mathrm{d}t = \int_0^1 \int_0^y 4st\,\mathrm{d}s\mathrm{d}t = y^2;$$

当 $x>1, y>1$ 时,
$$F(x,y) = \int_{-\infty}^x \int_{-\infty}^y f(s,t)\mathrm{d}s\mathrm{d}t = \int_0^1 \int_0^1 4st\,\mathrm{d}s\mathrm{d}t = 1.$$

因此, (X,Y) 的分布函数为

$$F(x,y) = \begin{cases} 0, & x<0 \text{ 或 } y<0; \\ x^2 y^2, & 0 \leqslant x \leqslant 1, 0 \leqslant y \leqslant 1; \\ x^2, & 0 \leqslant x \leqslant 1, y>1; \\ y^2, & x>1, 0 \leqslant y \leqslant 1; \\ 1, & x>1, y>1. \end{cases}$$

例 5 设二维随机向量 (X,Y) 的概率密度函数为

$$f(x,y) = \begin{cases} 6\mathrm{e}^{-(2x+3y)}, & x>0, y>0; \\ 0, & \text{其他}. \end{cases}$$

求：(1) 随机向量 (X,Y) 的分布函数;

(2) (X,Y) 落在区域 $D = \{(x,y) \mid x \geqslant 0, y \geqslant 0, 2x+3y \leqslant 6\}$ 内的概率;

(3) $P\{X \geqslant Y\}$.

解 (1) 当 $x \leqslant 0$ 或 $y \leqslant 0$ 时,
$$F(x,y) = P\{X \leqslant x, Y \leqslant y\} = 0;$$
当 $x > 0$ 且 $y > 0$ 时,
$$F(x,y) = \int_{-\infty}^{x}\int_{-\infty}^{y} f(u,v)\mathrm{d}u\mathrm{d}v = \int_{0}^{x}\int_{0}^{y} 6\mathrm{e}^{-(2u+3v)}\mathrm{d}u\mathrm{d}v = (1-\mathrm{e}^{-2x})(1-\mathrm{e}^{-3y}).$$
所以
$$F(x,y) = \begin{cases} (1-\mathrm{e}^{-2x})(1-\mathrm{e}^{-3y}), & x>0, y>0; \\ 0, & \text{其他.} \end{cases}$$

(2) 区域 D 如图 3.3 所示,可知
$$P\{(X,Y) \in D\} = \iint\limits_{(x,y) \in D} f(x,y)\mathrm{d}x\mathrm{d}y = \int_{0}^{3}\mathrm{d}x\int_{0}^{\frac{1}{3}(6-2x)} 6\mathrm{e}^{-(2x+3y)}\mathrm{d}y$$
$$= 1 - 7\mathrm{e}^{-6} \approx 0.983.$$

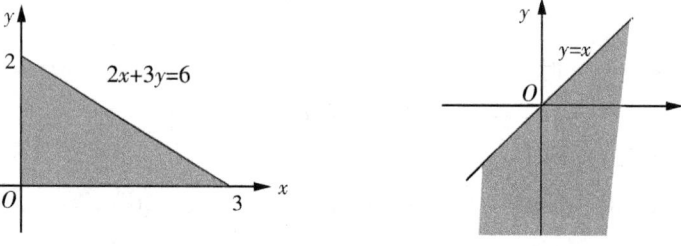

图 3.3　　　　　　　　　图 3.4

(3) 如图 3.4 所示,可知
$$P\{X \geqslant Y\} = \iint\limits_{x \geqslant y} f(x,y)\mathrm{d}x\mathrm{d}y = \int_{0}^{+\infty}\mathrm{d}x\int_{0}^{x} 6\mathrm{e}^{-(2x+3y)}\mathrm{d}y = \frac{3}{5}.$$

§3.2　边　缘　分　布

随机向量 (X,Y) 把两个随机变量 X 与 Y 作为一个整体来研究. 在实际问题中,有时需要研究随机向量 (X,Y) 的分量 X, Y 的性质,为此引入边缘分布.

一、边缘分布函数

定义 3.7　二维随机向量 (X,Y) 关于分量 X, Y 的分布函数分别记为 $F_X(x), F_Y(y)$,分别称 $F_X(x), F_Y(y)$ 为随机向量 (X,Y) **关于 X, Y 的边缘分布函数**.

二维随机向量 (X,Y) 关于 X, Y 的边缘分布函数 $F_X(x), F_Y(y)$ 可由 (X,Y) 的分布函数 $F(x,y)$ 来确定.

若已知 (X,Y) 的分布函数为 $F(x,y)$,则很容易求得关于 X, Y 的边缘分布函数:

$$F_X(x) = P\{X \leqslant x\} = P\{X \leqslant x, Y < +\infty\}$$
$$= \lim_{y \to +\infty} F(x,y) = F(x, +\infty), \tag{3-13}$$

$$F_Y(y) = P\{Y \leqslant y\} = P\{X < +\infty, Y \leqslant y\}$$
$$= \lim_{x \to +\infty} F(x,y) = F(+\infty, y). \tag{3-14}$$

边缘分布函数 $F_X(x), F_Y(y)$ 分别表示随机向量 (X,Y) 落入图 3.5 中的(a),(b)两个半平面内的概率,而分布函数 $F(x,y)$ 表示随机向量 (X,Y) 落在这两个半平面的公共部分内的概率.

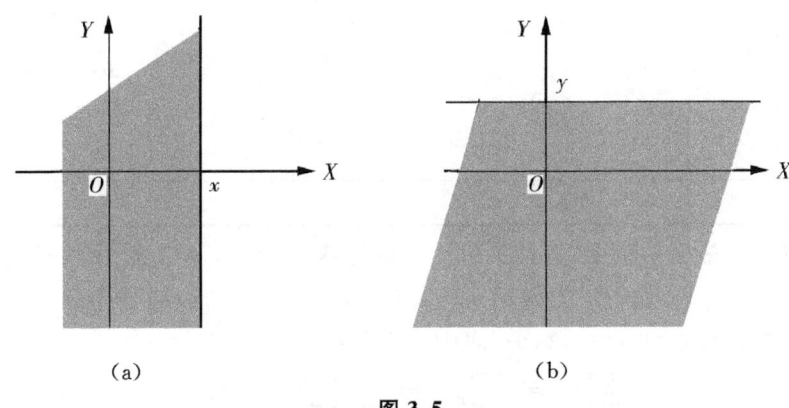

(a)　　　　　　　(b)

图 3.5

二、边缘分布律

定义 3.8 二维离散型随机向量 (X,Y) 的两个分量 X 和 Y 的分布律分别称为随机向量 (X,Y) 关于 X 和关于 Y 的**边缘分布律**.

设二维离散型随机向量 (X,Y) 的分布律为
$$P\{X = x_i, Y = y_j\} = p_{ij} (i,j = 1, 2, \cdots).$$
对于给定的 $x_i (i = 1, 2, \cdots)$,有
$$\{X = x_i\} = \bigcup_j \{X = x_i, Y = y_j\},$$
于是
$$P\{X = x_i\} = P(\bigcup_j \{X = x_i, Y = y_j\})$$
$$= \sum_j P\{X = x_i, Y = y_j\}$$
$$= \sum_j p_{ij}, \quad i = 1, 2, \cdots.$$
同理可得,对于给定的 $y_j (j = 1, 2, \cdots)$,有
$$P\{Y = y_j\} = \sum_i p_{ij}, j = 1, 2, \cdots.$$
将 $P\{X = x_i\}$ 和 $P\{Y = y_j\}$ 分别记为 $p_{i\cdot}$ 和 $p_{\cdot j}$,则有
$$p_{i\cdot} \triangleq P\{X = x_i\} = \sum_j p_{ij} (i = 1, 2, \cdots), \tag{3-15}$$

$$p_{\cdot j} \stackrel{\triangle}{=} P\{Y = y_j\} = \sum_i p_{ij} (j = 1, 2, \cdots). \tag{3-16}$$

关于 X, Y 的边缘分布律,可分别通过向量 (X, Y) 的分布律列表按各行与按各列相加而得到,如表 3.2 所示.

表 3.2 二维离散型随机向量的边缘分布律

Y \ X	y_1	y_2	$\cdots$	y_j	$\cdots$	$p_{i\cdot}$
x_1	p_{11}	p_{12}	$\cdots$	p_{1j}	$\cdots$	$p_{1\cdot}$
x_2	p_{21}	p_{22}	$\cdots$	p_{2j}	$\cdots$	$p_{2\cdot}$
$\cdots$	$\cdots$	$\cdots$	$\cdots$	$\cdots$	$\cdots$	$\cdots$
x_i	p_{i1}	p_{i2}	$\cdots$	p_{ij}	$\cdots$	$p_{i\cdot}$
$\cdots$	$\cdots$	$\cdots$	$\cdots$	$\cdots$	$\cdots$	$\cdots$
$p_{\cdot j}$	$p_{\cdot 1}$	$p_{\cdot 2}$	$\cdots$	$p_{\cdot j}$	$\cdots$	1

表 3.2 中右方最后一列是 (X, Y) 关于 X 的边缘分布列,其中 $p_{i\cdot}$ 恰好是表中第 i 行的概率之和, $i = 1, 2, \cdots$;表中下方最后一行是 (X, Y) 关于 Y 的边缘分布列,表中 $p_{\cdot j}$ 恰好是表中第 j 列的概率之和, $j = 1, 2, \cdots$;表中右下角的 1 表示

$$\sum_i p_{i\cdot} = \sum_j p_{\cdot j} = \sum_i \sum_j p_{ij} = 1.$$

例 1 考虑 §3.1 例 2 中定义的随机向量 (X_1, X_2),求 (X_1, X_2) 关于 X_1, X_2 的边缘分布律.

解 由条件可得

$$\begin{aligned}
P\{X_1 = 0\} &= \sum_{j=1}^{3} P\{X_1 = 0, X_2 = j-1\} \\
&= P\{X_1 = 0, X_2 = 0\} + P\{X_1 = 0, X_2 = 1\} + P\{X_1 = 0, X_2 = 2\} \\
&= \frac{3}{126} + \frac{15}{126} + \frac{10}{126} = \frac{28}{126} = \frac{2}{9}.
\end{aligned}$$

同理可得

$$P\{X_1 = 1\} = \frac{5}{9}, \quad P\{X_1 = 2\} = \frac{2}{9}.$$

$$P\{X_2 = 0\} = \frac{2}{9}, \quad P\{X_2 = 1\} = \frac{5}{9}, \quad P\{X_2 = 2\} = \frac{2}{9}.$$

故随机向量 (X_1, X_2) 关于 X_1, X_2 的边缘分布律分别为

X_1	0	1	2
P	$\frac{2}{9}$	$\frac{5}{9}$	$\frac{2}{9}$

X_2	0	1	2
P	$\frac{2}{9}$	$\frac{5}{9}$	$\frac{2}{9}$

也可将随机向量关于 X_1, X_2 的边缘分布律与其联合分布律列在一个表中,如下:

X_1 \ X_2	0	1	2	$p_{i\cdot}$
0	$\dfrac{3}{126}$	$\dfrac{15}{126}$	$\dfrac{10}{126}$	$\dfrac{2}{9}$
1	$\dfrac{15}{126}$	$\dfrac{40}{126}$	$\dfrac{15}{126}$	$\dfrac{5}{9}$
2	$\dfrac{10}{126}$	$\dfrac{15}{126}$	$\dfrac{3}{126}$	$\dfrac{2}{9}$
$p_{\cdot j}$	$\dfrac{2}{9}$	$\dfrac{5}{9}$	$\dfrac{2}{9}$	1

注意:由联合分布律可以唯一确定边缘分布律,但反之则不然.

三、边缘概率密度

定义 3.9 若二维连续型随机向量 (X, Y) 的分量 X, Y 的概率密度分别为 $f_X(x)$, $f_Y(y)$,则分别称 $f_X(x), f_Y(y)$ 为 **(X, Y) 关于 X, Y 的边缘概率密度**(或**边缘密度**).

若已知二维连续型随机向量 (X, Y) 的概率密度 $f(x, y)$,则由式(3-13)及式(3-14),有

$$F_X(x) = F(x, +\infty) = \int_{-\infty}^{x} \left[\int_{-\infty}^{+\infty} f(u, y) \mathrm{d}y \right] \mathrm{d}u,$$

$$F_Y(y) = F(+\infty, y) = \int_{-\infty}^{y} \left[\int_{-\infty}^{+\infty} f(x, v) \mathrm{d}x \right] \mathrm{d}v.$$

根据概率密度的定义,可得 (X, Y) 关于 X, Y 的边缘概率密度为

$$f_X(x) = \int_{-\infty}^{+\infty} f(x, y) \mathrm{d}y, \tag{3-17}$$

$$f_Y(y) = \int_{-\infty}^{+\infty} f(x, y) \mathrm{d}x. \tag{3-18}$$

例 2 若二维随机向量 (X, Y) 服从矩形 $[a_1, b_1] \times [a_2, b_2]$ 上的均匀分布,求其边缘密度函数.

解 由题设条件可知,(X, Y) 的联合概率密度函数为

$$f(x, y) = \begin{cases} \dfrac{1}{(b_1 - a_1)(b_2 - a_2)}, & a_1 \leqslant x \leqslant b_1, a_2 \leqslant y \leqslant b_2; \\ 0, & \text{其他}. \end{cases}$$

先求 X 的概率密度函数. 若 $x \notin [a_1, b_1]$,则 $f(x, y) = 0$,由式(3-17)知 $f_X(x) = 0$. 若 $a_1 \leqslant x \leqslant b_1$,则由式(3-17)有

$$f_X(x) = \int_{-\infty}^{+\infty} f(x, y) \mathrm{d}y = \dfrac{1}{(b_1 - a_1)(b_2 - a_2)} \int_{a_2}^{b_2} \mathrm{d}y = \dfrac{1}{b_1 - a_1}.$$

所以

$$f_X(x) = \begin{cases} \dfrac{1}{b_1 - a_1}, & a_1 \leqslant x \leqslant b_1; \\ 0, & \text{其他}. \end{cases}$$

于是 X 服从 $[a_1,b_1]$ 上的均匀分布.

同理可证 Y 服从 $[a_2,b_2]$ 上的均匀分布,且

$$f_Y(y)=\begin{cases}\dfrac{1}{b_2-a_2}, & a_2\leqslant y\leqslant b_2;\\ 0, & \text{其他}.\end{cases}$$

我们注意到 $f(x,y)=f_X(x)\cdot f_Y(y)$.

定义 3.10 若二维连续型随机向量 (X,Y) 的概率密度为

$$f(x,y)=\frac{1}{2\pi\sigma_1\sigma_2\sqrt{1-\rho^2}}\exp\left\{-\frac{1}{2(1-\rho^2)}\left[\frac{(x-\mu_1)^2}{\sigma_1^2}\right.\right.$$
$$\left.\left.-2\rho\frac{(x-\mu_1)(y-\mu_2)}{\sigma_1\sigma_2}+\frac{(y-\mu_2)^2}{\sigma_2^2}\right]\right\}, \tag{3-19}$$

其中 $-\infty<x<+\infty,-\infty<y<+\infty,\mu_1,\mu_2,\sigma_1,\sigma_2,\rho$ 均为常数,且 $\sigma_1>0,\sigma_2>0,|\rho|\leqslant 1$,则称 (X,Y) 服从参数为 $\mu_1,\mu_2,\sigma_1^2,\sigma_2^2,\rho$ 的**二维正态分布**,记为 $(X,Y)\sim N(\mu_1,\mu_2,\sigma_1^2,\sigma_2^2,\rho)$. 此时,$(X,Y)$ 称为**二维正态随机向量**.(二维正态随机向量的概率密度函数图像见图 3.6)

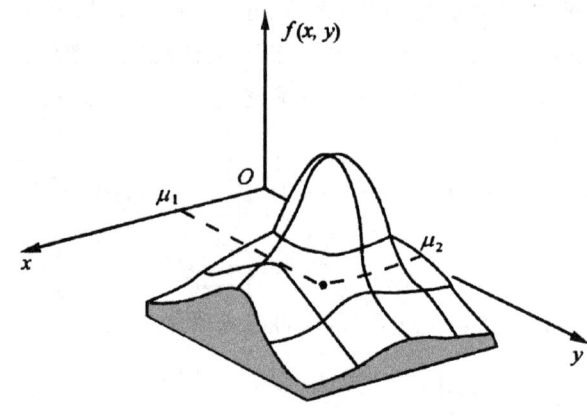

图 3.6

可以证明,二维正态随机向量的概率密度 $f(x,y)$ 具有二维连续型随机向量概率密度的两个性质.

例 3 设二维随机向量 (X,Y) 服从二维正态分布,即

$$(X,Y)\sim N(\mu_1,\mu_2,\sigma_1^2,\sigma_2^2,\rho).$$

(1) 试求 X 与 Y 的概率密度函数 $f_X(x)$ 与 $f_Y(y)$;

(2) 验证 $f(x,y)$ 满足式(3-10);

(3) 验证当 $\rho=0$ 时,$f(x,y)=f_X(x)\cdot f_Y(y)$.

解 (1) 先求 X 的概率密度函数,令

$$\frac{x-\mu_1}{\sigma_1}=u,\quad \frac{y-\mu_2}{\sigma_2}=v.$$

由式(3-17)可得

$$f_X(x) = \int_{-\infty}^{+\infty} f(x,y)\,\mathrm{d}y$$

$$= \frac{1}{2\pi\sigma_1\sigma_2\sqrt{1-\rho^2}} \int_{-\infty}^{+\infty} \exp\left\{-\frac{1}{2(1-\rho^2)}[u^2 - 2\rho uv + v^2]\right\}\sigma_2\,\mathrm{d}v$$

$$= \frac{1}{\sqrt{2\pi}\sigma_1} \int_{-\infty}^{+\infty} \frac{1}{\sqrt{2\pi}\sqrt{1-\rho^2}} \exp\left\{-\frac{1}{2(1-\rho^2)}[(v-\rho u)^2 + (1-\rho^2)u^2]\right\}\,\mathrm{d}v$$

$$= \frac{1}{\sqrt{2\pi}\sigma_1} \exp\left\{-\frac{u^2}{2}\right\} \cdot \int_{-\infty}^{+\infty} \frac{1}{\sqrt{2\pi(1-\rho^2)}} \exp\left\{-\frac{(v-\rho u)^2}{2(1-\rho^2)}\right\}\,\mathrm{d}v$$

$$= \frac{1}{\sqrt{2\pi}\sigma_1} \exp\left\{-\frac{u^2}{2}\right\}$$

$$= \frac{1}{\sqrt{2\pi}\sigma_1} \exp\left\{-\frac{(x-\mu_1)^2}{2\sigma_1^2}\right\}, \quad -\infty < x < +\infty.$$

其中,积分 $\int_{-\infty}^{+\infty} \frac{1}{\sqrt{2\pi(1-\rho^2)}} \exp\left\{-\frac{(v-\rho u)^2}{2(1-\rho^2)}\right\}\,\mathrm{d}v$ 中的被积函数是正态分布 $N(\rho u, (1-\rho^2))$ 的概率密度函数,因而积分值为 1. 所以 $X \sim N(u_1, \sigma_1^2)$.

同理可得

$$f_Y(y) = \frac{1}{\sqrt{2\pi}\sigma_2} \exp\left\{-\frac{(y-\mu_2)^2}{2\sigma_2^2}\right\}, \quad -\infty < y < +\infty.$$

(2) $\int_{-\infty}^{+\infty}\int_{-\infty}^{+\infty} f(x,y)\,\mathrm{d}x\mathrm{d}y = \int_{-\infty}^{+\infty} f_X(x)\,\mathrm{d}x = 1.$

(3) 若 $\rho = 0$,则

$$f(x,y) = \frac{1}{2\pi\sigma_1\sigma_2} \exp\left\{-\frac{1}{2}\left[\left(\frac{x-\mu_1}{\sigma_1}\right)^2 + \left(\frac{y-\mu_2}{\sigma_2}\right)^2\right]\right\}$$
$$= f_X(x) \cdot f_Y(y).$$

由此可知,二维正态分布的随机向量 (X,Y) 关于 X,Y 的边缘分布都是正态分布,且若 $(X,Y) \sim N(\mu_1, \mu_2, \sigma_1^2, \sigma_2^2, \rho)$,则 $X \sim N(\mu_1, \sigma_1^2)$, $Y \sim N(\mu_2, \sigma_2^2)$. 由于边缘概率密度与参数 ρ 无关,故对不同的二维正态分布,只要参数 $\mu_1, \mu_2, \sigma_1, \sigma_2$ 对应相同,那么它们的边缘密度就相同. 这里我们再次看到,虽然 X 与 Y 的联合分布决定边缘分布,但边缘分布不能唯一地决定它们的联合分布.

*§3.3 条件分布

在第 1 章中,对于两个随机事件,我们讨论了在一个随机事件发生的条件下,另一随机事件发生的条件概率. 类似地,对于由两个随机变量构成的二维随机向量,我们将讨论已知一个随机变量取得某些值的条件下另一随机变量取某一范围值的概率即条件概率,同时介绍其相关概念.

一、离散型

设(X,Y)为二维离散型随机向量,它的分布律为
$$P\{X = x_i, Y = y_j\} = p_{ij}, \quad i,j = 1,2,\cdots.$$
它关于 X 与 Y 的边缘分布分别为
$$P\{X = x_i\} = p_{i\cdot} = \sum_j p_{ij}, \quad i = 1,2,\cdots;$$
$$P\{Y = y_j\} = p_{\cdot j} = \sum_i p_{ij}, \quad j = 1,2,\cdots.$$

定义 3.11 设 (X,Y) 是二维离散型随机向量.

(1) 对于固定的 y_j,若 $P\{Y=y_j\}>0$,则称
$$P\{X = x_i \mid Y = y_j\} = \frac{P\{X = x_i, Y = y_j\}}{P\{Y = y_j\}} = \frac{p_{ij}}{p_{\cdot j}}, \quad i = 1,2,\cdots \quad (3\text{-}20)$$
为在$\{Y=y_j\}$条件下随机变量 X 的条件分布律(或条件分布).

(2) 对于固定的 x_i,若 $P\{X=x_i\}>0$,则称
$$P\{Y = y_j \mid X = x_i\} = \frac{P\{X = x_i, Y = y_j\}}{P\{X = x_i\}} = \frac{p_{ij}}{p_{i\cdot}}, \quad j = 1,2,\cdots \quad (3\text{-}21)$$
为在$\{X=x_i\}$条件下随机变量 Y 的条件分布律(或条件分布).

可知:在$\{X=x_i\}$条件下随机变量 Y 的条件分布函数为
$$F(y \mid x_i) = \frac{\sum_{y_j \leqslant y} P\{X = x_i, Y = y_j\}}{P\{X = x_i\}} = \frac{\sum_{y_j \leqslant y} p_{ij}}{p_{i\cdot}}, \quad (3\text{-}22)$$
在$\{Y=y_j\}$条件下随机变量 X 的条件分布函数为
$$F(x \mid y_j) = \frac{\sum_{x_i \leqslant x} P\{X = x_i, Y = y_j\}}{P\{Y = y_j\}} = \frac{\sum_{x_i \leqslant x} p_{ij}}{p_{\cdot j}}. \quad (3\text{-}23)$$

例 1 求 §3.1 例 2 中的随机向量(X_1, X_2)在$\{X_1=2\}$条件下 X_2 的条件分布律及条件分布函数.

解 由 §3.2 例 1 可得
$$P\{X_2 = 0 \mid X_1 = 2\} = \frac{P\{X_1 = 2, X_2 = 0\}}{P\{X_1 = 2\}} = \frac{\frac{10}{126}}{\frac{28}{126}} = \frac{5}{14},$$
$$P\{X_2 = 1 \mid X_1 = 2\} = \frac{P\{X_1 = 2, X_2 = 1\}}{P\{X_1 = 2\}} = \frac{15}{28},$$
$$P\{X_2 = 2 \mid X_1 = 2\} = \frac{P\{X_1 = 2, X_2 = 2\}}{P\{X_1 = 2\}} = \frac{3}{28},$$
即在$\{X_1=2\}$条件下 X_2 的条件分布律为

X_2	0	1	2
$P\{X_2=y_j \mid X_1=2\}$	$\dfrac{5}{14}$	$\dfrac{15}{28}$	$\dfrac{3}{28}$

由此可得在$\{X_1=2\}$条件下 X_2 的条件分布函数为

$$F(y \mid 2) = \begin{cases} 0, & y < 0; \\ \dfrac{5}{14}, & 0 \leqslant y < 1; \\ \dfrac{25}{28}, & 1 \leqslant y < 2; \\ 1, & y \geqslant 2. \end{cases}$$

二、连续型

由于连续型随机变量在任意一点处的概率为零,即 $P\{X=x_0\}=0, P\{Y=y_0\}=0$,所以不能直接利用事件的条件概率公式引入随机向量的条件概率密度,需要利用极限的方法进行处理,为此,先建立条件分布函数,再求条件概率密度.

设(X,Y)为二维连续型随机向量,对于任意的 $\Delta y \to 0$,若 $P\{y<Y\leqslant y+\Delta y\}>0$,则对于任意的实数 x,称

$$P\{X \leqslant x \mid y < Y \leqslant y + \Delta y\} = \frac{P\{X \leqslant x, y < Y \leqslant y + \Delta y\}}{P\{y < Y \leqslant y + \Delta y\}}$$

为在$\{y<Y\leqslant y+\Delta y\}$条件下 X 的条件分布函数.于是得到如下定义.

定义 3.12 设(X,Y)为二维连续型随机向量,y 为定值,对于任意给定的实数 $\Delta y>0$,若 $P\{y<Y\leqslant y+\Delta y\}>0$,极限

$$\lim_{\Delta y \to 0^+} P\{X \leqslant x \mid y < Y \leqslant y + \Delta y\}$$

存在,则称此极限值为**在$\{Y=y\}$条件下 X 的条件分布函数**,记为 $F(x \mid y)$ 或 $P\{X\leqslant x \mid Y=y\}$.

如果二维连续型随机向量(X,Y)的分布函数为 $F(x,y)$,概率密度为 $f(x,y)$,且 $f(x,y)$在点(x,y)处连续,而 Y 的边缘概率密度 $f_Y(y)>0$ 并连续,则

$$\begin{aligned} F(x \mid y) &= \lim_{\Delta y \to 0^+} P\{X \leqslant x \mid y < Y \leqslant y + \Delta y\} \\ &= \lim_{\Delta y \to 0^+} \frac{P\{X \leqslant x, y < Y \leqslant y + \Delta y\}}{P\{y < Y \leqslant y + \Delta y\}} \\ &= \lim_{\Delta y \to 0^+} \frac{F(x, y+\Delta y) - F(x,y)}{F_Y(y+\Delta y) - F_Y(y)} \\ &= \frac{\lim\limits_{\Delta y \to 0^+} \dfrac{F(x, y+\Delta y) - F(x,y)}{\Delta y}}{\lim\limits_{\Delta y \to 0^+} \dfrac{F_Y(y+\Delta y) - F_Y(y)}{\Delta y}} \\ &= \frac{\dfrac{\partial F(x,y)}{\partial y}}{\dfrac{\mathrm{d}}{\mathrm{d}y} F_Y(y)} \end{aligned}$$

$$= \frac{\int_{-\infty}^{x} f(u,y)\mathrm{d}u}{f_Y(y)},$$

即在$\{Y=y\}$条件下X的条件分布函数为

$$F(x \mid y) = \frac{\int_{-\infty}^{x} f(u,y)\mathrm{d}u}{f_Y(y)} = \int_{-\infty}^{x} \frac{f(u,y)}{f_Y(y)}\mathrm{d}u. \tag{3-24}$$

类似地,在$\{X=x\}$条件下Y的条件分布函数为

$$F(y \mid x) = \frac{\int_{-\infty}^{y} f(x,v)\mathrm{d}v}{f_X(x)} = \int_{-\infty}^{y} \frac{f(x,v)}{f_X(x)}\mathrm{d}v. \tag{3-25}$$

若令

$$f(x \mid y) = \frac{f(x,y)}{f_Y(y)}, \tag{3-26}$$

$$f(y \mid x) = \frac{f(x,y)}{f_X(x)}, \tag{3-27}$$

那么,式(3-24)、(3-25)可改写为

$$F(x \mid y) = \int_{-\infty}^{x} \frac{f(u,y)}{f_Y(y)}\mathrm{d}u = \int_{-\infty}^{x} f(u \mid y)\mathrm{d}u, \tag{3-28}$$

$$F(y \mid x) = \int_{-\infty}^{y} \frac{f(x,v)}{f_X(x)}\mathrm{d}v = \int_{-\infty}^{y} f(v \mid x)\mathrm{d}v, \tag{3-29}$$

称$f(x|y)$为在$\{Y=y\}$条件下X的条件概率密度,$f(y|x)$为在$\{X=x\}$条件下Y的条件概率密度.

例2 设(X,Y)服从区域$D=\{(x,y)\mid x^2+y^2 \leqslant R^2, R>0\}$上的均匀分布,求$f(y|x)$及$f(x|y)$.

解 由题设条件可得,(X,Y)的分布密度为

$$f(x,y) = \begin{cases} \dfrac{1}{\pi R^2}, & (x,y) \in D; \\ 0, & (x,y) \notin D. \end{cases}$$

因此

$$f_X(x) = \int_{-\infty}^{+\infty} f(x,y)\mathrm{d}y = \begin{cases} \dfrac{2}{\pi R^2}\sqrt{R^2-x^2}, & |x| \leqslant R; \\ 0, & |x| > R. \end{cases}$$

$$f_Y(y) = \int_{-\infty}^{+\infty} f(x,y)\mathrm{d}x = \begin{cases} \dfrac{2}{\pi R^2}\sqrt{R^2-y^2}, & |y| \leqslant R; \\ 0, & |y| > R. \end{cases}$$

故当$|x| \leqslant \sqrt{R^2-y^2}$时,有

$$f(x \mid y) = \frac{f(x,y)}{f_Y(y)} = \begin{cases} \dfrac{1}{2\sqrt{R^2-y^2}}, & |x| \leqslant \sqrt{R^2-y^2}; \\ 0, & 其他. \end{cases}$$

同理可得,当$|y| \leqslant \sqrt{R^2-x^2}$时,有

$$f(y \mid x) = \frac{f(x,y)}{f_X(x)} = \begin{cases} \dfrac{1}{2\sqrt{R^2 - x^2}}, & |y| \leqslant \sqrt{R^2 - x^2}; \\ 0, & \text{其他}. \end{cases}$$

可以看出:在$\{Y=y\}$条件下 X 服从区间$[-\sqrt{R^2-y^2},\sqrt{R^2-y^2}]$上的均匀分布;同样,在$\{X=x\}$条件下 Y 服从区间$[-\sqrt{R^2-x^2},\sqrt{R^2-x^2}]$上的均匀分布.

例 3 设(X,Y)为服从二维正态分布 $N(0,0,1,1,\rho)$ 的随机向量,试求 $f(y \mid x)$ 及 $f(x \mid y)$.

解 由题设条件可得

$$f(x,y) = \frac{1}{2\pi\sqrt{1-\rho^2}} \exp\left\{-\frac{1}{2(1-\rho^2)}(x^2 - 2\rho xy + y^2)\right\},$$

$$f_X(x) = \int_{-\infty}^{+\infty} f(x,y)\mathrm{d}y = \frac{1}{\sqrt{2\pi}} \mathrm{e}^{-\frac{x^2}{2}},$$

$$f_Y(y) = \int_{-\infty}^{+\infty} f(x,y)\mathrm{d}x = \frac{1}{\sqrt{2\pi}} \mathrm{e}^{-\frac{y^2}{2}},$$

故可得

$$f(y \mid x) = \frac{f(x,y)}{f_X(x)} = \frac{1}{\sqrt{2\pi}\sqrt{1-\rho^2}} \exp\left\{-\frac{(y-\rho x)^2}{2(1-\rho^2)}\right\},$$

$$f(x \mid y) = \frac{f(x,y)}{f_Y(y)} = \frac{1}{\sqrt{2\pi}\sqrt{1-\rho^2}} \exp\left\{-\frac{(x-\rho y)^2}{2(1-\rho^2)}\right\}.$$

可知:在条件$\{X=x\}$下 Y 服从正态分布 $N(\rho x, 1-\rho^2)$,在条件$\{Y=y\}$下 X 服从正态分布 $N(\rho y, 1-\rho^2)$.

例 4 设随机变量 X 的分布密度为

$$f_X(x) = \begin{cases} \lambda^2 x \mathrm{e}^{-\lambda x}, & x > 0; \\ 0, & x \leqslant 0. \end{cases}$$

而随机变量 Y 服从区间$(0,X)$上的均匀分布,求 Y 的概率密度 $f_Y(y)$.

解 由题设条件可得

$$f_Y(y \mid X = x) = \begin{cases} \dfrac{1}{x}, & y \in (0,x); \\ 0, & y \notin (0,x). \end{cases}$$

因此

$$f(x,y) = f_X(x) f_Y(y \mid X = x) = \begin{cases} \lambda^2 \mathrm{e}^{-\lambda x}, & 0 < y < x; \\ 0, & \text{其他}. \end{cases}$$

故有

$$f_Y(y) = \int_{-\infty}^{+\infty} f(x,y)\mathrm{d}x = \begin{cases} \int_y^{+\infty} \lambda^2 \mathrm{e}^{-\lambda x}\mathrm{d}x, & y > 0; \\ 0, & y \leqslant 0. \end{cases}$$

$$= \begin{cases} \lambda \mathrm{e}^{-\lambda y}, & y > 0; \\ 0, & y \leqslant 0. \end{cases}$$

即随机变量 Y 服从参数为 λ 的指数分布.

§3.4 随机变量的独立性

在前面章节我们引入并研究了随机事件的相互独立性,现在进一步来研究随机变量的相互独立性.下面通过随机事件相互独立的定义导出随机变量相互独立的定义.

定义 3.13 设二维随机向量 (X,Y) 的联合分布函数和边缘分布函数分别为 $F(x,y)$, $F_X(x)$, $F_Y(y)$. 若对于任意的实数 x,y,有

$$P\{X \leqslant x, Y \leqslant y\} = P\{X \leqslant x\} \cdot P\{Y \leqslant y\} \tag{3-30}$$

或

$$F(x,y) = F_X(x) \cdot F_Y(y), \tag{3-31}$$

则称**随机变量 X 与 Y 相互独立**.

显然,两随机变量 X 与 Y 相互独立的充分必要条件是由它们各自构造的随机事件 $A = \{X \leqslant x\}$ 与 $B = \{Y \leqslant y\}$ 相互独立,即 $P(AB) = P(A)P(B)$. 因此 X 与 Y 相互独立必有

$$P(AB) = P(A)P(B),$$
$$P(\overline{A}B) = P(\overline{A})P(B),$$
$$P(A\overline{B}) = P(A)P(\overline{B}),$$
$$P(\overline{A}\,\overline{B}) = P(\overline{A})P(\overline{B})$$

均成立.

定理 3.1 (1) 设二维离散型随机向量 (X,Y) 的分布律为 $P\{X = x_i, Y = y_j\} = p_{ij}$, $i,j = 1,2,\cdots$,关于 X,Y 的边缘分布律为 $p_{i \cdot}$, $p_{\cdot j}$,则 X 与 Y 相互独立的充分必要条件是对于任意的 $i,j = 1,2,\cdots$,有

$$P\{X = x_i, Y = y_j\} = P\{X = x_i\} \cdot P\{Y = y_j\},$$

即

$$p_{ij} = p_{i \cdot} \cdot p_{\cdot j}. \tag{3-32}$$

(2) 设二维连续型随机向量 (X,Y) 的概率密度及边缘概率密度分别为 $f(x,y)$, $f_X(x), f_Y(y)$,则 X 与 Y 相互独立的充要条件是对 $f(x,y), f_X(x), f_Y(y)$ 均连续的点 (x,y),有

$$f(x,y) = f_X(x) \cdot f_Y(y). \tag{3-33}$$

证明请读者自己完成.

例 1 袋中有四张卡片,分别写有数字 1,2,2,3,每次从中任取两张,以 X,Y 分别表示取到的两张卡片中的最小数字与最大数字.试求:

(1) 随机向量 (X,Y) 的分布律;

(2) 讨论随机向量 (X,Y) 的两个分量 X,Y 的独立性.

解 (1) 由题设条件可知:随机变量 X 的所有可能取值为 1,2,而 Y 的所有可能取值为 2,3,因此 (X,Y) 的所有可能取值为 $(1,2),(1,3),(2,2),(2,3)$,且

$$P\{X=1, Y=2\} = \frac{C_1^1 C_2^1}{C_4^2} = \frac{1}{3},$$

$$P\{X=1, Y=3\} = \frac{C_1^1 C_1^1}{C_4^2} = \frac{1}{6},$$

$$P\{X=2, Y=2\} = \frac{C_2^2}{C_4^2} = \frac{1}{6},$$

$$P\{X=2, Y=3\} = \frac{C_1^1 C_2^1}{C_4^2} = \frac{1}{3}.$$

因此随机向量 (X,Y) 的分布律及随机向量 (X,Y) 关于 X,Y 的边缘分布律如下：

X \ Y	2	3	$p_i.$
1	$\frac{1}{3}$	$\frac{1}{6}$	$\frac{1}{2}$
2	$\frac{1}{6}$	$\frac{1}{3}$	$\frac{1}{2}$
$p._j$	$\frac{1}{2}$	$\frac{1}{2}$	1

(2) 由(1)可知

$$P\{X=1, Y=2\} = \frac{1}{3} \neq \frac{1}{4} = P\{X=1\} \cdot P\{Y=2\},$$

因此，随机变量 X 与 Y 不独立.

例 2 设随机向量 (X,Y) 服从区域 D 上的均匀分布，试讨论随机变量 X 与 Y 的独立性，其中区域 D 为

(1) $D = \{(x,y) | a \leqslant x \leqslant b, c \leqslant y \leqslant d\}$；

(2) $D = \{(x,y) | x^2 + y^2 \leqslant R^2\}$.

解 (1) 由 §3.2 例 2 知，对于任意的实数 x,y，有

$$f(x,y) = f_X(x) \cdot f_Y(y),$$

所以随机变量 X 与 Y 相互独立.

(2) 由 §3.3 例 2 知

$$f(0,0) = \frac{1}{\pi R^2} \neq \frac{4}{\pi^2 R^2} = f_X(0) \cdot f_Y(0),$$

所以随机变量 X 与 Y 不独立.

例 3 一电子仪器由两个部件构成，以 X 和 Y 分别表示两个部件的使用寿命（单位：kh），已知 X 和 Y 的联合分布函数为

$$F(x,y) = \begin{cases} 1 - e^{-0.5x} - e^{-0.5y} + e^{-0.5(x+y)}, & x \geqslant 0, y \geqslant 0; \\ 0, & \text{其他}. \end{cases}$$

(1) X 与 Y 是否独立？ (2) 求两个部件的寿命都超过 100 h 的概率 β.

解 (1) X 与 Y 的边缘分布分别为

$$F_X(x) = F(x, +\infty) = \begin{cases} 1 - e^{-0.5x}, & x \geqslant 0; \\ 0, & x < 0. \end{cases}$$

$$F_Y(y) = F(+\infty, y) = \begin{cases} 1 - e^{-0.5y}, & y \geqslant 0; \\ 0, & y < 0. \end{cases}$$

由此可知,对于任意的实数 x, y,
$$F(x, y) = F_X(x) \cdot F_Y(y),$$
于是 X 与 Y 相互独立.

(2) $\beta = P\{X > 0.1, Y > 0.1\} = P\{X > 0.1\} \cdot P\{Y > 0.1\}$
$= [1 - F_X(0.1)][1 - F_Y(0.1)] = e^{-0.05} \cdot e^{-0.05} = e^{-0.1}.$

例 4 设二维随机向量 $(X, Y) \sim N(\mu_1, \mu_2, \sigma_1^2, \sigma_2^2, \rho)$,试证明:$X$ 与 Y 相互独立的充分必要条件是 $\rho = 0$.

解 因为 $(X, Y) \sim N(\mu_1, \mu_2, \sigma_1^2, \sigma_2^2, \rho)$,所以
$$f(x, y) = \frac{1}{2\pi\sigma_1\sigma_2\sqrt{1-\rho^2}} \exp\left\{-\frac{1}{2(1-\rho^2)}\left[\frac{(x-\mu_1)^2}{\sigma_1^2}\right.\right.$$
$$\left.\left. - 2\rho\frac{(x-\mu_1)(y-\mu_2)}{\sigma_1\sigma_2} + \frac{(y-\mu_2)^2}{\sigma_2^2}\right]\right\},$$
其中 $-\infty < x < +\infty, -\infty < y < +\infty$.

由 §3.2 例 3 可知
$$f_X(x) = \frac{1}{\sqrt{2\pi}\sigma_1} \exp\left\{-\frac{(x-\mu_1)^2}{2\sigma_1^2}\right\}, \quad -\infty < x < +\infty,$$
$$f_Y(y) = \frac{1}{\sqrt{2\pi}\sigma_2} \exp\left\{-\frac{(y-\mu_2)^2}{2\sigma_2^2}\right\}, \quad -\infty < y < +\infty.$$

必要性:若 X 与 Y 相互独立,则对于任意的实数 x, y,有
$$f(x, y) = f_X(x) \cdot f_Y(y),$$
取 $x = \mu_1, y = \mu_2$,则有 $\dfrac{1}{\sqrt{1-\rho^2}} = 1$,从而 $\rho = 0$.

充分性:若 $\rho = 0$,则对于任意的实数 x, y,有
$$f(x, y) = f_X(x) \cdot f_Y(y),$$
因此随机变量 X 与 Y 相互独立.

定理 3.2 设随机变量 X 与 Y 相互独立,又 $g(x)$ 与 $h(y)$ 是两个一元连续函数,则随机变量 $g(X)$ 与 $h(Y)$ 也一定相互独立.

证明从略.

§3.5 两个随机变量函数的分布

第 2 章讨论了一维随机变量函数的分布,对于二维随机向量 (X, Y),可类似地讨论如何利用随机向量 (X, Y) 的分布求函数 $Z = g(X, Y)$ 的分布.本节将学习几个常见的二维随

机向量函数的分布.

一、(X,Y) 为离散型随机向量

设 (X,Y) 为二维离散型随机向量. X 的所有可能取值为 $x_1,x_2,\cdots,x_i,\cdots$；$Y$ 的所有可能取值为 $y_1,y_2,\cdots,y_j,\cdots$. 函数 $Z=g(X,Y)$，由于

$$\{Z=z_k\}=\{g(X,Y)=z_k\}=\bigcup_{g(x_i,y_j)=z_k}\{X=x_i,Y=y_j\},$$

所以

$$P\{Z=z_k\}=\sum_{g(x_i,y_j)=z_k}P\{X=x_i,Y=y_j\}. \tag{3-34}$$

例1 设随机变量 X 与 Y 相互独立同分布，且 $P\{X=i\}=\dfrac{1}{3},i=0,1,2$.

(1) 求随机变量 $U=X+Y$ 的分布律；

(2) 求随机变量 $Z=XY$ 的分布律；

(3) 令 $\xi=\max\{X,Y\},\eta=\min\{X,Y\}$，求二维随机向量 (ξ,η) 的分布律.

解 (1) 由题设条件可知，随机变量 U 的所有可能取值为 $0,1,2,3,4$，相应概率如下：

$$P\{U=0\}=P\{X=0,Y=0\}=P\{X=0\}\cdot P\{Y=0\}=\frac{1}{9},$$

$$P\{U=1\}=P\{X=1,Y=0\}+P\{X=0,Y=1\}$$

$$=P\{X=1\}\cdot P\{Y=0\}+P\{X=0\}\cdot P\{Y=1\}=\frac{2}{9},$$

同理可得

$$P\{U=2\}=\frac{3}{9},\quad P\{U=3\}=\frac{2}{9},\quad P\{U=4\}=\frac{1}{9}.$$

因此，随机变量 $U=X+Y$ 的分布律为

U	0	1	2	3	4
P	$\dfrac{1}{9}$	$\dfrac{2}{9}$	$\dfrac{3}{9}$	$\dfrac{2}{9}$	$\dfrac{1}{9}$

(2) 随机变量 Z 的所有可能取值为 $0,1,2,4$，取各可能值的概率如下：

$$P\{Z=0\}=P(\{X=0\}\cup\{Y=0\})$$

$$=P\{X=0\}+P\{Y=0\}-P\{X=0,Y=0\}$$

$$=\frac{1}{3}+\frac{1}{3}-\frac{1}{3}\times\frac{1}{3}=\frac{5}{9},$$

同理可得

$$P\{Z=1\}=\frac{1}{9},\quad P\{Z=2\}=\frac{2}{9},\quad P\{Z=4\}=\frac{1}{9}.$$

因此，随机变量 Z 的分布律为

Z	0	1	2	4
P	$\frac{5}{9}$	$\frac{1}{9}$	$\frac{2}{9}$	$\frac{1}{9}$

(3) (ξ,η) 的所有可能取值为 $(0,0),(1,0),(2,0),(1,1),(2,1),(2,2)$,相应的概率分别为

$$P\{\xi=0,\eta=0\} = P\{\max(X,Y)=0,\min(X,Y)=0\}$$
$$= P\{X=0,Y=0\} = P\{X=0\} \cdot P\{Y=0\}$$
$$= \frac{1}{3} \times \frac{1}{3} = \frac{1}{9},$$

同理可得

$$P\{\xi=1,\eta=0\} = \frac{2}{9}, \quad P\{\xi=2,\eta=0\} = \frac{2}{9}, \quad P\{\xi=1,\eta=1\} = \frac{1}{9},$$
$$P\{\xi=2,\eta=1\} = \frac{2}{9}, \quad P\{\xi=2,\eta=2\} = \frac{1}{9}.$$

所以,(ξ,η) 的分布律为

ξ \ η	0	1	2	$p_{i\cdot}$
0	$\frac{1}{9}$	0	0	$\frac{1}{9}$
1	$\frac{2}{9}$	$\frac{1}{9}$	0	$\frac{1}{3}$
2	$\frac{2}{9}$	$\frac{2}{9}$	$\frac{1}{9}$	$\frac{5}{9}$
$p_{\cdot j}$	$\frac{5}{9}$	$\frac{1}{3}$	$\frac{1}{9}$	1

例 2 设 X,Y 相互独立,且 X 与 Y 分别服从参数为 λ_1,λ_2 的泊松分布,$Z=X+Y$,求 Z 的分布律.

解 由题设知

$$P\{Z=i\} = \frac{\lambda_1^i e^{-\lambda_1}}{i!}(i=0,1,2,\cdots),$$
$$P\{Y=j\} = \frac{\lambda_2^j e^{-\lambda_2}}{j!}(j=0,1,2,\cdots),$$

那么 $Z=X+Y$ 的所有可能取值为 $0,1,2,\cdots$,因为 X 与 Y 相互独立,所以有

$$P\{Z=k\} = P\{X+Y=k\}$$
$$= \sum_{i=0}^{k} P\{X=i, Y=k-i\}$$
$$= \sum_{i=0}^{k} P\{X=i\} \cdot P\{Y=k-i\}$$

$$\begin{aligned}
&= \sum_{i=0}^{k} \frac{\lambda_1^i e^{-\lambda_1}}{i!} \cdot \frac{\lambda_2^{k-i} e^{-\lambda_2}}{(k-i)!} \\
&= \frac{1}{k!} e^{-(\lambda_1+\lambda_2)} \sum_{i=0}^{k} \frac{k!}{i!(k-i)!} \lambda_1^i \lambda_2^{k-i} \\
&= \frac{(\lambda_1+\lambda_2)^k \cdot e^{-(\lambda_1+\lambda_2)}}{k!} (k=0,1,2,\cdots),
\end{aligned}$$

这个结果表明 $Z=X+Y$ 服从泊松分布,其参数为 $\lambda_1+\lambda_2$.

二、(X,Y)为连续型随机向量

1. 和的分布

设(X,Y)为二维连续型随机向量,它的概率密度为 $f(x,y)$,考虑函数 $Z=X+Y$ 的概率密度.

与第 2 章一样,利用分布函数法求和函数 Z 的概率密度,为此,先研究分布函数 $F_Z(z)$.

$$F_Z(z) = P\{Z \leqslant z\} = P\{X+Y \leqslant z\}$$
$$= \iint_{x+y \leqslant z} f(x,y) dx dy,$$

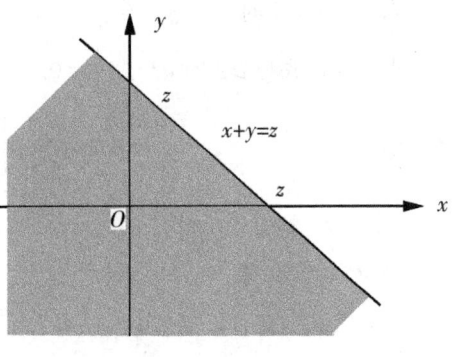

图 3.7

这里积分区域为直线 $x+y=z$ 的左下半平面(见图 3.7 阴影部分).

将上述积分化为二次积分,有

$$F_Z(z) = \int_{-\infty}^{+\infty} \left[\int_{-\infty}^{z-x} f(x,y) dy \right] dx,$$

令 $y=u-x$,于是

$$\begin{aligned}
F_Z(z) &= \int_{-\infty}^{+\infty} \left[\int_{-\infty}^{z} f(x,u-x) du \right] dx \\
&= \int_{-\infty}^{z} \left[\int_{-\infty}^{+\infty} f(x,u-x) dx \right] du.
\end{aligned}$$

由概率密度的定义,可得 Z 的概率密度为

$$f_Z(z) = \int_{-\infty}^{+\infty} f(x, z-x) dx, \tag{3-35}$$

类似地,也有

$$f_Z(z) = \int_{-\infty}^{+\infty} f(z-y, y) dy. \tag{3-36}$$

特别地,当 X 与 Y 相互独立时,有

$$f_Z(z) = \int_{-\infty}^{+\infty} f_X(x) \cdot f_Y(z-x) dx = \int_{-\infty}^{+\infty} f_X(z-y) \cdot f_Y(y) dy, \tag{3-37}$$

称式(3-37)为**卷积公式**.

例 3 设二维随机向量(X,Y)的概率密度为

$$f(x,y) = \begin{cases} 1, & 0<x<1, 0<y<2x; \\ 0, & 其他. \end{cases}$$

求：(1) (X,Y) 的边缘概率密度 $f_X(x), f_Y(y)$；

(2) $Z=2X-Y$ 的概率密度 $f_Z(z)$.

解 (1) 当 $0<x<1$ 时，$f_X(x) = \int_{-\infty}^{+\infty} f(x,y) \mathrm{d}y = \int_0^{2x} \mathrm{d}y = 2x$；

当 $x \leqslant 0$ 或 $x \geqslant 1$ 时，$f_X(x) = 0$.

即
$$f_X(x) = \begin{cases} 2x, & 0<x<1; \\ 0, & 其他. \end{cases}$$

当 $0<y<2$ 时，$f_Y(y) = \int_{-\infty}^{+\infty} f(x,y) \mathrm{d}x = \int_{\frac{y}{2}}^1 \mathrm{d}x = 1 - \frac{y}{2}$；

当 $y \leqslant 0$ 或 $y \geqslant 2$ 时，$f_Y(y) = 0$.

即
$$f_Y(y) = \begin{cases} 1 - \dfrac{y}{2}, & 0<y<2; \\ 0, & 其他. \end{cases}$$

(2) 当 $z \leqslant 0$ 时，$F_Z(z) = 0$；

当 $0 < z < 2$ 时，
$$\begin{aligned} F_Z(z) &= P\{2X - Y \leqslant z\} \\ &= \iint_{2x-y \leqslant z} f(x,y) \mathrm{d}x \mathrm{d}y \\ &= z - \frac{z^2}{4}; \end{aligned}$$

当 $z \geqslant 2$ 时，$F_Z(z) = 1$.

所以
$$f_Z(z) = \begin{cases} 1 - \dfrac{z}{2}, & 0 < z < 2; \\ 0, & 其他. \end{cases}$$

例 4 设 X, Y 为相互独立的连续型随机变量，且都在 $(-a, a)$ 上服从均匀分布，随机变量 $Z = X + Y$，试求 Z 的概率密度.

解 由题设条件可得，X 与 Y 的概率密度分别为

$$f_X(x) = \begin{cases} \dfrac{1}{2a}, & |x| < a; \\ 0, & |x| \geqslant a. \end{cases}$$

$$f_Y(y) = \begin{cases} \dfrac{1}{2a}, & |y| < a; \\ 0, & |y| \geqslant a. \end{cases}$$

故 Z 的概率密度为

$$f_Z(z) = \int_{-\infty}^{+\infty} f_X(x) \cdot f_Y(z-x) \mathrm{d}x.$$

由 $f_X(x) f_Y(z-x) \neq 0$ 得，点 (x, z) 必须满足 $\begin{cases} -a < x < a, \\ -a < z - x < a, \end{cases}$ 因此仅在如图 3.8 所

示的平行四边形区域内 $f_X(x)f_Y(z-x)\neq 0$，此时 $f_X(x)f_Y(z-x)=\dfrac{1}{4a^2}$.

因此，当 $z\leqslant -2a$ 时，$f_Z(z)=0$；
当 $-2a<z<0$ 时，
$$f_Z(z)=\int_{-a}^{z+a}\frac{1}{4a^2}\mathrm{d}x=\frac{z+2a}{4a^2};$$
当 $0\leqslant z<2a$ 时，
$$f_Z(z)=\int_{z-a}^{a}\frac{1}{4a^2}\mathrm{d}x=\frac{2a-z}{4a^2};$$
当 $z\geqslant 2a$ 时，$f_Z(z)=0$.
所以
$$f_Z(z)=\begin{cases}\dfrac{z+2a}{4a^2}, & -2a<z<0;\\ \dfrac{2a-z}{4a^2}, & 0\leqslant z<2a;\\ 0, & \text{其他}.\end{cases}$$

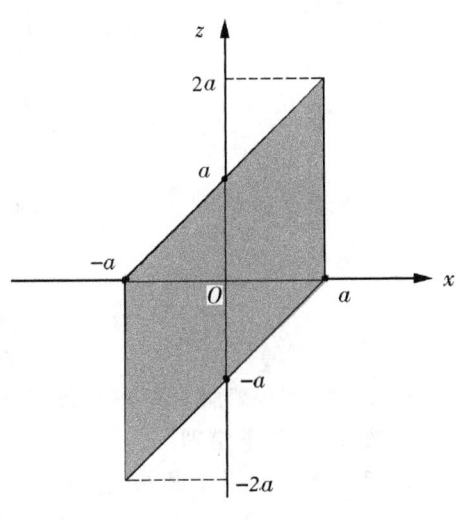

图 3.8

例 5 设随机向量 (X,Y) 的概率密度为
$$f(x,y)=\begin{cases}x\mathrm{e}^{-y}, & 0<x<y<+\infty;\\ 0, & \text{其他}.\end{cases}$$
$Z=X+Y$，求随机变量 Z 的概率密度.

解 由题设条件得
$$f_Z(z)=\int_{-\infty}^{+\infty}f(x,z-x)\mathrm{d}x.$$
当 $0<x<z-x$ 时，$f(x,z-x)\neq 0$，此时 $f(x,z-x)=x\mathrm{e}^{-(z-x)}$，否则 $f(x,z-x)=0$. 故当 $z\leqslant 0$ 时，$f_Z(z)=0$；当 $z>0$ 时，
$$f_Z(z)=\int_0^{\frac{z}{2}}x\mathrm{e}^{-(z-x)}\mathrm{d}x=\mathrm{e}^{-z}\int_0^{\frac{z}{2}}x\mathrm{e}^x\mathrm{d}x=\mathrm{e}^{-z}+\left(\frac{z}{2}-1\right)\mathrm{e}^{-\frac{z}{2}}.$$
故随机变量 Z 的概率密度为
$$f_Z(z)=\begin{cases}\mathrm{e}^{-z}+\left(\dfrac{z}{2}-1\right)\mathrm{e}^{-\frac{z}{2}}, & z>0;\\ 0, & z\leqslant 0.\end{cases}$$

例 6 设 X,Y 为相互独立的随机变量，且均服从标准正态分布 $N(0,1)$，试求 $Z=X+Y$ 的概率密度.

解 由题设条件得
$$f_X(x)=\frac{1}{\sqrt{2\pi}}\mathrm{e}^{-\frac{x^2}{2}}\ (-\infty<x<+\infty),$$
$$f_Y(y)=\frac{1}{\sqrt{2\pi}}\mathrm{e}^{-\frac{y^2}{2}}\ (-\infty<y<+\infty).$$
因此

$$f_Z(z) = \int_{-\infty}^{+\infty} f_X(x) \cdot f_Y(z-x) dx$$

$$= \frac{1}{2\pi} \int_{-\infty}^{+\infty} e^{-\frac{x^2}{2}} e^{-\frac{(z-x)^2}{2}} dx$$

$$= \frac{1}{2\pi} e^{-\frac{z^2}{4}} \int_{-\infty}^{+\infty} e^{-(x-\frac{z}{2})^2} dx$$

$$= \frac{1}{2\pi} e^{-\frac{z^2}{4}} \cdot \sqrt{\pi}$$

$$= \frac{1}{\sqrt{2\pi}\sqrt{2}} e^{-\frac{z^2}{2(\sqrt{2})^2}}.$$

可知,$Z = X + Y$ 服从正态分布 $N(0,2)$.

一般地,有如下定理.

定理 3.3 如果随机变量 $X \sim N(\mu_1, \sigma_1^2)$, $Y \sim N(\mu_2, \sigma_2^2)$,且 X 与 Y 相互独立,那么 $Z = X + Y \sim N(\mu_1 + \mu_2, \sigma_1^2 + \sigma_2^2)$.

推论 3.1 如果 $X_i \sim N(\mu_i, \sigma_i^2)$ ($i = 1, 2, \cdots, n$),且它们相互独立,那么

$$Z = \sum_{i=1}^{n} X_i \sim N\left(\sum_{i=1}^{n}\mu_i, \sum_{i=1}^{n}\sigma_i^2\right).$$

2. 商的分布

设 (X, Y) 为二维连续型随机向量,其概率密度为 $f(x, y)$,试讨论函数 $Z = \dfrac{X}{Y}$ 的概率密度 $f_Z(z)$.

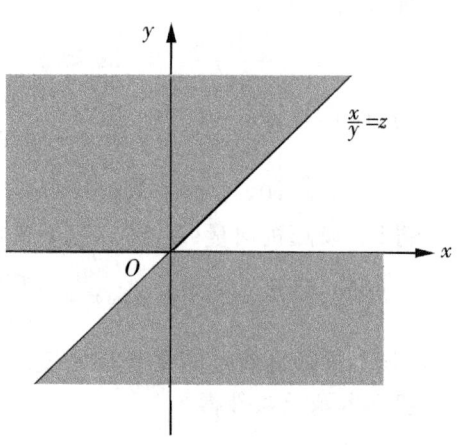

图 3.9

因为

$$F_Z(z) = P\{Z \leqslant z\} = P\left\{\frac{X}{Y} \leqslant z\right\}$$

$$= \iint_{\frac{x}{y} \leqslant z} f(x, y) dx dy,$$

满足 $\dfrac{x}{y} \leqslant z$ 的点 (x, y) 见图 3.9 所示的阴影区域,故有

$$F_Z(z) = \int_{-\infty}^{0} \left[\int_{yz}^{+\infty} f(x,y) dx\right] dy + \int_{0}^{+\infty} \left[\int_{-\infty}^{yz} f(x,y) dx\right] dy$$

$$\xrightarrow{x = yt} \int_{-\infty}^{0} \left[\int_{z}^{-\infty} yf(yt, y) dt\right] dy + \int_{0}^{+\infty} \left[\int_{-\infty}^{z} yf(yt, y) dt\right] dy$$

$$= \int_{z}^{-\infty} \left[\int_{-\infty}^{0} yf(yt, y) dy\right] dt + \int_{-\infty}^{z} \left[\int_{0}^{+\infty} yf(yt, y) dy\right] dt$$

$$= \int_{-\infty}^{z} \left[-\int_{-\infty}^{0} yf(yt, y) dy + \int_{0}^{+\infty} yf(yt, y) dy\right] dt.$$

两边对 z 求导,得

$$f_Z(z) = F_Z'(z) = -\int_{-\infty}^{0} yf(yz,y)dy + \int_{0}^{+\infty} yf(yz,y)dy$$

$$= \int_{-\infty}^{+\infty} |y| f(yz,y)dy. \tag{3-38}$$

特别地,当 X 与 Y 相互独立时,式(3-38)可改写为

$$f_Z(z) = \int_{-\infty}^{+\infty} |y| f_X(yz) \cdot f_Y(y)dy. \tag{3-39}$$

例 7 设随机变量 X,Y 相互独立,且 $X \sim N(0,1), Y \sim N(0,1)$,求 $Z = \dfrac{X}{Y}$ 的概率密度.

解 由题意得

$$f_Z(z) = \int_{-\infty}^{+\infty} \frac{1}{2\pi} |x| e^{-\frac{x^2+(xz)^2}{2}} dx$$

$$= \int_{0}^{+\infty} \frac{x}{\pi} e^{-\frac{x^2}{2}(1+z^2)} dx$$

$$= \frac{1}{\pi(1+z^2)} \quad (-\infty < z < +\infty).$$

例 8 设随机变量 X,Y 相互独立,其分布密度函数分别为

$$f_X(x) = \begin{cases} \dfrac{1}{2}, & x \in [1,3]; \\ 0, & \text{其他}. \end{cases}$$

$$f_Y(y) = \begin{cases} e^{-(y-2)}, & y \in [2,+\infty); \\ 0, & \text{其他}. \end{cases}$$

$Z = \dfrac{X}{Y}$,试求 $f_Z(z)$.

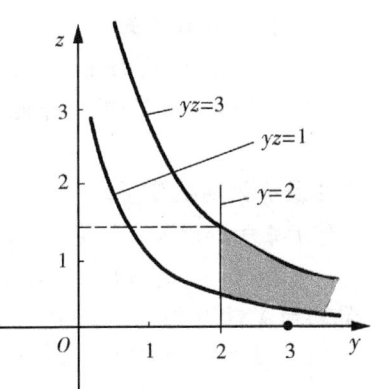

图 3.10

解 由题意得

$$f_Z(z) = \int_{-\infty}^{+\infty} |y| f_X(yz) \cdot f_Y(y)dy,$$

当且仅当 $\begin{cases} y \geq 2, \\ 1 \leq yz \leq 3 \end{cases}$ 即 (y,z) 在图 3.10 阴影所示的区域中时,$f_X(yz) \cdot f_Y(y) \neq 0$.

因此,当 $z \leq 0$ 时,

$$f_Z(z) = \int_{2}^{+\infty} yf_X(yz) \cdot e^{-(y-2)} dy = 0;$$

当 $0 < z \leq \dfrac{1}{2}$ 时,

$$f_Z(z) = \int_{2}^{+\infty} yf_X(yz) \cdot e^{-(y-2)} dy = \int_{\frac{1}{z}}^{\frac{3}{z}} \frac{1}{2} y e^{-(y-2)} dy$$

$$= -\frac{1}{2} e^{-(y-2)} y \Big|_{\frac{1}{z}}^{\frac{3}{z}} + \frac{1}{2}\int_{\frac{1}{z}}^{\frac{3}{z}} e^{-(y-2)} dy$$

$$= \frac{1}{2z} e^2 [e^{-\frac{1}{z}}(1+z) - e^{-\frac{3}{z}}(3+z)];$$

当 $\frac{1}{2}<z\leqslant\frac{3}{2}$ 时,

$$f_Z(z)=\int_2^{+\infty}yf_X(yz)\cdot e^{-(y-2)}dy=\int_2^{\frac{3}{z}}\frac{1}{2}ye^{-(y-2)}dy$$

$$=\frac{3}{2}-\frac{e^2}{2z}e^{-\frac{3}{z}}(3+z);$$

当 $z>\frac{3}{2}$ 时,

$$f_Z(z)=\int_2^{+\infty}yf_X(yz)\cdot f_Y(y)dy=0.$$

故,综上所述

$$f_Z(z)=\begin{cases}\frac{1}{2z}e^2[e^{-\frac{1}{z}}(1+z)-e^{-\frac{3}{z}}(3+z)], & 0<z\leqslant\frac{1}{2};\\ \frac{3}{2}-\frac{e^2}{2z}e^{-\frac{3}{z}}(3+z), & \frac{1}{2}<z\leqslant\frac{3}{2};\\ 0, & 其他.\end{cases}$$

*3. 其他分布举例

1) $\xi=\max\{X,Y\}$ 及 $\eta=\min\{X,Y\}$ 的分布

设随机向量 (X,Y) 的分布函数为 $F(x,y)$,边缘分布函数分别为 $F_X(x)$,$F_Y(y)$,令

$$\xi=\max\{X,Y\}, \quad \eta=\min\{X,Y\},$$

显然,ξ 及 η 为随机变量.

对于 $\xi=\max\{X,Y\}$,若 $\xi\leqslant z$,则必有 $X\leqslant z$,$Y\leqslant z$,所以

$$F_\xi(z)=P\{\xi\leqslant z\}=P\{X\leqslant z,Y\leqslant z\}=F(z,z).$$

又若 X 与 Y 相互独立,则 ξ 的分布函数

$$F_\xi(z)=P\{\xi\leqslant z\}=P\{X\leqslant z,Y\leqslant z\}=P\{X\leqslant z\}\cdot P\{Y\leqslant z\}$$
$$=F_X(z)\cdot F_Y(z). \tag{3-40}$$

同理,$\eta=\min\{X,Y\}$ 的分布函数为

$$F_\eta(z)=P\{\eta\leqslant z\}=1-P\{\eta>z\}$$
$$=1-P\{X>z,Y>z\}$$
$$=P\{X\leqslant z\}+P\{Y\leqslant z\}-P\{X\leqslant z,Y\leqslant z\}$$
$$=F_X(z)+F_Y(z)-F(z,z).$$

当 X 与 Y 相互独立时,有

$$F_\eta(z)=P\{\eta\leqslant z\}=1-P\{\eta>z\}$$
$$=1-P\{X>z,Y>z\}$$
$$=1-P\{X>z\}\cdot P\{Y>z\}$$
$$=1-[1-P\{X\leqslant z\}][1-P\{Y\leqslant z\}]$$
$$=1-[1-F_X(z)][1-F_Y(z)]. \tag{3-41}$$

例 9 设随机向量 (X,Y) 的分布密度为

$$f(x,y)=\begin{cases}xe^{-y}, & 0<x<y<+\infty;\\ 0, & 其他.\end{cases}$$

$\xi = \max\{X, Y\}, \eta = \min\{X, Y\}$,求随机变量 ξ, η 的分布密度.

解 由题设条件得
$$F_\xi(z) = P\{\xi \leqslant z\} = P\{X \leqslant z, Y \leqslant z\}.$$

当 $z < 0$ 时,$F_\xi(z) = 0$;

当 $z \geqslant 0$ 时,$F_\xi(z) = \int_0^z dx \int_x^z x e^{-y} dy = \int_0^z (e^{-x} - e^{-z}) x dx = 1 - \left(\frac{1}{2} z^2 + z + 1\right) e^{-z}$.

故
$$f_\xi(z) = \begin{cases} \frac{1}{2} z^2 e^{-z}, & z \geqslant 0; \\ 0, & \text{其他}. \end{cases}$$

又 $F_\eta(z) = P\{\eta \leqslant z\} = 1 - P\{\eta > z\} = 1 - P\{X > z, Y > z\}$.

当 $z < 0$ 时,$F_\eta(z) = 1 - \int_0^{+\infty} \int_0^y x e^{-y} dx dy = 1 - 1 = 0$;

当 $z \geqslant 0$ 时,$F_\eta(z) = 1 - \int_z^{+\infty} dx \int_x^{+\infty} f(x, y) dy$
$$= 1 - \int_z^{+\infty} \left[\int_x^{+\infty} x e^{-y} dy\right] dx$$
$$= 1 + \int_z^{+\infty} x(0 - e^{-x}) dx$$
$$= 1 + [x e^{-x} + e^{-x}]\big|_z^{+\infty}$$
$$= 1 - z e^{-z} - e^{-z}.$$

因此
$$F_\eta(z) = \begin{cases} 0, & z < 0; \\ 1 - z e^{-z} - e^{-z}, & z \geqslant 0. \end{cases}$$

故
$$f_\eta(z) = \begin{cases} 0, & z < 0; \\ z e^{-z}, & z \geqslant 0. \end{cases}$$

2) $Z = X^2 + Y^2$ 的分布

例 10 设随机变量 X 与 Y 相互独立,且都服从标准正态分布,求 $Z = X^2 + Y^2$ 的概率密度.

解 由题设条件可得
$$F_Z(z) = P\{Z \leqslant z\} = P\{X^2 + Y^2 \leqslant z\}.$$

当 $z \leqslant 0$ 时,$F_Z(z) = 0$;

当 $z > 0$ 时,
$$F_Z(z) = \iint_{x^2+y^2 \leqslant z} f_X(x) \cdot f_Y(y) dx dy = \int_0^{2\pi} d\theta \int_0^{\sqrt{z}} \frac{1}{2\pi} e^{-\frac{\rho^2}{2}} \rho d\rho = \int_0^{\sqrt{z}} \rho e^{-\frac{\rho^2}{2}} d\rho = 1 - e^{-\frac{z}{2}}.$$

因此有
$$f_Z(z) = \begin{cases} \frac{1}{2} e^{-\frac{z}{2}}, & z > 0; \\ 0, & z \leqslant 0. \end{cases}$$

我们称例 10 中的随机变量 Z 所服从的分布为**自由度为 2 的 χ^2 分布**.关于 χ^2 分布我

们将在第 6 章中进一步介绍.

3) 随机向量函数的联合分布

关于二维随机向量 (X_1, X_2) 的两个函数 Y_1, Y_2 的联合分布,有下述结论.

*定理 3.4 设随机向量 (X_1, X_2) 的分布密度函数为 $f(x_1, x_2)$. 若函数

$$\begin{cases} y_1 = g_1(x_1, x_2), \\ y_2 = g_2(x_1, x_2) \end{cases} \tag{3-42}$$

满足下述条件:

(1) 存在唯一的反函数

$$\begin{cases} x_1 = \varphi_1(y_1, y_2), \\ x_2 = \varphi_2(y_1, y_2); \end{cases} \tag{3-43}$$

(2) 所有一阶偏导数连续,记

$$J = \begin{vmatrix} \dfrac{\partial x_1}{\partial y_1} & \dfrac{\partial x_1}{\partial y_2} \\ \dfrac{\partial x_2}{\partial y_1} & \dfrac{\partial x_2}{\partial y_2} \end{vmatrix},$$

则随机变量 $Y_1 = g_1(X_1, X_2), Y_2 = g_2(X_1, X_2)$ 的联合概率密度为

$$f_{Y_1, Y_2}(y_1, y_2) = f_{X_1, X_2}(\varphi_1(y_1, y_2), \varphi_2(y_1, y_2)) \cdot |J|. \tag{3-44}$$

证明 由条件可知, Y_1, Y_2 必为随机变量,其联合分布函数为

$$F_{Y_1, Y_2}(y_1, y_2) = \iint_D f_{X_1, X_2}(x_1, x_2) \mathrm{d}x_1 \mathrm{d}x_2$$

$$= \int_{-\infty}^{y_2} \int_{-\infty}^{y_1} f_{X_1, X_2}(\varphi_1(u, v), \varphi_2(u, v)) \cdot |J| \mathrm{d}u \mathrm{d}v,$$

故 Y_1, Y_2 的联合概率密度为

$$f_{Y_1, Y_2}(y_1, y_2) = f_{X_1, X_2}(\varphi_1(y_1, y_2), \varphi_2(y_1, y_2)) \cdot |J|.$$

若式(3-42)不存在唯一的反函数,但在把平面分割为不相重叠的区域 $D_1, D_2, \cdots, D_n$ 后,式(3-42)在 $D_1, D_2, \cdots, D_n$ 中的每一个内都有反函数且反函数的所有一阶偏导数连续,则

$$F_{Y_1, Y_2}(y_1, y_2) = \iint_D f_{X_1, X_2}(x_1, x_2) \mathrm{d}x_1 \mathrm{d}x_2$$

$$= \sum_{i=1}^{n} \iint_{D_i} f_{X_1, X_2}(x_1, x_2) \mathrm{d}x_1 \mathrm{d}x_2$$

$$= \sum_{i=1}^{n} \int_{-\infty}^{y_2} \int_{-\infty}^{y_1} f_{X_1, X_2}(\varphi_{1i}(u, v), \varphi_{2i}(u, v)) \cdot |J_i| \mathrm{d}u \mathrm{d}v$$

$$= \int_{-\infty}^{y_2} \int_{-\infty}^{y_1} \sum_{i=1}^{n} f_{X_1, X_2}(\varphi_{1i}(u, v), \varphi_{2i}(u, v)) \cdot |J_i| \mathrm{d}u \mathrm{d}v.$$

故 Y_1, Y_2 的联合概率密度为

$$f_{Y_1, Y_2}(y_1, y_2) = \sum_{i=1}^{n} f_{X_1, X_2}(\varphi_{1i}(u, v), \varphi_{2i}(u, v)) \cdot |J_i|.$$

若存在 E_0 使得式(3-42)对于 $(y_1,y_2) \in E_0$ 无解,则表明随机向量 (Y_1,Y_2) 不可能取 E_0 中的值,因此在 E_0 中密度函数应为 0. 故 (Y_1,Y_2) 的概率密度为

$$f_{Y_1,Y_2}(y_1,y_2) = \begin{cases} \sum_{i=1}^{n} f_{X_1,X_2}(\varphi_{1i}(u,v),\varphi_{2i}(u,v)) \cdot |J_i|, & \text{若式(3-42)有解;} \\ 0, & \text{若式(3-42)无解.} \end{cases}$$

例 11 设随机变量 X 与 Y 独立,且均服从参数为 1 的指数分布,求:

(1) 随机变量 $U=X+Y$, $V=\dfrac{X}{Y}$ 的联合概率密度; (2) 判断 U 与 V 的独立性.

解 (1) 由题意可知:

$$f_{X,Y}(x,y) = \begin{cases} e^{-(x+y)}, & x>0, y>0; \\ 0, & \text{其他.} \end{cases}$$

令 $\begin{cases} u=x+y, \\ v=\dfrac{x}{y}, \end{cases} x>0, y>0$,则

$$\begin{cases} x = \dfrac{uv}{1+v}, \\ y = \dfrac{u}{1+v}, \end{cases} u>0, v>0,$$

$$J = \begin{vmatrix} \dfrac{\partial x}{\partial u} & \dfrac{\partial x}{\partial v} \\ \dfrac{\partial y}{\partial u} & \dfrac{\partial y}{\partial v} \end{vmatrix} = \begin{vmatrix} \dfrac{v}{1+v} & \dfrac{u}{(1+v)^2} \\ \dfrac{1}{1+v} & -\dfrac{u}{(1+v)^2} \end{vmatrix} = -\dfrac{u}{(1+v)^2}.$$

因此,(U,V) 的联合概率密度为

$$f_{U,V}(u,v) = f_{X,Y}(x,y) \cdot |J| = \begin{cases} \dfrac{ue^{-u}}{(1+v)^2}, & u>0, v>0; \\ 0, & \text{其他.} \end{cases}$$

(2) 由(1)可得

$$f_U(u) = \int_{-\infty}^{+\infty} f_{U,V}(u,v) dv = \begin{cases} \int_0^{+\infty} \dfrac{ue^{-u}}{(1+v)^2} dv, & u>0; \\ 0, & u \leq 0 \end{cases}$$

$$= \begin{cases} ue^{-u}, & u>0; \\ 0, & u \leq 0. \end{cases}$$

$$f_V(v) = \int_{-\infty}^{+\infty} f_{U,V}(u,v) du = \begin{cases} \int_0^{+\infty} \dfrac{ue^{-u}}{(1+v)^2} du, & v>0; \\ 0, & v \leq 0 \end{cases}$$

$$= \begin{cases} \dfrac{1}{(1+v)^2}, & v>0; \\ 0, & v \leq 0. \end{cases}$$

很显然 $f_U(u) \cdot f_V(v) = f_{U,V}(u,v)$,故随机变量 U 与 V 相互独立.

*§3.6　n 维随机向量及其分布

一、n 维随机向量及其分布

与二维随机向量及其分布函数类似，n 维随机向量及其分布函数的定义如下．

定义 3.14　设 E 是一个随机试验，Ω 为其样本空间，$X_1,X_2,\cdots,X_n$ 为定义在样本空间 Ω 上的随机变量，称由 $X_1,X_2,\cdots,X_n$ 构成的 n 维向量 $(X_1,X_2,\cdots,X_n)$ 为 **n 维随机向量**（也称为 **n 维随机变量**）．

定义 3.15　设 $(X_1,X_2,\cdots,X_n)$ 是 n 维随机向量，对于任意的实数 $x_1,x_2,\cdots,x_n$，称 n 元函数

$$F(x_1,x_2,\cdots,x_n) = P\{X_1 \leqslant x_1, X_2 \leqslant x_2, \cdots, X_n \leqslant x_n\} \tag{3-45}$$

为 n 维随机向量 $(X_1,X_2,\cdots,X_n)$ 的分布函数．

当随机向量 $(X_1,X_2,\cdots,X_n)$ 只取有限多个或可列无穷多个向量值时，称 $(X_1,X_2,\cdots,X_n)$ 为 **n 维离散型随机向量**．

若 n 维离散型随机向量 $(X_1,X_2,\cdots,X_n)$ 的所有可能取值为

$$(x_{1i_1}, x_{2i_2}, \cdots, x_{ni_n}), \quad i_1,i_2,\cdots,i_n = 1,2,\cdots,$$

则称 $(X_1,X_2,\cdots,X_n)$ 取各可能值的概率

$$P\{X_1 = x_{1i_1}, X_2 = x_{2i_2}, \cdots, X_n = x_{ni_n}\} = p_{i_1 i_2 \cdots i_n} \quad (i_1,i_2,\cdots,i_n = 1,2,\cdots)$$

为 n 维离散型随机向量 $(X_1,X_2,\cdots,X_n)$ 的概率分布（或随机变量 $X_1,X_2,\cdots,X_n$ 的联合分布律）．

对于 n 维随机向量 $(X_1,X_2,\cdots,X_n)$，若存在非负可积函数 $f(x_1,x_2,\cdots,x_n)$，使得对任意的实数 $x_1,x_2,\cdots,x_n$，有

$$F(x_1,x_2,\cdots,x_n) = \int_{-\infty}^{x_1} \int_{-\infty}^{x_2} \cdots \int_{-\infty}^{x_n} f(t_1,t_2,\cdots,t_n) \mathrm{d}t_1 \mathrm{d}t_2 \cdots \mathrm{d}t_n, \tag{3-46}$$

则称 $(X_1,X_2,\cdots,X_n)$ 为 **n 维连续型随机向量**，其中 $f(x_1,x_2,\cdots,x_n)$ 称为 $(X_1,X_2,\cdots,X_n)$ 的概率密度（或随机变量 $X_1,X_2,\cdots,X_n$ 的联合概率密度）．

当 $(X_1,X_2,\cdots,X_n)$ 的分布函数 $F(x_1,x_2,\cdots,x_n)$ 已知时，我们便可由此确定 $(X_1,X_2,\cdots,X_n)$ 的 $k(1 \leqslant k \leqslant n)$ 维边缘分布函数．例如，$(X_1,X_2,\cdots,X_n)$ 关于 (X_1,X_3) 的边缘分布函数为

$$F_{X_1,X_3}(x_1,x_3) = P\{X_1 \leqslant x_1, X_3 \leqslant x_3\} = F(x_1, +\infty, x_3, +\infty, \cdots, +\infty).$$

当 $(X_1,X_2,\cdots,X_n)$ 的概率密度 $f(x_1,x_2,\cdots,x_n)$ 已知时，我们可由此确定 $(X_1,X_2,\cdots,X_n)$ 的 $k(1 \leqslant k \leqslant n)$ 维边缘概率密度．例如，$(X_1,X_2,\cdots,X_n)$ 关于 (X_1,X_3) 的边缘概率密度为

$$f_{X_1,X_3}(x_1,x_3) = \int_{-\infty}^{+\infty} \int_{-\infty}^{+\infty} \cdots \int_{-\infty}^{+\infty} f(x_1,x_2,x_3,\cdots,x_n) \mathrm{d}x_2 \mathrm{d}x_4 \cdots \mathrm{d}x_n.$$

二、n 个随机变量的独立性

定义 3.16 设 $(X_1, X_2, \cdots, X_n)$ 为 n 维随机向量，$F(x_1, x_2, \cdots, x_n)$ 是其分布函数，$F_{X_1}(x_1), F_{X_2}(x_2), \cdots, F_{X_n}(x_n)$ 分别是 $(X_1, X_2, \cdots, X_n)$ 关于 $X_1, X_2, \cdots, X_n$ 的边缘分布函数. 若对于任意的实数 $x_1, x_2, \cdots, x_n$, 有

$$F(x_1, x_2, \cdots, x_n) = F_{X_1}(x_1) \cdot F_{X_2}(x_2) \cdot \cdots \cdot F_{X_n}(x_n), \tag{3-47}$$

则称 n 个随机变量 $\boldsymbol{X_1, X_2, \cdots, X_n}$ **相互独立**.

定理 3.5 (1) n 维离散型随机向量 $(X_1, X_2, \cdots, X_n)$ 的分量 $X_i (i=1,2,\cdots,n)$ 相互独立的充要条件：对任意的一组实数 $(x_1, x_2, \cdots, x_n)$, 有

$$P\{X_1 = x_1, X_2 = x_2, \cdots, X_n = x_n\}$$
$$= P\{X_1 = x_1\} \cdot P\{X_2 = x_2\} \cdot \cdots \cdot P\{X_n = x_n\}. \tag{3-48}$$

(2) n 维连续型随机向量 $(X_1, X_2, \cdots, X_n)$ 的分量 $X_i (i=1,2,\cdots,n)$ 相互独立的充要条件：对任意的 $f(x_1, x_2, \cdots, x_n), f_{X_1}(x_1), f_{X_2}(x_2), \cdots, f_{X_n}(x_n)$ 均连续的点 $(x_1, x_2, \cdots, x_n)$, 有

$$f(x_1, x_2, \cdots, x_n) = f_{X_1}(x_1) \cdot f_{X_2}(x_2) \cdot \cdots \cdot f_{X_n}(x_n). \tag{3-49}$$

定理 3.6 若 n 个随机变量 $X_1, X_2, \cdots, X_n$ 相互独立，则其中任意 $k(2 \leqslant k \leqslant n)$ 个随机变量也相互独立.

定义 3.17 若随机变量序列 $X_1, X_2, \cdots, X_n, \cdots$ 中的任意 $k(k \geqslant 2)$ 个随机变量都相互独立，则称**随机变量序列 $\boldsymbol{X_1, X_2, \cdots, X_n, \cdots}$ 是相互独立的**. 又若随机变量序列 $X_1, X_2, \cdots, X_n, \cdots$ 相互独立，且所有的 $X_i (i=1,2,\cdots)$ 的分布都相同，则称 $\boldsymbol{X_1, X_2, \cdots, X_n, \cdots}$ **为独立同分布的随机变量序列**.

定义 3.18 如果 n 维随机向量 $(X_1, X_2, \cdots, X_n)$ 与 m 维随机向量 $(Y_1, Y_2, \cdots, Y_m)$ 对任意的实数 $x_1, x_2, \cdots, x_n, y_1, y_2, \cdots, y_m$, 均有

$$F(x_1, x_2, \cdots, x_n, y_1, y_2, \cdots, y_m) = F_1(x_1, x_2, \cdots, x_n) \cdot F_2(y_1, y_2, \cdots, y_m) \tag{3-50}$$

成立，其中 F, F_1, F_2 分别为随机向量 $(X_1, X_2, \cdots, X_n, Y_1, Y_2, \cdots, Y_m), (X_1, X_2, \cdots, X_n)$ 和 $(Y_1, Y_2, \cdots, Y_m)$ 的分布函数，那么称**随机向量 $\boldsymbol{(X_1, X_2, \cdots, X_n)}$ 与 $\boldsymbol{(Y_1, Y_2, \cdots, Y_m)}$ 相互独立**.

定理 3.7 设有 k 组 $n_1 + n_2 + \cdots + n_k$ 个随机变量：$X_{11}, X_{12}, \cdots, X_{1n_1}; X_{21}, X_{22}, \cdots, X_{2n_2}; \cdots; X_{k1}, X_{k2}, \cdots, X_{kn_k}$. $\varphi_i (i=1,2,\cdots,k)$ 是 n_i 元实值连续函数：

$$Y_i = \varphi_i(X_{i1}, X_{i2}, \cdots, X_{in_i}), i = 1, 2, \cdots, k.$$

则

(1) $Y_1, Y_2, \cdots, Y_k$ 为随机变量；

(2) 若随机向量组 $(X_{i1}, X_{i2}, \cdots, X_{in_i}) (i=1,2,\cdots,k)$ 相互独立，则 $Y_1, Y_2, \cdots, Y_k$ 也相互独立.

设 $X_1, X_2, \cdots, X_n$ 是 n 个相互独立的随机变量，其分布函数分别为 $F_{X_1}(x_1), F_{X_2}(x_2), \cdots, F_{X_n}(x_n)$, 则 $\xi = \max\{X_1, X_2, \cdots, X_n\}$ 及 $\eta = \min\{X_1, X_2, \cdots, X_n\}$ 的分布函数分别为

$$F_\xi(z) = F_{X_1}(z) \cdot F_{X_2}(z) \cdot \cdots \cdot F_{X_n}(z), \tag{3-51}$$

$$F_\eta(z) = 1 - [1 - F_{X_1}(z)][1 - F_{X_2}(z)]\cdots[1 - F_{X_n}(z)]. \tag{3-52}$$

特别地,当随机变量 $X_1, X_2, \cdots, X_n$ 相互独立且具有相同的分布时,有

$$F_\xi(z) = [F(z)]^n, \tag{3-53}$$

$$F_\eta(z) = 1 - [1 - F(z)]^n. \tag{3-54}$$

例 1 设随机变量序列 $X_1, X_2, \cdots, X_n$ 独立同分布,它们都服从 $[0, \lambda]$ 上的均匀分布,$Y_n = \max\{X_1, X_2, \cdots, X_n\}$,试求随机变量 Y_n 的分布函数及 $Z = n(\lambda - Y_n)$ 的分布函数的极限.

解 由题设条件可知,随机变量 X_i 的分布函数为

$$F_{X_i}(x_i) = \begin{cases} 0, & x_i < 0; \\ \dfrac{x_i}{\lambda}, & 0 \leqslant x_i \leqslant \lambda; \\ 1, & x_i > \lambda. \end{cases}$$

所以,随机变量 Y_n 的分布函数为

$$F_{Y_n}(y) = P\{Y_n \leqslant y\} = P\{\max(X_1, X_2, \cdots, X_n) \leqslant y\}$$

$$= [F_{X_i}(y)]^n = \begin{cases} 0, & y < 0; \\ \left(\dfrac{y}{\lambda}\right)^n, & 0 \leqslant y \leqslant \lambda; \\ 1, & y > \lambda. \end{cases}$$

同理可得

$$F_Z(z) = P\{Z \leqslant z\} = P\left\{Y_n \geqslant \dfrac{n\lambda - z}{n}\right\} = 1 - P\left\{Y_n < \dfrac{n\lambda - z}{n}\right\}$$

$$= \begin{cases} 0, & z < 0; \\ 1 - \left(\dfrac{n\lambda - z}{n\lambda}\right)^n, & 0 \leqslant z \leqslant n\lambda; \\ 1, & z > n\lambda. \end{cases}$$

故

$$\lim_{n \to \infty} F_Z(z) = \begin{cases} 0, & z < 0; \\ 1 - e^{-\frac{z}{\lambda}}, & z \geqslant 0. \end{cases}$$

习 题 3

1. 袋内有 5 张卡片,分别写有数字 1,2,2,2,3,每次从中任取两张,以 X, Y 分别表示取到的两张卡片中的最小数字与最大数字,求 (X, Y) 的分布律.

2. 将一硬币抛掷三次,以 X 表示在三次中出现正面的次数,以 Y 表示三次中出现正面次数与出现反面次数之差的绝对值.试写出 X 和 Y 的联合分布律.

3. 盒子里装有 3 只黑球、2 只红球、2 只白球,在其中任取 4 只,以 X 表示取到黑球的只数,以 Y 表示取到红球的只数.求 X 和 Y 的联合分布律.

4. 设二维随机向量 (X,Y) 的分布函数为

$$F(x,y)=\begin{cases}\sin x\sin y, & 0<x<\dfrac{\pi}{2}, 0<y<\dfrac{\pi}{2};\\ 0, & \text{其他}.\end{cases}$$

求：(1) 随机向量 (X,Y) 的分布密度； (2) $P\left\{0<X<\dfrac{\pi}{4},\dfrac{\pi}{6}<Y\leqslant\dfrac{\pi}{3}\right\}$.

5. 设二维随机向量 (X,Y) 服从矩形区域 $D=\{(x,y)\,|\,0\leqslant x\leqslant 2, 0\leqslant y\leqslant 1\}$ 上的均匀分布，记

$$U=\begin{cases}0, & X\leqslant Y;\\ 1, & X>Y.\end{cases}\qquad V=\begin{cases}0, & X\leqslant 2Y;\\ 1, & X>2Y.\end{cases}$$

求 (U,V) 的分布律.

6. 设 (X,Y) 为二维连续型随机向量，其概率密度为

$$f(x,y)=\begin{cases}\dfrac{A}{(1+x^2)(1+y^2)}, & x>0, y>0;\\ 0, & \text{其他}.\end{cases}$$

求常数 A 的值及 (X,Y) 的分布函数 $F(x,y)$.

7. 设随机向量 (X,Y) 的概率密度为

$$f(x,y)=\begin{cases}x^2+\dfrac{xy}{3}, & 0\leqslant x\leqslant 1, 0\leqslant y\leqslant 2;\\ 0, & \text{其他}.\end{cases}$$

求随机向量 (X,Y) 关于 X,Y 的边缘概率密度.

8. 设随机向量 (X,Y) 的概率密度为

$$f(x,y)=\begin{cases}A\sin(x+y), & 0<x<\dfrac{\pi}{2}, 0<y<\dfrac{\pi}{2};\\ 0, & \text{其他}.\end{cases}$$

求：(1) 常数 A 的值； (2) 随机向量 (X,Y) 关于 X,Y 的边缘概率密度.

9. 设随机向量 (X,Y) 的概率密度如下：

$$f(x,y)=\begin{cases}\mathrm{e}^{-y}, & 0<x<y<+\infty;\\ 0, & \text{其他}.\end{cases}$$

求：(1) 随机变量 X 的概率密度； (2) $P\{X+Y\leqslant 1\}$.

10. 设二维随机向量 (X,Y) 的概率密度为

$$f(x,y)=\begin{cases}6x, & 0\leqslant x\leqslant y\leqslant 1;\\ 0, & \text{其他}.\end{cases}$$

求 $P\{X+Y\leqslant 1\}$.

*11. 设随机向量 (X,Y) 的分布密度函数为

$$f(x,y)=\begin{cases}x^2+\dfrac{xy}{3}, & 0\leqslant x\leqslant 1, 0\leqslant y\leqslant 2;\\ 0, & \text{其他}.\end{cases}$$

求条件分布密度函数 $f(x\,|\,y), f(y\,|\,x)$.

12. 设随机变量 X 服从区间 $(0,1)$ 内的均匀分布,当 $X=x$ $(0<x<1)$ 时,随机变量 Y 服从区间 $(x,1)$ 上的均匀分布,求随机变量 Y 的概率密度 $f_Y(y)$.

13. 设二维随机向量 (X,Y) 的概率分布为

X \ Y	0	1
0	0.4	a
1	b	0.1

已知随机事件 $\{X=0\}$ 与 $\{X+Y=1\}$ 相互独立,求 a 和 b.

14. 将两个球随机地投入编号为 $1,2,3$ 的盒子中,以 X,Y 分别表示 $1,2$ 号盒子中球的个数,求:

(1) X,Y 的联合分布;

(2) $X=0$ 时, Y 的条件分布;

(3) (X,Y) 关于 X,Y 的边缘分布;

(4) 判断 X 与 Y 的独立性.

15. 已知随机变量 X 与 Y 的概率分布分别为

$$\begin{pmatrix} -1 & 0 & 1 \\ 0.25 & 0.5 & 0.25 \end{pmatrix} \quad \begin{pmatrix} 0 & 1 \\ 0.5 & 0.5 \end{pmatrix}$$

且 $P\{XY=0\}=1$.

(1) 求随机变量 X 与 Y 的联合分布; (2) 讨论随机变量 X 与 Y 的独立性.

16. 设随机向量 (X,Y) 的分布密度函数为

$$f(x,y) = \begin{cases} Ae^{-(2x+y)}, & x>0, y>0; \\ 0, & 其他. \end{cases}$$

试求:

(1) 常数 A 的值; (2) (X,Y) 关于 X,Y 的边缘分布密度;

(3) 判断 X 与 Y 是否相互独立.

17. 设随机向量 (X,Y) 的分布函数为

$$F(x,y) = \begin{cases} 1-2^{-x}-2^{-y}+2^{-x-y}, & x>0, y>0; \\ 0, & 其他. \end{cases}$$

(1) 求 (X,Y) 关于 X,Y 的边缘分布密度; (2) 判断 X 与 Y 是否相互独立.

18. 设随机向量 (X,Y) 的分布密度为 $f(x,y)$,求 (X,Y) 关于 X,Y 的边缘概率密度并判断 X 与 Y 的独立性.

(1) $f(x,y)=\begin{cases} \dfrac{2e^{1-y}}{x^3}, & x>1, y>1; \\ 0, & 其他. \end{cases}$ (2) $f(x,y)=\begin{cases} \dfrac{3}{2}x, & 0<x<1, |y|\leqslant x; \\ 0, & 其他. \end{cases}$

19. 设随机变量 X 与 Y 相互独立,且均服从区间 $[0,3]$ 上的均匀分布,求 $P\{\max(X,Y)\leqslant 1\}$.

20. 设随机变量 X 与 Y 相互独立,且 (X,Y) 的概率分布如下:

(1) (X,Y) 的概率密度函数为

$$f(x,y) = \frac{1}{2\pi}e^{-\frac{1}{2}(x^2+y^2)}.$$

(2) X 服从 $[0,1]$ 上的均匀分布,Y 服从 $[0,2]$ 上的辛普生分布,即

$$f_Y(y) = \begin{cases} y, & y \in [0,1]; \\ 2-y, & y \in [1,2]; \\ 0, & 其他. \end{cases}$$

(3) X 与 Y 分别服从 $(-5,1)$ 与 $(1,5)$ 上的均匀分布.

(4) X 与 Y 的概率密度函数分别为

$$f_X(x) = \begin{cases} \frac{1}{2}e^{-\frac{x}{2}}, & x \geqslant 0, \\ 0, & x < 0. \end{cases} \qquad f_Y(y) = \begin{cases} \frac{1}{3}e^{-\frac{y}{3}}, & y \geqslant 0; \\ 0, & y < 0. \end{cases}$$

求 $Z = X + Y$ 的分布.

21. 设 X_1 和 X_2 是任意两个相互独立的连续型随机变量,它们的概率密度分别为 $f_1(x)$ 和 $f_2(x)$,分布函数分别为 $F_1(x)$ 和 $F_2(x)$,则 $f_1(x)f_2(x),f_1(x)+f_2(x),F_1(x)+F_2(x),F_1(x)F_2(x)$ 这四个函数中,哪一个必为某一随机变量的分布函数.

22. 随机变量 X 的概率密度为

$$f_X(x) = \begin{cases} \frac{1}{2}, & -1 < x < 0; \\ \frac{1}{4}, & 0 \leqslant x < 2; \\ 0, & 其他. \end{cases}$$

令 $y = x^2, F(x,y)$ 为二维随机向量 (X,Y) 的分布函数.

(1) 求 Y 的概率密度 $f_Y(y)$; (2) $F\left(-\frac{1}{2}, 4\right)$.

23. 设某班车起点站上客人数 X 服从参数为 λ ($\lambda > 0$) 的泊松分布.每位乘客在中途下车的概率为 p ($0 < p < 1$),且中途下车与否相互独立.以 Y 表示在中途下车的人数.求:

(1) 在发车时有 n 个乘客的条件下,中途有 m 人下车的概率;

(2) 二维随机向量 (X,Y) 的概率分布.

*24. 设随机向量 (X,Y) 的概率密度函数为

$$f(x,y) = \begin{cases} 120y(x-y)(1-x), & 0 \leqslant y \leqslant x \leqslant 1; \\ 0, & 其他. \end{cases}$$

求 $Z = \dfrac{Y}{\sqrt{X}}$ 的分布密度.

25. 设随机向量 (X,Y) 的概率密度函数为

$$f(x,y) = \begin{cases} Cxe^{-y}, & 0 < x < y < +\infty; \\ 0, & 其他. \end{cases}$$

求:(1) 常数 C 的值; (2) $Z = X + Y$ 的概率密度函数;

(3) $u = \max\{X,Y\}$ 和 $v = \min\{X,Y\}$ 的联合概率密度函数.

*26. 设随机变量 X 与 Y 相互独立且都服从 $[0,a]$ 上的均匀分布,求:

(1) $Z=XY$ 的概率密度函数 $f_Z(z)$；　　(2) $U=\dfrac{X}{Y}$ 的概率密度函数 $f_U(u)$.

*27. 求证：若随机变量 X 与 Y 独立同分布，
$$f_X(x) = f_Y(x) = \begin{cases} e^{-x}, & x>0; \\ 0, & x\leqslant 0. \end{cases}$$
则有 $X+Y$ 与 $\dfrac{X}{Y}$，$X+Y$ 与 $\dfrac{X}{X+Y}$ 也是相互独立的.

*28. 如果随机变量 X 与 Y 相互独立且均服从正态分布 $N(0,1)$，求证：X^2+Y^2 与 $\dfrac{X}{Y}$ 相互独立.

29. 设两个不同的电子元件的使用寿命（单位：h）分别为 X 和 Y，且 X 与 Y 相互独立同分布，概率密度为
$$f_X(x) = f_Y(x) = \begin{cases} \dfrac{1000}{x^2}, & x>1000; \\ 0, & x\leqslant 1000. \end{cases}$$
求 $Z=\dfrac{X}{Y}$ 的概率密度 $f_Z(z)$.

30. 设随机变量 X 与 Y 相互独立且都服从参数为 λ 的指数分布，$Z=\dfrac{X}{Y}$，求 Z 的概率密度函数 $f_Z(z)$.

31. 设随机变量 X 与 Y 相互独立且都服从正态分布 $N(0,\sigma^2)$，试求随机变量 $Z=\sqrt{X^2+Y^2}$ 的概率密度.

*32. 设随机变量 X 与 Y 相互独立且都服从参数为 $\lambda(\lambda>0)$ 的指数分布，求 X 在 $X+Y=z(z>0)$ 的条件下的分布密度函数 $f_X(x\mid X+Y=z)$.

*33. 设随机变量 $X_1,X_2,\cdots,X_n$ 相互独立，且 $X_i(i=1,2,\cdots,n)$ 服从区间 $[0,a]$ 上的均匀分布，$X=\min\{X_1,X_2,\cdots,X_n\}$，$Y=\max\{X_1,X_2,\cdots,X_n\}$，求随机变量 X,Y 的概率密度.

*34. 假设随机变量 $X_1,X_2,\cdots,X_n$ 相互独立且都服从参数为 $\lambda(\lambda>0)$ 的指数分布，试求 $X=X_1+X_2+\cdots+X_n$ 的概率密度.

第4章 随机变量的数字特征

随机变量的概率分布是对随机变量概率性质的完整描述,它决定着随机变量的一切特征.然而它不能明显而集中地表现随机变量的某些特点,例如它取值的集中位置和集中程度以及两个随机变量的相关程度等;而且在实际应用中,要确定一个随机变量的分布函数是非常困难的,有时并不需要对随机变量做全面的了解,而只需了解随机变量的某些数字特征.所谓数字特征就是反映随机变量的某些重要特征的参数,因此,数字特征的研究具有理论上和实际上的重要意义.本章将介绍随机变量的常用数字特征——数学期望、方差、相关系数和矩等.

§4.1 数学期望

一、随机变量的数学期望

1. 离散型随机变量的数学期望

定义 4.1 设离散型随机变量 X 的分布律为
$$P\{X = x_i\} = p_i, \quad i = 1, 2, \cdots$$
或

X	x_1	x_2	$\cdots$	x_i	$\cdots$
P	p_1	p_2	$\cdots$	p_i	$\cdots$

若级数 $\sum\limits_{i=1}^{\infty} |x_i| p_i$ 收敛,则称级数 $\sum\limits_{i=1}^{\infty} x_i p_i$ 为**离散型随机变量 X 的数学期望**,简称**期望**或**均值**,记作 $E(X)$ 或 EX,即

$$E(X) = \sum_{i=1}^{\infty} x_i p_i. \tag{4-1}$$

为简单地解释期望的意义,设随机变量 X 仅取有限个值 $x_1, x_2, \cdots, x_n$. 先考虑特殊情形:设 $P\{X = x_i\} = \dfrac{1}{n} (i = 1, 2, \cdots, n)$,则由式(4-1)有

$$E(X) = \frac{1}{n} \sum_{i=1}^{n} x_i.$$

此时,期望 $E(X)$ 即为通常意义下的算术平均值.

一般地,对于

$$E(X) = \sum_{i=1}^{n} x_i \cdot P\{X = x_i\}, \tag{4-2}$$

我们可把它看作是一种加权平均值.在式(4-2)中,X 的每个取值 x_i 乘的权数则是随机变量 X 取此值时的概率 $P\{X=x_i\}$,于是,概率值 $P\{X=x_i\}$ 越大,相应的 x_i 对平均值的"贡献"也越大,因此我们把这样的平均称作是加权平均或概率平均.显而易见,算术平均是概率平均的特例,鉴于上述解释,通常也把期望 $E(X)$ 称为随机变量 X 的均值.

例 1 某袋内装有三个 1 号球,一个 2 号球,两个 3 号球,从中任意取出三个球,以 X 表示取到的三个球中号数的最大值,求 X 的数学期望.

解 由题意可得,X 为离散型随机变量,它的所有可能取值为 $1,2,3$,且有 X 的概率分布

X	1	2	3
P	$\frac{1}{20}$	$\frac{3}{20}$	$\frac{16}{20}$

因此 $$E(X) = \sum_{i=1}^{3} i \cdot P\{x = i\} = 1 \times \frac{1}{20} + 2 \times \frac{3}{20} + 3 \times \frac{16}{20} = \frac{11}{4}.$$

例 2 按规定,某车站每天 8 点至 9 点,9 点至 10 点都有一辆客车到站,但到站的时刻是随机的,且两者到站的时间相互独立,其分布律为

到站时刻	8:10,9:10	8:30,9:30	8:50,9:50
概率	$\frac{1}{6}$	$\frac{3}{6}$	$\frac{2}{6}$

一旅客 8 点 20 分到车站,求他候车时间的数学期望.

解 设旅客候车时间为 X 分钟,易知 X 的分布律为

X	10	30	50	70	90
P	$\frac{3}{6}$	$\frac{2}{6}$	$\frac{1}{36}$	$\frac{3}{36}$	$\frac{2}{36}$

上表中 P 的求法如下,例如

$$P\{X = 70\} = P(AB) = P(A) \cdot P(B) = \frac{1}{6} \times \frac{3}{6} = \frac{3}{36},$$

其中 A 为事件"第一班车在 8:10 到站",B 为事件"第二班车在 9:30 到站".于是候车时间的数学期望为

$$E(X) = 10 \times \frac{3}{6} + 30 \times \frac{2}{6} + 50 \times \frac{1}{36} + 70 \times \frac{3}{36} + 90 \times \frac{2}{36}$$
$$= 27.22 (分钟).$$

2. 连续型随机变量的数学期望

定义 4.2 设连续型随机变量 X 的概率密度为 $f(x)$,若广义积分 $\int_{-\infty}^{+\infty} |x| f(x) \mathrm{d}x$

收敛,则称 $\int_{-\infty}^{+\infty} xf(x)\mathrm{d}x$ 为**连续型随机变量 X 的数学期望**(或期望或均值),记作 $E(X)$ 或 EX,即

$$E(X) = \int_{-\infty}^{+\infty} xf(x)\mathrm{d}x. \tag{4-3}$$

例 3 试讨论下列连续型随机变量的数学期望.

(1) 随机变量 X 的分布密度为 $f_X(x) = \begin{cases} \dfrac{1}{\pi\sqrt{1-x^2}}, & |x|<1; \\ 0, & |x|\geqslant 1. \end{cases}$

(2) 随机变量 Y 的分布密度为 $f_Y(y) = \dfrac{1}{2}\mathrm{e}^{-|y|}$.

(3) (柯西分布)随机变量 Z 的分布密度为 $f_Z(z) = \dfrac{1}{\pi(1+z^2)}$.

解 (1) 因为
$$\int_{-\infty}^{+\infty} |x| f_X(x)\mathrm{d}x = \int_{-1}^{1} \frac{|x|}{\pi\sqrt{1-x^2}}\mathrm{d}x = \int_{0}^{1} \frac{2x}{\pi\sqrt{1-x^2}}\mathrm{d}x = \frac{2}{\pi},$$
所以 $E(X)$ 存在,且
$$E(X) = \int_{-\infty}^{+\infty} xf_X(x)\mathrm{d}x = \int_{-1}^{1} \frac{x}{\pi\sqrt{1-x^2}}\mathrm{d}x = 0.$$

(2) 因为
$$\int_{-\infty}^{+\infty} |y| f_Y(y)\mathrm{d}y = \int_{-\infty}^{+\infty} \frac{1}{2}|y|\mathrm{e}^{-|y|}\mathrm{d}y = \int_{0}^{+\infty} y\mathrm{e}^{-y}\mathrm{d}y = 1,$$
所以 $E(Y)$ 存在,且
$$E(Y) = \int_{-\infty}^{+\infty} yf_Y(y)\mathrm{d}y = \int_{-\infty}^{+\infty} \frac{1}{2}y\mathrm{e}^{-|y|}\mathrm{d}y = 0.$$

(3) 因为
$$\int_{-\infty}^{+\infty} |z| f_Z(z)\mathrm{d}z = \int_{-\infty}^{+\infty} \frac{|z|}{\pi(1+z^2)}\mathrm{d}z = 2\int_{0}^{+\infty} \frac{z}{\pi(1+z^2)}\mathrm{d}z = +\infty,$$
所以,随机变量 Z 的数学期望不存在.

例 4 已知随机变量 X 的概率密度为
$$f_X(x) = \begin{cases} x\mathrm{e}^{-\frac{x^2}{2}}, & x>0; \\ 0, & x\leqslant 0. \end{cases}$$

求 X 的数学期望 $E(X)$.

解 由题设条件及数学期望的定义可得
$$E(X) = \int_{-\infty}^{+\infty} xf_X(x)\mathrm{d}x = \int_{0}^{+\infty} x^2\mathrm{e}^{-\frac{x^2}{2}}\mathrm{d}x$$
$$= \int_{0}^{+\infty} \sqrt{2t}\mathrm{e}^{-t}\mathrm{d}t = \sqrt{2}\Gamma\left(\frac{3}{2}\right) = \frac{\sqrt{2}}{2}\Gamma\left(\frac{1}{2}\right) = \frac{\sqrt{2\pi}}{2}.$$

二、随机变量函数的数学期望

定理 4.1 设 Y 是随机变量 X 的函数,且 $Y=g(X)$($g(x)$ 是连续函数).

(1) X 是离散型随机变量,其分布律为 $P\{X=x_i\}=p_i, i=1,2,\cdots$,若 $\sum_{i=1}^{\infty}|g(x_i)|p_i$ 收敛,则有

$$E(Y)=E[g(X)]=\sum_{i=1}^{\infty}g(x_i)p_i. \tag{4-4}$$

(2) X 是连续型随机变量,其概率密度为 $f(x)$,若 $\int_{-\infty}^{+\infty}|g(x)|f(x)\mathrm{d}x$ 收敛,则有

$$E(Y)=E[g(X)]=\int_{-\infty}^{+\infty}g(x)f(x)\mathrm{d}x. \tag{4-5}$$

证明从略.

由定理 4.1 可知:在求随机变量函数的数学期望时,并不需要明确知道随机变量函数的分布.

例 5 设随机变量 X 的分布律为

X	-1	0	2	3
P	$\frac{1}{8}$	$\frac{1}{4}$	$\frac{3}{8}$	$\frac{1}{4}$

求 $E(X^2), E(-2X+1)$.

解 由式(4-4)得

$$E(X^2)=(-1)^2\times\frac{1}{8}+0^2\times\frac{1}{4}+2^2\times\frac{3}{8}+3^2\times\frac{1}{4}=\frac{31}{8},$$

$$E(-2X+1)=[-2\times(-1)+1]\times\frac{1}{8}+(-2\times0+1)\times\frac{1}{4}$$
$$+(-2\times2+1)\times\frac{3}{8}+(-2\times3+1)\times\frac{1}{4}=-\frac{7}{4}.$$

例 6 对球的直径进行近似测量,设其值均匀分布在区间 $[a,b]$ 内,计算球体积的数学期望.

解 设随机变量 X 表示球的直径,Y 表示球的体积,依题意知 X 的概率密度为

$$f(x)=\begin{cases}\dfrac{1}{b-a}, & a\leqslant x\leqslant b;\\ 0, & \text{其他}.\end{cases}$$

球体积 $Y=\dfrac{1}{6}\pi X^3$,由式(4-5)得

$$E(Y)=E\left(\frac{1}{6}\pi X^3\right)=\int_a^b\frac{1}{6}\pi x^3\frac{1}{b-a}\mathrm{d}x$$
$$=\frac{\pi}{6(b-a)}\int_a^b x^3\mathrm{d}x=\frac{\pi}{24}(a+b)(a^2+b^2).$$

定义 4.3 设 $(X_1, X_2, \cdots, X_n)$ 是 n 维随机向量,而且每个随机变量 $X_i (i=1,2,\cdots,n)$ 的期望 $E(X_i)$ 都存在,称 $[E(X_1), E(X_2), \cdots, E(X_n)]$ 为 $(\boldsymbol{X}_1, \boldsymbol{X}_2, \cdots, \boldsymbol{X}_n)$ **的期望向量**或**均值向量**.

定理 4.1 可以推广到两个或两个以上随机变量的函数情形.

定理 4.2 设 Z 是随机变量 X, Y 的函数,且 $Z = g(X, Y)$ ($g(x,y)$ 是连续函数).

(1) (X, Y) 为二维离散型随机向量,其分布律为 $P\{X=x_i, Y=y_j\} = p_{ij}$, $i, j = 1, 2, \cdots$,则当

$$\sum_{i=1}^{\infty} \sum_{j=1}^{\infty} |g(x_i, y_j)| p_{ij}$$

收敛时,有

$$E(Z) = E[g(X,Y)] = \sum_{i=1}^{\infty} \sum_{j=1}^{\infty} g(x_i, y_j) p_{ij}. \tag{4-6}$$

(2) (X, Y) 为二维连续型随机向量,其概率密度为 $f(x, y)$,则当

$$\int_{-\infty}^{+\infty} \int_{-\infty}^{+\infty} |g(x,y)| f(x,y) \mathrm{d}x \mathrm{d}y$$

收敛时,有

$$E(Z) = E[g(X,Y)] = \int_{-\infty}^{+\infty} \int_{-\infty}^{+\infty} g(x,y) f(x,y) \mathrm{d}x \mathrm{d}y. \tag{4-7}$$

由式(4-7)可以得到,当 (X, Y) 是二维连续型随机向量,其概率密度为 $f(x,y)$ 时,有

$$E(X) = \int_{-\infty}^{+\infty} \int_{-\infty}^{+\infty} x f(x,y) \mathrm{d}x \mathrm{d}y = \int_{-\infty}^{+\infty} x f_X(x) \mathrm{d}x, \tag{4-8}$$

$$E(Y) = \int_{-\infty}^{+\infty} \int_{-\infty}^{+\infty} y f(x,y) \mathrm{d}x \mathrm{d}y = \int_{-\infty}^{+\infty} y f_Y(y) \mathrm{d}y. \tag{4-9}$$

例 7 设二维随机向量 (X, Y) 在区域 A 上服从均匀分布,其中 A 为 x 轴、y 轴及直线 $x + \dfrac{y}{2} = 1$ 所围成的三角区域,求 $E(X), E(Y), E(XY)$.

解 由于 (X, Y) 在 A 上服从均匀分布,所以其概率密度为

$$f(x,y) = \begin{cases} \dfrac{1}{A \text{ 的面积}}, & (x,y) \in A; \\ 0, & (x,y) \notin A \end{cases}$$

$$= \begin{cases} 1, & (x,y) \in A; \\ 0, & (x,y) \notin A. \end{cases}$$

$$E(X) = \int_{-\infty}^{+\infty} \int_{-\infty}^{+\infty} x f(x,y) \mathrm{d}x \mathrm{d}y = \iint_A x \mathrm{d}x \mathrm{d}y = \int_0^1 x \mathrm{d}x \int_0^{2(1-x)} \mathrm{d}y = \frac{1}{3},$$

$$E(Y) = \int_{-\infty}^{+\infty} \int_{-\infty}^{+\infty} y f(x,y) \mathrm{d}x \mathrm{d}y = \iint_A y \mathrm{d}x \mathrm{d}y = \int_0^2 y \mathrm{d}y \int_0^{1-\frac{y}{2}} \mathrm{d}x = \frac{2}{3},$$

$$E(XY) = \int_{-\infty}^{+\infty} \int_{-\infty}^{+\infty} xy f(x,y) \mathrm{d}x \mathrm{d}y = \int_0^1 x \mathrm{d}x \int_0^{2(1-x)} y \mathrm{d}y = 2 \int_0^1 x(1-x)^2 \mathrm{d}x = \frac{7}{6}.$$

例 8 设随机变量 X 的分布密度为 $f(x) = \dfrac{1}{\pi(1+x^2)}$, $Y = \min\{|X|, 1\}$,求 $E(Y)$.

解
$$E(Y) = \int_{-\infty}^{+\infty} \min\{|x|, 1\} f(x) dx$$
$$= \int_{-1}^{1} |x| f(x) dx + \int_{1}^{+\infty} f(x) dx + \int_{-\infty}^{-1} f(x) dx$$
$$= 2\int_{0}^{1} \frac{x}{\pi(1+x^2)} dx + 2\int_{1}^{+\infty} \frac{1}{\pi(1+x^2)} dx$$
$$= \frac{1}{\pi}\ln 2 + \frac{1}{2}.$$

例 9 设随机变量 X, Y 相互独立,且 $X \sim N\left(0, \frac{1}{2}\right), Y \sim N\left(0, \frac{1}{2}\right)$,求随机变量 $|X-Y|$ 的数学期望.

解 令 $Z = X - Y$,由于 $X \sim N\left(0, \frac{1}{2}\right), Y \sim N\left(0, \frac{1}{2}\right)$,且 X 与 Y 相互独立,因此 $Z \sim N(0, 1)$.

$$E(|X-Y|) = E(|Z|) = \int_{-\infty}^{+\infty} |z| \times \frac{1}{\sqrt{2\pi}} e^{-\frac{z^2}{2}} dz$$
$$= 2\int_{0}^{+\infty} \frac{z}{\sqrt{2\pi}} e^{-\frac{z^2}{2}} dz = \frac{\sqrt{2\pi}}{\pi}.$$

例 10 有 5 个相互独立工作的电子装置,它们的寿命 $X_k (k=1,2,3,4,5)$ 服从同一指数分布,其概率密度为

$$f(x) = \begin{cases} \frac{1}{\theta} e^{-x/\theta}, & x > 0; \\ 0, & x \leqslant 0 \end{cases} \quad (\theta > 0).$$

(1) 若将这 5 个电子装置串联起来组成整机,求整机寿命 N 的数学期望;
(2) 若将这 5 个电子装置并联起来组成整机,求整机寿命 M 的数学期望.

解 $X_k (k=1,2,3,4,5)$ 的分布函数为

$$F(x) = \begin{cases} 1 - e^{-\frac{x}{\theta}}, & x > 0; \\ 0, & x \leqslant 0. \end{cases}$$

(1) 串联的情况:
由于当 5 个电子装置中有一个损坏时,整机就停止工作,所以这时整机寿命为
$$N = \min\{X_1, X_2, X_3, X_4, X_5\}.$$
由于 X_1, X_2, X_3, X_4, X_5 是相互独立的,于是 $N = \min\{X_1, X_2, X_3, X_4, X_5\}$ 的分布函数为
$$F_N(x) = F\{N \leqslant x\} = 1 - P\{N > x\}$$
$$= 1 - P\{X_1 > x, X_2 > x, X_3 > x, X_4 > x, X_5 > x\}$$
$$= 1 - P\{X_1 > x\} \cdot P\{X_2 > x\} \cdot P\{X_3 > x\} \cdot P\{X_4 > x\} \cdot P\{X_5 > x\}$$
$$= 1 - [1 - F_{X_1}(x)][1 - F_{X_2}(x)][1 - F_{X_3}(x)][1 - F_{X_4}(x)][1 - F_{X_5}(x)]$$
$$= 1 - [1 - F(x)]^5 = \begin{cases} 1 - e^{-\frac{5x}{\theta}}, & x > 0; \\ 0, & x \leqslant 0. \end{cases}$$

因此 N 的概率密度为

$$f_N(x) = \begin{cases} \dfrac{5}{\theta} e^{-\frac{5x}{\theta}}, & x > 0; \\ 0, & x \leqslant 0. \end{cases}$$

于是 N 的数学期望为

$$E(N) = \int_{-\infty}^{+\infty} x f_N(x) \mathrm{d}x = \int_{0}^{+\infty} \frac{5x}{\theta} e^{-\frac{5x}{\theta}} \mathrm{d}x = \frac{\theta}{5}.$$

(2) 并联的情况：

由于当且仅当 5 个电子装置都损坏时，整机才停止工作，所以这时整机寿命为
$$M = \max\{X_1, X_2, X_3, X_4, X_5\}.$$
由于 X_1, X_2, X_3, X_4, X_5 相互独立，类似可得 M 的分布函数为

$$F_M(x) = [F(x)]^5 = \begin{cases} (1 - e^{-\frac{x}{\theta}})^5, & x > 0; \\ 0, & x \leqslant 0. \end{cases}$$

因而 M 的概率密度为

$$f_M(x) = \begin{cases} \dfrac{5}{\theta}(1 - e^{-\frac{x}{\theta}})^4 e^{-\frac{x}{\theta}}, & x > 0; \\ 0, & x \leqslant 0. \end{cases}$$

于是 M 的数学期望为

$$E(M) = \int_{-\infty}^{+\infty} x f_M(x) \mathrm{d}x = \int_{0}^{+\infty} \frac{5x}{\theta}(1 - e^{-\frac{x}{\theta}})^4 e^{-\frac{x}{\theta}} \mathrm{d}x = \frac{137}{60}\theta.$$

这说明：5 个电子装置并联联接工作的平均寿命要大于串联联接工作的平均寿命.

三、数学期望的性质

(1) $E(C) = C$ (C 为常数)； \hfill (4-10)

(2) $E(CX) = CE(X)$ (C 为常数)； \hfill (4-11)

(3) X, Y 是两个随机变量，则有
$$E(X + Y) = E(X) + E(Y); \tag{4-12}$$

(4) 设随机变量 X 和 Y 相互独立，则
$$E(XY) = E(X)E(Y); \tag{4-13}$$

(5) (柯西-许瓦兹不等式) 对任意两个随机变量 X 与 Y，都有
$$E^2(XY) \leqslant E(X^2) E(Y^2). \tag{4-14}$$

证明 性质 (1)、(2) 请读者自己完成. 下面证明性质 (3)、(4)、(5).

不妨设 (X, Y) 为连续型随机向量，其概率密度为 $f(x, y)$，关于 X, Y 的边缘概率密度分别为 $f_X(x), f_Y(y)$.

性质 (3)：由式 (4-7) 得

$$\begin{aligned} E(X + Y) &= \int_{-\infty}^{+\infty} \int_{-\infty}^{+\infty} (x + y) f(x, y) \mathrm{d}x \mathrm{d}y \\ &= \int_{-\infty}^{+\infty} \int_{-\infty}^{+\infty} x f(x, y) \mathrm{d}x \mathrm{d}y + \int_{-\infty}^{+\infty} \int_{-\infty}^{+\infty} y f(x, y) \mathrm{d}x \mathrm{d}y \end{aligned}$$

$$= E(X) + E(Y).$$

性质(4)：若 X 与 Y 相互独立，有 $f(x,y) = f_X(x)f_Y(y)$，则

$$E(XY) = \int_{-\infty}^{+\infty}\int_{-\infty}^{+\infty} xy f(x,y)\,\mathrm{d}x\mathrm{d}y$$

$$= \int_{-\infty}^{+\infty}\int_{-\infty}^{+\infty} xy f_X(x)f_Y(y)\,\mathrm{d}x\mathrm{d}y$$

$$= \int_{-\infty}^{+\infty} x f_X(x)\,\mathrm{d}x \int_{-\infty}^{+\infty} y f_Y(y)\,\mathrm{d}y$$

$$= E(X)E(Y).$$

性质(5)：对任意实数 t，令

$$u(t) = E(tX - Y)^2 = t^2 E(X^2) - 2t E(XY) + E(Y^2).$$

因 $(tX-Y)^2 \geqslant 0$，故其数学期望也必定非负，即 $u(t) \geqslant 0$。因此关于 t 的一元二次方程 $u(t) = 0$ 或者没有实根，或者有一个重根，根据一元二次方程根的判别法则，其判别式非正，即

$$E^2(XY) - E(X^2)E(Y^2) \leqslant 0.$$

性质(3)、(4)、(5)得证。

性质(3)、(4)可推广到有限个随机变量的情形。

若 $X_1, X_2, \cdots, X_n$ 为 n 个随机变量，则

$$E(X_1 + X_2 + \cdots + X_n) = E(X_1) + E(X_2) + \cdots + E(X_n); \quad (4\text{-}15)$$

若 $X_1, X_2, \cdots, X_n$ 为 n 个相互独立的随机变量，则

$$E(X_1 X_2 \cdots X_n) = E(X_1)E(X_2)\cdots E(X_n). \quad (4\text{-}16)$$

对性质(3)，更进一步地推广可得：随机变量线性组合的数学期望等于随机变量数学期望的线性组合，即

$$E(a_1 X_1 + a_2 X_2 + \cdots + a_n X_n) = a_1 E(X_1) + a_2 E(X_2) + \cdots + a_n E(X_n), \quad (4\text{-}17)$$

其中 $a_1, a_2, \cdots, a_n$ 为常数。

注意：性质(4)的逆命题不成立，请读者自己给出一个反例。

例11 设一电路中电流 I（单位：A）与电阻 R（单位：Ω）是两个相互独立的随机变量，其概率密度分别为

$$g(i) = \begin{cases} 2i, & 0 \leqslant i \leqslant 1; \\ 0, & \text{其他}. \end{cases} \qquad h(r) = \begin{cases} \dfrac{r^2}{9}, & 0 \leqslant r \leqslant 3; \\ 0, & \text{其他}. \end{cases}$$

试求电压 $V = IR$ 的均值。

解 $E(V) = E(IR) = E(I)E(R) = \left[\int_{-\infty}^{+\infty} i g(i)\,\mathrm{d}i\right]\left[\int_{-\infty}^{+\infty} r h(r)\,\mathrm{d}r\right]$

$$= \left[\int_0^1 2i^2\,\mathrm{d}i\right]\left[\int_0^3 \dfrac{r^3}{9}\,\mathrm{d}r\right] = \dfrac{3}{2}\,(\mathrm{V}).$$

例12 某班 n 个学生举行元旦活动，其中一项活动为每人先写一张贺年卡交上去，混乱后每人从中任取一张。求取到自己所写卡片的人数 X 的数学期望及 $Z = X^2$ 的数学期望。

解 $X_i (i=1,2,\cdots,n)$ 定义如下：

$$X_i = \begin{cases} 1, & \text{第 } i \text{ 个人取到自己写的卡片}; \\ 0, & \text{否则}. \end{cases}$$

可知,X_i 为离散型随机变量,且

$$P\{X_i = 1\} = \frac{1}{n},$$

$$P\{X_i = 0\} = 1 - \frac{1}{n},$$

因此

$$E(X_i) = \frac{1}{n}.$$

由题意可得

$$X = X_1 + X_2 + \cdots + X_n = \sum_{i=1}^{n} X_i,$$

因此

$$E(X) = E\left(\sum_{i=1}^{n} X_i\right) = \sum_{i=1}^{n} E(X_i) = n \cdot \frac{1}{n} = 1.$$

又由前述条件可得:$X_i^2(i=1,2,\cdots,n)$ 以及 $X_iX_j(i \neq j, i,j=1,2,\cdots,n)$ 的所有可能取值都为 0,1,它们各自的分布律为

$$P\{X_i^2 = 1\} = \frac{1}{n},$$

$$P\{X_i^2 = 0\} = 1 - \frac{1}{n},$$

$$P\{X_iX_j = 1\} = \frac{1}{n(n-1)},$$

$$P\{X_iX_j = 0\} = 1 - \frac{1}{n(n-1)},$$

从而

$$E(X_i^2) = \frac{1}{n},$$

$$E(X_iX_j) = \frac{1}{n(n-1)}.$$

所以

$$E(X^2) = E\left[\left(\sum_{i=1}^{n} X_i\right)^2\right] = \sum_{i=1}^{n} E(X_i^2) + 2 \sum_{1 \leqslant i < j \leqslant n} E(X_iX_j)$$
$$= n \cdot \frac{1}{n} + 2 \cdot C_n^2 \cdot \frac{1}{n(n-1)} = 2.$$

§4.2 方　　差

一、方差的概念

随机变量的数学期望是随机变量的重要数字特征之一,它表示了随机变量取值的集中趋势.但在许多实际问题中,仅仅考虑期望是不够的,还需研究随机变量的取值集中在均值周围的程度.

例1 某手表厂生产甲、乙两种牌号的手表,设甲、乙两种牌号手表的"日走时误差"分别为 X_1, X_2,其分布律如下:

X_1	-1	0	1
P	0.1	0.8	0.1

X_2	-2	-1	0	1	2
P	0.1	0.2	0.4	0.2	0.1

试比较两种牌号手表质量的好坏.

显然 $E(X_1)=E(X_2)=0$.从均值这一数字特征比较不出它们质量的好坏,但是它们的分布却是不同的.甲牌号手表的日走时误差与它的平均值的偏离程度较小,即日走时误差比较集中,而乙牌号手表的日走时误差与它的平均值的偏离程度较大,即日走时误差比较分散,这说明甲牌号手表的质量比乙牌号手表的质量要稳定一些.那么能否用一个数量指标来衡量一个随机变量偏离它的均值的程度呢? 答案是肯定的.本节将介绍随机变量的这一数字特征.

定义 4.4 设 X 是随机变量,若 $E(X)$ 存在,则称 $X-E(X)$ 为 X 的**离差**.

由于 $E[X-E(X)]=E(X)-E(X)=0$,因而采用离差的期望表示偏离程度是没有意义的.若用 $E[|X-E(X)|]$ 来表示偏离程度,又涉及绝对值运算,计算不方便.基于此,通常采用随机变量离差的平方的数学期望即 $E[X-E(X)]^2$,来刻画随机变量 X 偏离其均值 $E(X)$ 的程度.

定义 4.5 设 X 是一个随机变量,若 $E[X-E(X)]^2$ 存在,则称 $E[X-E(X)]^2$ 为**随机变量 X 的方差**,记为 $D(X)$ 或 $\mathrm{Var}(X)$ 或 DX,即

$$D(X) = E[X-E(X)]^2, \tag{4-18}$$

称 $\sqrt{D(X)}$ 为 X 的**标准差**或**均方差**,记为 $\sigma(X)$.

由定义知,方差实际上就是随机变量 X 的函数 $g(X)=[X-E(X)]^2$ 的数学期望.对于离散型随机变量 X,若 X 的概率分布为 $P\{X=x_i\}=p_i, i=1,2,\cdots$,则 X 的方差为

$$D(X) = \sum_{i=1}^{\infty}[x_i - E(X)]^2 p_i. \tag{4-19}$$

对于连续型随机变量 X，若 X 的分布密度函数为 $f(x)$，则 X 的方差为

$$D(X) = \int_{-\infty}^{+\infty}[x - E(X)]^2 f(x)\mathrm{d}x. \tag{4-20}$$

在例 1 中利用公式(4-18)可得
$$D(X_1) = E[X_1 - E(X_1)]^2 = E(X_1^2) = 0.2,$$
$$D(X_2) = E[X_2 - E(X_2)]^2 = E(X_2^2) = 1.2.$$

另外，由随机变量 X 的方差的定义可得

$$D(X) = E(X^2) - [E(X)]^2. \tag{4-21}$$

事实上，由数学期望的性质得
$$\begin{aligned}D(X) &= E[X - E(X)]^2 \\ &= E[X^2 - 2XE(X) + (E(X))^2] \\ &= E(X^2) - 2E(X)E(X) + [E(X)]^2 \\ &= E(X^2) - [E(X)]^2.\end{aligned}$$

式(4-21)常用于计算方差．

二、方差的性质

(1) $D(C)=0$，C 为常数． $\tag{4-22}$

(2) $D(aX+b)=a^2 D(X)$，a,b 为常数． $\tag{4-23}$

(3) $D(X\pm Y)=D(X)+D(Y)\pm 2E[(X-E(X))(Y-E(Y))]$； $\tag{4-24}$

特别地，若 X 与 Y 相互独立，则

$$D(X\pm Y) = D(X) + D(Y). \tag{4-25}$$

(4) $D(X)=0$ 的充要条件是 $P\{X=C\}=1$，其中 $C=E(X)$．

性质(3)可以推广到有限多个随机变量的情形．

证明 (1) 由 $E(C)=C$，有 $D(C)=E[C-E(C)]^2=E(0)=0$．

(2) $\begin{aligned}D(aX+b) &= E[(aX+b)-E(aX+b)]^2 \\ &= E[aX+b-aE(X)-b]^2 \\ &= E[a(X-E(X))]^2 \\ &= a^2 D(X).\end{aligned}$

(3) $\begin{aligned}D(X\pm Y) &= E[(X\pm Y)-E(X\pm Y)]^2 \\ &= E[(X-E(X))\pm(Y-E(Y))]^2 \\ &= E[X-E(X)]^2 + E[Y-E(Y)]^2 \pm 2E[(X-E(X))(Y-E(Y))] \\ &= D(X)+D(Y)\pm 2E[(X-E(X))(Y-E(Y))].\end{aligned}$

若 X 与 Y 相互独立，则 $X-E(X)$ 与 $Y-E(Y)$ 也相互独立，由数学期望的性质(4)知
$$E[(X-E(X))(Y-E(Y))] = 0,$$
于是，得

$$D(X \pm Y) = D(X) + D(Y).$$

(4) 略.

例 2 掷一颗均匀的骰子,以 X 表示掷出的点数,求 X 的数学期望及方差.

解 由题设条件可得:X 是离散型随机变量,其分布律为

$$P\{X = k\} = \frac{1}{6}, \quad k = 1, 2, \cdots, 6.$$

因此

$$E(X) = \sum_{k=1}^{6} k \times \frac{1}{6} = \frac{7}{2},$$

$$D(X) = E(X^2) - [E(X)]^2 = \sum_{k=1}^{6} k^2 \times \frac{1}{6} - \left(\frac{7}{2}\right)^2 = \frac{35}{12}.$$

例 3 袋中有 n 张卡片,分别标有号码 $1, 2, \cdots, n$,从中有放回地抽出 k 张卡片,求取得卡片的号码之和 X 的数学期望及方差.

解 令 $X_i (i=1, 2, \cdots, k)$ 表示第 i 次从袋中抽出卡片的号码数,则由题意可知 $X_1, X_2, \cdots, X_k$ 都是离散型随机变量,且独立同分布,分布律为

$$P\{X_i = j\} = \frac{1}{n} (i = 1, 2, \cdots, k; j = 1, 2, \cdots, n),$$

且有

$$E(X_i) = \frac{1}{n}(1 + 2 + \cdots + n) = \frac{n+1}{2},$$

$$D(X_i) = E(X_i^2) - [E(X_i)]^2 = \sum_{i=1}^{n} i^2 \cdot \frac{1}{n} - \left(\frac{n+1}{2}\right)^2 = \frac{n^2 - 1}{12}.$$

从而,由 $X = \sum_{i=1}^{k} X_i$ 得

$$E(X) = E\left(\sum_{i=1}^{k} X_i\right) = \sum_{i=1}^{k} E(X_i) = \frac{k(n+1)}{2},$$

$$D(X) = D\left(\sum_{i=1}^{k} X_i\right) = \sum_{i=1}^{k} D(X_i) = \frac{k(n^2 - 1)}{12}.$$

例 4 设随机向量 (X, Y) 服从以 $(0, 1), (1, 0), (1, 1)$ 为顶点的三角形区域上的均匀分布,试求随机变量 $Z = X + Y$ 的方差.

解 令 $G = \{(x, y) | 0 \leqslant x \leqslant 1, 0 \leqslant y \leqslant 1, x + y \geqslant 1\}$,则由题意可得:随机向量 (X, Y) 的概率密度为

$$f(x, y) = \begin{cases} 2, & (x, y) \in G; \\ 0, & (x, y) \notin G. \end{cases}$$

故

$$E(Z) = E(X + Y)$$
$$= \int_{-\infty}^{+\infty} \int_{-\infty}^{+\infty} (x + y) f(x, y) \mathrm{d}x \mathrm{d}y$$
$$= \int_{0}^{1} \mathrm{d}x \int_{1-x}^{1} 2(x + y) \mathrm{d}y$$

$$= \int_0^1 (x^2 + 2x) dx$$
$$= \left(\frac{1}{3}x^3 + x^2\right)\Big|_0^1$$
$$= \frac{4}{3},$$
$$D(Z) = D(X+Y)$$
$$= E[X+Y-E(X+Y)]^2$$
$$= \int_{-\infty}^{+\infty}\int_{-\infty}^{+\infty} \left(x+y-\frac{4}{3}\right)^2 f(x,y) dx dy$$
$$= \int_0^1 dx \int_{1-x}^1 2\left(x+y-\frac{4}{3}\right)^2 dy$$
$$= \frac{2}{3}\int_0^1 \left[\left(x-\frac{1}{3}\right)^3 + \frac{1}{27}\right] dx$$
$$= \frac{2}{3}\left[\frac{1}{4}\left(x-\frac{1}{3}\right)^4 + \frac{1}{27}x\right]\Big|_0^1$$
$$= \frac{1}{18}.$$

例 5 设随机变量 $X_1, X_2, \cdots, X_n$ 相互独立，它们均服从 $[0,1]$ 上的均匀分布，$X = \max\{X_1, X_2, \cdots, X_n\}$，$Y = \min\{X_1, X_2, \cdots, X_n\}$，试求 $D(X), D(Y)$．

解 由题设条件可得：$X_i \sim U[0,1], i=1,2,\cdots,n$．因此

$$f_{X_i}(x) = \begin{cases} 1, & 0 \leqslant x \leqslant 1; \\ 0, & \text{其他}. \end{cases} \quad F_{X_i}(x) = \begin{cases} 0, & x < 0; \\ x, & 0 \leqslant x \leqslant 1; \\ 1, & x > 1. \end{cases}$$

$$F_X(x) = P\{X \leqslant x\} = P\{\max(X_1, X_2, \cdots, X_n) \leqslant x\}$$
$$= P\{X_1 \leqslant x, X_2 \leqslant x, \cdots, X_n \leqslant x\}$$
$$= \begin{cases} 0, & x < 0; \\ x^n, & 0 \leqslant x \leqslant 1; \\ 1, & x > 1. \end{cases}$$

$$f_X(x) = \begin{cases} nx^{n-1}, & 0 \leqslant x \leqslant 1; \\ 0, & \text{其他}. \end{cases}$$

同理可得

$$f_Y(y) = \begin{cases} n(1-y)^{n-1}, & 0 \leqslant y \leqslant 1; \\ 0, & \text{其他}. \end{cases}$$

由于

$$E(X) = \int_{-\infty}^{+\infty} x f_X(x) dx = \int_0^1 n x^n dx = \frac{n}{n+1},$$

$$E(Y) = \int_{-\infty}^{+\infty} y f_Y(y) dy = \int_0^1 n y (1-y)^{n-1} dy = \frac{1}{n+1},$$

故

$$D(X) = \int_{-\infty}^{+\infty} x^2 f_X(x) \mathrm{d}x - \left(\frac{n}{n+1}\right)^2 = \frac{n}{(n+1)^2(n+2)},$$
$$D(Y) = \int_{-\infty}^{+\infty} y^2 f_Y(y) \mathrm{d}y - \left(\frac{1}{n+1}\right)^2 = \frac{n}{(n+1)^2(n+2)}.$$

§4.3 常用随机变量的期望和方差

一、二项分布的数学期望和方差

1. 0-1 分布的数学期望和方差

设 X 服从参数为 p 的 0-1 分布,即 $P\{X=0\}=1-p=q$, $P\{X=1\}=p$. 由定义有
$$E(X) = 0 \cdot q + 1 \cdot p = p,$$
$$D(X) = E(X^2) - [E(X)]^2 = 0^2 \cdot q + 1^2 \cdot p - p^2 = p(1-p) = pq.$$

2. 二项分布的数学期望和方差

设 $X \sim B(n,p)$,由二项分布的定义可知,二项分布是 n 次伯努利试验中成功次数 X 的分布律. 若 X_i 表示在第 i 次伯努利试验中成功的次数,则 X_i 服从参数为 p 的 0-1 分布,且 $X = \sum_{i=1}^{n} X_i$,即随机变量 X 可以看成是 n 个相互独立且服从同样 0-1 分布的随机变量 $X_i(i=1,2,\cdots,n)$ 之和. 而 $E(X_i)=p, D(X_i)=pq$,根据数学期望和方差的性质,得

$$E(X) = E\left(\sum_{i=1}^{n} X_i\right) = \sum_{i=1}^{n} E(X_i) = np,$$
$$D(X) = D\left(\sum_{i=1}^{n} X_i\right) = \sum_{i=1}^{n} D(X_i) = npq.$$

二、泊松分布的数学期望和方差

设 X 服从参数为 λ 的泊松分布,其分布律为
$$P\{X=k\} = \frac{\lambda^k \mathrm{e}^{-\lambda}}{k!} (k=0,1,2,\cdots;\lambda>0),$$
则
$$E(X) = \sum_{k=0}^{\infty} k \frac{\lambda^k \mathrm{e}^{-\lambda}}{k!} = \lambda \mathrm{e}^{-\lambda} \sum_{k=1}^{\infty} \frac{\lambda^{k-1}}{(k-1)!} = \lambda \mathrm{e}^{-\lambda} \cdot \mathrm{e}^{\lambda} = \lambda,$$
$$\begin{aligned} E(X^2) &= E[X(X-1)+X] \\ &= E[X(X-1)] + E(X) \\ &= \sum_{k=0}^{\infty} k(k-1) \frac{\lambda^k \mathrm{e}^{-\lambda}}{k!} + \lambda \end{aligned}$$

$$= \lambda^2 e^{-\lambda} \sum_{k=2}^{\infty} \frac{\lambda^{k-2}}{(k-2)!} + \lambda$$
$$= \lambda^2 e^{-\lambda} e^{\lambda} + \lambda$$
$$= \lambda^2 + \lambda,$$

所以方差为
$$D(X) = E(X^2) - [E(X)]^2 = \lambda.$$

由此可知,对于服从泊松分布的随机变量,它的数学期望与方差相等且都等于参数 λ.

三、几何分布的数学期望和方差

设随机变量 X 服从参数为 p 的几何分布,分布律为
$$P\{X = k\} = pq^{k-1}, k = 1, 2, \cdots; \ 0 < q < 1, q = 1 - p,$$

则
$$E(X) = \sum_{k=1}^{\infty} kpq^{k-1} = p \sum_{k=1}^{\infty} kq^{k-1} = p \Big(\sum_{k=1}^{\infty} q^k \Big)'_q = p \Big(\frac{q}{1-q} \Big)'_q = p \frac{1}{(1-q)^2} = \frac{1}{p},$$

$$E(X^2) = E[X(X-1) + X] = E[X(X-1)] + E(X)$$
$$= \sum_{k=1}^{\infty} k(k-1)pq^{k-1} + \frac{1}{p} = pq \sum_{k=2}^{\infty} k(k-1)q^{k-2} + \frac{1}{p}$$
$$= \frac{2pq}{(1-q)^3} + \frac{1}{p} = \frac{2q}{p^2} + \frac{1}{p},$$

其中
$$\sum_{k=2}^{\infty} k(k-1)q^{k-2} = \Big(\sum_{k=0}^{\infty} q^k \Big)''_{qq} = \Big(\frac{1}{1-q} \Big)''_{qq} = \Big[\frac{1}{(1-q)^2} \Big]'_q = \frac{2}{(1-q)^3}.$$

于是
$$D(X) = E(X^2) - [E(X)]^2 = \frac{2q}{p^2} + \frac{1}{p} - \frac{1}{p^2} = \frac{q}{p^2}.$$

四、均匀分布的数学期望和方差

(1) 设随机变量 X 服从区间 $[a, b]$ 上的均匀分布,其概率密度为
$$f(x) = \begin{cases} \dfrac{1}{b-a}, & a \leqslant x \leqslant b; \\ 0, & \text{其他}. \end{cases}$$

X 的数学期望为
$$E(X) = \int_a^b x \cdot \frac{1}{b-a} \mathrm{d}x = \frac{a+b}{2},$$

方差为
$$D(X) = E(X^2) - [E(X)]^2 = \int_a^b x^2 \frac{1}{b-a} \mathrm{d}x - \Big(\frac{a+b}{2} \Big)^2 = \frac{(b-a)^2}{12}.$$

(2) 设随机向量 (X,Y) 服从区域 $D=\{(x,y)|a\leqslant x\leqslant b,c\leqslant y\leqslant d\}$ 上的均匀分布,其概率密度为

$$f(x,y) = \begin{cases} \dfrac{1}{(b-a)(d-c)}, & a\leqslant x\leqslant b, c\leqslant y\leqslant d; \\ 0, & \text{其他}. \end{cases}$$

X 的数学期望为

$$E(X) = \int_c^d \mathrm{d}y \int_a^b x \cdot \frac{1}{(b-a)(d-c)} \mathrm{d}x = \frac{a+b}{2},$$

方差为

$$D(X) = E(X^2) - [E(X)]^2 = \int_c^d \mathrm{d}y \int_a^b x^2 \frac{1}{(b-a)(d-c)} \mathrm{d}x - \left(\frac{a+b}{2}\right)^2 = \frac{(b-a)^2}{12}.$$

同理可得,随机变量 Y 的期望与方差分别为

$$E(Y) = \frac{c+d}{2}, \quad D(Y) = \frac{(d-c)^2}{12}.$$

五、指数分布的数学期望和方差

设随机变量 X 服从参数为 λ 的指数分布,其概率密度为

$$f(x) = \begin{cases} \lambda \mathrm{e}^{-\lambda x}, & x>0; \\ 0, & x\leqslant 0 \end{cases} \quad (\lambda>0),$$

则

$$E(X) = \int_{-\infty}^{+\infty} x f(x) \mathrm{d}x = \int_0^{+\infty} \lambda x \mathrm{e}^{-\lambda x} \mathrm{d}x = \frac{1}{\lambda},$$

$$D(X) = E(X^2) - [E(X)]^2 = \frac{2}{\lambda^2} - \left(\frac{1}{\lambda}\right)^2 = \frac{1}{\lambda^2}.$$

六、正态分布的数学期望和方差

1. 一维正态分布的数学期望和方差

设随机变量 $X\sim N(\mu,\sigma^2)$,其概率密度为

$$f(x) = \frac{1}{\sqrt{2\pi}\sigma} \mathrm{e}^{-\frac{(x-\mu)^2}{2\sigma^2}}, \quad \sigma>0, -\infty<x<+\infty,$$

则随机变量 X 的数学期望为

$$E(X) = \int_{-\infty}^{+\infty} x \frac{1}{\sqrt{2\pi}\sigma} \mathrm{e}^{-\frac{(x-\mu)^2}{2\sigma^2}} \mathrm{d}x.$$

令 $\dfrac{x-\mu}{\sigma}=t$,得

$$E(X) = \frac{1}{\sqrt{2\pi}} \int_{-\infty}^{+\infty} (\sigma t+\mu) \mathrm{e}^{-\frac{t^2}{2}} \mathrm{d}t = \frac{\mu}{\sqrt{2\pi}} \int_{-\infty}^{+\infty} \mathrm{e}^{-\frac{t^2}{2}} \mathrm{d}t = \frac{\mu}{\sqrt{2\pi}} \sqrt{2\pi} = \mu.$$

方差为

$$D(X) = \int_{-\infty}^{+\infty} (x-\mu)^2 f(x) dx = \frac{1}{\sqrt{2\pi}\sigma} \int_{-\infty}^{+\infty} (x-\mu)^2 e^{-\frac{(x-\mu)^2}{2\sigma^2}} dx,$$

令 $\dfrac{x-\mu}{\sigma} = t$,得

$$D(X) = \frac{\sigma^2}{\sqrt{2\pi}} \int_{-\infty}^{+\infty} t^2 e^{-\frac{t^2}{2}} dt = \frac{\sigma^2}{\sqrt{2\pi}} \left[-te^{-\frac{t^2}{2}} \Big|_{-\infty}^{+\infty} + \int_{-\infty}^{+\infty} e^{-\frac{t^2}{2}} dt \right] = 0 + \frac{\sigma^2}{\sqrt{2\pi}} \cdot \sqrt{2\pi} = \sigma^2.$$

可知:服从正态分布的随机变量,其概率密度中的两个参数 μ 和 σ^2 分别就是随机变量的数学期望和方差.

2. 二维正态分布的数学期望和方差

若二维随机向量 $(X,Y) \sim N(\mu_1, \mu_2, \sigma_1^2, \sigma_2^2, \rho)$,其概率密度为

$$f(x,y) = \frac{1}{2\pi\sigma_1\sigma_2\sqrt{1-\rho^2}} \exp\left\{ -\frac{1}{2(1-\rho^2)} \left[\frac{(x-\mu_1)^2}{\sigma_1^2} - \frac{2\rho(x-\mu_1)(y-\mu_2)}{\sigma_1\sigma_2} + \frac{(y-\mu_2)^2}{\sigma_2^2} \right] \right\},$$

由 §3.2 例 3 可知随机变量 X,Y 的边缘密度函数分别为

$$f_X(x) = \frac{1}{\sqrt{2\pi}\sigma_1} \exp\left\{ -\frac{(x-\mu_1)^2}{2\sigma_1^2} \right\}, \quad 即\ X \sim N(\mu_1, \sigma_1^2),$$

$$f_Y(y) = \frac{1}{\sqrt{2\pi}\sigma_2} \exp\left\{ -\frac{(y-\mu_2)^2}{2\sigma_2^2} \right\}, \quad 即\ Y \sim N(\mu_2, \sigma_2^2).$$

由此可知

$$E(X) = \mu_1, \quad D(X) = \sigma_1^2; \quad E(Y) = \mu_2, \quad D(Y) = \sigma_2^2.$$

为方便起见,将常用的离散型和连续型随机变量的概率分布或概率密度函数以及它们的期望与方差列在表 4.1 中,其中 $q = 1 - p$.

表 4.1 常用分布的期望、方差一览表

名称	分布律或概率密度函数	期望	方差
0-1 分布	$P\{X=k\} = p^k q^{1-k}$ $k = 0, 1;\ 0 < p < 1$	p	pq
二项分布 $B(n,p)$	$P\{X=k\} = C_n^k p^k q^{n-k}$ $k = 0, 1, \cdots, n;\ 0 < p < 1$	np	npq
几何分布 $G(p)$	$P\{X=k\} = pq^{k-1}$ $k = 1, 2, \cdots;\ 0 < p < 1$	$\dfrac{1}{p}$	$\dfrac{q}{p^2}$
泊松分布 $P(\lambda)$	$P\{X=k\} = \dfrac{\lambda^k}{k!} e^{-\lambda}$ $k = 0, 1, 2, \cdots; \lambda > 0$	λ	λ
超几何分布 $H(n, M, N)$	$P\{X=k\} = \dfrac{C_M^k C_{N-M}^{n-k}}{C_N^n}$ $k = 0, 1, \cdots, l;\ l = \min\{n, M\};\ n, M < N$	$\dfrac{nM}{N}$	$\dfrac{nM(N-M)(N-n)}{N^2(N-1)}$

续表

名称	分布律或概率密度函数	期望	方差
均匀分布 $U[a,b]$	$f(x)=\begin{cases}\dfrac{1}{b-a}, & a\leqslant x\leqslant b;\\ 0, & \text{其他}\end{cases}$	$\dfrac{a+b}{2}$	$\dfrac{(b-a)^2}{12}$
指数分布 $Exp(\lambda)$	$f(x)=\begin{cases}\lambda e^{-\lambda x}, & x>0;\\ 0, & x\leqslant 0\end{cases}\quad(\lambda>0)$	$\dfrac{1}{\lambda}$	$\dfrac{1}{\lambda^2}$
正态分布 $N(\mu,\sigma^2)$	$f(x)=\dfrac{1}{\sqrt{2\pi}\sigma}e^{-\dfrac{(x-\mu)^2}{2\sigma^2}}$ $\sigma>0,\mu\in(-\infty,+\infty);-\infty<x<+\infty$	μ	σ^2
β 分布	$f(x)=\dfrac{\Gamma(\alpha+\beta)}{\Gamma(\alpha)\Gamma(\beta)}x^{\alpha-1}(1-x)^{\beta-1}$ $\alpha>0,\beta>0;x\in[0,1]$	$\dfrac{\alpha}{\alpha+\beta}$	$\dfrac{\alpha\beta}{(\alpha+\beta)^2(\alpha+\beta+1)}$
Γ 分布 $\Gamma(\lambda,r)$	$f(x)=\dfrac{\lambda^r}{\Gamma(r)}x^{r-1}e^{-\lambda x}$ $r>0,\lambda>0;x>0$	$\dfrac{r}{\lambda}$	$\dfrac{r}{\lambda^2}$
柯西分布	$f(x)=\dfrac{1}{\pi\lambda\left[1+\left(\dfrac{x-\theta}{\lambda}\right)^2\right]}$ $-\infty<\theta<+\infty,\lambda>0;-\infty<x<+\infty$	不存在	不存在

§4.4 协方差及相关系数

对于二维随机向量 (X,Y)，我们除了研究 X 与 Y 的数学期望和方差以外，还需研究 X 与 Y 之间的相互关系的数字特征，本节讨论有关这方面的数字特征.

一、协方差

定义 4.6 对于随机变量 X,Y，若 $E[(X-E(X))(Y-E(Y))]$ 存在，则称其为**随机变量 X 与 Y 的协方差**，记为 $\text{Cov}(X,Y)$ 或 σ_{XY}，即

$$\text{Cov}(X,Y)=E[(X-E(X))(Y-E(Y))]. \tag{4-26}$$

若 (X,Y) 是离散型随机向量，其分布律为

$$P\{X=x_i,Y=y_j\}=p_{ij},\quad i,j=1,2,\cdots,$$

则有

$$\text{Cov}(X,Y) = \sum_i \sum_j [x_i - E(X)][y_j - E(Y)] p_{ij}. \tag{4-27}$$

若 (X,Y) 是连续型随机向量,概率密度为 $f(x,y)$,则有

$$\text{Cov}(X,Y) = \int_{-\infty}^{+\infty} \int_{-\infty}^{+\infty} [x - E(X)][y - E(Y)] f(x,y) \mathrm{d}x \mathrm{d}y. \tag{4-28}$$

显然 $\text{Cov}(X,X) = D(X)$.

协方差具有以下性质:

(1) $\text{Cov}(X,Y) = \text{Cov}(Y,X)$; (4-29)

(2) $\text{Cov}(X,Y) = E(XY) - E(X)E(Y)$; (4-30)

(3) 若 X 与 Y 独立,则 $\text{Cov}(X,Y) = 0$; (4-31)

(4) $\text{Cov}(aX,bY) = ab\text{Cov}(X,Y)$ (a,b 为常数); (4-32)

(5) $\text{Cov}(X_1 + X_2, Y) = \text{Cov}(X_1,Y) + \text{Cov}(X_2,Y)$. (4-33)

以上性质均可由协方差的定义及期望的性质加以证明,请读者自己完成.

例 1 设随机变量 $X \sim U[0, 2\pi]$,$\xi = \cos X$,$\eta = \cos(X + \alpha)$,其中 α 为常数,求随机变量 ξ 与 η 的协方差 $\text{Cov}(\xi, \eta)$.

解 由题设条件可得随机变量 X 的分布密度为

$$f(x) = \begin{cases} \dfrac{1}{2\pi}, & 0 \leqslant x \leqslant 2\pi; \\ 0, & \text{其他}. \end{cases}$$

由于

$$E(\xi) = E(\cos X) = \int_{-\infty}^{+\infty} \cos x f(x) \mathrm{d}x = \int_0^{2\pi} \frac{\cos x}{2\pi} \mathrm{d}x = 0,$$

$$E(\eta) = E[\cos(X + \alpha)] = \int_{-\infty}^{+\infty} \cos(x + \alpha) f(x) \mathrm{d}x = \int_0^{2\pi} \frac{\cos(x + \alpha)}{2\pi} \mathrm{d}x = 0,$$

$$E(\xi \eta) = E[\cos X \cos(X + \alpha)] = \int_{-\infty}^{+\infty} \cos x \cos(x + \alpha) f(x) \mathrm{d}x$$

$$= \int_0^{2\pi} \frac{\cos x \cos(x + \alpha)}{2\pi} \mathrm{d}x = \frac{\cos \alpha}{2},$$

所以

$$\text{Cov}(\xi, \eta) = E(\xi \eta) - E(\xi) E(\eta) = \frac{\cos \alpha}{2}.$$

例 2 设随机变量 X, Y 相互独立,它们的概率密度函数分别为

$$f_X(x) = \begin{cases} \mathrm{e}^{-x}, & x > 0; \\ 0, & \text{其他}. \end{cases} \quad f_Y(y) = \begin{cases} 2y, & 0 < y < 1; \\ 0, & \text{其他}. \end{cases}$$

求 $\text{Cov}(X, X - 3Y)$.

解 由题设条件可得

$$E(X) = \int_0^{+\infty} x \mathrm{e}^{-x} \mathrm{d}x = \Gamma(2) = 1,$$

$$D(X) = \int_0^{+\infty} (x-1)^2 \mathrm{e}^{-x} \mathrm{d}x = 1,$$

$$\text{Cov}(X, X - 3Y) = \text{Cov}(X, X) - 3\text{Cov}(X, Y) = D(X) - 3 \times 0 = 1.$$

二、相关系数

定义 4.7 假设随机变量 X 与 Y 的方差存在，并且均不为零，称 $\dfrac{\mathrm{Cov}(X,Y)}{\sqrt{D(X)}\sqrt{D(Y)}}$ 为 X 与 Y 的**相关系数**，记作 ρ_{XY}，或简记为 ρ，即

$$\rho_{XY} = \frac{\mathrm{Cov}(X,Y)}{\sqrt{D(X)}\sqrt{D(Y)}} = \frac{E[(X-E(X))(Y-E(Y))]}{\sqrt{D(X)}\sqrt{D(Y)}}. \tag{4-34}$$

设随机变量 X 的数学期望 $E(X)=\mu$，方差 $D(X)=\sigma^2$，令 $X^* = \dfrac{X-\mu}{\sigma}$，则 $E(X^*)=0$，$D(X^*)=1$. 这种对于给定的随机变量 X 进行形如 $X^* = \dfrac{X-\mu}{\sigma}$ 的变换，使变换后的随机变量的均值为 0、方差为 1 的过程称作对随机变量 X 的**标准化**，X^* 称为 X 的**标准化随机变量**.

显然，相关系数就是标准化随机变量 $\dfrac{X-E(X)}{\sqrt{D(X)}}$ 与 $\dfrac{Y-E(Y)}{\sqrt{D(Y)}}$ 的协方差.

例 3 设 A,B 为随机事件，且 $P(A)=\dfrac{1}{4}$，$P(B\mid A)=\dfrac{1}{3}$，$P(A\mid B)=\dfrac{1}{2}$，令

$$X = \begin{cases} 1, & A \text{ 发生}; \\ 0, & A \text{ 不发生}. \end{cases} \qquad Y = \begin{cases} 1, & B \text{ 发生}; \\ 0, & B \text{ 不发生}. \end{cases}$$

求：(1) 二维随机向量 (X,Y) 的概率分布；

(2) X 与 Y 的相关系数 ρ_{XY}.

解 我们先确定 (X,Y) 的可能取值，求出在每一个可能取值点上的概率，得到二维随机向量 (X,Y) 的概率分布；再利用联合概率分布求出边缘概率分布，进而可计算出相关系数.

(1) 由于 $P(AB)=P(A)P(B\mid A)=\dfrac{1}{12}$，$P(B)=\dfrac{P(AB)}{P(A\mid B)}=\dfrac{1}{6}$，所以

$$P\{X=1,Y=1\} = P(AB) = \frac{1}{12},$$

$$P\{X=1,Y=0\} = P(A\bar{B}) = P(A)-P(AB) = \frac{1}{6},$$

$$P\{X=0,Y=1\} = P(\bar{A}B) = P(B)-P(AB) = \frac{1}{12},$$

$$P\{X=0,Y=0\} = P(\bar{A}\bar{B}) = 1-P(A+B)$$

$$= 1-P(A)-P(B)+P(AB) = \frac{2}{3}.$$

$$\left(\text{或 } P\{X=0,Y=0\} = 1 - \frac{1}{12} - \frac{1}{6} - \frac{1}{12} = \frac{2}{3}\right)$$

故 (X,Y) 的概率分布为

X \ Y	0	1
0	$\frac{2}{3}$	$\frac{1}{12}$
1	$\frac{1}{6}$	$\frac{1}{12}$

(2) X,Y 的概率分布分别为

X	0	1
P	$\frac{3}{4}$	$\frac{1}{4}$

Y	0	1
P	$\frac{5}{6}$	$\frac{1}{6}$

则
$$E(X)=\frac{1}{4},\quad E(Y)=\frac{1}{6},\quad D(X)=\frac{3}{16},\quad D(Y)=\frac{5}{36},\quad E(XY)=\frac{1}{12}.$$

故
$$\mathrm{Cov}(X,Y)=E(XY)-E(X)E(Y)=\frac{1}{24},$$

从而
$$\rho_{XY}=\frac{\mathrm{Cov}(X,Y)}{\sqrt{D(X)}\cdot\sqrt{D(Y)}}=\frac{\sqrt{15}}{15}.$$

相关系数具有以下性质.

性质 4.1 若随机变量 X 与 Y 独立,则 $\rho_{XY}=0$.

性质 4.2 $|\rho_{XY}|\leqslant 1$. (4-35)

性质 4.3 $|\rho_{XY}|=1$ 的充要条件是存在常数 a,b,使得
$$P\{Y=aX+b\}=1. \tag{4-36}$$

性质 4.4 若随机变量 Y 是 X 的线性函数,即 $Y=aX+b(a\neq 0)$,则
$$\rho_{XY}=\begin{cases}1, & a>0;\\ -1, & a<0.\end{cases}$$

有兴趣的读者可自行证明.

三、随机变量的相关性

定义 4.8 设随机变量 X 与 Y 的相关系数为 ρ.
(1) 若 $\rho=0$,则称 **X 与 Y 不线性相关**;
(2) 若 $\rho\neq 0$,则称 **X 与 Y 线性相关**.

特别地,若 $|\rho|=1$,则称 X 与 Y 以概率 1 线性相关.$\rho=1$,称 X 与 Y 正线性相关;$\rho=-1$,称 X 与 Y 负线性相关.

对于任意的随机变量 X,Y,ρ_{XY} 总是在 -1 与 1 之间. 当 ρ_{XY} 越接近于 0 时,X 与 Y 越接近于不线性相关;当 $|\rho_{XY}|$ 越接近于 1 时,X 与 Y 线性相关程度越好,$|\rho_{XY}|=1$ 时,线性相关程度最好.可见,X 与 Y 的相关系数 ρ 是刻画 X 和 Y 之间线性相关程度的一个数字

特征.

对于随机变量 X 与 Y,下面的结论是等价的：
(1) X 与 Y 不线性相关；
(2) $\text{Cov}(X,Y)=0$；
(3) $\rho_{XY}=0$；
(4) $E(XY)=E(X)E(Y)$；
(5) $D(X\pm Y)=D(X)+D(Y)$.

请读者自己证明.

例 4 在例 1 中求 ξ 与 η 的相关系数 $\rho_{\xi\eta}$.

解 由例 1 知,
$$E(\xi)=0, \quad E(\eta)=0, \quad \text{Cov}(\xi,\eta)=\frac{1}{2}\cos\alpha.$$

再计算得
$$D(\xi)=E[(\xi-E(\xi))^2]=\frac{1}{2\pi}\int_0^{2\pi}\cos^2 x\,dx=\frac{1}{2},$$
$$D(\eta)=E[(\eta-E(\eta))^2]=\frac{1}{2\pi}\int_0^{2\pi}\cos^2(x+\alpha)\,dx=\frac{1}{2}.$$

因此
$$\rho_{\xi\eta}=\frac{\text{Cov}(\xi,\eta)}{\sqrt{D(\xi)}\sqrt{D(\eta)}}=\frac{\frac{1}{2}\cos\alpha}{\sqrt{1/2}\cdot\sqrt{1/2}}=\cos\alpha.$$

① 当 $\alpha=0$ 时,$\rho_{\xi\eta}=1$,$\xi=\eta$,存在线性关系；
② 当 $\alpha=\pi$ 时,$\rho_{\xi\eta}=-1$,$\xi=-\eta$,存在线性关系；
③ 当 $\alpha=\frac{\pi}{2}$ 或 $\frac{3\pi}{2}$ 时,$\rho_{\xi\eta}=0$,这时 ξ 与 η 不线性相关,但却有 $\xi^2+\eta^2=1$.

例 5 设 $X\sim N(0,1)$,$Y=X^2$,求 X 与 Y 的相关系数.

解 因 $X\sim N(0,1)$,故 $E(X)=0$,于是
$$\text{Cov}(X,Y)=E(XY)=E(X^3),$$
而
$$E(X^3)=\int_{-\infty}^{+\infty}x^3\cdot\frac{1}{\sqrt{2\pi}}e^{-\frac{x^2}{2}}dx=0,$$

因此 $\text{Cov}(X,Y)=0$,从而 $\rho_{XY}=0$.

这说明 X 与 Y 是不线性相关的,但 $Y=X^2$,可以证明 X 与 Y 不是相互独立的.

例 6 设二维随机向量 (X,Y) 的概率密度函数为
$$f(x,y)=\frac{1}{2}[\varphi_1(x,y)+\varphi_2(x,y)],$$

其中 $\varphi_1(x,y)$ 和 $\varphi_2(x,y)$ 都是二维正态分布的概率密度函数,且它们对应的二维随机向量中的两个分量的相关系数分别为 $\frac{1}{3}$ 和 $-\frac{1}{3}$,它们的边缘概率密度所对应的随机变量的数学期望是 0,方差是 1.

(1) 求随机变量 X 和 Y 的概率密度函数 $f_1(x)$ 和 $f_2(y)$ 以及 X 与 Y 的相关系数 ρ；
(2) X 和 Y 是否独立？为什么？

解 (1) 由于二维正态分布的两个边缘分布都是正态分布，因此 $\varphi_1(x,y)$ 和 $\varphi_2(x,y)$ 的两个边缘分布为标准正态分布，所以 X 的概率密度函数为

$$f_1(x) = \int_{-\infty}^{+\infty} f(x,y) \mathrm{d}y$$
$$= \frac{1}{2}\left[\int_{-\infty}^{+\infty} \varphi_1(x,y) \mathrm{d}y + \int_{-\infty}^{+\infty} \varphi_2(x,y) \mathrm{d}y\right]$$
$$= \frac{1}{2}\left(\frac{1}{\sqrt{2\pi}} \mathrm{e}^{-\frac{x^2}{2}} + \frac{1}{\sqrt{2\pi}} \mathrm{e}^{-\frac{x^2}{2}}\right)$$
$$= \frac{1}{\sqrt{2\pi}} \mathrm{e}^{-\frac{x^2}{2}},$$

同理可得

$$f_2(y) = \frac{1}{\sqrt{2\pi}} \mathrm{e}^{-\frac{y^2}{2}}.$$

显然 $E(X) = E(Y) = 0$，$D(X) = D(Y) = 1$，故随机变量 X 与 Y 的相关系数

$$\rho = \frac{E(XY) - E(X)E(Y)}{\sqrt{D(X)}\sqrt{D(Y)}} = E(XY)$$
$$= \int_{-\infty}^{+\infty}\int_{-\infty}^{+\infty} xy f(x,y) \mathrm{d}x\mathrm{d}y$$
$$= \frac{1}{2}\left[\int_{-\infty}^{+\infty}\int_{-\infty}^{+\infty} xy\varphi_1(x,y) \mathrm{d}x\mathrm{d}y + \int_{-\infty}^{+\infty}\int_{-\infty}^{+\infty} xy\varphi_2(x,y) \mathrm{d}x\mathrm{d}y\right]$$
$$= \frac{1}{2}\left(\frac{1}{3} - \frac{1}{3}\right)$$
$$= 0.$$

(2) 由题设条件可得

$$\varphi_1(x,y) = \frac{1}{2\pi\sqrt{1-\left(\frac{1}{3}\right)^2}} \exp\left\{-\frac{1}{2\left[1-\left(\frac{1}{3}\right)^2\right]}\left(x^2 - \frac{2}{3}xy + y^2\right)\right\}$$
$$= \frac{3}{4\pi\sqrt{2}} \exp\left[-\frac{9}{16}\left(x^2 - \frac{2}{3}xy + y^2\right)\right],$$

同理可得

$$\varphi_2(x,y) = \frac{3}{4\pi\sqrt{2}} \exp\left[-\frac{9}{16}\left(x^2 + \frac{2}{3}xy + y^2\right)\right].$$

因此

$$f(x,y) = \frac{3}{8\pi\sqrt{2}}\left\{\exp\left[-\frac{9}{16}\left(x^2 - \frac{2}{3}xy + y^2\right)\right] + \exp\left[-\frac{9}{16}\left(x^2 + \frac{2}{3}xy + y^2\right)\right]\right\},$$

而

$$f_1(x)f_2(y) = \frac{1}{\sqrt{2\pi}} \mathrm{e}^{-\frac{x^2}{2}} \times \frac{1}{\sqrt{2\pi}} \mathrm{e}^{-\frac{y^2}{2}} = \frac{1}{2\pi} \mathrm{e}^{-\frac{x^2+y^2}{2}} \neq f(x,y),$$

故随机变量 X 与 Y 不独立.

从以上例题不难看出：X 与 Y 不线性相关和 X 与 Y 相互独立是两个不相同的概念.

X 与 Y 不线性相关是指 X 与 Y 之间不存在线性关系,不是说它们之间不存在其他关系. 若 X 与 Y 相互独立,则 X 与 Y 不线性相关;反之,如果 X 与 Y 不线性相关,却不能断言 X 与 Y 相互独立.

例 7 设 $(X,Y) \sim N(\mu_1, \mu_2, \sigma_1^2, \sigma_2^2, \rho)$,求 ρ_{XY}.

解 在 §4.3,已知二维正态分布的期望与方差为
$$E(X) = \mu_1, \quad D(X) = \sigma_1^2, \quad E(Y) = \mu_2, \quad D(Y) = \sigma_2^2,$$
而
$$\text{Cov}(X,Y) = \int_{-\infty}^{+\infty} \int_{-\infty}^{+\infty} (x-\mu_1)(y-\mu_2) f(x,y) \, dx\,dy$$
$$= \frac{1}{2\pi\sigma_1\sigma_2 \sqrt{1-\rho^2}} \int_{-\infty}^{+\infty} \int_{-\infty}^{+\infty} (x-\mu_1)(y-\mu_2)$$
$$\cdot \exp\left\{-\frac{1}{2(1-\rho^2)}\left[\frac{(x-\mu_1)^2}{\sigma_1^2} - 2\rho\frac{(x-\mu_1)(y-\mu_2)}{\sigma_1\sigma_2} + \frac{(y-\mu_2)^2}{\sigma_2^2}\right]\right\} dx\,dy$$
$$= \frac{1}{2\pi\sigma_1\sigma_2 \sqrt{1-\rho^2}} \int_{-\infty}^{+\infty} \int_{-\infty}^{+\infty} (x-\mu_1)(y-\mu_2)$$
$$\cdot \exp\left[-\frac{(x-\mu_1)^2}{2\sigma_1^2}\right] \exp\left[-\frac{1}{2(1-\rho^2)}\left(\frac{y-\mu_2}{\sigma_2} - \rho\frac{x-\mu_1}{\sigma_1}\right)^2\right] dx\,dy,$$
令
$$t = \frac{1}{\sqrt{1-\rho^2}}\left(\frac{y-\mu_2}{\sigma_2} - \rho\frac{x-\mu_1}{\sigma_1}\right), \quad v = \frac{x-\mu_1}{\sigma_1},$$
则有
$$x = \sigma_1 v + \mu_1, \quad y = \sigma_2(\sqrt{1-\rho^2}\,t + \rho v) + \mu_2,$$
$$J = \begin{vmatrix} \frac{\partial x}{\partial t} & \frac{\partial x}{\partial v} \\ \frac{\partial y}{\partial t} & \frac{\partial y}{\partial v} \end{vmatrix} = \begin{vmatrix} 0 & \sigma_1 \\ \sigma_2\sqrt{1-\rho^2} & \sigma_2\rho \end{vmatrix} = -\sqrt{1-\rho^2}\,\sigma_1\sigma_2,$$
$$\text{Cov}(X,Y) = \frac{1}{2\pi\sigma_1\sigma_2 \sqrt{1-\rho^2}} \int_{-\infty}^{+\infty}\int_{-\infty}^{+\infty} \sigma_1\sigma_2 v(\sqrt{1-\rho^2}\,t + \rho v) e^{-\frac{t^2+v^2}{2}} |J|\, dt\,dv$$
$$= \frac{1}{2\pi} \int_{-\infty}^{+\infty}\int_{-\infty}^{+\infty} (\sigma_1\sigma_2\sqrt{1-\rho^2}\,tv + \rho\sigma_1\sigma_2 v^2) e^{-\frac{t^2+v^2}{2}} dt\,dv$$
$$= \frac{\sigma_1\sigma_2\sqrt{1-\rho^2}}{2\pi}\left(\int_{-\infty}^{+\infty} v e^{-\frac{v^2}{2}} dv\right)\left(\int_{-\infty}^{+\infty} t e^{-\frac{t^2}{2}} dt\right)$$
$$+ \frac{\rho\sigma_1\sigma_2}{2\pi}\left(\int_{-\infty}^{+\infty} v^2 e^{-\frac{v^2}{2}} dv\right)\left(\int_{-\infty}^{+\infty} e^{-\frac{t^2}{2}} dt\right)$$
$$= 0 + \frac{\rho\sigma_1\sigma_2}{2\pi}\sqrt{2\pi} \cdot \sqrt{2\pi}$$
$$= \rho\sigma_1\sigma_2,$$
于是
$$\rho_{XY} = \frac{\text{Cov}(X,Y)}{\sqrt{D(X)}\sqrt{D(Y)}} = \rho.$$

这说明,二维正态随机向量 (X,Y) 的概率密度 $f(x,y)$ 中的参数 ρ 就是 X 与 Y 的相关

系数 ρ_{XY}.

在第 3 章中我们已经得到：若 $(X,Y) \sim N(\mu_1, \mu_2, \sigma_1^2, \sigma_2^2, \rho)$，则 X 与 Y 相互独立的充要条件为 $\rho = 0$. 因此，对服从二维正态分布的随机向量 (X,Y) 而言，X 与 Y 不线性相关和相互独立是等价的.

§4.5 矩、协方差矩阵

一、矩

定义 4.9 设 X 和 Y 是随机变量.

(1) 若 $E(X^k)(k=1,2,\cdots)$ 存在，则称它为 X 的 k 阶原点矩，简称 k 阶矩；

(2) 若 $E[X-E(X)]^k (k=1,2,\cdots)$ 存在，则称它为 X 的 k 阶中心矩；

(3) 若 $E(X^k Y^l)$ $(k,l=1,2,\cdots)$ 存在，则称它为 X 和 Y 的 $k+l$ 阶原点混合矩；

(4) 若 $E[(X-E(X))^k (Y-E(Y))^l] (k,l=1,2,\cdots)$ 存在，则称它为 X 和 Y 的 $k+l$ 阶中心混合矩.

可见，矩是较为广泛的一种数字特征，前面讲的数学期望、方差以及协方差都是某种矩. 数学期望是一阶原点矩，方差是二阶中心矩.

例 1 设随机变量 $X \sim N(\mu, \sigma^2)$，求其 k 阶中心矩.

解 X 的 k 阶中心矩为

$$V_k = \frac{1}{\sqrt{2\pi}\sigma} \int_{-\infty}^{+\infty} (x-\mu)^k e^{-\frac{(x-\mu)^2}{2\sigma^2}} dx = \frac{\sigma^k}{\sqrt{2\pi}} \int_{-\infty}^{+\infty} u^k e^{-\frac{u^2}{2}} du.$$

当 k 为奇数时，有 $V_k = 0, k=1,3,5,\cdots$；

当 k 为偶数时，利用变换 $z = \frac{u^2}{2}$，可得

$$V_k = \sqrt{\frac{2}{\pi}} \sigma^k \int_0^{+\infty} u^k \cdot e^{-\frac{u^2}{2}} du$$

$$= \sqrt{\frac{2}{\pi}} \sigma^k 2^{\frac{k-1}{2}} \int_0^{+\infty} z^{\frac{k-1}{2}} e^{-z} dz$$

$$= \sqrt{\frac{2}{\pi}} \sigma^k \cdot 2^{\frac{k-1}{2}} \Gamma\left(\frac{k+1}{2}\right)$$

$$= \sigma^k (k-1)(k-3) \cdots \cdot 1, \quad k = 2,4,6,\cdots.$$

由此可得，正态分布的前 4 阶中心矩分别为

$$V_1 = 0, \quad V_2 = \sigma^2, \quad V_3 = 0, \quad V_4 = 3\sigma^4.$$

*二、随机向量的协方差矩阵

定义 4.10 设 n 维随机向量 $(X_1, X_2, \cdots, X_n)$ 的期望向量存在且为 $[E(X_1), E(X_2), \cdots, E(X_n)]$，二阶中心混合矩也存在且为

$$C_{ij} = \mathrm{Cov}(X_i, X_j) = E[(X_i - E(X_i))(X_j - E(X_j))], \quad i,j = 1,2,\cdots,n,$$

则称矩阵

$$\boldsymbol{C} = \begin{pmatrix} C_{11} & C_{12} & \cdots & C_{1n} \\ C_{21} & C_{22} & \cdots & C_{2n} \\ \vdots & \vdots & & \vdots \\ C_{n1} & C_{n2} & \cdots & C_{nn} \end{pmatrix} \tag{4-37}$$

为 n 维随机向量 $(X_1, X_2, \cdots, X_n)$ 的协方差矩阵，简称协差阵。

由于 $C_{ij} = C_{ji}(i,j=1,2,\cdots,n)$，因而协差阵是一个对称矩阵，且 $C_{ii} = D(X_i)(i=1,2,\cdots,n)$。

可以证明，矩阵 $\boldsymbol{C}$ 是一个非负定矩阵。

例 2 设随机变量 X 与 Y 相互独立且同分布，$P\{X=i\} = \dfrac{1}{3}(i=1,2,3)$。令 $\xi = \max\{X,Y\}$，$\eta = \min\{X,Y\}$，求：

(1) 二维随机向量 (ξ, η) 的分布律； (2) 随机变量 ξ 和 η 的相关系数；

(3) 二维随机向量 (ξ, η) 的协方差矩阵。

解 (1) 由题设条件可得 (ξ, η) 的所有可能取值为 $(1,1),(2,1),(3,1),(2,2),(3,2),(3,3)$，相应的概率分别为

$$\begin{aligned} P(\xi=1, \eta=1) &= P\{\max(X,Y)=1, \min(X,Y)=1\} \\ &= P\{X=1, Y=1\} \\ &= P\{X=1\} \cdot P\{Y=1\} \\ &= \frac{1}{3} \times \frac{1}{3} = \frac{1}{9}, \end{aligned}$$

同理可得

$$P\{\xi=1, \eta=2\} = 0, \quad P\{\xi=1, \eta=3\} = 0,$$
$$P\{\xi=2, \eta=1\} = \frac{2}{9}, \quad P\{\xi=2, \eta=2\} = \frac{1}{9}, \quad P\{\xi=2, \eta=3\} = 0,$$
$$P\{\xi=3, \eta=1\} = \frac{2}{9}, \quad P\{\xi=3, \eta=2\} = \frac{2}{9}, \quad P\{\xi=3, \eta=3\} = \frac{1}{9}.$$

故随机向量 (ξ, η) 的分布律为

ξ \ η	1	2	3	$p_i.$
1	$\frac{1}{9}$	0	0	$\frac{1}{9}$
2	$\frac{2}{9}$	$\frac{1}{9}$	0	$\frac{3}{9}$
3	$\frac{2}{9}$	$\frac{2}{9}$	$\frac{1}{9}$	$\frac{5}{9}$
$p_{\cdot j}$	$\frac{5}{9}$	$\frac{3}{9}$	$\frac{1}{9}$	1

(2) 由(1)可得

$$E(\xi) = \sum_{i=1}^{3} i p_{i\cdot} = \frac{22}{9},$$

$$D(\xi) = E(\xi^2) - [E(\xi)]^2 = \frac{38}{81}.$$

同理可得

$$E(\eta) = \sum_{j=1}^{3} j p_{\cdot j} = \frac{14}{9},$$

$$D(\eta) = E(\eta^2) - [E(\eta)]^2 = \frac{38}{81},$$

$$E(\xi\eta) = \sum_{i=1}^{3}\sum_{j=1}^{3} ij p_{ij} = 4,$$

$$\text{Cov}(\xi,\eta) = E(\xi\eta) - E(\xi)E(\eta) = \frac{16}{81}.$$

故

$$\rho = \frac{\text{Cov}(\xi,\eta)}{\sqrt{D(\xi)}\sqrt{D(\eta)}} = \frac{8}{19}.$$

(3) 由(2)得二维随机向量(ξ,η)的协方差矩阵为 $C = \begin{pmatrix} \frac{38}{81} & \frac{16}{81} \\ \frac{16}{81} & \frac{38}{81} \end{pmatrix}$.

例3 设二维随机向量(X,Y)服从区域$D=\{(x,y)|0\leqslant y\leqslant 1, y\leqslant x\leqslant 3-y\}$上的均匀分布,求随机变量$X$与$Y$的协方差矩阵.

解 由题设条件可得(X,Y)的分布密度为

$$f(x,y) = \begin{cases} \frac{1}{2}, & (x,y) \in D; \\ 0, & (x,y) \notin D. \end{cases}$$

$$E(X) = \iint_{(x,y)\in \mathbf{R}^2} x f(x,y) \mathrm{d}x\mathrm{d}y = \iint_{(x,y)\in D} \frac{1}{2} x \mathrm{d}x\mathrm{d}y$$

$$= \int_0^1 \mathrm{d}y \int_y^{3-y} \frac{x}{2} \mathrm{d}x = \frac{3}{2},$$

$$E(X^2) = \iint_{(x,y)\in \mathbf{R}^2} x^2 f(x,y) \mathrm{d}x\mathrm{d}y = \iint_{(x,y)\in D} \frac{1}{2}x^2 \mathrm{d}x\mathrm{d}y$$
$$= \int_0^1 \mathrm{d}y \int_y^{3-y} \frac{x^2}{2} \mathrm{d}x = \frac{8}{3}.$$

同理可得

$$E(Y) = \frac{5}{12}, \quad E(Y^2) = \frac{1}{4}, \quad E(XY) = \frac{5}{8}.$$

因此

$$D(X) = E(X^2) - [E(X)]^2 = \frac{8}{3} - \left(\frac{3}{2}\right)^2 = \frac{5}{12},$$
$$D(Y) = E(Y^2) - [E(Y)]^2 = \frac{1}{4} - \left(\frac{5}{12}\right)^2 = \frac{11}{144},$$
$$\mathrm{Cov}(X,Y) = E(XY) - E(X)E(Y) = \frac{5}{8} - \frac{3}{2} \times \frac{5}{12} = 0.$$

故随机变量 X 与 Y 的协方差矩阵为

$$\begin{pmatrix} \frac{5}{12} & 0 \\ 0 & \frac{11}{144} \end{pmatrix}.$$

前面我们已经讨论了随机变量的几个重要的数字特征,除此之外,在实际应用中我们还会遇到随机变量的另一些数字特征,如变异系数、偏度、峰度等,鉴于本书的性质,这里不再赘述.

习 题 4

1. 设随机变量 X 的分布律为

X	-1	0	1
P	p_1	p_2	p_3

且已知 $E(X)=0.1, E(X^2)=0.9$,求 p_1, p_2, p_3.

2. 设 ξ 的分布密度为

$$p(x) = \begin{cases} a + bx^2, & 0 \leqslant x \leqslant 1; \\ 0, & \text{其他}. \end{cases}$$

且 $E(\xi) = \frac{3}{5}$,求 a, b 的值.

3. 已知甲、乙两箱装有同种产品,其中甲箱装有 3 件合格品和 3 件次品,乙箱仅装有 3 件合格品. 从甲箱中任取 3 件产品放入乙箱后,求:

(1) 乙箱中次品件数的数学期望;

(2) 从乙箱中任取一件产品是次品的概率.

4. 设随机变量 ξ 在 $\left[-\frac{1}{2}, \frac{1}{2}\right]$ 上均匀分布,试求 $E(\sin\pi\xi)$.

5. 设随机变量 X 的概率密度为
$$f(x) = \begin{cases} \dfrac{1}{2}\cos\dfrac{x}{2}, & 0 \leqslant x \leqslant \pi; \\ 0, & 其他. \end{cases}$$
对 X 独立地重复观察 4 次,用 Y 表示观察值大于 $\dfrac{\pi}{3}$ 的次数. 求 Y^2 的数学期望.

6. 设 ξ 服从 $[0,1]$ 上的均匀分布,$\eta = e^{\xi}$,求 $E(\eta)$.

7. 设随机变量 X,Y 相互独立,且 $E(X) = E(Y) = 3$,$D(X) = 3$,$D(Y) = 16$,求 $E(3X - 2Y)$,$D(2X - 3Y)$.

8. 设随机向量 (X,Y) 的概率密度为
$$f(x,y) = \begin{cases} k, & 0 < x < 1, 0 < y < x; \\ 0, & 其他. \end{cases}$$
试确定常数 k,并求 $E(XY)$.

9. 设 X,Y 是相互独立的随机变量,其概率密度分别为
$$f_X(x) = \begin{cases} 2x, & 0 \leqslant x \leqslant 1; \\ 0, & 其他. \end{cases} \quad f_Y(y) = \begin{cases} e^{-(y-5)}, & y \geqslant 5; \\ 0, & 其他. \end{cases}$$
求 $E(XY)$.

10. 设随机变量 X,Y 的概率密度分别为
$$f_X(x) = \begin{cases} 2e^{-2x}, & x > 0; \\ 0, & x \leqslant 0. \end{cases} \quad f_Y(y) = \begin{cases} 4e^{-4y}, & y > 0; \\ 0, & y \leqslant 0. \end{cases}$$
求:(1) $E(X+Y)$; (2) $E(2X - 3Y^2)$.

11. 设随机变量 X 的概率密度为
$$f(x) = \begin{cases} cxe^{-k^2x^2}, & x \geqslant 0; \\ 0, & x < 0. \end{cases}$$
求:(1) 系数 c; (2) $E(X)$; (3) $D(X)$.

12. 袋中有 12 个零件,其中 9 个合格品,3 个废品. 安装机器时,从袋中一个一个地取出(取出后不放回),设在取出合格品之前已取出的废品数为随机变量 X,求 $E(X)$ 和 $D(X)$.

13. 设随机变量 X 服从参数为 λ 的指数分布,求 $P\{X > \sqrt{D(X)}\}$.

14. 某流水生产线上每个产品不合格的概率为 p $(0 < p < 1)$,各产品合格与否相互独立,当出现一个不合格产品时即停机检修. 设开机后第一次停机时已生产的产品个数为 X,求 X 的数学期望 $E(X)$ 和方差 $D(X)$.

15. 对于随机变量 X 和 Y,已知
$$D(X) = 2, \quad D(Y) = 3, \quad \text{Cov}(X,Y) = -1.$$
计算:$\text{Cov}(3X - 2Y + 1, X + 4Y - 3)$.

16. 设二维随机向量 (X,Y) 的概率密度为
$$f(x,y) = \begin{cases} \dfrac{1}{\pi}, & x^2 + y^2 \leqslant 1; \\ 0, & 其他. \end{cases}$$

试验证 X 与 Y 是不线性相关的,但 X 与 Y 不是相互独立的.

17. 设随机向量 (X,Y) 的分布律为

X \ Y	-1	0	1
-1	$\frac{1}{8}$	$\frac{1}{8}$	$\frac{1}{8}$
0	$\frac{1}{8}$	0	$\frac{1}{8}$
1	$\frac{1}{8}$	$\frac{1}{8}$	$\frac{1}{8}$

验证 X 与 Y 是不线性相关的,但 X 与 Y 不是相互独立的.

18. 设二维随机向量 (X,Y) 在以 $(0,0),(0,1),(1,0)$ 为顶点的三角形区域内服从均匀分布,求协方差 $\text{Cov}(X,Y)$ 和相关系数 ρ_{XY}.

19. 设 (X,Y) 的概率密度为

$$f(x,y)=\begin{cases}\dfrac{1}{2}\sin(x+y),&0\leqslant x\leqslant\dfrac{\pi}{2},0\leqslant y\leqslant\dfrac{\pi}{2};\\0,&\text{其他}.\end{cases}$$

求协方差 $\text{Cov}(X,Y)$ 和相关系数 ρ_{XY}.

20. 将一枚硬币重复掷 n 次,以 X 和 Y 分别表示正面向上和反面向上的次数,求 X 和 Y 的相关系数 ρ_{XY}.

21. 若随机变量 X 与 Y 相互独立,试证明:
$$D(XY)=D(X)D(Y)+[E(X)]^2D(Y)+[E(Y)]^2D(X).$$

22. 假设一设备开机后无故障工作的时间 X 服从参数 $\lambda=\dfrac{1}{5}$ 的指数分布.设备定时开机,出现故障时自动关机,而在无故障的情况下工作 2 小时便关机.试求该设备每次开机无故障工作的时间 Y 的分布函数 $F(y)$.

23. 若 (ξ,η) 的概率密度函数为
$$p(x,y)=\begin{cases}\dfrac{1}{\pi},&x^2+y^2\leqslant 1;\\0,&x^2+y^2>1.\end{cases}$$

试证:ξ 与 η 不线性相关但它们不独立.

24. 设 A,B 是两个随机事件,且 $P(A)>0,P(B)>0$.定义
$$\xi=\begin{cases}1,&\text{若 }A\text{ 发生};\\0,&\text{若 }A\text{ 不发生}.\end{cases}\quad\eta=\begin{cases}1,&\text{若 }B\text{ 发生};\\0,&\text{若 }B\text{ 不发生}.\end{cases}$$

证明:若 ξ 与 η 不线性相关,则 ξ 与 η 必相互独立.

25. 设二维随机向量 (X,Y) 服从二维正态分布,讨论随机变量 $\xi=X+Y$ 与 $\eta=X-Y$ 不线性相关的充分必要条件.

26. 两台同样的自动记录仪,每台无故障工作的时间 $T_i(i=1,2)$ 服从参数为 5 的指数分布,首先开动其中一台,当其发生故障时停用而另一台自动开启.试求两台记录仪无

故障工作的总时间 $T=T_1+T_2$ 的概率密度 $f_T(t)$，数学期望 $E(T)$ 及方差 $D(T)$.

27. 设两个随机变量 X,Y 相互独立，且都服从均值为 0、方差为 $\frac{1}{2}$ 的正态分布，求随机变量 $|X-Y|$ 的方差.

28. 设随机向量 (X,Y) 在以点 $(0,1),(1,0)$ 及 $(1,1)$ 为顶点的三角形区域内服从均匀分布（见图 4.1），试求随机变量 $U=X+Y$ 的方差.

29. 设随机变量 U 在区间 $[-2,2]$ 上服从均匀分布，随机变量

$$X=\begin{cases}-1, & \text{若 } U\leqslant -1;\\ 1, & \text{若 } U>-1.\end{cases}$$

$$Y=\begin{cases}-1, & \text{若 } U\leqslant 1;\\ 1, & \text{若 } U>1.\end{cases}$$

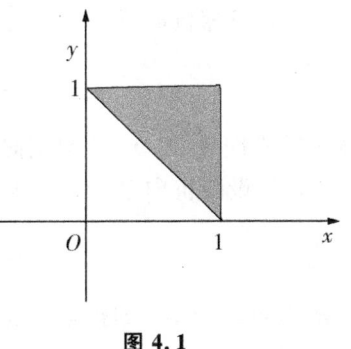

图 4.1

试求：(1) X 和 Y 的联合概率分布； (2) $D(X+Y)$.

30. 设随机变量 X 的概率密度为 $f(x)=\frac{1}{2}e^{-|x|}(-\infty<x<+\infty)$.

(1) 求 $E(X)$ 及 $D(X)$；

(2) 求 $\text{Cov}(X,|X|)$，并判断 X 与 $|X|$ 是否不线性相关；

(3) X 与 $|X|$ 是否相互独立？为什么？

31. 已知随机变量 X 和 Y 分别服从正态分布 $N(1,3^2)$ 和 $N(0,4^2)$，且 X 与 Y 的相关系数 $\rho_{XY}=-\frac{1}{2}$，设 $Z=\frac{X}{3}+\frac{Y}{2}$.

(1) 求 Z 的数学期望 $E(Z)$ 和方差 $D(Z)$；

(2) 求 X 与 Z 的相关系数 ρ_{XZ}；

(3) X 与 Z 是否相互独立？为什么？

32. 设随机变量 X 和 Y 的联合概率分布为

X \ Y	-1	0	1
0	0.07	0.18	0.15
1	0.08	0.32	0.20

试求 X 和 Y 的相关系数 ρ_{XY}.

33. 对于任意两事件 A 和 B，$0<P(A)<1,0<P(B)<1$，则称 $\rho=\dfrac{P(AB)-P(A)\cdot P(B)}{\sqrt{P(A)P(B)P(\overline{A})P(\overline{B})}}$ 为事件 A 和 B 的相关系数. 试证：

(1) 事件 A 和 B 独立的充分必要条件是 $\rho=0$；

(2) $|\rho|\leqslant 1$.

34. 设 (ξ,η) 的概率密度函数为

$$p(x,y) = \begin{cases} \dfrac{1}{(b_1-a_1)(b_2-a_2)}, & a_1 \leqslant x \leqslant b_1, a_2 \leqslant y \leqslant b_2; \\ 0, & \text{其他}. \end{cases}$$

求其协方差阵.

35. 设随机向量 (X,Y) 的分布密度函数为

$$f(x,y) = \begin{cases} 15xy^2, & 0 < y < x < 1; \\ 0, & \text{其他}. \end{cases}$$

试求随机向量 (X,Y) 的期望向量和协方差矩阵.

36. 设随机向量 (X,Y) 服从二维正态分布,其均值向量及协方差矩阵分别为

$$\boldsymbol{\mu} = (0,0), \quad \boldsymbol{C} = \begin{pmatrix} 16 & 12 \\ 12 & 25 \end{pmatrix}.$$

求随机向量 (X,Y) 的概率密度函数 $f(x,y)$.

37. 设随机变量 X 与 Y 的方差都存在,并且随机变量 $X+Y$ 与 $X-Y$ 的协方差矩阵为 $\begin{pmatrix} 25 & -5 \\ -5 & 1 \end{pmatrix}$,求随机变量 X 与 Y 的协方差矩阵.

第 5 章 大数定律和中心极限定理

随机变量序列的极限定理在概率的发展中一直占有重要的地位,至今仍然是概率论的重要研究方向之一,甚至可以说,概率论的真正历史开始于极限定理的研究.极限定理内容广泛,一般可以分为两大类:一类是关于随机变量序列的平均结果的极限定理,称为大数定律;另一类是关于独立随机变量的和的分布服从或近似服从正态分布的定理,称为中心极限定理.它们都是概率论中重要的基本定理,在概率统计的理论研究与实际应用中有着非常重要的地位.本章对大数定律和中心极限定理的基本内容做一简单的介绍.

§5.1 切比雪夫不等式

由方差的定义可知,方差是用来描述随机变量取值偏离其期望程度的一个数字特征.为阐明这一点,也为了大数定律证明的需要,下面介绍一个有着广泛应用的不等式——切比雪夫(Chebyshev)不等式.

定理 5.1(切比雪夫不等式) 设随机变量 X 的数学期望 $E(X)$ 及方差 $D(X)$ 都存在,则对任意的 $\varepsilon > 0$,有

$$P\{|X - E(X)| \geq \varepsilon\} \leq \frac{D(X)}{\varepsilon^2} \tag{5-1}$$

或

$$P\{|X - E(X)| < \varepsilon\} \geq 1 - \frac{D(X)}{\varepsilon^2}. \tag{5-2}$$

下面只就连续型随机变量的情形给出证明.

证明 设随机变量 X 的概率密度为 $f(x)$,则

$$\begin{aligned} P\{|X - E(X)| \geq \varepsilon\} &= \int_{|x - E(X)| \geq \varepsilon} f(x) \mathrm{d}x \\ &\leq \int_{|x - E(X)| \geq \varepsilon} \frac{|x - E(X)|^2}{\varepsilon^2} f(x) \mathrm{d}x \\ &\leq \frac{1}{\varepsilon^2} \int_{-\infty}^{+\infty} [x - E(X)]^2 f(x) \mathrm{d}x \\ &= \frac{D(X)}{\varepsilon^2}. \end{aligned}$$

由于

$$P\{|X-E(X)|<\varepsilon\}=1-P\{|X-E(X)|\geqslant\varepsilon\},$$

因此

$$P\{|X-E(X)|<\varepsilon\}\geqslant 1-\frac{D(X)}{\varepsilon^2}.$$

推论 5.1 若随机变量 X 的方差 $D(X)=0$，则 X 以概率 1 等于它的数学期望 $E(X)$，即 $P\{X=E(X)\}=1$.

切比雪夫不等式说明：对任意的正数 ε，当随机变量 X 的方差越小时，事件 $\{|X-E(X)|\geqslant\varepsilon\}$ 的概率越小，而事件 $\{|X-E(X)|<\varepsilon\}$ 的概率越大；当随机变量 X 的方差为零时，事件 $\{|X-E(X)|\geqslant\varepsilon\}$ 的概率为 0，而事件 $\{|X-E(X)|<\varepsilon\}$ 的概率为 1. 换句话说：当随机变量 X 的方差越小时，X 的取值越集中于 $E(X)$ 附近；当 X 的方差为零时，X 以概率 1 取值于其数学期望这一点，这进一步地说明了方差的意义. 另一方面，切比雪夫不等式给出了事件 $\{|X-E(X)|\geqslant\varepsilon\}$ 的概率的一种粗略估计，在随机变量 X 的分布未知而只知道方差的条件下，它是估计事件 $\{|X-E(X)|\geqslant\varepsilon\}$ 和 $\{|X-E(X)|<\varepsilon\}$ ($\varepsilon>0$) 的概率的一种有效方法.

例1 根据统计资料知道某批产品的次品率为 0.05，试用切比雪夫不等式估计在 1000 件该产品中，次品数不小于 40 件又不多于 60 件的概率范围.

解 令 $X=$ "1000 件该产品中的次品数"，则由题意可知：

$$X\sim B(1000,0.05),$$
$$E(X)=np=1000\times 0.05=50,$$
$$D(X)=npq=1000\times 0.05\times 0.95=47.5,$$
$$P\{40\leqslant X\leqslant 60\}=P\{|X-E(X)|\leqslant 10\}\geqslant 1-\frac{D(X)}{10^2}=0.525.$$

故在 1000 件该产品中，次品数不小于 40 件又不多于 60 件的概率不小于 0.525.

例2 设 X 是掷一颗骰子所出现的点数，若给定 $\varepsilon=1,2$，实际计算 $P\{|X-E(X)|\geqslant\varepsilon\}$，并验证切比雪夫不等式成立.

解 因为 X 的概率分布是 $P\{X=k\}=\frac{1}{6}$ ($k=1,2,\cdots,6$)，所以

$$E(X)=\frac{7}{2},\quad D(X)=\frac{35}{12}.$$

$$P\left\{\left|X-\frac{7}{2}\right|\geqslant 1\right\}=P\{X=1\}+P\{X=2\}+P\{X=5\}+P\{X=6\}=\frac{2}{3},$$
$$P\left\{\left|X-\frac{7}{2}\right|\geqslant 2\right\}=P\{X=1\}+P\{X=6\}=\frac{1}{3}.$$

$\varepsilon=1$ 时，$\dfrac{D(X)}{\varepsilon^2}=\dfrac{35}{12}>\dfrac{2}{3}$；

$\varepsilon=2$ 时，$\dfrac{D(X)}{\varepsilon^2}=\dfrac{1}{4}\times\dfrac{35}{12}=\dfrac{35}{48}>\dfrac{1}{3}.$

可见切比雪夫不等式成立.

例3 设电站供电网有 10000 盏电灯，夜晚每一盏灯开着的概率都是 0.7，而假定开、关时间彼此独立，估计夜晚同时开着的灯数在 6800 盏与 7200 盏之间的概率.

解 设 X 表示在夜晚同时开着的灯的数目,它服从参数为 $n=10000, p=0.7$ 的二项分布.若要准确计算,应该用伯努利公式:

$$P\{6800 < X < 7200\} = \sum_{k=6801}^{7199} C_{10000}^k \times (0.7)^k \times (0.3)^{10000-k}.$$

若用切比雪夫不等式估计,则有

$$E(X) = np = 10000 \times 0.7 = 7000,$$
$$D(X) = npq = 10000 \times 0.7 \times 0.3 = 2100,$$
$$P\{6800 < X < 7200\} = P\{|X-7000| < 200\} \geqslant 1 - \frac{2100}{200^2} \approx 0.95.$$

可见,虽然有 10000 盏灯,但是只要有供应 7200 盏灯的电力就能够以相当大的概率保证够用.事实上,切比雪夫不等式的估计只说明概率大于 0.95,后面将具体求出这个概率约为 0.9999.切比雪夫不等式在理论上具有重大意义,但估计的精确度不高.

切比雪夫不等式作为一个理论工具,在大数定律的证明中使用,可使证明非常简洁.

§5.2 大 数 定 律

人们在长期的实践中发现,事件发生的频率具有稳定性,也就是说,随着试验次数的增多,事件发生的频率稳定于一个确定的常数.另外,人们在长期的生产实践活动中还认识到,不但事件的频率具有稳定性,而且大量随机现象结果的平均值也具有稳定性,大数定律正是以数学形式明确表达并证明在相同条件下的大量随机试验中的这一规律.

定义 5.1 设 $X_1, X_2, \cdots, X_n, \cdots$ 是一个随机变量序列,如果存在一个随机变量(或常数)X,使得对任意给定的 $\varepsilon > 0$,有

$$\lim_{n \to \infty} P\{|X_n - X| < \varepsilon\} = 1 \tag{5-3}$$

或

$$\lim_{n \to \infty} P\{|X_n - X| \geqslant \varepsilon\} = 0, \tag{5-4}$$

那么称随机变量序列 $X_1, X_2, \cdots, X_n, \cdots$ **依概率收敛于** X,记作 $X_n \xrightarrow{P} X$.

定义 5.2 设 $X_1, X_2, \cdots, X_n, \cdots$ 为一随机变量序列,且 $X_i (i=1, 2, \cdots)$ 的数学期望存在,若对任意给定的 $\varepsilon > 0$,有

$$\lim_{n \to \infty} P\left\{\left|\frac{1}{n}\sum_{i=1}^n X_i - \frac{1}{n}\sum_{i=1}^n E(X_i)\right| < \varepsilon\right\} = 1 \tag{5-5}$$

或

$$\lim_{n \to \infty} P\left\{\left|\frac{1}{n}\sum_{i=1}^n X_i - \frac{1}{n}\sum_{i=1}^n E(X_i)\right| \geqslant \varepsilon\right\} = 0, \tag{5-6}$$

则称随机变量序列 $X_1, X_2, \cdots, X_n, \cdots$ **服从大数定律**.

可知,在 $\lim_{n \to \infty} \frac{1}{n} \sum_{i=1}^n E(X_i)$ 收敛的条件下,随机变量序列 $X_1, X_2, \cdots, X_n, \cdots$ 服从大数定

律与 $\frac{1}{n}\sum_{i=1}^{n} X_i \xrightarrow{P} \frac{1}{n}\sum_{i=1}^{n} E(X_i)$ 等价.

下面介绍大数定律.

定理 5.2（伯努利大数定律） 设 X 是 n 重伯努利试验中事件 A 发生的次数，p（$0<p<1$）是事件 A 在每次试验中发生的概率，则对于任意的 $\varepsilon>0$，有

$$\lim_{n\to\infty} P\left\{\left|\frac{X}{n}-p\right|<\varepsilon\right\}=1 \tag{5-7}$$

或

$$\lim_{n\to\infty} P\left\{\left|\frac{X}{n}-p\right|\geqslant\varepsilon\right\}=0. \tag{5-8}$$

证明 记 $X_i=$ "第 i 次试验中事件 A 发生的次数"（$i=1,2,\cdots,n$），则由条件可知，X_i 是离散型随机变量，且

$$X_i=\begin{cases}0, & \text{第 } i \text{ 次试验中事件 } A \text{ 不发生;}\\ 1, & \text{第 } i \text{ 次试验中事件 } A \text{ 发生}\end{cases} (i=1,2,\cdots,n).$$

$X=X_1+X_2+\cdots+X_n$，$X_1,X_2,\cdots,X_n$ 相互独立. 且由于

$$E(X_i)=p,\quad D(X_i)=p(1-p),\quad i=1,2,\cdots,n,$$

所以

$$E(X)=np,\quad D(X)=np(1-p).$$

由切比雪夫不等式以及概率的定义有

$$1\geqslant P\left\{\left|\frac{X}{n}-p\right|<\varepsilon\right\}=P\{|X-np|<n\varepsilon\}\geqslant 1-\frac{D(X)}{(n\varepsilon)^2}=1-\frac{p(1-p)}{n\varepsilon^2}.$$

因为

$$\lim_{n\to\infty}\left[1-\frac{p(1-p)}{n\varepsilon^2}\right]=1,$$

所以

$$\lim_{n\to\infty} P\left\{\left|\frac{X}{n}-p\right|<\varepsilon\right\}=1,$$

而

$$P\left\{\left|\frac{X}{n}-p\right|<\varepsilon\right\}+P\left\{\left|\frac{X}{n}-p\right|\geqslant\varepsilon\right\}=1,$$

故有

$$\lim_{n\to\infty} P\left\{\left|\frac{X}{n}-p\right|\geqslant\varepsilon\right\}=0.$$

伯努利大数定律表明：事件发生的频率依概率收敛于事件的概率. 定理以严格的数学形式表明了频率的稳定性，揭示了独立重复试验中频率"靠近"概率这一客观现象，它是概率论的理论基础.

定理 5.3（切比雪夫大数定律） 设 $X_1,X_2,\cdots,X_n,\cdots$ 是相互独立的随机变量序列，$E(X_i),D(X_i)$（$i=1,2,\cdots$）都存在，且存在常数 $C>0$，使得 $D(X_i)\leqslant C$（$i=1,2,\cdots$），则对任意的 $\varepsilon>0$，有

$$\lim_{n\to\infty} P\left\{\left|\frac{1}{n}\sum_{i=1}^{n} X_i-\frac{1}{n}\sum_{i=1}^{n} E(X_i)\right|<\varepsilon\right\}=1 \tag{5-9}$$

或
$$\lim_{n\to\infty} P\left\{\left|\frac{1}{n}\sum_{i=1}^{n}X_i - \frac{1}{n}\sum_{i=1}^{n}E(X_i)\right| \geqslant \varepsilon\right\} = 0. \tag{5-10}$$

证明 由条件可得
$$D\left(\frac{1}{n}\sum_{i=1}^{n}X_i\right) = \frac{1}{n^2}\sum_{i=1}^{n}D(X_i) \leqslant \frac{nC}{n^2} = \frac{C}{n},$$

故有
$$1 \geqslant P\left\{\left|\frac{1}{n}\sum_{i=1}^{n}X_i - \frac{1}{n}\sum_{i=1}^{n}E(X_i)\right| < \varepsilon\right\} \geqslant 1 - \frac{D\left(\frac{1}{n}\sum_{i=1}^{n}X_i\right)}{\varepsilon^2} \geqslant 1 - \frac{C}{n\varepsilon^2}.$$

因为 $\lim_{n\to\infty}\left(1-\frac{C}{n\varepsilon^2}\right)=1$，所以
$$\lim_{n\to\infty} P\left\{\left|\frac{1}{n}\sum_{i=1}^{n}X_i - \frac{1}{n}\sum_{i=1}^{n}E(X_i)\right| < \varepsilon\right\} = 1,$$

又由
$$P\left\{\left|\frac{1}{n}\sum_{i=1}^{n}X_i - \frac{1}{n}\sum_{i=1}^{n}E(X_i)\right| < \varepsilon\right\} + P\left\{\left|\frac{1}{n}\sum_{i=1}^{n}X_i - \frac{1}{n}\sum_{i=1}^{n}E(X_i)\right| \geqslant \varepsilon\right\} = 1,$$

得
$$P\left\{\left|\frac{1}{n}\sum_{i=1}^{n}X_i - \frac{1}{n}\sum_{i=1}^{n}E(X_i)\right| \geqslant \varepsilon\right\} = 0.$$

切比雪夫大数定律表明：当 n 充分大时，n 个相互独立的随机变量的平均值 $\frac{1}{n}\sum_{i=1}^{n}X_i$ 以较大的概率聚集在其数学期望 $\frac{1}{n}\sum_{i=1}^{n}E(X_i)$ 的附近．这就从理论上证明了独立随机变量的平均值具有稳定性．

推论 5.2 设独立随机变量序列 $X_1, X_2, \cdots, X_n, \cdots$ 具有相同的数学期望与方差，且 $E(X_i)=\mu, D(X_i)=\sigma^2 (i=1,2,\cdots)$，则对任意的 $\varepsilon>0$，有
$$\lim_{n\to\infty} P\left\{\left|\frac{1}{n}\sum_{i=1}^{n}X_i - \mu\right| < \varepsilon\right\} = 1. \tag{5-11}$$

伯努利大数定律和切比雪夫大数定律都要求随机变量的方差存在，下面介绍独立同分布的辛钦（Khinchine）大数定律，从中可见方差存在这一条件并不是必要的．

定理 5.4（辛钦大数定律） 设 $X_1, X_2, \cdots, X_n, \cdots$ 为独立同分布的随机变量序列，$E(X_i)=\mu (i=1,2,\cdots)$，则对任意的 $\varepsilon>0$，有
$$\lim_{n\to\infty} P\left\{\left|\frac{1}{n}\sum_{i=1}^{n}X_i - \mu\right| < \varepsilon\right\} = 1 \tag{5-12}$$

或
$$\lim_{n\to\infty} P\left\{\left|\frac{1}{n}\sum_{i=1}^{n}X_i - \mu\right| \geqslant \varepsilon\right\} = 0. \tag{5-13}$$

证明从略．

辛钦大数定律表明:当 n 充分大时,随机变量 X 在 n 次独立重复观测中的算术平均值 $\frac{1}{n}\sum_{i=1}^{n}X_i$ 以较大的概率聚集于 $E(X)$ 附近,这就为随机变量 X 的数学期望的估计提供了一条可行的途径,为数理统计中的"参数估计"提供了理论依据.

例 1 已知离散型随机变量序列 $X_1,X_2,\cdots$ 相互独立,且 X_i 的分布律为
$$P\{X_i=0\}=1-\frac{1}{i^2},\quad P\{X_i=i\}=\frac{1}{2i^2},\quad P\{X_i=-i\}=\frac{1}{2i^2},\quad i=1,2,\cdots.$$
证明:随机变量序列 $X_1,X_2,\cdots$ 服从大数定律.

证明 因为 $X_1,X_2,\cdots$ 相互独立,又
$$E(X_i)=0(i=1,2,\cdots),$$
$$D(X_i)=E(X_i^2)-[E(X_i)]^2=1(i=1,2,\cdots),$$
由本章定理 5.3 得:$X_1,X_2,\cdots$ 服从大数定律.

例 2 定积分 $J=\int_a^b g(x)\mathrm{d}x$ 的近似计算.

解 设 ξ 服从 $[a,b]$ 上的均匀分布,则
$$E[g(\xi)]=\frac{1}{b-a}\int_a^b g(x)\mathrm{d}x=\frac{1}{b-a}J,$$
于是
$$J=(b-a)E[g(\xi)].$$
为了估计 $E[g(\xi)]$,根据辛钦大数定律,可在计算机上产生 n 个独立的、皆服从 $[a,b]$ 上均匀分布的随机变量 $\xi_1,\xi_2,\cdots,\xi_n$,则 $g(\xi_i)$ 也独立同分布,于是
$$\frac{1}{n}\sum_{i=1}^{n}g(\xi_i)\xrightarrow{P}E[g(\xi)].$$
实际计算时,只需在计算机上按 $[a,b]$ 上的均匀分布产生出 n 个随机数 $x_1,x_2,\cdots,x_n$,然后计算出 $\frac{1}{n}\sum_{i=1}^{n}g(x_i)$,则
$$J\approx(b-a)\cdot\frac{1}{n}\sum_{i=1}^{n}g(x_i).$$

§5.3 中心极限定理

在 §5.2 中,我们利用已有的数学工具揭示了在一定的条件下,大量的独立随机变量的平均值已不具有显著的随机性,而是必然接近某个常数这一规律.它是自然界一类随机现象蕴含的最重要的规律之一.

在大量的随机现象中,还有另一更为重要的规律,那就是尽管个别随机变量的分布函数可能各式各样,但如果每个随机因素的单独作用微不足道且相对均匀,那么大量的相互独立的随机变量的和的分布就不再是任意的,而是服从(或近似地服从)正态分布.中心极限定理正是从理论上证明了这个结论,中心极限定理不仅揭示了正态分布的来源,也揭示

了实际问题中接触到的随机变量很多服从正态分布的原因. 正因为如此,正态分布在概率统计中占有特别重要的地位.

定义 5.3 设随机变量序列 $X_1, X_2, \cdots, X_n, \cdots$ 相互独立,均具有有限的数学期望与方差,且 $E(X_i) = \mu_i, D(X_i) = \sigma_i^2 > 0, i = 1, 2, \cdots$,令

$$Y_n = \sum_{i=1}^n X_i = X_1 + X_2 + \cdots + X_n, \tag{5-14}$$

$$Z_n = \frac{Y_n - E(Y_n)}{\sqrt{D(Y_n)}} = \frac{1}{\sqrt{\sum_{i=1}^n \sigma_i^2}} \sum_{i=1}^n (X_i - \mu_i), \tag{5-15}$$

则称随机变量 Z_n 为随机变量序列 $X_1, X_2, \cdots, X_n$ 的规范和.

定义 5.4 若随机变量序列 $X_1, X_2, \cdots, X_n$ 的规范和 Z_n 的分布函数为 $F_n(x)$,对于任意的实数 x,有

$$\lim_{n \to \infty} F_n(x) = \lim_{n \to \infty} P\{Z_n \leqslant x\} = \frac{1}{\sqrt{2\pi}} \int_{-\infty}^x e^{-\frac{t^2}{2}} dt = \Phi(x), \tag{5-16}$$

则称 $X_1, X_2, \cdots, X_n, \cdots$ 服从**中心极限定理**.

下面介绍两个常用的中心极限定理.

一、林德伯格-列维(Lindburg-Levy)定理

定理 5.5(独立同分布随机变量序列的中心极限定理) 设 $X_1, X_2, \cdots, X_n, \cdots$ 是独立同分布的随机变量序列,且 $E(X_i) = \mu, D(X_i) = \sigma^2 (\sigma > 0) (i = 1, 2, \cdots)$,则对任意的实数 x,有

$$\lim_{n \to \infty} P\left\{ \frac{\sum_{i=1}^n X_i - n\mu}{\sigma \sqrt{n}} \leqslant x \right\} = \frac{1}{\sqrt{2\pi}} \int_{-\infty}^x e^{-\frac{t^2}{2}} dt = \Phi(x). \tag{5-17}$$

证明从略.

定理 5.5 说明当 n 无限增大时,若独立同分布的随机变量 $X_1, X_2, \cdots, X_n, \cdots$ 的方差存在且大于 0,则随机变量 $\dfrac{\sum_{i=1}^n X_i - n\mu}{\sigma \sqrt{n}}$ 的分布函数 $F_n(x)$ 的极限为标准正态分布的分布函数 $\Phi(x)$. 即当 n 充分大时,$P\left\{ \dfrac{\sum_{i=1}^n X_i - n\mu}{\sigma \sqrt{n}} \leqslant x \right\} \approx \Phi(x)$,换句话说,当 n 充分大时,随机变量 $\dfrac{\sum_{i=1}^n X_i - n\mu}{\sigma \sqrt{n}}$ 近似地服从标准正态分布 $N(0, 1)$.

推论 5.3 设 $X_1, X_2, \cdots, X_n, \cdots$ 是一独立同分布的随机变量序列,且 $E(X_i) = \mu$, $D(X_i) = \sigma^2 (\sigma > 0) (i = 1, 2, \cdots)$,则当 n 充分大时,随机变量 $\dfrac{1}{n} \sum_{i=1}^n X_i$ 近似地服从正态分

布 $N\left(\mu, \dfrac{\sigma^2}{n}\right)$.

例 1 用机器包装食盐,一箱内装 100 袋,每袋净重为独立同分布的随机变量,期望为 500 g,标准差为 10 g. 求一箱机装食盐净重超过 50200 g 的概率.

解 设一箱食盐净重为 X g,箱中第 $i(i=1,2,\cdots,100)$ 袋食盐净重为 X_i g,显然 $X_1, X_2, \cdots, X_{100}$ 为相互独立的随机变量,且 $E(X_i)=500$,$\sqrt{D(X_i)}=10\,(i=1,2,\cdots,100)$,$X=\sum_{i=1}^{100} X_i$. 所以

$$E(X)=50000, \quad D(X)=10000,$$
$$P\{X>50200\}=1-P\{X\leqslant 50200\}$$
$$=1-P\left\{\frac{X-E(X)}{\sqrt{D(X)}}\leqslant \frac{50200-50000}{100}\right\}$$
$$\approx 1-\Phi(2)$$
$$=0.02275.$$

故一箱机装食盐净重超过 50200 g 的概率约为 0.02275.

例 2 对敌人的防御地进行 100 次轰炸,每次轰炸命中目标的炸弹数目是一个随机变量,其期望值是 2,方差是 1.69. 求在 100 次轰炸中有 180 颗到 220 颗炸弹命中目标的概率.

解 令第 i 次轰炸命中目标的炸弹数为 X_i,则 100 次轰炸中命中目标的炸弹数 $X=\sum_{i=1}^{100} X_i$. 应用推论 5.3 知,X 近似服从正态分布,期望值为 200,方差为 169,标准差为 13. 所以

$$P\{180\leqslant X\leqslant 220\}=P\{|X-200|\leqslant 20\}=P\left\{\left|\frac{X-200}{13}\right|\leqslant \frac{20}{13}\right\}$$
$$\approx 2\Phi(1.54)-1=0.87644.$$

例 3 计算机在进行加法计算时,把每个加数取整来计算(按四舍五入取最接近它的整数). 设所有取整误差是相互独立的随机变量,并且都服从 $[-0.5, 0.5]$ 上的均匀分布,求:

(1) 1200 个数相加时误差总和的绝对值小于或等于 10 的概率;

(2) 多少个数相加时,可使误差总和的绝对值小于或等于 10 的概率大于 0.9?

解 (1) 以 X_i 表示第 i 个数的取整误差,则 $X_i \sim U[-0.5, 0.5]$,$E(X_i)=0$,$D(X_i)=\dfrac{1}{12}$,$i=1,2,\cdots$. 故

$$P\left\{\left|\sum_{i=1}^{1200} X_i\right|\leqslant 10\right\}$$
$$=P\left\{-\frac{10}{\sqrt{1200\times\frac{1}{12}}}\leqslant \frac{\sum_{i=1}^{1200} X_i}{\sqrt{1200\times\frac{1}{12}}}\leqslant \frac{10}{\sqrt{1200\times\frac{1}{12}}}\right\}$$

$$\approx \Phi(1) - \Phi(-1) = 2\Phi(1) - 1$$
$$= 0.6826.$$

(2) 设 n 个数相加便满足要求，则

$$P\left\{\left|\sum_{i=1}^{n}X_i\right|\leqslant 10\right\} = P\left\{-20\sqrt{\frac{3}{n}}\leqslant \frac{\sum_{i=1}^{n}X_i}{\sqrt{n\times\frac{1}{12}}}\leqslant 20\sqrt{\frac{3}{n}}\right\}$$

$$\approx 2\Phi\left(20\sqrt{\frac{3}{n}}\right) - 1 > 0.9,$$

所以

$$\Phi\left(20\sqrt{\frac{3}{n}}\right) > 0.95,$$

$$20\sqrt{\frac{3}{n}} > 1.65,$$

$$n \leqslant 441.$$

故 1200 个数相加时误差总和的绝对值小于或等于 10 的概率约为 0.6826，不多于 441 个数相加时，可使误差总和的绝对值小于或等于 10 的概率大于 0.9。

例 4 设随机变量 $X_1, X_2, \cdots, X_n$ 独立同分布，已知

$$E(X_i^k) = a_k \quad (k=1,2,3,4; \ i=1,2,\cdots,n),$$

且 $a_4 - a_2^2 > 0$，证明：当 n 充分大时，随机变量

$$Z_n = \frac{1}{n}\sum_{i=1}^{n}X_i^2$$

近似地服从正态分布，并指出其分布的参数。

证明 由题设得：$X_1^2, X_2^2, \cdots, X_n^2$ 独立同分布，且

$$E(X_i^2) = a_2, \quad D(X_i^2) = E(X_i^4) - [E(X_i^2)]^2 = a_4 - a_2^2 > 0 \ (i=1,2,\cdots,n).$$

由林德伯格-列维定理得

$$\lim_{n\to\infty}P\left\{\frac{\sum_{i=1}^{n}X_i^2 - na_2}{\sqrt{n(a_4-a_2^2)}}\leqslant x\right\} = \frac{1}{\sqrt{2\pi}}\int_{-\infty}^{x}e^{-\frac{t^2}{2}}dt,$$

即当 $n\to\infty$ 时，

$$\frac{\sum_{i=1}^{n}X_i^2 - na_2}{\sqrt{n(a_4-a_2^2)}} \sim N(0,1),$$

故当 $n\to\infty$ 时，

$$\frac{1}{n}\sum_{i=1}^{n}X_i^2 \sim N\left(a_2, \frac{a_4-a_2^2}{n}\right),$$

即当 n 充分大时，$\frac{1}{n}\sum_{i=1}^{n}X_i^2$ 近似地服从参数为 $a_2, \frac{a_4-a_2^2}{n}$ 的正态分布。

下面介绍另一中心极限定理，它是林德伯格-列维定理的特殊情形。

二、棣莫弗-拉普拉斯(De Moivre-Laplace)定理

定理 5.6 设随机变量 X 表示 n 重伯努利试验中事件 A 发生的次数，$p(0<p<1)$ 是事件 A 在每次试验中出现的概率，则对任意的实数 x，有

$$\lim_{n\to\infty} P\left\{\frac{X-np}{\sqrt{np(1-p)}}\leqslant x\right\} = \frac{1}{\sqrt{2\pi}}\int_{-\infty}^{x} e^{-\frac{t^2}{2}}dt = \Phi(x). \tag{5-18}$$

证明 设 $X_i(i=1,2,\cdots,n)$ 表示 n 重伯努利试验中事件 A 在第 i 次试验中出现的次数，则 $X_1,X_2,\cdots,X_n$ 相互独立且都服从参数为 p 的 0-1 分布.

由于 $E(X_i)=p$，$D(X_i)=p(1-p)>0$ $(i=1,2,\cdots,n)$，由定理 5.5 得

$$\lim_{n\to\infty} P\left\{\frac{X-np}{\sqrt{np(1-p)}}\leqslant x\right\} = \lim_{n\to\infty} P\left\{\frac{\sum_{i=1}^{n}X_i-np}{\sqrt{np(1-p)}}\leqslant x\right\} = \int_{-\infty}^{x}\frac{1}{\sqrt{2\pi}}e^{-\frac{t^2}{2}}dt = \Phi(x).$$

由于定理 5.6 中的随机变量 $X\sim B(n,p)$，因此定理 5.6 表明，二项分布以正态分布为极限分布，故当 n 充分大时，$\dfrac{X-np}{\sqrt{np(1-p)}}$ 近似地服从 $N(0,1)$，因此二项分布的分布函数 $F(x)$ 近似地为正态分布 $N(np,np(1-p))$ 的分布函数，即 $F(x)\approx\Phi\left(\dfrac{x-np}{\sqrt{np(1-p)}}\right)$，故有

$$P\{a<X\leqslant b\} = F(b)-F(a) \approx \Phi\left(\frac{b-np}{\sqrt{np(1-p)}}\right) - \Phi\left(\frac{a-np}{\sqrt{np(1-p)}}\right). \tag{5-19}$$

如果要计算 $P\{X=m\}(0\leqslant m\leqslant n)$，那么可通过计算 $P\{m-0.5<X\leqslant m+0.5\}$ 近似得到，即

$$P\{X=m\} \approx P\{m-0.5<X\leqslant m+0.5\}$$
$$= F(m+0.5) - F(m-0.5)$$
$$\approx \Phi\left(\frac{m+0.5-np}{\sqrt{np(1-p)}}\right) - \Phi\left(\frac{m-0.5-np}{\sqrt{np(1-p)}}\right). \tag{5-20}$$

例 5 已知某厂生产的某产品中一等品的概率为 0.8，现从该厂生产的大量该产品中随机地抽取 10000 件，求：

(1) 一等品不超过 7960 件的概率； (2) 一等品在 7940 件与 8040 件之间的概率.

解 以 X 表示取出的 10000 件该产品中一等品的件数，则由题意得

$$X\sim B(10000,0.8),$$
$$E(X) = np = 10000\times 0.8 = 8000,$$
$$D(X) = npq = 10000\times 0.8\times 0.2 = 1600.$$

由棣莫弗-拉普拉斯定理得

(1) $\quad P\{0\leqslant X\leqslant 7960\}$

$$= P\left\{\frac{0-8000}{\sqrt{1600}}\leqslant\frac{X-np}{\sqrt{npq}}\leqslant\frac{7960-8000}{\sqrt{1600}}\right\}$$

$$= P\left\{-200 \leqslant \frac{X-np}{\sqrt{npq}} \leqslant -1\right\}$$
$$\approx \Phi(-1) - \Phi(-200)$$
$$= 1 - \Phi(1) - [1 - \Phi(200)]$$
$$= 0.1587.$$

(2) $P\{7940 \leqslant X \leqslant 8040\} = P\left\{\dfrac{7940-8000}{\sqrt{1600}} \leqslant \dfrac{X-np}{\sqrt{npq}} \leqslant \dfrac{8040-8000}{\sqrt{1600}}\right\}$
$$\approx \Phi(1) - \Phi(-1.5)$$
$$= \Phi(1) - 1 + \Phi(1.5)$$
$$= 0.7745.$$

故一等品不超过 7960 件的概率约为 0.1587,在 7940 件与 8040 件之间的概率约为 0.7745.

例 6 设一个车间里共有 400 台同样类型的机器,每台机器运行时需要的电功率为 10 kW. 由于工艺关系,每台机器不能连续运行,它们是否开动相互独立,运行时间占工作时间的 0.75. 问应供应多少千瓦功率的电才能保证 99% 的时候有足够的电力供应而不致影响生产.

解 以 X 表示考察时刻正在运行的机器台数,则由题意知 $X \sim B(400, 0.75)$,所以
$$E(X) = np = 400 \times 0.75 = 300,$$
$$D(X) = npq = 400 \times 0.75 \times 0.25 = 75.$$
设应供应 T kW 功率的电才能满足要求,则
$$P\left\{0 \leqslant X \leqslant \frac{T}{10}\right\} \geqslant 0.99.$$
由棣莫弗-拉普拉斯定理得
$$P\left\{0 \leqslant X \leqslant \frac{T}{10}\right\} = P\left\{\frac{0-300}{\sqrt{75}} \leqslant \frac{X-np}{\sqrt{npq}} \leqslant \frac{\frac{T}{10}-300}{\sqrt{75}}\right\}$$
$$\approx \Phi\left(\frac{\frac{T}{10}-300}{5\sqrt{3}}\right) - \Phi(-20\sqrt{3})$$
$$\approx \Phi\left(\frac{\frac{T}{10}-300}{5\sqrt{3}}\right) \geqslant 0.99,$$
查得
$$\frac{\frac{T}{10}-300}{5\sqrt{3}} \geqslant 2.33,$$
所以
$$T \geqslant 3000 + 5 \times 1.732 \times 23.3 = 3201.78.$$
故只要供应 3201.78 kW 功率的电,便可保证 99% 的时候有足够的电力供应.

例 7 在人寿保险公司有 3000 个同龄人参加了某种人寿保险,在一年中,这些人的

死亡率为 0.1%. 参加保险的人在一年中的第一天交付保险费 10 元,死亡时家属可以从保险公司领取 2000 元. 求保险公司一年中在这 3000 人的保险中获利不小于 10000 元的概率.

解 设一年中这批年龄的人中死亡人数为 X,则由题意得 $X \sim B(3000, 0.001)$,所以
$$E(X) = np = 3000 \times 0.001 = 3,$$
$$D(X) = npq = 3000 \times 0.001 \times 0.999 = 2.997,$$
又因为保险公司的年初收入为 $3000 \times 10 = 30000$ 元,赔付 $2000 \cdot X$ 元,所以
$$P\{\text{获利不小于 10000 元}\} = P\{30000 - 2000 \cdot X \geqslant 10000\} = P\{0 \leqslant X \leqslant 10\}$$
$$= P\left\{\frac{0-3}{\sqrt{2.997}} \leqslant \frac{X-np}{\sqrt{npq}} \leqslant \frac{10-3}{\sqrt{2.997}}\right\}$$
$$\approx \Phi\left(\frac{7}{\sqrt{2.997}}\right) - \Phi\left(-\frac{3}{\sqrt{2.997}}\right)$$
$$= \Phi(4.043) - \Phi(-1.733)$$
$$= 0.96.$$
故保险公司一年中从该 3000 人的保险中获利不小于 10000 元的概率约为 0.96.

例 8 某单位内部有 260 台电话分机,每台分机有 4% 的时间需用外线通话,每台分机是否需用外线相互独立. 问该单位总机需安装多少条外线才能以 95% 的把握保证各分机需用外线时畅通.

解 设该单位的 260 台电话分机中同时使用外线的分机数为 X,x 为满足题设条件的外线数,则由题意得 $X \sim B(260, 0.04)$,所以
$$E(X) = np = 260 \times 0.04 = 10.4,$$
$$D(X) = npq = 260 \times 0.04 \times 0.96 = 9.984,$$
由定理 5.6 得
$$P\{0 \leqslant X \leqslant x\} = P\left\{\frac{0-np}{\sqrt{npq}} \leqslant \frac{X-np}{\sqrt{npq}} \leqslant \frac{x-np}{\sqrt{npq}}\right\}$$
$$\approx \Phi\left(\frac{x-np}{\sqrt{npq}}\right) - \Phi\left(-\frac{np}{\sqrt{npq}}\right)$$
$$\approx \Phi\left(\frac{x-np}{\sqrt{npq}}\right) - 0.00050 \geqslant 0.95,$$
故
$$\Phi\left(\frac{x-np}{\sqrt{npq}}\right) \geqslant 0.95050.$$
查标准正态分布表知:
$$\Phi(1.65) = 0.95053,$$
因此应取
$$\frac{x-np}{\sqrt{npq}} \geqslant 1.65,$$
即

$$x \geqslant np+1.65\sqrt{npq}=10.4+1.65\times\sqrt{9.984}\approx 15.61,$$
因此满足题设条件的外线数至少为 16 条.

习 题 5

1. 投掷一硬币每次出现正面朝上的概率 $p=\dfrac{1}{2}$. 试利用切比雪夫不等式估计：若要以 99% 以上的可靠性保证频率与概率之差的绝对值小于 0.01，至少需要试验多少次.

2. 已知随机变量 X 的数学期望 $E(X)=100$，方差 $D(X)=10$，请估计 X 落入区间 $(80,120)$ 内的概率.

3. 一机床制造长度为 50 cm 的工件，由于随机扰动，工件长度总有一定误差. 统计表明，长度的均方差为 2.5 mm. 若工件实际长度在 49.25～50.75 cm 算合格，请估计该机床制造工件的合格率.

4. 设电站供电网有 10000 盏电灯，夜晚每一盏灯开着的概率都是 0.7，而假定开、关时间彼此独立，估计夜晚同时开着的灯数在 6800 盏与 7200 盏之间的概率.（试用中心极限定理求解并将所得结果与 §5.1 例 3 比较）

5. 设每次试验中，事件 A 发生的概率为 $p(0<p<1)$，现进行 1000 次独立重复试验，用 A 发生的频率估计概率 p，试求这种估计所产生的误差小于 10% 的概率.

6. 一批产品中废品率为 2%，现随机地抽取 1000 件进行检查，求废品数在 10 件与 40 件之间的概率.

7. 罐装奶粉规定每罐 1000 g，标准差为 20 g，每箱装 50 罐，计算一箱奶粉净重不足 49750 g 的概率.

8. 一个螺丝钉的重量是一个随机变量，期望值是 50 g，标准差是 5 g. 求一盒（100 个）同型号螺丝钉的重量超过 5100 g 的概率.

9. 把一颗骰子独立重复地投掷 n 次，以 X_n 表示各次掷出的点数之和.

(1) 证明：当 $n\to\infty$ 时，$\dfrac{6X_n-21n}{\sqrt{105n}}$ 的极限分布为标准正态分布；

(2) 求使 $P\left\{\left|\dfrac{X_n}{n}-3.5\right|<0.1\right\}\geqslant 0.99$ 的最小投掷次数.

10. 某网站有 400 台电脑，通过外线电话拨号入网，每台电脑有 5% 的时间要占用外线. 假设各台电脑是否需用外线相互独立，问该网站需安装多少条外线才能以 90% 的把握保证各台电脑需用外线时不被占用.

11. 某保险公司有 10000 人参加一项保险，每人每年支付 12 元的保险费，在一年内一个人死亡的概率为 0.006，死亡时其家属可以从保险公司领取 1000 元，求：

(1) 保险公司亏本的概率；

(2) 保险公司一年内从该项保险中获得的利润不小于 40000 元、60000 元、80000 元的概率各是多少？

12. 一个复杂系统由 100 个相互独立的部件组成，在系统运行期间每个部件损坏的概率为 0.1,为使系统正常工作,至少需要 85 个部件正常工作,求系统的可靠性(即系统正常运行的概率).

13. 某车间有 200 台车床,它们独立地工作,开工率为 0.6,开工时耗电功率各为 1 kW,问供电所至少要供给该车间多少千瓦的电功率,才能以 99% 的概率保证该车间不会因供电不足而影响生产.

14. 假设某小镇上有 10000 人口,根据统计每个人每天看电影的概率为 0.05,现该镇根据需要将原影院拆去进行重建,问新建影院应设置多少个座位才能保证需要看电影的观众有 99% 的可能买到有座号的电影票.

15. 在进行加法运算时,对每个加数都通过四舍五入保留两位小数再相加,设各加数的舍入误差是服从 $[-0.5\times 10^{-2}, 0.5\times 10^{-2}]$ 上均匀分布的相互独立的随机变量. 现有 100 个数相加,试以 99.7% 的概率断定其误差所在的范围.

16. 设供电站供应某地区 1000 户居民用电,各户用电情况相互独立,已知每户日用电量(单位:kW·h)服从 $[0,20]$ 上的均匀分布,求:

(1) 这 1000 户居民的每日用电量超过 10100 kW·h 的概率;

(2) 要保证居民用电以 99% 的概率得到满足,供电站每天至少需向该地区供应多少千瓦·时的电?

17. 一生产线生产的产品成箱包装,每箱质量是随机的. 假设每箱平均重 50 kg,标准差为 5 kg. 若用最大载重量为 5 t 的汽车承运,试利用中心极限定理说明每辆车最多可以装多少箱,才能保证不超载的概率大于 0.977.

18. 欲测量两地之间的距离,限于测量工具,将其分成 1200 段进行测量. 设每段测量误差(单位:km)相互独立,且均服从区间 $[-0.5,0.5]$ 上的均匀分布,试求总距离测量误差的绝对值不超过 20 km 的概率.

19. 某保险公司多年的统计资料表明,在索赔户中被盗索赔户占 20%. 现随意抽查 100 个索赔户,试用中心极限定理估计其中被盗索赔户不少于 14 户且不多于 30 户的概率.

20. 有一批同一型号的电子元件,次品率为 $\frac{1}{6}$,试以 99% 的把握确定:从这批元件中任取 6000 只,其次品所占比例与 $\frac{1}{6}$ 的差的绝对值不超过多少;此时 6000 只元件中,次品数在什么范围内.

第 6 章 抽样分布

前几章介绍了概率论的一些基础知识,了解了随机事件的概率、随机变量的分布及数字特征等概念,它们为从本章开始的数理统计中的统计分析与统计推断方法的建立提供了必要的数学基础. 从本章起我们将介绍数理统计的一些基本内容.

我们知道,现实世界中的随机现象均可用随机变量来描述,而这些随机变量的分布以及数字特征常常是未知的. 在对这些随机现象的研究中,往往需要确定随机变量的分布或确定其某一个或几个数字特征或其他参数,解决这一问题的基本方法是,对所研究的随机现象进行某些观察或试验,合理地采集必要的数据,建立科学有效的数学方法,对所研究的对象做出科学的估计与推断.

由于随机因素的影响,由一部分数据做出的估计与推断,必然会有某种程度的不确定性. 数理统计中以概率来描述这种不确定性,并称这种以概率表明可信性程度的推断为统计推断. 数理统计实质上就是在一定概率基础上根据随机试验得到的数据推断随机现象蕴含的客观规律的科学.

§6.1 统 计 量

一、总体与样本

1. 总体与个体

定义 6.1 某个问题中的研究对象的全体称为**总体**,组成总体的单个具体对象称为**个体**. 总体所含个体的数量称作**总体容量**. 容量有限的总体称为**有限总体**,否则称为**无限总体**.

总体和个体是数理统计中的两个基本概念. 在对某总体进行研究时,我们所关心的不是个体的特殊属性,而是表征总体属性的每个个体的一个(或数个)数量指标. 我们研究的主要是这个(些)指标的分布情况,由于这个(些)指标是随机抽样的结果,因而它是随机变量(向量),又因为这个(些)指标表征了总体的属性,所以今后就把总体与这个(些)数量指标等同起来,总体的分布便是该数量指标的分布. 以后我们常用 $X, Y, \cdots$ 表示总体这一随机变量. 例如,在分析某一地区人的平均身高时,便以 X 表示该地区人的身高,它是总体,该地区中每个人的身高便是个体. 从该地区随机地选一人,测得其身高为 1.75 m,则

1.75 m 便是个体的数量指标在一次抽样观测中的结果(即一个被观测个体的指标值). 由于我们希望利用个体的观测对总体进行推断,因此,我们要进行若干次观测,通过观测得到总体 X 的一组值 $(X_1, X_2, \cdots, X_n)$. 数理统计的任务便是根据观测所得到的数值,对总体的分布或数字特征或参数做出科学的合理的推断.

2. 样本与样品

定义 6.2 在一个总体 X 中,随机地抽取 n 个个体 $X_1, X_2, \cdots, X_n$,称 $(X_1, X_2, \cdots, X_n)$ 为总体 X 的容量为 n 的**样本**(或**子样**). 构成样本的每个个体 $X_i (i=1, 2, \cdots, n)$ 称为**样品**.

从总体 X 中随机地抽取 n 个样品构成一个样本的过程称为**抽样试验**,简称**抽样**. 在一次抽样中,样本 $(X_1, X_2, \cdots, X_n)$ 就表现为一组确定的数据,记作 $(x_1, x_2, \cdots, x_n)$,称它为**样本值**或**样本的一次数据表现**. 由于样本 $(X_1, X_2, \cdots, X_n)$ 是由从总体随机抽取的 n 个个体构成的,每一样品 $X_i (i=1, 2, \cdots, n)$ 都是随机变量,故样本 $(X_1, X_2, \cdots, X_n)$ 为一随机向量, $(x_1, x_2, \cdots, x_n)$ 就是随机向量 $(X_1, X_2, \cdots, X_n)$ 的一个观测值. 一般地,两次容量相同的抽样得到的样本值是不同的.

为方便起见,今后提到的样本均包含两层意义:一是泛指一次抽样试验的可能结果,这时样本是指一个 n 维随机向量 $(X_1, X_2, \cdots, X_n)$;二是指某一次具体的样本观测值(即样本的一次数据表现),这时样本就是指样本值 $(x_1, x_2, \cdots, x_n)$. 在不致引起混淆的前提下,将随机向量 $(X_1, X_2, \cdots, X_n)$ 与其观测值 $(x_1, x_2, \cdots, x_n)$ 看作一样,不加严格区别.

3. 简单随机样本

定义 6.3 设 $(X_1, X_2, \cdots, X_n)$ 是来自总体 X 的容量为 n 的样本,若 $X_1, X_2, \cdots, X_n$ 相互独立且与总体具有相同的概率分布,则称 $(X_1, X_2, \cdots, X_n)$ 为**总体 X 的一个简单随机样本**.

获取简单随机样本的方法称为**简单随机抽样**. 具体地说,所谓简单随机抽样是指在抽样试验中,每个个体被抽到的机会均等,并且每次抽取后总体的成分保持不变的这样一种抽样方式. 例如,个体数目有限的有放回抽样以及无限总体的有放回和无放回抽样均为简单随机抽样,由此获得的样本均为简单随机样本.

由于简单随机样本能够全面地反映总体的属性,所以今后若无特别说明,提到的样本均为简单随机样本.

4. 样本分布

定理 6.1 设 $(X_1, X_2, \cdots, X_n)$ 是来自总体的样本.

(1) 若 X 为连续型随机变量,其概率密度为 $f(x)$,则样本 $(X_1, X_2, \cdots, X_n)$ 的概率密度为

$$f(x_1, x_2, \cdots, x_n) = f(x_1) f(x_2) \cdots f(x_n). \tag{6-1}$$

(2) 若 X 为离散型随机变量,其概率分布为

$$P\{X = a_k\} = p_k (k = 1, 2, \cdots),$$

则样本 $(X_1, X_2, \cdots, X_n)$ 的概率分布为

$$\begin{aligned} & P\{X_1 = a_{1i_1}, X_2 = a_{2i_2}, \cdots, X_n = a_{ni_n}\} \\ & = P\{X_1 = a_{1i_1}\} P\{X_2 = a_{2i_2}\} \cdots P\{X_n = a_{ni_n}\} \\ & = p_{1i_1} p_{2i_2} \cdots p_{ni_n} (i_1, i_2, \cdots, i_n = 1, 2, \cdots). \end{aligned} \tag{6-2}$$

二、统计量

1. 统计量的概念

样本是总体属性的代表,是统计分析与推断的依据.然而,在处理具体的理论与应用问题时,却很少直接利用样本所提供的原始数据,而是更多地利用由它们经过适当处理导出来的量,以便更准确地反映总体属性,这种处理就是构造样本的某些函数——统计量.

定义 6.4 不含任何未知参数的样本 $(X_1, X_2, \cdots, X_n)$ 的连续函数 $g(X_1, X_2, \cdots, X_n)$ 称为**统计量**.

由定义可知,统计量也是随机变量.

例如,设 $X \sim N(\mu, \sigma^2)$,其中 μ 已知,σ^2 未知,$(X_1, X_2, \cdots, X_n)$ 为总体的样本,则 $\frac{1}{n}\sum_{i=1}^{n}(X_i - \mu)^2, \frac{1}{n-1}\sum_{n-1}^{n}(X_i - 2)^2$ 均为统计量,而 $\frac{1}{\sigma^2}\sum_{i=1}^{n}(X_i - \mu)^2, \dfrac{\frac{1}{n}\sum_{i=1}^{n}X_i - \mu}{\sigma}$ 均不是统计量.

2. 常用的统计量

(1) 样本均值

$$\overline{X} = \frac{1}{n}\sum_{i=1}^{n}X_i. \tag{6-3}$$

(2) 样本(修正)方差

$$S^2 = \frac{1}{n-1}\sum_{i=1}^{n}(X_i - \overline{X})^2. \tag{6-4}$$

(3) 样本(未修正)方差

$$S_0^2 = \frac{1}{n}\sum_{i=1}^{n}(X_i - \overline{X})^2. \tag{6-5}$$

(4) 样本标准差

$$S = \sqrt{S^2} = \sqrt{\frac{1}{n-1}\sum_{i=1}^{n}(X_i - \overline{X})^2}. \tag{6-6}$$

(5) 样本 k 阶原点矩

$$m_k = \frac{1}{n}\sum_{i=1}^{n}X_i^k \quad (k = 1, 2, \cdots). \tag{6-7}$$

(6) 样本 k 阶中心矩

$$M_k = \frac{1}{n}\sum_{i=1}^{n}(X_i - \overline{X})^k \quad (k = 1, 2, \cdots). \tag{6-8}$$

显然,样本均值就是样本的一阶原点矩,即 $\overline{X} = m_1$;样本(未修正)方差即 $S_0^2 = M_2$ 为二阶中心矩,样本(修正)方差 S^2 为二阶中心矩的常数倍,其关系为 $S^2 = \dfrac{n}{n-1}M_2$.

§6.2 抽样分布

构造统计量以及对样本连续函数分布的研究是进行统计估计与推断的基础.

称样本的连续函数的分布为**抽样分布**,显然统计量的分布以及含参数样本的连续函数的分布都是抽样分布,对抽样分布的研究是数理统计中假设检验的基础,下面介绍常用的抽样分布.

一、正态分布

1. 定义

详见第 2 章.

2. 正态分布的典型模式

定理 6.2 若随机变量 $X_1, X_2, \cdots, X_n$ 相互独立,且 $X_i \sim N(\mu_i, \sigma_i^2)$, $i=1,2,\cdots,n$,则 $Y = \sum_{i=1}^{n} X_i$ 服从参数为 $\sum_{i=1}^{n} \mu_i$, $\sum_{i=1}^{n} \sigma_i^2$ 的正态分布,即 $\sum_{i=1}^{n} X_i \sim N\left(\sum_{i=1}^{n} \mu_i, \sum_{i=1}^{n} \sigma_i^2\right)$.

3. 标准正态分布的双侧分位数

定义 6.5 设随机变量 X 服从标准正态分布,即 $X \sim N(0,1)$,对于任意给定的数 α ($0 < \alpha < 1$),称由 $P\{X > \lambda\} = \dfrac{\alpha}{2}$ 所决定的数 λ 为**标准正态分布的 α 水平双侧分位数**,记作 u_α,即 $\lambda = u_\alpha$.

可知,若 λ 为服从标准正态分布的随机变量 X 的双侧分位数,则

$$P\{X < -\lambda\} = \frac{\alpha}{2}, \quad P\{|X| > \lambda\} = \alpha, \quad P\{|X| \leqslant \lambda\} = 1 - \alpha,$$

且

$$\Phi(\lambda) = \Phi(u_\alpha) = 1 - \frac{\alpha}{2}.$$

因此标准正态分布的 α 水平双侧分位数可通过查标准正态分布表得出,u_α 与 α 的关系如图 6.1 所示.

例 1 设 $X \sim N(0,1)$,求满足下列条件的实数 λ:

(1) $P\{X > \lambda\} = 0.05$;

(2) $P\{X < \lambda\} = 0.05$;

(3) $P\{|X| > \lambda\} = 0.01$.

解 由题设条件得 $X \sim N(0,1)$.

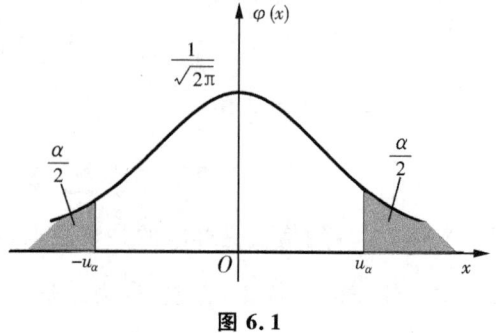

图 6.1

(1) 因为 $P\{X>\lambda\}=0.05$,所以 $\Phi(\lambda)=1-0.05=0.95$,查标准正态分布表得 $\lambda=u_{0.10}=1.64$.

(2) 因为 $P\{X<\lambda\}=0.05$,所以 $\Phi(\lambda)=0.05$,$\Phi(-\lambda)=1-\Phi(\lambda)=1-0.05=0.95$,故 $-\lambda=u_{0.10}=1.64$,即 $\lambda=-1.64$.

(3) 因为 $P\{|X|>\lambda\}=0.01$,所以 $\Phi(\lambda)=1-0.005=0.995$,故 $\lambda=u_{0.01}=2.58$.

例 2 设总体 X 有 $E(X)=\mu,D(X)=\sigma^2$,$(X_1,X_2,\cdots,X_n)$ 是来自总体 X 的样本,试证明:
$$E(\overline{X})=\mu, \quad D(\overline{X})=\frac{\sigma^2}{n}.$$

证明 由于诸 X_i 互相独立且与 X 同分布,故 $E(X_i)=\mu,D(X_i)=\sigma^2(i=1,2,\cdots,n)$,于是
$$E(\overline{X})=E\left(\frac{1}{n}\sum_{i=1}^{n}X_i\right)=\frac{1}{n}\sum_{i=1}^{n}E(X_i)=\frac{1}{n}n\mu=\mu,$$
$$D(\overline{X})=D\left(\frac{1}{n}\sum_{i=1}^{n}X_i\right)=\frac{1}{n^2}\sum_{i=1}^{n}D(X_i)=\frac{1}{n^2}\cdot n\sigma^2=\frac{\sigma^2}{n}.$$

4. 服从正态分布的样本函数

定理 6.3 设总体 $X\sim N(\mu,\sigma^2)$,$(X_1,X_2,\cdots,X_n)$ 是来自总体 X 的样本,则

(1) $\overline{X}\sim N\left(\mu,\dfrac{\sigma^2}{n}\right)$;

(2) $\dfrac{\overline{X}-\mu}{\sigma/\sqrt{n}}\sim N(0,1)$.

(6-9)

证明 由于每个 X_i 服从正态分布,其线性组合 $\overline{X}=\dfrac{1}{n}\sum_{i=1}^{n}X_i$ 亦然,而 $E(\overline{X})=\mu$,$D(\overline{X})=\dfrac{\sigma^2}{n}$,故知
$$\overline{X}\sim N\left(\mu,\frac{\sigma^2}{n}\right),$$
把 $\overline{X}$ 标准化,即得
$$\frac{\overline{X}-\mu}{\sqrt{\sigma^2/n}}=\frac{\overline{X}-\mu}{\sigma/\sqrt{n}}\sim N(0,1).$$

定理 6.4 设 X 为任意总体,其数学期望和方差分别为 $E(X)=\mu,D(X)=\sigma^2(\sigma>0)$,且 $(X_1,X_2,\cdots,X_n)$ 为来自总体的一个样本,S 为其标准差,则当 n 充分大时,近似地有

(1) $\overline{X}\sim N\left(\mu,\dfrac{\sigma^2}{n}\right)$;

(2) $\dfrac{\overline{X}-\mu}{S/\sqrt{n}}\sim N(0,1)$.

这个定理的证明可由中心极限定理及有关概率理论得出,此处不再赘述.

二、χ^2 分布

1. 定义

定义 6.6 若随机变量 X 的概率密度为

$$f(x) = \begin{cases} \dfrac{1}{2^{\frac{n}{2}} \Gamma\left(\dfrac{n}{2}\right)} x^{\frac{n}{2}-1} e^{-\frac{x}{2}}, & x > 0; \\ 0, & x \leqslant 0. \end{cases} \tag{6-10}$$

其中 $\Gamma(r) = \int_0^{+\infty} x^{r-1} e^{-x} dx, n \geqslant 1$，则称 X 服从**自由度为 n 的 χ^2 分布**，记作 $X \sim \chi^2(n)$.

χ^2 分布的概率密度函数 $f(x)$ 的图像如图 6.2 所示.

由随机变量的期望与方差的定义可得：若 $X \sim \chi^2(n)$，则 $E(X) = n, D(X) = 2n$.

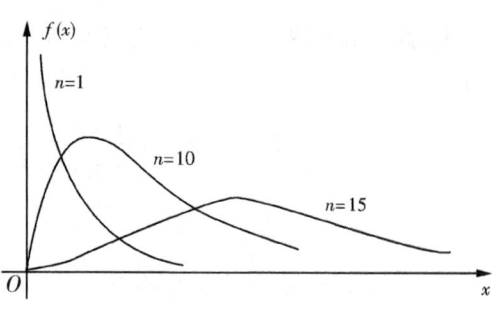

图 6.2

2. χ^2 分布的性质

定理 6.5 若随机变量 X 服从自由度为 n_1 的 χ^2 分布，Y 服从自由度为 n_2 的 χ^2 分布，并且 X 与 Y 相互独立，则 $X+Y$ 服从自由度为 $n_1 + n_2$ 的 χ^2 分布.

证明从略.

推论 6.1 若 $X_1, X_2, \cdots, X_k$ 相互独立且均服从 χ^2 分布，自由度分别为 $n_1, n_2, \cdots, n_k$，则 $\sum\limits_{i=1}^{k} X_i$ 服从自由度为 $n = \sum\limits_{i=1}^{k} n_i$ 的 χ^2 分布.

3. χ^2 分布的典型模式

定理 6.6 设 $X_1, X_2, \cdots, X_n$ 相互独立，且均服从标准正态分布，则随机变量 $X = X_1^2 + X_2^2 + \cdots + X_n^2$ 服从自由度为 n 的 χ^2 分布，即

$$X \sim \chi^2(n).$$

证明 因为 $X_i \sim N(0,1), i=1,2,\cdots,n$，所以 $X_i^2 \sim \chi^2(1), i=1,2,\cdots,n$. 又因为 $X_1, X_2, \cdots, X_n$ 相互独立，所以

$$X_1^2 + X_2^2 + \cdots + X_n^2 \sim \chi^2(n).$$

4. χ^2 分布的上侧分位数

定义 6.7 设随机变量 $X \sim \chi^2(n)$，对任意给定的数 $\alpha(0 < \alpha < 1)$，称满足 $P\{X > \lambda\} = \alpha$ 的实数 λ 为**自由度为 n 的 χ^2 分布的 α 水平上侧分位数**，记为 $\chi_\alpha^2(n)$，即 $\lambda = \chi_\alpha^2(n)$.

可知：$\chi_\alpha^2(n)$ 不仅与 n 有关，还与 α 有关，如图 6.3 所示.

χ^2 分布的上侧分位数表见书末附表 4，值得注意的是，在 χ^2 分布的上侧分位数表中，一般仅对 $n \leqslant 45$ 给出了分位数的值，当 $n > 45$ 时，不加证明地给出如下的近似公式：

$$\chi_\alpha^2(n) \approx \frac{1}{2}(\sqrt{2n-1} + u_{2\alpha})^2,$$

其中 $u_{2\alpha}$ 由 $\Phi(u_{2\alpha})=1-\alpha$ 查标准正态分布表得出.

下面以实例说明如何查表.

例3 已知随机变量 $X\sim\chi^2(18)$,求满足下列各式的实数 λ 的值.

(1) $P\{X>\lambda\}=0.01$;(2) $P\{X<\lambda\}=0.025$;(3) $P\{|X|>\lambda\}=0.05$.

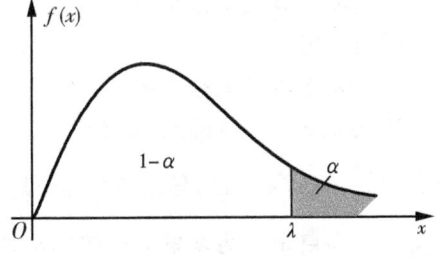

图 6.3

解 (1) 由 $P\{X>\lambda\}=0.01$,得 $\lambda=\chi^2_{0.01}(18)$,查 χ^2 分布的上侧分位数表知 $\chi^2_{0.01}(18)=34.805$,所以 $\lambda=34.805$.

(2) 由 $P\{X<\lambda\}=0.025$,得 $P\{X>\lambda\}=0.975$,$\lambda=\chi^2_{0.975}(18)$,查 χ^2 分布的上侧分位数表知 $\chi^2_{0.975}(18)=8.231$,所以 $\lambda=8.231$.

(3) 由 $P\{|X|>\lambda\}=0.05$,得 $P\{X>\lambda\}=0.05$,$\lambda=\chi^2_{0.05}(18)$,查 χ^2 分布的上侧分位数表知 $\chi^2_{0.05}(18)=28.869$,所以 $\lambda=28.869$.

5. 服从 χ^2 分布的样本函数

定理 6.7 设总体 X 服从正态分布 $N(\mu,\sigma^2)$,$(X_1,X_2,\cdots,X_n)$ 为来自总体 X 的一个样本,$\overline{X}$,S^2 分别表示样本均值与样本(修正)方差,则有

(1) $\dfrac{1}{\sigma^2}\sum\limits_{i=1}^{n}(X_i-\mu)^2 \sim \chi^2(n)$;

(2) $\dfrac{(n-1)S^2}{\sigma^2}=\dfrac{1}{\sigma^2}\sum\limits_{i=1}^{n}(X_i-\overline{X})^2 \sim \chi^2(n-1)$;

(3) S^2 与 $\overline{X}$ 相互独立.

证明从略.

三、t 分布

1. 定义

定义 6.8 若随机变量 X 的概率密度为

$$f(x)=\frac{\Gamma\left(\dfrac{n+1}{2}\right)}{\sqrt{n\pi}\,\Gamma\left(\dfrac{n}{2}\right)}\left(1+\frac{x^2}{n}\right)^{-\frac{n+1}{2}},\quad -\infty<x<+\infty, \tag{6-11}$$

则称 X 服从**自由度为 n 的 t 分布**,记为 $X\sim t(n)$.

图 6.4 是 t 分布的概率密度函数 $f(x)$ 的图像,由随机变量的数学期望与方差的定义可得:若 $X\sim t(n)$,则 $E(X)=0$;当 $n\leqslant 2$ 时,$D(X)$ 不存在,当 $n>2$ 时,$D(X)=\dfrac{n}{n-2}$.

2. t 分布的典型模式

定理 6.8 设随机变量 $X\sim N(0,1)$,$Y\sim\chi^2(n)$,且 X 与 Y 相互独立,则随机变量

$$T=\frac{X}{\sqrt{\dfrac{Y}{n}}}$$

服从自由度为 n 的 t 分布,即 $T \sim t(n)$.

证明从略.

3. t 分布的双侧分位数

定义 6.9 设随机变量 $X \sim t(n)$,对于任意给定的数 $\alpha(0<\alpha<1)$,称由 $P\{X>\lambda\}=\dfrac{\alpha}{2}$ 所确定的实数 λ 为**自由度为 n 的 t 分布的 α 水平双侧分位数**,记作 $t_\alpha(n)$,即 $\lambda = t_\alpha(n)$.

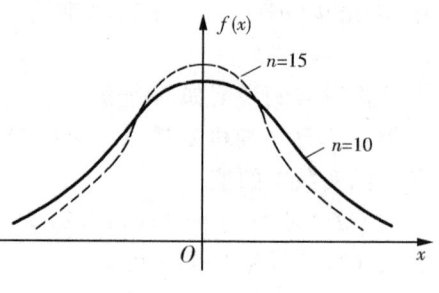

图 6.4

可得,若 λ 为自由度为 n 的 t 分布的 α 水平双侧分位数,则

$$P\{X<-\lambda\} = \dfrac{\alpha}{2},$$
$$P\{|X|>\lambda\} = \alpha,$$
$$P\{|X|\leqslant\lambda\} = 1-\alpha.$$

图 6.5 是 t 分布的双侧分位数图.

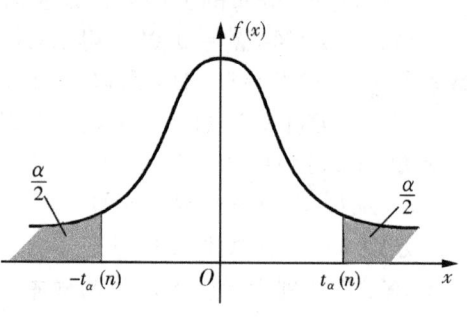

图 6.5

例 4 已知随机变量 $X \sim t(15)$,求满足下列各式的实数 λ 的值.

(1) $P\{|X|>\lambda\}=0.05$;

(2) $P\{X<\lambda\}=0.90$; (3) $P\{X>\lambda\}=0.01$.

解 (1) 由 $P\{|X|>\lambda\}=0.05$,得 $\lambda=t_{0.05}(15)$,查 t 分布的双侧分位数表知 $t_{0.05}(15)=2.131$,所以 $\lambda=2.131$.

(2) 由 $P\{X<\lambda\}=0.90$,得 $P\{X>\lambda\}=0.10$,$\lambda=t_{0.20}(15)$,查 t 分布的双侧分位数表知 $t_{0.20}(15)=1.341$,所以 $\lambda=1.341$.

(3) 由 $P\{X>\lambda\}=0.01$,得 $\lambda=t_{0.02}(15)$,查 t 分布的双侧分位数表知 $t_{0.02}(15)=2.602$,所以 $\lambda=2.602$.

4. 服从 t 分布的样本函数

定理 6.9 设 $X \sim N(\mu,\sigma^2)$,$(X_1,X_2,\cdots,X_n)$ 为来自总体 X 的样本,则随机变量

$$T = \dfrac{\overline{X}-\mu}{S/\sqrt{n}}$$

服从自由度为 $n-1$ 的 t 分布,即 $T \sim t(n-1)$.

证明 由条件可得 $\overline{X} \sim N\left(\mu,\dfrac{\sigma^2}{n}\right)$,因此 $\dfrac{\overline{X}-\mu}{\sigma/\sqrt{n}} \sim N(0,1)$. 又因为 $\dfrac{(n-1)S^2}{\sigma^2} \sim \chi^2(n-1)$,且 $\overline{X}$ 与 S^2 相互独立,于是 $\dfrac{\overline{X}-\mu}{\sigma/\sqrt{n}}$ 与 $\dfrac{(n-1)S^2}{\sigma^2}$ 也相互独立,故

$$\dfrac{\overline{X}-\mu}{S/\sqrt{n}} = \dfrac{\dfrac{\overline{X}-\mu}{\sigma/\sqrt{n}}}{\sqrt{\dfrac{(n-1)S^2}{\sigma^2}/(n-1)}} \sim t(n-1).$$

定理 6.10 设 $(X_1, X_2, \cdots, X_{n_1})(n_1 \geqslant 2)$ 和 $(Y_1, Y_2, \cdots, Y_{n_2})(n_2 \geqslant 2)$ 分别是总体 $X \sim N(\mu_1, \sigma^2)$ 和 $Y \sim N(\mu_2, \sigma^2)$ 的两个相互独立的简单随机样本,则

$$T = \frac{(\overline{X} - \overline{Y}) - (\mu_1 - \mu_2)}{S_W \sqrt{\frac{1}{n_1} + \frac{1}{n_2}}} \sim t(n_1 + n_2 - 2),$$

其中 $S_W^2 = \frac{(n_1 - 1)S_1^2 + (n_2 - 1)S_2^2}{n_1 + n_2 - 2}$.

证明 由条件得 $\overline{X} - \overline{Y} \sim N\left(\mu_1 - \mu_2, \frac{\sigma^2}{n_1} + \frac{\sigma^2}{n_2}\right)$,因此

$$\frac{(\overline{X} - \overline{Y}) - (\mu_1 - \mu_2)}{\sigma \sqrt{\frac{1}{n_1} + \frac{1}{n_2}}} \sim N(0, 1),$$

又 $\frac{(n_1 - 1)S_1^2}{\sigma^2} \sim \chi^2(n_1 - 1), \frac{(n_2 - 1)S_2^2}{\sigma^2} \sim \chi^2(n_2 - 1)$,且由条件可知它们相互独立,所以由 χ^2 分布的性质得

$$\frac{(n_1 - 1)S_1^2}{\sigma^2} + \frac{(n_2 - 1)S_2^2}{\sigma^2} \sim \chi^2(n_1 + n_2 - 2),$$

故

$$\frac{(\overline{X} - \overline{Y}) - (\mu_1 - \mu_2)}{S_W \sqrt{\frac{1}{n_1} + \frac{1}{n_2}}} = \frac{\dfrac{(\overline{X} - \overline{Y}) - (\mu_1 - \mu_2)}{\sigma \sqrt{\frac{1}{n_1} + \frac{1}{n_2}}}}{\sqrt{\dfrac{(n_1 - 1)S_1^2 + (n_2 - 1)S_2^2}{(n_1 + n_2 - 2)\sigma^2}}} \sim t(n_1 + n_2 - 2).$$

四、F 分布

1. 定义

定义 6.10 若随机变量 X 的概率密度为

$$f(x) = \begin{cases} \dfrac{\Gamma\left(\dfrac{n_1 + n_2}{2}\right)}{\Gamma\left(\dfrac{n_1}{2}\right)\Gamma\left(\dfrac{n_2}{2}\right)} \left(\dfrac{n_1}{n_2}\right)^{\frac{n_1}{2}} x^{\frac{n_1}{2} - 1} \left(1 + \dfrac{n_1}{n_2} x\right)^{-\frac{n_1 + n_2}{2}}, & x > 0; \\ 0, & x \leqslant 0. \end{cases} \tag{6-12}$$

则称 X 服从**自由度为 n_1 和 n_2 的 F 分布**,其中 n_1 称为第一自由度,n_2 称为第二自由度,记作 $X \sim F(n_1, n_2)$,如图 6.6 所示.

若随机变量 $X \sim F(n_1, n_2)$,则

当 $n_2 > 2$ 时,$E(X) = \dfrac{n_2}{n_2 - 2}$,

当 $n_2 \leqslant 2$ 时,$E(X)$ 不存在;

当 $n_2 > 4$ 时,

$$D(X) = \frac{2n_2^2(n_1+n_2-2)}{n_1(n_2-2)^2(n_2-4)},$$

当 $n_2 \leqslant 4$ 时，$D(X)$ 不存在.

2. F 分布的典型模式

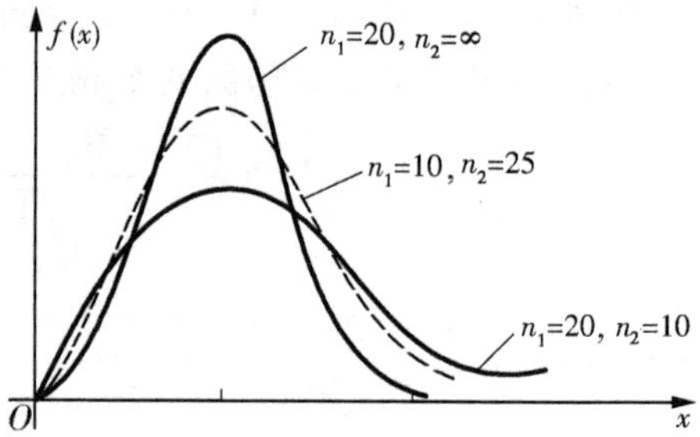

定理 6.11 设随机变量 X 与 Y 相互独立，且 $X \sim \chi^2(n_1), Y \sim \chi^2(n_2)$，则

$$F = \frac{X/n_1}{Y/n_2} \sim F(n_1, n_2).$$

证明从略.

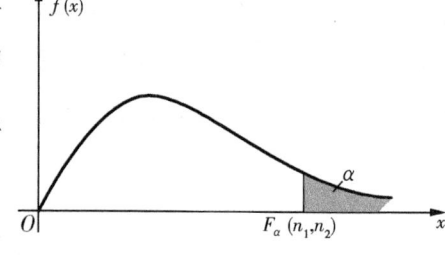

图 6.6

3. F 分布的性质

定理 6.12 若 $F \sim F(n_1, n_2)$，则 $\dfrac{1}{F} \sim F(n_2, n_1)$.

证明 设 $X \sim \chi^2(n_1), Y \sim \chi^2(n_2)$，则由条件及定理 6.11 得，$F$ 与 $\dfrac{X/n_1}{Y/n_2}$ 都服从自由度为 n_1, n_2 的 F 分布，因此 $\dfrac{1}{F}$ 与 $\dfrac{Y/n_2}{X/n_1}$ 服从同样的分布. 又由于 $\dfrac{Y/n_2}{X/n_1} \sim F(n_2, n_1)$，故 $\dfrac{1}{F} \sim F(n_2, n_1)$.

4. F 分布的上侧分位数

定义 6.11 设随机变量 $X \sim F(n_1, n_2)$，对于任意给定的数 $\alpha(0 < \alpha < 1)$，称由 $P\{X > \lambda\} = \alpha$ 所确定的实数 λ 为**自由度为 n_1 和 n_2 的 F 分布的 α 水平上侧分位数**，记作 $F_\alpha(n_1, n_2)$，即 $\lambda = F_\alpha(n_1, n_2)$.

图 6.7

如图 6.7 所示是 F 分布的上侧分位数图.

例 5 已知随机变量 $X \sim F(10, 15)$，求满足下列各式的实数 λ 的值.

(1) $P\{X > \lambda\} = 0.01$；(2) $P\{X < \lambda\} = 0.975$.

解 (1) 由 $P\{X > \lambda\} = 0.01$，得 $\lambda = F_{0.01}(10, 15)$，查 F 分布的上侧分位数表知 $F_{0.01}(10, 15) = 3.80$，所以 $\lambda = 3.80$.

(2) 由 $P\{X < \lambda\} = 0.975$，得 $P\{X > \lambda\} = 0.025$，$\lambda = F_{0.025}(10, 15)$，查 F 分布的上侧分位数表知 $F_{0.025}(10, 15) = 3.06$，所以 $\lambda = 3.06$.

5. 服从 F 分布的样本函数

定理 6.13 设 $(X_1, X_2, \cdots, X_{n_1})(n_1 \geqslant 2)$ 和 $(Y_1, Y_2, \cdots, Y_{n_2})(n_2 \geqslant 2)$ 分别是正态总体 $X \sim N(\mu_1, \sigma_1^2)$ 和 $Y \sim N(\mu_2, \sigma_2^2)$ 的样本，且 X 与 Y 相互独立，则

$$F = \frac{S_1^2/\sigma_1^2}{S_2^2/\sigma_2^2} \sim F(n_1-1, n_2-1).$$

证明 由条件及定理 6.7 得

$$\xi = \frac{(n_1-1)S_1^2}{\sigma_1^2} \sim \chi^2(n_1-1), \quad \eta = \frac{(n_2-1)S_2^2}{\sigma_2^2} \sim \chi^2(n_2-1).$$

由于 $(X_1, X_2, \cdots, X_{n_1})$ 和 $(Y_1, Y_2, \cdots, Y_{n_2})$ 分别来自两个相互独立的总体 X 与 Y，因此它

们相互独立，它们的连续函数 ξ 与 η 也相互独立，故

$$F = \frac{\dfrac{\xi}{n_1-1}}{\dfrac{\eta}{n_2-1}} = \frac{S_1^2/\sigma_1^2}{S_2^2/\sigma_2^2} \sim F(n_1-1, n_2-1).$$

由定理 6.13 可知：当两个总体独立且方差相等时，两个样本方差的比服从 F 分布，即当 $\sigma_1^2 = \sigma_2^2$ 时，$\dfrac{S_1^2}{S_2^2} \sim F(n_1-1, n_2-1)$.

例 6 已知 $\alpha \in (0,1)$，求证：$F_{1-\alpha}(n_1, n_2) = \dfrac{1}{F_\alpha(n_2, n_1)}$.

证明 设随机变量 $X \sim F(n_1, n_2)$，则由 F 分布的上侧分位数的定义可得
$$P\{X > F_{1-\alpha}(n_1, n_2)\} = 1 - \alpha,$$
所以
$$P\{X \leqslant F_{1-\alpha}(n_1, n_2)\} = \alpha.$$
因为 $0 < \alpha < 1$，所以
$$F_{1-\alpha}(n_1, n_2) > 0, \quad P\left\{\frac{1}{X} \geqslant \frac{1}{F_{1-\alpha}(n_1, n_2)}\right\} = \alpha,$$
而 $X \sim F(n_1, n_2)$，因此
$$\frac{1}{X} \sim F(n_2, n_1), \quad P\left\{\frac{1}{X} \geqslant F_\alpha(n_2, n_1)\right\} = \alpha,$$
从而有
$$\frac{1}{F_{1-\alpha}(n_1, n_2)} = F_\alpha(n_2, n_1),$$
即
$$F_{1-\alpha}(n_1, n_2) = \frac{1}{F_\alpha(n_2, n_1)}.$$

例 7 设 $X \sim t(n)$，求证：$X^2 \sim F(1, n)$.

证明 设随机变量 ξ 与 η 相互独立，且 $\xi \sim N(0,1)$，$\eta \sim \chi^2(n)$，则由定理 6.8 得
$$\frac{\xi}{\sqrt{\eta/n}} \sim t(n).$$
因此，X 与 $\dfrac{\xi}{\sqrt{\eta/n}}$ 服从同样的分布. 于是，X^2 与 $\dfrac{\xi^2}{\eta/n}$ 服从同样的分布. 又由于 $\xi^2 \sim \chi^2(1)$，ξ^2 与 η 相互独立，故有 $\dfrac{\xi^2}{\eta/n} \sim F(1,n)$，因而 $X^2 \sim F(1,n)$.

习 题 6

1. 设 $(X_1, X_2, \cdots, X_n)(n>1)$ 是来自总体 X 的一个简单随机样本，且其方差为 $\sigma^2 > 0$. 令 $Y = \dfrac{1}{n}\sum_{i=1}^{n} X_i$，求 $\text{Cov}(X_1, Y)$.

2. 设 $(X_1, X_2, \cdots, X_n)(n>2)$ 为来自总体 $X \sim N(0,1)$ 的简单随机样本，$\overline{X}$ 为样本均值，记 $Y_i = X_i - \overline{X}$，$i = 1, 2, \cdots, n$. 求：

(1) Y_i 的方差 $D(Y_i), i=1,2,\cdots,n$；

(2) Y_1 与 Y_n 的协方差 $\text{Cov}(Y_1,Y_n)$.

3. 设总体 X 服从正态分布 $N(\mu,\sigma^2)(\sigma>0)$，从该总体中抽取简单随机样本 $(X_1,X_2,\cdots,X_{2n})(n\geq 2)$，其样本均值为 $\overline{X}=\dfrac{1}{2n}\sum\limits_{i=1}^{2n}X_i$. 求统计量 $Y=\sum\limits_{i=1}^{n}(X_i+X_{n+i}-2\overline{X})^2$ 的数学期望 $E(Y)$.

4. 设总体 $X\sim N(80,20^2)$，从总体 X 中随机抽取一容量为 100 的样本，求样本均值与总体均值差的绝对值大于 3 的概率.

5. 设总体 $X\sim N(\mu,0.3^2)$，$(X_1,X_2,\cdots,X_n)$ 是 X 的一个样本，$\overline{X}$ 为样本均值，试求满足 $P\{|\overline{X}-\mu|<0.1\}\geq 0.95$ 的最小样本容量 n.

6. 设两个总体 X 与 Y 相互独立，且都服从正态分布 $N(30,20^2)$. $(X_1,X_2,\cdots,X_{20})$，$(Y_1,Y_2,\cdots,Y_{25})$ 是分别来自 X 与 Y 的样本，求 $\{|\overline{X}-\overline{Y}|>0.4\}$ 的概率.

7. 设 $(X_1,X_2,\cdots,X_{10})$ 为总体 $X\sim N(0,0.3^2)$ 的一个样本，求 $P\left\{\sum\limits_{i=1}^{10}X_i^2>1.44\right\}$.

8. 设总体 $X\sim N(\mu,\sigma^2)$，$(X_1,X_2,\cdots,X_{16})$ 是来自总体 X 的样本，求：

(1) $P\left\{\dfrac{\sigma^2}{2}\leq \dfrac{1}{n}\sum\limits_{i=1}^{n}(X_i-\mu)^2\leq 2\sigma^2\right\}$；　(2) $P\left\{\dfrac{\sigma^2}{2}\leq \dfrac{1}{n}\sum\limits_{i=1}^{n}(X_i-\overline{X})^2\leq 2\sigma^2\right\}$.

9. 设某厂生产的灯泡的使用寿命（单位：h）$X\sim N(1000,\sigma^2)$，随机抽取一容量为 9 的样本，并测得样本均值及样本方差. 但是由于工作上的失误，事后失去了此试验的结果，只记得样本方差为 $S^2=100^2$，试求 $P\{\overline{X}>1062\}$.

10. 从一正态总体中抽取容量为 10 的样本，假定有 2% 的样本均值与总体均值之差的绝对值在 4 以上，求总体的标准差.

11. 设总体 $X\sim N(\mu,16)$，$(X_1,X_2,\cdots,X_{10})$ 是来自总体 X 的一个容量为 10 的简单随机样本，S^2 为其样本方差，且 $P\{S^2>a\}=0.1$，求 a 的值.

12. 设 $(X_1,X_2,\cdots,X_n)$ 为服从参数为 λ 的泊松分布的总体 X 的样本，$\overline{X},S^2$ 分别为样本均值和样本（修正）方差，求 $D(\overline{X})$ 及 $E(S^2)$.

13. 查表求满足下列各式的 λ 值.

(1) $X\sim \chi^2(12), P\{X>\lambda\}=0.05$；　　(2) $X\sim \chi^2(20), P\{X<\lambda\}=0.9$；

(3) $X\sim t(15), P\{|X|>\lambda\}=0.01$；　　(4) $X\sim t(20), P\{X>\lambda\}=0.01$；

(5) $X\sim t(20), P\{X<\lambda\}=0.05$；　　(6) $X\sim F(12,15), P\{X>\lambda\}=0.05$；

(7) $X\sim F(12,15), P\{X<\lambda\}=0.99$；　　(8) $X\sim F(15,20), P\{|X|<\lambda\}=0.975$.

14. 设 $(X_1,X_2,\cdots,X_n)(n\geq 2)$ 为来自总体 $X\sim N(0,1)$ 的简单随机样本，$\overline{X}$ 为样本均值，S^2 为样本方差，则 $\dfrac{(n-1)X_1^2}{\sum\limits_{i=2}^{n}X_i^2}$ 服从何种分布？

15. 设随机变量 $X\sim t(n)(n>1)$，$Y=\dfrac{1}{X^2}$，则 Y 服从何种分布？

16. 设总体 $X\sim N(\mu_1,\sigma^2)$，总体 $Y\sim N(\mu_2,\sigma^2)$，$(X_1,X_2,\cdots,X_{n_1})$ 和 $(Y_1,Y_2,\cdots,Y_{n_2})$ 分别是来自总体 X 和 Y 的简单随机样本，求

$$E\left[\frac{\sum_{i=1}^{n_1}(X_i-\overline{X})^2+\sum_{j=1}^{n_2}(Y_j-\overline{Y})^2}{n_1+n_2-2}\right].$$

17. A 型灯泡的平均寿命为 1400 h，标准差为 200 h，B 型灯泡的平均寿命为 1200 h，标准差为 100 h. 从两种型号的灯泡中各取 250 个进行测试，问 A 型灯泡的平均寿命至少比 B 型灯泡的平均寿命长 180 h 以及 230 h 的概率分别是多少.

18. 设 $(X_1, X_2, \cdots, X_9)$ 是来自正态总体 X 的简单随机样本，

$$Y_1 = \frac{1}{6}(X_1+X_2+\cdots+X_6), \quad Y_2 = \frac{1}{3}(X_7+X_8+X_9),$$

$$S^2 = \frac{1}{2}\sum_{i=7}^{9}(X_i-Y_2)^2, \quad Z = \frac{\sqrt{2}(Y_1-Y_2)}{S}.$$

证明：统计量 Z 服从自由度为 2 的 t 分布.

第7章 参数估计

对于实际问题中遇到的随机变量,我们一般知道总体的分布类型,但不知道总体中的参数,为求总体的分布函数中的参数,常利用样本提供的信息对总体的参数做科学的合理的推断,对参数的这种推断称为参数估计或统计估计.参数估计包括点估计和区间估计两种,本章将介绍这两种估计的有关概念及方法.

§7.1 点 估 计

一、点估计的概念

先看一个例子.设某厂生产的彩电的寿命 X 服从正态分布 $N(\mu, \sigma^2)$,但平均寿命 μ 未知,于是厂家抽查了 100 台彩电,测得这 100 台彩电寿命的样本均值 $\bar{x}=4.2$ 万小时.这个 $\bar{x}=4.2$ 万小时就可以作为该厂彩电平均寿命 μ 的一个估计.这种方法就叫作参数的点估计方法.

一般地,设总体 X 的分布函数类型已知,但分布函数中含有一个或若干个未知参数,如果通过随机试验得到了总体的一个样本$(X_1, X_2, \cdots, X_n)$的观测值$(x_1, x_2, \cdots, x_n)$,一种自然的想法便是利用样本的观测值对总体的未知参数做出估计或推断.为方便起见,我们设 θ 是总体 X 的分布函数中的一个参数,$(X_1, X_2, \cdots, X_n)$ 是来自总体 X 的一个样本,点估计就是构造一个统计量 $\hat{\theta}=\hat{\theta}(X_1, X_2, \cdots, X_n)$ 作为参数 θ 的估计,称 $\hat{\theta}$ 为 θ 的**估计量**.如果经过一次试验得到了样本$(X_1, X_2, \cdots, X_n)$的观测值$(x_1, x_2, \cdots, x_n)$,以 $x_1, x_2, \cdots, x_n$ 分别代替 $\hat{\theta}$ 中的 $X_1, X_2, \cdots, X_n$,则得到 $\hat{\theta}=\hat{\theta}(x_1, x_2, \cdots, x_n)$,称它为参数 θ 的**估计值**.点估计的任务就是获得由样本做出的对总体参数的估计方法,建立衡量估计量优劣的标准.下面介绍常见的两种点估计方法.

二、矩法估计及其原理

矩法估计也称**矩估计**,它是一种常用的求总体参数的估计量的方法.其基本思想是把样本矩作为相应的总体矩的估计量,即将样本的 k 阶原点矩作为总体的 k 阶原点矩的估计量.利用矩法估计得到的总体参数 θ 的估计量 $\hat{\theta}$ 称为参数 θ 的**矩估计量**,简称**矩估计**.

矩法估计的原理为辛钦大数定律. 由辛钦大数定律可知,当随机变量 $X_1, X_2, \cdots,$ $X_n, \cdots$ 独立同分布且 X_i 的期望 $E(X_i) = \mu$ $(i=1, 2, \cdots, n, \cdots)$ 时,有 $\lim\limits_{n\to\infty} P\left\{\left|\dfrac{1}{n}\sum\limits_{i=1}^{n} X_i - \mu\right| < \varepsilon\right\} = 1$. 因此,若 $(X_1, X_2, \cdots, X_n)$ 是总体 X 的一个简单随机子样,且 $E(X^k)$(k 为正整数)存在,则有 $\lim\limits_{n\to\infty} P\left\{\left|\dfrac{1}{n}\sum\limits_{i=1}^{n} X_i^k - E(X^k)\right| < \varepsilon\right\} = 1$,即当 n 足够大时,$\dfrac{1}{n}\sum\limits_{i=1}^{n} X_i^k$ 以较大的概率聚集在 $E(X^k)$ 的附近. 因此,样本的 k 阶原点矩可以作为总体的 k 阶原点矩的估计量.

下面介绍矩估计的一般形式.

设总体 X 的分布函数为 $F(X; \theta_1, \theta_2, \cdots, \theta_m)$,其中 $\theta_1, \theta_2, \cdots, \theta_m$ 是未知参数,总体的 k 阶原点矩 μ_k 为

$$\mu_k = \mu_k(\theta_1, \theta_2, \cdots, \theta_m) = E(X^k),$$

样本的 k 阶原点矩 m_k 为

$$m_k = \frac{1}{n}\sum_{i=1}^{n} X_i^k,$$

则方程组

$$\begin{cases} \mu_1(\theta_1, \theta_2, \cdots, \theta_m) = \dfrac{1}{n}\sum\limits_{i=1}^{n} X_i, \\ \mu_2(\theta_1, \theta_2, \cdots, \theta_m) = \dfrac{1}{n}\sum\limits_{i=1}^{n} X_i^2, \\ \cdots\cdots \\ \mu_m(\theta_1, \theta_2, \cdots, \theta_m) = \dfrac{1}{n}\sum\limits_{i=1}^{n} X_i^m \end{cases} \tag{7-1}$$

的解 $\hat{\theta}_k(X_1, X_2, \cdots, X_n)$ 即为 $\theta_k(k=1, 2, \cdots, m)$ 的矩估计量.

例 1 设总体 X 服从 0-1 分布,即 $X = \begin{cases} 1, & 若 A 发生; \\ 0, & 若 A 不发生. \end{cases}$ 设 $P(A) = p$,其中 $p(0 < p < 1)$ 是未知参数,求 p 的矩估计量.

解 设 $(X_1, X_2, \cdots, X_n)$ 是总体 X 的样本,则样本的一阶原点矩为 $\overline{X} = \dfrac{1}{n}\sum\limits_{i=1}^{n} X_i$,总体的一阶原点矩为 $E(X) = p$,按矩法估计得 p 的估计量 $\hat{p}$ 为

$$\hat{p} = \overline{X} = \frac{1}{n}\sum_{i=1}^{n} X_i = \frac{\mu_n}{n}.$$

这里 μ_n 是 n 次独立重复试验中事件 A 发生的次数,$\dfrac{\mu_n}{n}$ 是 n 次试验中 A 发生的频率. 显然用矩法估计 p 时,实质上就是用事件发生的频率作为概率的估计值.

例 2 已知总体 X 的概率密度函数

$$f(x; \theta) = \begin{cases} \dfrac{6x(\theta - x)}{\theta^3}, & 0 < x < \theta; \\ 0, & 其他. \end{cases}$$

其中 θ 为未知参数. $(X_1, X_2, \cdots, X_n)$ 为总体 X 的一个样本.

(1) 求 θ 的矩估计量 $\hat{\theta}$；

(2) 若 3.5, 4.2, 5.3, 4.4, 3.7, 5.8, 3.9, 4.8 为一组样本观测值, 求 θ 的矩估计值.

解 (1) 先找出 θ 与总体矩的关系, 为此先计算总体的一阶原点矩:

$$E(X) = \int_{-\infty}^{+\infty} xf(x;\theta)\mathrm{d}x = \int_0^\theta \frac{6x^2(\theta-x)}{\theta^3}\mathrm{d}x$$

$$= \frac{6}{\theta^3}\left[\int_0^\theta \theta x^2 \mathrm{d}x - \int_0^\theta x^3 \mathrm{d}x\right] = \frac{\theta}{2}.$$

而样本的一阶原点矩为

$$\overline{X} = \frac{1}{n}\sum_{i=1}^n X_i,$$

由矩法估计得

$$\frac{\hat{\theta}}{2} = \overline{X},$$

解得 $\hat{\theta} = 2\overline{X}$, 即为总体参数 θ 的矩估计量.

(2) 代入样本观测值, 求出样本均值 $\overline{X} = \frac{1}{8}\sum_{i=1}^8 X_i = 4.45$, 则

$$\hat{\theta} = 2\overline{X} = 8.9,$$

即 $\hat{\theta} = 8.9$ 为 θ 的矩估计值.

例 3 设总体 X 的均值与方差均存在, 求它们的矩估计量.

解 设总体 X 的均值为 μ, 方差为 σ^2, $(X_1, X_2, \cdots, X_n)$ 为总体 X 的样本, 则样本的一阶原点矩与二阶原点矩分别为 $\overline{X} = \frac{1}{n}\sum_{i=1}^n X_i, m_2 = \frac{1}{n}\sum_{i=1}^n X_i^2$, 而总体的一阶原点矩与二阶原点矩分别为

$$E(X) = \mu, \quad E(X^2) = \mu^2 + \sigma^2.$$

由矩法估计得

$$\begin{cases} \hat{\mu} = \overline{X} = \dfrac{1}{n}\sum_{i=1}^n X_i, \\ \hat{\mu}^2 + \hat{\sigma}^2 = \dfrac{1}{n}\sum_{i=1}^n X_i^2, \end{cases}$$

故

$$\begin{cases} \hat{\mu} = \overline{X} = \dfrac{1}{n}\sum_{i=1}^n X_i, \\ \hat{\sigma}^2 = \dfrac{1}{n}\sum_{i=1}^n (X_i - \overline{X})^2 = S_0^2. \end{cases}$$

矩法估计一般不要求知道总体的分布情况, 使用起来方便简单, 应用广泛, 但另一方面, 它未能充分利用已知分布的信息, 故有时精度较差.

三、最大似然估计及其原理

最大似然估计是一种常见的点估计方法,下面介绍这一方法.

若总体 X 是连续型随机变量,其概率密度为 $f(x;\theta_1,\theta_2,\cdots,\theta_m)$,其中 $\theta_1,\theta_2,\cdots,\theta_m$ 为未知参数,则总体 X 的样本(简单随机子样)$(X_1,X_2,\cdots,X_n)$ 的联合概率密度为

$$\prod_{i=1}^{n} f(x_i;\theta_1,\theta_2,\cdots,\theta_m) = f(x_1;\theta_1,\theta_2,\cdots,\theta_m)f(x_2;\theta_1,\theta_2,\cdots,\theta_m)\cdots f(x_n;\theta_1,\theta_2,\cdots,\theta_m).$$

对于样本 $(X_1,X_2,\cdots,X_n)$ 的一组观测值 $(x_1,x_2,\cdots,x_n)$,它是 $\theta_1,\theta_2,\cdots,\theta_m$ 的函数. 记

$$L = L(x_1,x_2,\cdots,x_n;\theta_1,\theta_2,\cdots,\theta_m) = \prod_{i=1}^{n} f(x_i;\theta_1,\theta_2,\cdots,\theta_m), \tag{7-2}$$

称 L 为样本的**似然函数**.

若总体 X 是离散型随机变量,它的概率分布为

$$P\{X=x\} = p(x;\theta_1,\theta_2,\cdots,\theta_m),$$

其中 $\theta_1,\theta_2,\cdots,\theta_m$ 是未知参数. 此时,总体 X 的简单随机子样 $(X_1,X_2,\cdots,X_n)$ 的概率分布为

$$\prod_{i=1}^{n} p(x_i;\theta_1,\theta_2,\cdots,\theta_m) = p(x_1;\theta_1,\theta_2,\cdots,\theta_m) p(x_2;\theta_1,\theta_2,\cdots,\theta_m) \cdots p(x_n;\theta_1,\theta_2,\cdots,\theta_m).$$

同样,对于样本 $(X_1,X_2,\cdots,X_n)$ 的一个观测值 $(x_1,x_2,\cdots,x_n)$,它也是 $\theta_1,\theta_2,\cdots,\theta_m$ 的函数. 记

$$L = L(x_1,x_2,\cdots,x_n;\theta_1,\theta_2,\cdots,\theta_m) = \prod_{i=1}^{n} p(x_i;\theta_1,\theta_2,\cdots,\theta_m), \tag{7-3}$$

称 L 为样本的**似然函数**.

很显然,对于给定的样本值 $x_1,x_2,\cdots,x_n$,似然函数 L 是总体的未知参数 $\theta_1,\theta_2,\cdots,\theta_m$ 的函数.

由概率的意义可知,概率大的事件比概率小的事件在一次试验中更易发生,因此,若一次试验中某一随机事件发生了,则很自然地认为该事件发生的概率最大. 对于总体 X 的简单随机样本 $(X_1,X_2,\cdots,X_n)$,若在一次试验中得到样本 $(X_1,X_2,\cdots,X_n)$ 的观测值为 $(x_1,x_2,\cdots,x_n)$,则理应认为随机向量 $(X_1,X_2,\cdots,X_n)$ 取值于 $(x_1,x_2,\cdots,x_n)$ 的概率最大. 因此,当 X 是连续型随机变量时,由连续型随机变量的概率密度函数的意义可知:当 Δx_i ($i=1,2,\cdots,n$) 充分小时,有

$$P\left\{x_1 - \frac{1}{2}\Delta x_1 < X_1 \leqslant x_1 + \frac{1}{2}\Delta x_1, x_2 - \frac{1}{2}\Delta x_2 < X_2 \leqslant x_2 + \frac{1}{2}\Delta x_2, \cdots,\right.$$
$$\left. x_n - \frac{1}{2}\Delta x_n < X_n \leqslant x_n + \frac{1}{2}\Delta x_n\right\}$$
$$\approx \prod_{i=1}^{n} f(x_i;\theta_1,\theta_2,\cdots,\theta_m) \Delta x_i.$$

由此可知,样本 $(X_1,X_2,\cdots,X_n)$ 取值于 $(x_1,x_2,\cdots,x_n)$ 的概率最大就意味着 $\prod_{i=1}^{n} f(x_i;\theta_1,$

$\theta_2, \cdots, \theta_m)$ 取最大值.

当总体 X 是离散型随机变量时,样本$(X_1, X_2, \cdots, X_n)$取值于$(x_1, x_2, \cdots, x_n)$的概率最大就意味着 $\prod_{i=1}^{n} p(x_i; \theta_1, \theta_2, \cdots, \theta_m)$ 取最大值.

故无论是对连续总体还是离散总体 X,样本$(X_1, X_2, \cdots, X_n)$取值于$(x_1, x_2, \cdots, x_n)$的概率最大便意味着似然函数 L 取最大值,由于 L 是总体参数 $\theta_1, \theta_2, \cdots, \theta_m$ 的函数,故用使 L 达到最大值的参数 $\theta_1, \theta_2, \cdots, \theta_m$ 的值作为这些参数的估计值是科学的,这便是最大似然估计的基本原理.

定义 7.1 若似然函数 $L(x_1, x_2, \cdots, x_n; \theta_1, \theta_2, \cdots, \theta_m)$ 作为 $\theta_1, \theta_2, \cdots, \theta_m$ 的函数在 $\hat{\theta}_1, \hat{\theta}_2, \cdots, \hat{\theta}_m$ 处取到最大值,则分别称 $\hat{\theta}_1, \hat{\theta}_2, \cdots, \hat{\theta}_m$ 为 $\theta_1, \theta_2, \cdots, \theta_m$ 的**最大似然估计值**,即

$$L(x_1, x_2, \cdots, x_n; \hat{\theta}_1, \hat{\theta}_2, \cdots, \hat{\theta}_m) = \max_{\{\theta_i\}} L(x_1, x_2, \cdots, x_n; \theta_1, \theta_2, \cdots, \theta_m). \quad (7\text{-}4)$$

由多元函数的极值求法可知,若 L 关于 $\theta_1, \theta_2, \cdots, \theta_m$ 可微,则 $\hat{\theta}_1, \hat{\theta}_2, \cdots, \hat{\theta}_m$ 必须满足方程组

$$\begin{cases} \frac{\partial L}{\partial \theta_1} = 0, \\ \frac{\partial L}{\partial \theta_2} = 0, \\ \cdots \cdots \\ \frac{\partial L}{\partial \theta_m} = 0. \end{cases} \quad (7\text{-}5)$$

由于 $\ln L$ 与 L 在同样的 $\hat{\theta}_1, \hat{\theta}_2, \cdots, \hat{\theta}_m$ 处取到最大值,所以 $\hat{\theta}_1, \hat{\theta}_2, \cdots, \hat{\theta}_m$ 也必须满足下列方程组

$$\begin{cases} \frac{\partial \ln L}{\partial \theta_1} = 0, \\ \frac{\partial \ln L}{\partial \theta_2} = 0, \\ \cdots \cdots \\ \frac{\partial \ln L}{\partial \theta_m} = 0. \end{cases} \quad (7\text{-}6)$$

分别称式(7-5)和式(7-6)为**似然方程(组)**与**对数似然方程(组)**.为方便起见,今后对上述两方程(组)不加区别地称为似然方程(组).

由最大似然估计值的定义可知,总体 X 的参数 θ_i 的最大似然估计值 $\hat{\theta}_i$ 是$(x_1, x_2, \cdots, x_n)$的函数,故可写为 $\hat{\theta}_i = \hat{\theta}_i(x_1, x_2, \cdots, x_n)$.当总体 X 的样本$(X_1, X_2, \cdots, X_n)$的观测值未知时,此时的估计便为 $\hat{\theta}_i = \hat{\theta}_i(X_1, X_2, \cdots, X_n)$,称它为**参数 θ_i 的最大似然估计(量)**.显然,它是一个随机变量.

最大似然估计法便是寻找似然函数 $L(x_1, x_2, \cdots, x_n; \theta_1, \theta_2, \cdots, \theta_m)$取到最大值时参数 $\theta_1, \theta_2, \cdots, \theta_m$ 的值 $\hat{\theta}_1, \hat{\theta}_2, \cdots, \hat{\theta}_m$,并把 $\hat{\theta}_1, \hat{\theta}_2, \cdots, \hat{\theta}_m$ 作为未知参数 $\theta_1, \theta_2, \cdots, \theta_m$ 的估计值(量)的点估计方法.

下面以具体例子说明最大似然估计法如何估计总体的未知参数.

例 4 设总体服从 0-1 分布,即
$$X = \begin{cases} 1, & A \text{ 发生}; \\ 0, & A \text{ 不发生}. \end{cases}$$
且 $P(A)=p$,其中 $p(0<p<1)$ 是未知参数,试求 p 的最大似然估计量.

解 设 $(X_1,X_2,\cdots,X_n)$ 为总体 X 的样本,$x_1,x_2,\cdots,x_n$ 为其观测值,则有
$$P\{X_i = x_i\} = p^{x_i}(1-p)^{1-x_i}, \ x_i = 0,1(i=1,2,\cdots,n).$$
样本的似然函数为
$$L = L(x_1,x_2,\cdots,x_n;p) = \prod_{i=1}^{n} p^{x_i}(1-p)^{1-x_i} = p^{\sum_{i=1}^{n}x_i}(1-p)^{n-\sum_{i=1}^{n}x_i},$$
两边取对数得
$$\ln L = \sum_{i=1}^{n} x_i \ln p + \left(n - \sum_{i=1}^{n} x_i\right) \ln(1-p).$$
对数似然方程为
$$\frac{d\ln L}{dp} = \sum_{i=1}^{n} x_i \frac{1}{p} + \frac{1}{1-p}\left(\sum_{i=1}^{n} x_i - n\right) = 0,$$
解得
$$\hat{p} = \frac{1}{n}\sum_{i=1}^{n} x_i.$$
故 p 的最大似然估计量为
$$\hat{p} = \frac{1}{n}\sum_{i=1}^{n} X_i = \overline{X}.$$

例 5 设总体 X 的概率分布为

X	0	1	2	3
P	θ^2	$2\theta(1-\theta)$	θ^2	$1-2\theta$

其中 $\theta(0<\theta<\frac{1}{2})$ 是未知参数,利用总体 X 的如下样本值
$$3, \ 1, \ 3, \ 0, \ 3, \ 1, \ 2, \ 3,$$
求 θ 的矩估计值和最大似然估计值.

解 总体的一阶原点矩为
$$E(X) = 0\times\theta^2 + 1\times 2\theta(1-\theta) + 2\times\theta^2 + 3\times(1-2\theta) = 3-4\theta,$$
样本的一阶原点矩为
$$\overline{X} = \frac{1}{8}\times(3+1+3+0+3+1+2+3) = 2.$$
令 $E(X) = \overline{X}$,即 $3-4\theta = 2$,解得 θ 的矩估计值为 $\hat{\theta} = \frac{1}{4}$.

对于给定的样本值,样本的似然函数为
$$L = 4\theta^6(1-\theta)^2(1-2\theta)^4,$$
$$\ln L = \ln 4 + 6\ln\theta + 2\ln(1-\theta) + 4\ln(1-2\theta),$$

$$\frac{\mathrm{d}\ln L}{\mathrm{d}\theta} = \frac{6}{\theta} - \frac{2}{1-\theta} - \frac{8}{1-2\theta} = \frac{6 - 28\theta + 24\theta^2}{\theta(1-\theta)(1-2\theta)}.$$

令 $\dfrac{\mathrm{d}\ln L}{\mathrm{d}\theta} = 0$，解得

$$\theta_{1,2} = \frac{7 \pm \sqrt{13}}{12}.$$

因 $\dfrac{7+\sqrt{13}}{12} > \dfrac{1}{2}$ 不合题意，所以 θ 的最大似然估计值为 $\hat{\theta} = \dfrac{7-\sqrt{13}}{12}$。

例 6 设总体 X 服从参数为 μ, σ^2 的正态分布，即 X 的概率密度为

$$\varphi(x; \mu, \sigma^2) = \frac{1}{\sqrt{2\pi}\sigma} \exp\left\{-\frac{(x-\mu)^2}{2\sigma^2}\right\}.$$

$(X_1, X_2, \cdots, X_n)$ 为 X 的样本，$x_1, x_2, \cdots, x_n$ 为样本观测值，求参数 μ, σ^2 的最大似然估计。

解 样本的似然函数为

$$L = \prod_{i=1}^{n} \frac{1}{\sqrt{2\pi}\sigma} \exp\left\{-\frac{(x_i-\mu)^2}{2\sigma^2}\right\} = \left(\frac{1}{\sqrt{2\pi}\sigma}\right)^n \exp\left\{-\frac{1}{2\sigma^2}\sum_{i=1}^{n}(x_i-\mu)^2\right\},$$

于是

$$\ln L = -n\left[\frac{1}{2}(\ln 2 + \ln \pi) + \ln \sigma\right] - \frac{1}{2\sigma^2}\sum_{i=1}^{n}(x_i-\mu)^2.$$

对数似然方程组为

$$\begin{cases} \dfrac{\partial \ln L}{\partial \mu} = \dfrac{1}{\sigma^2}\sum_{i=1}^{n}(x_i-\mu) = 0, \\ \dfrac{\partial \ln L}{\partial \sigma^2} = -\dfrac{n}{2} \cdot \dfrac{1}{\sigma^2} + \dfrac{1}{2\sigma^4}\sum_{i=1}^{n}(x_i-\mu)^2 = 0, \end{cases}$$

解方程组得 μ 与 σ^2 的最大似然估计值为

$$\begin{cases} \hat{\mu} = \dfrac{1}{n}\sum_{i=1}^{n}x_i = \bar{x}, \\ \hat{\sigma}^2 = \dfrac{1}{n}\sum_{i=1}^{n}(x_i-\bar{x})^2. \end{cases}$$

故参数 μ, σ^2 的最大似然估计量为

$$\begin{cases} \hat{\mu} = \bar{X}, \\ \hat{\sigma}^2 = \dfrac{1}{n}\sum_{i=1}^{n}(X_i-\bar{X})^2. \end{cases}$$

由本例及例 3 可见，当总体 $X \sim N(\mu, \sigma^2)$ 时，μ 和 σ^2 的矩法估计量和最大似然估计量是相同的。

例 7 设总体 $X \sim Exp(\theta)$，$x_1, x_2, \cdots, x_n$ 为样本观测值，求 θ 的最大似然估计。

解 总体 X 的概率密度函数为

$$f(x;\theta) = \begin{cases} \theta e^{-\theta x}, & x > 0; \\ 0, & x \leqslant 0. \end{cases}$$

样本的似然函数为

$$L = L(x_1, x_2, \cdots, x_n; \theta) = \begin{cases} \prod_{i=1}^{n} \theta e^{-\theta x_i}, & x_1, x_2, \cdots, x_n > 0; \\ 0, & x_1, x_2, \cdots, x_n \leqslant 0. \end{cases}$$

即

$$L = \begin{cases} \theta^n e^{-\theta \sum_{i=1}^{n} x_i}, & x_1, x_2, \cdots, x_n > 0; \\ 0, & x_1, x_2, \cdots, x_n \leqslant 0. \end{cases}$$

因为 0 不是 L 的最大值,所以只需考虑

$$L = \theta^n e^{-\theta \sum_{i=1}^{n} x_i}, \quad x_1, x_2, \cdots, x_n > 0.$$

取对数
$$\ln L = n \ln \theta - \theta \sum_{i=1}^{n} x_i,$$

对数似然方程为

$$\frac{\mathrm{d} \ln L}{\mathrm{d} \theta} = \frac{n}{\theta} - \sum_{i=1}^{n} x_i = 0,$$

解得 θ 的最大似然估计值为

$$\hat{\theta} = \frac{n}{\sum_{i=1}^{n} x_i} = \frac{1}{\bar{x}},$$

因而 θ 的最大似然估计量为

$$\hat{\theta} = \frac{1}{\bar{X}}.$$

需要注意的是,当方程 $\frac{\mathrm{d}L}{\mathrm{d}\theta} = 0$ 无解时,最大似然估计应直接按定义来求.

例 8 设总体 $X \sim U[0, \lambda]$,其中 $\lambda > 0$ 为参数,即 X 的概率密度为

$$f(x;\lambda) = \begin{cases} \dfrac{1}{\lambda}, & 0 \leqslant x \leqslant \lambda; \\ 0, & \text{其他}. \end{cases}$$

求参数 λ 的最大似然估计量.

解 设 $(X_1, X_2, \cdots, X_n)$ 是总体 X 的样本,则 X_i 的概率密度为

$$f(x_i;\lambda) = \begin{cases} \dfrac{1}{\lambda}, & 0 \leqslant x_i \leqslant \lambda; \\ 0, & \text{其他}. \end{cases}$$

于是样本的似然函数为

$$L = L(x_1, x_2, \cdots, x_n; \lambda) = \begin{cases} \dfrac{1}{\lambda^n}, & 0 \leqslant x_1, x_2, \cdots, x_n \leqslant \lambda; \\ 0, & \text{其他}. \end{cases}$$

由于 0 不是 L 的最大值,故只要考虑

$$L = \frac{1}{\lambda^n}, \quad 0 \leqslant x_1, x_2, \cdots, x_n \leqslant \lambda.$$

因为 $\dfrac{\mathrm{d}L}{\mathrm{d}\lambda} = -\dfrac{n}{\lambda^{n+1}} < 0$,所以当 λ 取最小值时 L 最大,又因为 $0 \leqslant x_1, x_2, \cdots, x_n \leqslant \lambda$,因此 $\hat{\lambda} = \max\{X_1, X_2, \cdots, X_n\}$ 是参数 λ 的最大似然估计量.

四、估计量优良性的评价标准

从前面的例子可以看出,对于同一未知参数可以有多种不同的估计量,因此便有一个衡量估计量优劣的标准问题. 由于估计量是随机变量,不能仅看一次的具体结果来定,而应由它在参数的真实值附近取值的概率大小确定,为此引进三条评价标准:无偏性、有效性、一致性.

1. 无偏性

定义 7.2 设 $\hat{\theta}$ 为未知参数 θ 的一个估计量,若

$$E(\hat{\theta}) = \theta, \tag{7-7}$$

则称 $\hat{\theta}$ 为参数 θ 的**无偏估计量**,反之称为**有偏估计量**.

无偏估计的直观意义是,多次对样本进行观测,得到参数的多个估计值,这些估计值的算术平均值与参数的真值基本上相等.

例 9 设 $(X_1, X_2, \cdots, X_n)$ 是总体 X 的样本,证明:当 $E(X^k)$ (k 为正整数) 存在时,样本的 k 阶原点矩 $m_k = \dfrac{1}{n}\sum_{i=1}^{n} X_i^k$ 是总体的 k 阶原点矩的无偏估计量.

证明 由题中条件可知,$X_i(i=1,2,\cdots,n)$ 相互独立且与总体 X 有相同的分布,故由数学期望的性质有

$$E\left(\frac{1}{n}\sum_{i=1}^{n} X_i^k\right) = \frac{1}{n} E\left(\sum_{i=1}^{n} X_i^k\right) = \frac{1}{n}\sum_{i=1}^{n} E(X_i^k) = E(X^k),$$

即 $m_k = \dfrac{1}{n}\sum_{i=1}^{n} X_i^k$ 是总体 X 的 k 阶原点矩的无偏估计量.

由例 9 可知,样本的均值 $\overline{X}$ 是总体均值的无偏估计量.

例 10 设有总体 X, $E(X) = \mu$, $D(X) = \sigma^2$, $(X_1, X_2, \cdots, X_n)$ 是总体 X 的样本. 证明:样本均值 $\overline{X}$ 是总体均值 μ 的无偏估计量,样本未修正方差 $S_0^2 = \dfrac{1}{n}\sum_{i=1}^{n}(X_i - \overline{X})^2$ 不是总体方差 σ^2 的无偏估计量.

证明 因为 $(X_1, X_2, \cdots, X_n)$ 是总体 X 的样本,所以

$$E(\overline{X}) = E\left(\frac{1}{n}\sum_{i=1}^{n} X_i\right) = \frac{1}{n}\sum_{i=1}^{n} E(X_i) = \mu, \quad D(\overline{X}) = \frac{\sigma^2}{n}.$$

$$E(S_0^2) = E\left[\frac{1}{n}\sum_{i=1}^{n}(X_i - \overline{X})^2\right]$$

$$= \frac{1}{n} E \left\{ \sum_{i=1}^{n} [X_i - E(X_i) - (\overline{X} - E(\overline{X}))]^2 \right\}$$

$$= \frac{1}{n} E \left\{ \sum_{i=1}^{n} [X_i - E(X_i)]^2 - 2[\overline{X} - E(\overline{X})] \sum_{i=1}^{n} [X_i - E(X_i)] \right.$$

$$\left. + n[\overline{X} - E(\overline{X})]^2 \right\}$$

$$= \frac{1}{n} \left(n\sigma^2 - n \cdot \frac{\sigma^2}{n} \right) = \frac{n-1}{n} \sigma^2 \neq \sigma^2,$$

故 $S_0^2 = \frac{1}{n} \sum_{i=1}^{n} (X_i - \overline{X})^2$ 不是 σ^2 的无偏估计量.

由例 10 不难看出, 如果以 $S^2 = \frac{1}{n-1} \sum_{i=1}^{n} (X_i - \overline{X})^2 = \frac{n}{n-1} S_0^2$ 作为总体方差 σ^2 的估计量, 那么 S^2 是 σ^2 的无偏估计量.

一个参数的无偏估计可以有许多, 比如 $\hat{\mu}_1 = \overline{X}$ 和 $\hat{\mu}_2 = \frac{X_1 + X_2}{2}$ 都是总体均值 μ 的无偏估计量. 因此, 评价估计量的标准还须进一步讨论.

2. 有效性

定义 7.3 设 $\hat{\theta}_1, \hat{\theta}_2$ 都是参数 θ 的无偏估计量, 若有

$$D(\hat{\theta}_1) < D(\hat{\theta}_2), \tag{7-8}$$

则称 $\hat{\theta}_1$ 为比 $\hat{\theta}_2$ **有效的估计(量)**. 若在 θ 的一切无偏估计量中, $\hat{\theta}_1$ 的方差最小, 则称 $\hat{\theta}_1$ 为 θ **的有效估计(量)或最小方差无偏估计(量)**.

可知, 若 $\hat{\theta}_1, \hat{\theta}_2$ 的均值都是 θ, 且 $\hat{\theta}_1$ 比 $\hat{\theta}_2$ 更有效, 则 $\hat{\theta}_1$ 的取值比 $\hat{\theta}_2$ 的取值更集中于 θ 的附近, 因此 $\hat{\theta}_1$ 作为 θ 的估计值比 $\hat{\theta}_2$ 作为 θ 的估计值误差要小, 这就是有效性的直观意义, 如图 7.1 所示.

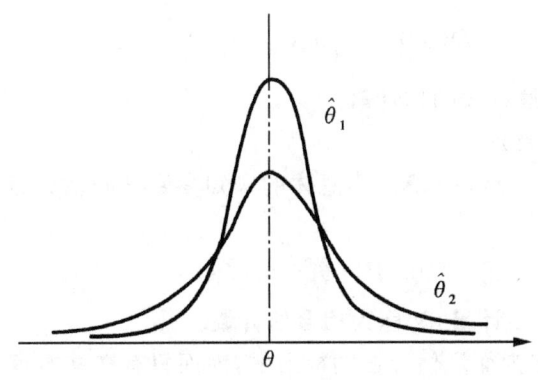

图 7.1

例 11 设总体 $X \sim N(\mu, \sigma_0^2)$, 其中 μ 未知, (X_1, X_2, X_3) 为 X 的一个样本, 试证明下列统计量

(1) $\hat{\mu}_1 = \frac{1}{4} X_1 + \frac{1}{2} X_2 + \frac{1}{4} X_3$,

(2) $\hat{\mu}_2 = \frac{1}{3}X_1 + \frac{1}{3}X_2 + \frac{1}{3}X_3$,

(3) $\hat{\mu}_3 = \frac{1}{5}X_1 + \frac{3}{5}X_2 + \frac{1}{5}X_3$

均为总体参数 μ 的无偏估计量,并说明哪一个最有效.

证明 因为 (X_1, X_2, X_3) 为 X 的一个样本,所以

$$\begin{aligned}E(\hat{\mu}_1) &= E\left(\frac{1}{4}X_1 + \frac{1}{2}X_2 + \frac{1}{4}X_3\right) \\ &= E\left(\frac{1}{4}X_1\right) + E\left(\frac{1}{2}X_2\right) + E\left(\frac{1}{4}X_3\right) \\ &= \frac{1}{4}\mu + \frac{1}{2}\mu + \frac{1}{4}\mu \\ &= \mu,\end{aligned}$$

同理可得

$$E(\hat{\mu}_2) = \mu, \quad E(\hat{\mu}_3) = \mu,$$

因此,$\hat{\mu}_1, \hat{\mu}_2, \hat{\mu}_3$ 均为总体参数 μ 的无偏估计量.

又

$$\begin{aligned}D(\hat{\mu}_1) &= D\left(\frac{1}{4}X_1 + \frac{1}{2}X_2 + \frac{1}{4}X_3\right) \\ &= D\left(\frac{1}{4}X_1\right) + D\left(\frac{1}{2}X_2\right) + D\left(\frac{1}{4}X_3\right) \\ &= \frac{1}{16}\sigma_0^2 + \frac{1}{4}\sigma_0^2 + \frac{1}{16}\sigma_0^2 \\ &= \frac{3}{8}\sigma_0^2,\end{aligned}$$

同理可得

$$D(\hat{\mu}_2) = \frac{1}{3}\sigma_0^2, \quad D(\hat{\mu}_3) = \frac{11}{25}\sigma_0^2,$$

故 $\hat{\mu}_2$ 是三个估计量中最有效的估计量.

*3. 一致性(相合性)

定义 7.4 设 $\hat{\theta}(X_1, X_2, \cdots, X_n)$ 为总体的未知参数 θ 的估计量,若对于任意的 $\varepsilon > 0$,均有

$$\lim_{n \to \infty} P\{|\hat{\theta} - \theta| < \varepsilon\} = 1, \tag{7-9}$$

则称 $\hat{\theta}$ 为参数 θ 的**一致估计量**,又称为**相合估计量**.

一致性是以极限作为衡量估计量的标准的,因而只有在样本容量很大时才起作用,其直观含义是当样本容量充分大时,估计值接近未知参数真值的概率接近 1. 换句话说,"估计值与真值偏离较大"这一事件是小概率事件.

例 12 已知总体 $X \sim U[0, \theta]$,其中 θ 为参数,$(X_1, X_2, \cdots, X_n)$ 是来自总体 X 的样本,$\hat{\theta}_1 = 2\overline{X}$,$\hat{\theta}_2 = \frac{n+1}{n}\max_{1 \leqslant i \leqslant n}\{X_i\}$.试证明:

(1) $\hat{\theta}_1, \hat{\theta}_2$ 均是 θ 的无偏估计量; (2) $\hat{\theta}_1, \hat{\theta}_2$ 均是 θ 的一致估计量.

证明 (1) 因为
$$E(\hat{\theta}_1) = E(2\overline{X}) = 2E\left(\frac{1}{n}\sum_{i=1}^{n}X_i\right) = 2 \cdot \frac{1}{n}\sum_{i=1}^{n}E(X_i) = 2 \cdot \frac{\theta}{2} = \theta,$$

所以 $\hat{\theta}_1 = 2\overline{X}$ 是 θ 的无偏估计量.

又令 $Y = \max\limits_{1 \leqslant i \leqslant n}\{X_i\}$, 由题设知 $X_i \sim U[0, \theta], i = 1, 2, \cdots, n$,

$$F_{X_i}(x) = \begin{cases} 0, & x < 0; \\ \dfrac{x}{\theta}, & 0 \leqslant x < \theta; \\ 1, & x \geqslant \theta. \end{cases}$$

故有

$$F_Y(y) = \begin{cases} 0, & y < 0; \\ \left(\dfrac{y}{\theta}\right)^n, & 0 \leqslant y < \theta; \\ 1, & y \geqslant \theta. \end{cases}$$

$$f_Y(y) = F'_Y(y) = \begin{cases} \dfrac{n}{\theta}\left(\dfrac{y}{\theta}\right)^{n-1}, & 0 < y < \theta; \\ 0, & \text{其他}. \end{cases}$$

$$E(\hat{\theta}_2) = E\left(\frac{n+1}{n}Y\right) = \frac{n+1}{n}E(Y) = \frac{n+1}{n}\int_0^{\theta} y \cdot \frac{n}{\theta}\left(\frac{y}{\theta}\right)^{n-1} dy$$
$$= \frac{n+1}{n}\theta \cdot n\int_0^1 t^n dt = \theta,$$

故 $\hat{\theta}_2$ 也是 θ 的无偏估计量.

(2) 因为
$$D(\hat{\theta}_1) = D(2\overline{X}) = 4 \cdot \frac{1}{n^2}\sum_{i=1}^{n}D(X_i) = 4 \cdot n \cdot \frac{1}{n^2} \cdot \frac{\theta^2}{12} = \frac{\theta^2}{3n},$$

$$D(\hat{\theta}_2) = D\left(\frac{n+1}{n}Y\right) = \frac{(n+1)^2}{n^2}D(Y)$$
$$= \frac{(n+1)^2}{n^2}\left\{\int_0^{\theta} y^2 \frac{n}{\theta}\left(\frac{y}{\theta}\right)^{n-1} dy - [E(Y)]^2\right\}$$
$$= \frac{\theta^2}{n(n+2)},$$

所以
$$1 \geqslant \lim_{n \to \infty} P\{|\hat{\theta}_1 - \theta| < \varepsilon\} \geqslant \lim_{n \to \infty}\left[1 - \frac{D(\hat{\theta}_1)}{\varepsilon^2}\right] = \lim_{n \to \infty}\left(1 - \frac{\theta^2}{3n\varepsilon^2}\right) = 1,$$

即
$$\lim_{n \to \infty} P\{|\hat{\theta}_1 - \theta| < \varepsilon\} = 1.$$

又因为
$$1 \geqslant \lim_{n \to \infty} P\{|\hat{\theta}_2 - \theta| < \varepsilon\} \geqslant \lim_{n \to \infty}\left[1 - \frac{D(\hat{\theta}_2)}{\varepsilon^2}\right] = \lim_{n \to \infty}\left[1 - \frac{\theta^2}{n(n+2)\varepsilon^2}\right] = 1,$$

可得

$$\lim_{n\to\infty} P\{|\hat{\theta}_2 - \theta| < \varepsilon\} = 1,$$

故 $\hat{\theta}_1$ 与 $\hat{\theta}_2$ 均为 θ 的一致估计量.

§7.2 区 间 估 计

一、区间估计及其基本步骤

前面我们介绍了参数的点估计方法,它是用一个统计量 $\hat{\theta}$ 作为参数 θ 的估计,一旦得到样本的观测值,就能计算出参数的估计值. 这种方法方便直观,但它有一个明显的缺陷,就是没有提供关于估计精确度的任何信息. 事实上,$\hat{\theta}$ 作为 θ 的估计值,与 θ 的真实值并不一定相等. 很自然地,我们希望 $\hat{\theta}$ 落在 θ 真实值的一个很小邻域内,这便导出了一种新的参数估计方法——估计一个很小的区间,并使这个区间以较大的概率包含参数 θ 的真实值,这种估计方法称为区间估计.

定义 7.5 设总体 X 的分布中含有一个未知参数 θ,对于任意给定的数 $\alpha(0<\alpha<1)$,若统计量 $\underline{\theta}(X_1,X_2,\cdots,X_n)$ 及 $\bar{\theta}(X_1,X_2,\cdots,X_n)$ 满足

$$P\{\underline{\theta}<\theta<\bar{\theta}\} = 1-\alpha, \tag{7-10}$$

则称区间 $(\underline{\theta},\bar{\theta})$ 为**参数 θ 的置信度为 $1-\alpha$ 的置信区间**. $\underline{\theta},\bar{\theta}$ 分别称为**置信下限**和**置信上限**,$1-\alpha$ 称为**置信度**.

定义 7.5 表明:若 $(\underline{\theta},\bar{\theta})$ 为参数 θ 的置信度为 $1-\alpha$ 的置信区间,则区间 $(\underline{\theta},\bar{\theta})$ 以概率 $1-\alpha$ 包含参数 θ 的真值. 因此,若取 $\alpha=0.05$,则在进行 1000 次抽样(样本容量保持相同)得到的 θ 的 1000 个区间估计中,大约有 950 个这样的置信度为 $1-\alpha$ 的置信区间将包含 θ 的真值,而每一具体的区间要么包含 θ 的真值,要么不包含 θ 的真值.

值得注意的是,定义 7.5 中置信度为 $1-\alpha$ 的置信区间不是唯一的,而是有无穷多个.

例 1 设随机变量 X 服从正态分布 $N(\mu,\sigma_0^2)$,其中 σ_0^2 已知,μ 未知,$(X_1,X_2,\cdots,X_n)$ 为来自总体 X 的样本,求总体均值 μ 的置信度为 95% 的置信区间.

解 由题设可得 $\bar{X} = \frac{1}{n}\sum_{i=1}^{n} X_i \sim N\left(\mu,\frac{\sigma_0^2}{n}\right)$,故有

$$U = \frac{\bar{X}-\mu}{\sigma_0/\sqrt{n}} \sim N(0,1).$$

对给定的置信度 $1-\alpha=95\%=0.95$,由

$$P\{\lambda_1 < U < \lambda_2\} = 0.95, \quad P\{U>\lambda_2\} = 0.025, \quad P\{U<\lambda_1\} = 0.025,$$

查表得

$$\lambda_1 = -1.96, \quad \lambda_2 = 1.96,$$

即

$$P\left\{\overline{X} - 1.96\frac{\sigma_0}{\sqrt{n}} < \mu < \overline{X} + 1.96\frac{\sigma_0}{\sqrt{n}}\right\} = 0.95,$$

故 μ 的置信度为 95% 的置信区间为

$$\left(\overline{X} - 1.96\frac{\sigma_0}{\sqrt{n}},\quad \overline{X} + 1.96\frac{\sigma_0}{\sqrt{n}}\right).$$

若取

$$P\{U < \lambda_1\} = 0.01,\quad P\{U > \lambda_2\} = 0.04,$$

查表得

$$\lambda_1 = -2.33,\quad \lambda_2 = 1.75,$$

即

$$P\left\{\overline{X} - 1.75\frac{\sigma_0}{\sqrt{n}} < \mu < \overline{X} + 2.33\frac{\sigma_0}{\sqrt{n}}\right\} = 0.95,$$

故 μ 的置信度为 95% 的置信区间为

$$\left(\overline{X} - 1.75\frac{\sigma_0}{\sqrt{n}},\quad \overline{X} + 2.33\frac{\sigma_0}{\sqrt{n}}\right).$$

事实上,只要选取 λ_1,λ_2 使

$$P\{U < \lambda_1\} + P\{U > \lambda_2\} = 0.05,$$

就有

$$P\left\{\overline{X} - \lambda_2\frac{\sigma_0}{\sqrt{n}} < \mu < \overline{X} - \lambda_1\frac{\sigma_0}{\sqrt{n}}\right\} = 0.95,$$

从而得 μ 的置信度为 95% 的置信区间为

$$\left(\overline{X} - \lambda_2\frac{\sigma_0}{\sqrt{n}},\quad \overline{X} - \lambda_1\frac{\sigma_0}{\sqrt{n}}\right).$$

因此,μ 的置信度为 95% 的置信区间不唯一,有无穷多个.

为统一起见,本书中所涉及的置信度为 $1-\alpha$ 的置信区间均是指满足

$$P\{\underline{\theta} < \theta < \overline{\theta}\} = 1 - \alpha,\quad P\{\theta < \underline{\theta}\} = \frac{\alpha}{2},\quad P\{\theta > \overline{\theta}\} = \frac{\alpha}{2}$$

的区间 $(\underline{\theta}, \overline{\theta})$.

最后,为方便读者,我们将总体参数的区间估计的基本步骤归纳如下:

(1) 由样本构造适当的统计量,说明构造的统计量所服从的分布;
(2) 由给出的置信度 $1-\alpha$,根据所构造的统计量的分布查相关的分位数;
(3) 由样本值计算参数的置信上、下限,并写出置信区间.

二、正态总体均值与方差的区间估计

1. 单个正态总体的情形

为方便起见,我们设正态总体为 X,它服从正态分布 $N(\mu, \sigma^2)$,$(X_1, X_2, \cdots, X_n)$ 为来自总体 X 的样本.

1) 均值 μ 的置信区间

(1) σ^2 已知,求 μ 的置信区间.

引入随机变量 $U = \dfrac{\overline{X}-\mu}{\sigma/\sqrt{n}}$,则 $U \sim N(0,1)$. 由

$$P\{\lambda_1 < U < \lambda_2\} = 1-\alpha, \quad P\{U<\lambda_1\} = P\{U>\lambda_2\} = \frac{\alpha}{2}$$

得

$$P\{|U|>\lambda_2\} = \alpha,$$

查表得

$$\lambda_2 = u_\alpha, \quad \lambda_1 = -u_\alpha.$$

因此

$$P\left\{-u_\alpha < \frac{\overline{X}-\mu}{\sigma/\sqrt{n}} < u_\alpha\right\} = 1-\alpha,$$

$$P\left\{\frac{\overline{X}-\mu}{\sigma/\sqrt{n}} < -u_\alpha\right\} = P\left\{\frac{\overline{X}-\mu}{\sigma/\sqrt{n}} > u_\alpha\right\} = \frac{\alpha}{2}.$$

即

$$P\left\{\overline{X}-u_\alpha\frac{\sigma}{\sqrt{n}} < \mu < \overline{X}+u_\alpha\frac{\sigma}{\sqrt{n}}\right\} = 1-\alpha,$$

$$P\left\{\mu < \overline{X}-u_\alpha\frac{\sigma}{\sqrt{n}}\right\} = P\left\{\mu > \overline{X}+u_\alpha\frac{\sigma}{\sqrt{n}}\right\} = \frac{\alpha}{2},$$

故 μ 的置信度为 $1-\alpha$ 的置信区间为

$$\left(\overline{X}-u_\alpha\frac{\sigma}{\sqrt{n}}, \quad \overline{X}+u_\alpha\frac{\sigma}{\sqrt{n}}\right). \tag{7-11}$$

例 2 已知一批零件的长度 X(单位:cm)服从正态分布 $N(\mu,1)$,从中随机地抽取 16 个零件,得到长度的平均值为 40 cm,求 μ 的置信度为 0.95 的置信区间.

解 由题设知 $\sigma=1, \overline{X}=40, n=16, 1-\alpha=0.95$,选取统计量

$$U = \frac{\overline{X}-\mu}{\sigma/\sqrt{n}},$$

则 $U \sim N(0,1)$,查表得 $u_{0.05}=1.96$,故由公式(7-11)可得 μ 的置信度为 0.95 的置信区间为

$$\left(\overline{X}-u_{0.05}\frac{\sigma}{\sqrt{n}}, \quad \overline{X}+u_{0.05}\frac{\sigma}{\sqrt{n}}\right),$$

即 (39.51, 40.49).

(2) σ^2 未知,求 μ 的置信区间.

引入随机变量

$$T = \frac{\overline{X}-\mu}{S/\sqrt{n}},$$

则 $T \sim t(n-1)$. 由

$$P\{\lambda_1 < T < \lambda_2\} = 1-\alpha, \quad P\{T>\lambda_2\} = P\{T<\lambda_1\} = \frac{\alpha}{2}$$

得
$$\lambda_1 = -t_\alpha(n-1), \quad \lambda_2 = t_\alpha(n-1).$$
因此
$$P\left\{\overline{X} - t_\alpha(n-1)\frac{S}{\sqrt{n}} < \mu < \overline{X} + t_\alpha(n-1)\frac{S}{\sqrt{n}}\right\} = 1-\alpha,$$
$$P\left\{\mu < \overline{X} - t_\alpha(n-1)\frac{S}{\sqrt{n}}\right\} = P\left\{\mu > \overline{X} + t_\alpha(n-1)\frac{S}{\sqrt{n}}\right\} = \frac{\alpha}{2},$$

故总体参数 μ 的置信度为 $1-\alpha$ 的置信区间为
$$\left(\overline{X} - t_\alpha(n-1)\frac{S}{\sqrt{n}}, \quad \overline{X} + t_\alpha(n-1)\frac{S}{\sqrt{n}}\right). \tag{7-12}$$

例3 在一批螺丝钉中随机抽取 16 个,测得其长度(单位:mm)分别为 2.23, 2.21, 2.20, 2.24, 2.22, 2.25, 2.21, 2.24, 2.25, 2.23, 2.25, 2.21, 2.24, 2.23, 2.25, 2.22. 已知螺丝钉的长度是一随机变量,记为 X, 且 $X \sim N(\mu, \sigma^2)$, 试求 μ 的置信度为 $1-\alpha=0.90$ 的置信区间.

解 由题设知 $n=16$, $\alpha=0.1$, $\overline{X}=2.23$, $S^2=0.00028$.
选取统计量
$$T = \frac{\overline{X} - \mu}{S/\sqrt{n}},$$
则 $T \sim t(n-1)$, 查分位数表得 $t_\alpha(n-1) = t_{0.1}(15) = 1.753$. 因此,由公式(7-12)可得总体参数 μ 的置信度为 $1-\alpha=0.9$ 的置信区间为
$$\left(\overline{X} - t_{0.1}(15)\frac{S}{\sqrt{n}}, \quad \overline{X} + t_{0.1}(15)\frac{S}{\sqrt{n}}\right),$$
即 $(2.223, 2.237)$.

例4 在测量反应时间中,一位心理学家估计的标准差是 0.05 s. 为了以 0.95 的置信度使他对反应时间的估计误差不超过 0.01 s, 问: 应取多大的样本容量?

解 以 X 记反应时间,则 $\mu = E(X)$ 表示平均反应时间, $S=0.05$. 当 n 充分大时,有
$$T = \frac{\overline{X} - \mu}{S/\sqrt{n}} = \frac{\overline{X} - \mu}{0.05/\sqrt{n}} \sim N(0,1),$$
故要求样本容量 n 满足
$$P\{|\overline{X} - \mu| \leqslant 0.01\} = P\left\{\frac{|\overline{X}-\mu|}{0.05/\sqrt{n}} \leqslant \frac{0.01\sqrt{n}}{0.05}\right\} = 0.95.$$
由 $u_{0.05} = 1.96$, 得
$$\sqrt{n} \approx \frac{0.05}{0.01} \times 1.96 = 9.8, \quad n \approx 96.04,$$
所以样本容量 $n \geqslant 97$.

2) 方差 σ^2 的置信区间

(1) μ 已知,求 σ^2 的置信区间.
选取统计量

$$\chi^2 = \sum_{i=1}^{n}\left(\frac{X_i-\mu}{\sigma}\right)^2,$$

则
$$\chi^2 \sim \chi^2(n).$$

由
$$P\{\lambda_1 < \chi^2 < \lambda_2\} = 1-\alpha, \quad P\{\chi^2 < \lambda_1\} = P\{\chi^2 > \lambda_2\} = \frac{\alpha}{2}$$

得
$$\lambda_2 = \chi^2_{\frac{\alpha}{2}}(n), \quad \lambda_1 = \chi^2_{1-\frac{\alpha}{2}}(n).$$

因此
$$P\left\{\frac{1}{\chi^2_{\frac{\alpha}{2}}(n)}\sum_{i=1}^{n}(X_i-\mu)^2 < \sigma^2 < \frac{1}{\chi^2_{1-\frac{\alpha}{2}}(n)}\sum_{i=1}^{n}(X_i-\mu)^2\right\} = 1-\alpha,$$

$$P\left\{\sigma^2 < \frac{1}{\chi^2_{\frac{\alpha}{2}}(n)}\sum_{i=1}^{n}(X_i-\mu)^2\right\} = P\left\{\sigma^2 > \frac{1}{\chi^2_{1-\frac{\alpha}{2}}(n)}\sum_{i=1}^{n}(X_i-\mu)^2\right\} = \frac{\alpha}{2},$$

故 σ^2 的置信度为 $1-\alpha$ 的置信区间为

$$\left(\frac{1}{\chi^2_{\frac{\alpha}{2}}(n)}\sum_{i=1}^{n}(X_i-\mu)^2, \quad \frac{1}{\chi^2_{1-\frac{\alpha}{2}}(n)}\sum_{i=1}^{n}(X_i-\mu)^2\right). \tag{7-13}$$

例5 某手表厂生产的飞达牌手表,其走时误差 X(单位:s/日)服从正态分布 $N(0.3,\sigma^2)$,检验员从装配线上随机地抽取9只装配好的手表进行测量,得结果如下:

$$-4.0, \quad 3.1, \quad 2.5, \quad -2.9, \quad 0.9, \quad 1.1, \quad 2.0, \quad -3.0, \quad 2.8.$$

取置信度为 0.95,求这种手表走时误差的方差 σ^2 的置信区间.

解 由题意可得 $\mu=0.3, n=9, 1-\alpha=0.95$. 选取随机变量
$$\chi^2 = \sum_{i=1}^{n}\left(\frac{X_i-\mu}{\sigma}\right)^2,$$

则 $\chi^2 \sim \chi^2(n)$,查分位数表得
$$\chi^2_{\frac{\alpha}{2}}(n) = \chi^2_{0.025}(9) = 19.023, \quad \chi^2_{1-\frac{\alpha}{2}}(n) = \chi^2_{0.975}(9) = 2.70.$$

由样本观测值计算得
$$\sum_{i=1}^{n}(X_i-\mu)^2 = 62.44,$$

故由公式(7-13)可得手表走时误差 σ^2 的置信度为 0.95 的置信区间为(3.282, 23.126).

(2) μ 未知,求 σ^2 的置信区间.

选取随机变量
$$\chi^2 = \frac{(n-1)S^2}{\sigma^2},$$

则
$$\chi^2 \sim \chi^2(n-1).$$

由
$$P\{\lambda_1 < \chi^2 < \lambda_2\} = 1-\alpha, \quad P\{\chi^2 < \lambda_1\} = P\{\chi^2 > \lambda_2\} = \frac{\alpha}{2}$$

得

$$\lambda_2 = \chi^2_{\frac{\alpha}{2}}(n-1), \quad \lambda_1 = \chi^2_{1-\frac{\alpha}{2}}(n-1).$$

因此

$$P\left\{\frac{(n-1)S^2}{\chi^2_{\frac{\alpha}{2}}(n-1)} < \sigma^2 < \frac{(n-1)S^2}{\chi^2_{1-\frac{\alpha}{2}}(n-1)}\right\} = 1-\alpha,$$

$$P\left\{\sigma^2 < \frac{(n-1)S^2}{\chi^2_{\frac{\alpha}{2}}(n-1)}\right\} = P\left\{\sigma^2 > \frac{(n-1)S^2}{\chi^2_{1-\frac{\alpha}{2}}(n-1)}\right\} = \frac{\alpha}{2},$$

故 σ^2 的置信度为 $1-\alpha$ 的置信区间为

$$\left(\frac{(n-1)S^2}{\chi^2_{\frac{\alpha}{2}}(n-1)}, \quad \frac{(n-1)S^2}{\chi^2_{1-\frac{\alpha}{2}}(n-1)}\right). \tag{7-14}$$

例 6 从一批铜丝中,随机抽取 9 根,测得其抗拉强度分别为 578,582,574,568,596,572,570,584,578,设这批铜丝的抗拉强度服从正态分布 $N(\mu,\sigma^2)$.试求方差的置信度为 0.95 的置信区间.

解 由题设条件可得

$$n=9, \quad 1-\alpha=0.95, \quad \overline{X}=578, \quad S^2=74.$$

选取随机变量

$$\chi^2 = \frac{(n-1)S^2}{\sigma^2},$$

则 $\chi^2 \sim \chi^2(n-1)$,查分位数表可得

$$\chi^2_{\frac{\alpha}{2}}(n-1) = \chi^2_{0.025}(8) = 17.535, \quad \chi^2_{1-\frac{\alpha}{2}}(n-1) = \chi^2_{0.975}(8) = 2.18,$$

故由公式(7-14)可得 σ^2 的置信度为 0.95 的置信区间为 (33.76, 271.56).

单个正态总体期望与方差的置信区间如表 7.1 所示.

表 7.1 单个正态总体期望与方差的置信区间

待估参数	条件	抽样分布	双侧置信区间
μ	σ^2 已知	$U = \dfrac{\overline{X}-\mu}{\sigma/\sqrt{n}} \sim N(0,1)$	$\left(\overline{X} - u_\alpha \dfrac{\sigma}{\sqrt{n}}, \quad \overline{X} + u_\alpha \dfrac{\sigma}{\sqrt{n}}\right)$
μ	σ^2 未知	$T = \dfrac{\overline{X}-\mu}{S/\sqrt{n}} \sim t(n-1)$	$\left(\overline{X} - t_\alpha(n-1) \dfrac{S}{\sqrt{n}}, \quad \overline{X} + t_\alpha(n-1) \dfrac{S}{\sqrt{n}}\right)$
σ^2	μ 已知	$\chi^2 = \sum_{i=1}^{n} \dfrac{(X_i-\mu)^2}{\sigma^2} \sim \chi^2(n)$	$\left(\dfrac{\sum_{i=1}^{n}(X_i-\mu)^2}{\chi^2_{\frac{\alpha}{2}}(n)}, \quad \dfrac{\sum_{i=1}^{n}(X_i-\mu)^2}{\chi^2_{1-\frac{\alpha}{2}}(n)}\right)$
σ^2	μ 未知	$\chi^2 = \dfrac{(n-1)S^2}{\sigma^2} \sim \chi^2(n-1)$	$\left(\dfrac{(n-1)S^2}{\chi^2_{\frac{\alpha}{2}}(n-1)}, \quad \dfrac{(n-1)S^2}{\chi^2_{1-\frac{\alpha}{2}}(n-1)}\right)$

2. 两个正态总体的情形

为方便起见,设两个正态总体分别为 X, Y,它们相互独立且 $X \sim N(\mu_1, \sigma_1^2)$,$Y \sim N(\mu_2, \sigma_2^2)$,$(X_1, X_2, \cdots, X_{n_1})$ 和 $(Y_1, Y_2, \cdots, Y_{n_2})$ 分别为来自 X 与 Y 的样本,$\overline{X}, \overline{Y}$ 分别为 X, Y 的样本均值,S_1^2, S_2^2 分别为 X, Y 的样本(修正)方差.

1)两个正态总体的均值差 $\mu_1 - \mu_2$ 的置信区间

(1) σ_1^2, σ_2^2 均已知,求 $\mu_1 - \mu_2$ 的置信区间.

选取随机变量

$$U = \frac{(\overline{X} - \overline{Y}) - (\mu_1 - \mu_2)}{\sqrt{\frac{\sigma_1^2}{n_1} + \frac{\sigma_2^2}{n_2}}},$$

则

$$U \sim N(0, 1).$$

由

$$P\{\lambda_1 < U < \lambda_2\} = 1 - \alpha, \quad P\{U < \lambda_1\} = P\{U > \lambda_2\} = \frac{\alpha}{2}$$

得

$$\lambda_2 = u_\alpha, \quad \lambda_1 = -u_\alpha.$$

因此

$$P\left\{\overline{X} - \overline{Y} - u_\alpha \sqrt{\frac{\sigma_1^2}{n_1} + \frac{\sigma_2^2}{n_2}} < \mu_1 - \mu_2 < \overline{X} - \overline{Y} + u_\alpha \sqrt{\frac{\sigma_1^2}{n_1} + \frac{\sigma_2^2}{n_2}}\right\} = 1 - \alpha,$$

$$P\left\{\mu_1 - \mu_2 < \overline{X} - \overline{Y} - u_\alpha \sqrt{\frac{\sigma_1^2}{n_1} + \frac{\sigma_2^2}{n_2}}\right\} = P\left\{\mu_1 - \mu_2 > \overline{X} - \overline{Y} + u_\alpha \sqrt{\frac{\sigma_1^2}{n_1} + \frac{\sigma_2^2}{n_2}}\right\} = \frac{\alpha}{2}.$$

故 $\mu_1 - \mu_2$ 的置信度为 $1 - \alpha$ 的置信区间为

$$\left(\overline{X} - \overline{Y} - u_\alpha \sqrt{\frac{\sigma_1^2}{n_1} + \frac{\sigma_2^2}{n_2}}, \quad \overline{X} - \overline{Y} + u_\alpha \sqrt{\frac{\sigma_1^2}{n_1} + \frac{\sigma_2^2}{n_2}}\right). \tag{7-15}$$

例 7 研究两种固体燃料火箭推进器的燃烧率. 设两者都服从正态分布,并且已知燃烧率的标准差均近似为 0.05 cm/s. 取样本容量 $n_1 = n_2 = 20$,得燃烧率的样本均值分别为 $\overline{X} = 18 \text{ cm/s}, \overline{Y} = 24 \text{ cm/s}$. 设两样本独立,求两种燃烧率总体均值差 $\mu_1 - \mu_2$ 的置信度为 0.99 的置信区间.

解 由题设条件可知

$$1 - \alpha = 0.99, \quad n_1 = 20, \quad \overline{X} = 18, \quad \sigma_1^2 = 0.05^2,$$
$$n_2 = 20, \quad \overline{Y} = 24, \quad \sigma_2^2 = 0.05^2,$$

查标准正态分布表得

$$u_\alpha = 2.58,$$

由公式(7-15)可得 $\mu_1 - \mu_2$ 的置信度为 0.99 的置信区间为 $(-6.04, -5.96)$.

(2) σ_1^2, σ_2^2 都未知,但 $\sigma_1^2 = \sigma_2^2 = \sigma^2$,求 $\mu_1 - \mu_2$ 的置信区间.

选取随机变量

$$T = \frac{(\overline{X} - \overline{Y}) - (\mu_1 - \mu_2)}{S_W \sqrt{\frac{1}{n_1} + \frac{1}{n_2}}} \sim t(n_1 + n_2 - 2),$$

其中
$$S_W^2 = \frac{(n_1-1)S_1^2 + (n_2-1)S_2^2}{n_1+n_2-2}.$$

可以推得 $\mu_1-\mu_2$ 的置信度为 $1-\alpha$ 的置信区间为

$$\left(\overline{X}-\overline{Y}-t_\alpha(n_1+n_2-2)S_W\sqrt{\frac{1}{n_1}+\frac{1}{n_2}},\quad \overline{X}-\overline{Y}+t_\alpha(n_1+n_2-2)S_W\sqrt{\frac{1}{n_1}+\frac{1}{n_2}}\right).$$
(7-16)

例 8 有甲、乙两个生产蓄电池的工厂，从它们的产品中分别独立抽取一些样品，测得蓄电池的电容量(单位:A·h)如下：

甲厂:144, 141, 138, 142, 141, 143, 138, 137;

乙厂:142, 143, 139, 140, 138, 141, 140, 138, 142, 136.

求两种蓄电池电容量的总体均值差 μ_1-u_2 的置信度为 0.95 的置信区间.

解 由题设条件可知 $1-\alpha=0.95$, $n_1=8$, $\overline{X}=140.5$, $n_2=10$, $\overline{Y}=139.9$, $\sigma_1^2=\sigma_2^2$, $S_1^2=6.57$, $S_2^2=4.77$,

$$S_W = \sqrt{\frac{(n_1-1)S_1^2+(n_2-1)S_2^2}{n_1+n_2-2}} = \sqrt{\frac{7\times 6.57+9\times 4.77}{8+10-2}} = 2.36.$$

查分位数表得
$$t_\alpha(n_1+n_2-2) = t_{0.05}(16) = 2.12,$$

由公式(7-16)可得 $\mu_1-\mu_2$ 的置信度为 0.95 的置信区间为 $(-1.77, 2.97)$.

2) 当 $\mu_1, \mu_2, \sigma_1^2, \sigma_2^2$ 未知时，两个正态总体方差比的置信区间

选取随机变量
$$F = \frac{S_1^2/\sigma_1^2}{S_2^2/\sigma_2^2},$$
则
$$F \sim F(n_1-1, n_2-1).$$
由
$$P\{\lambda_1 < F < \lambda_2\} = 1-\alpha,\quad P\{F<\lambda_1\} = P\{F>\lambda_2\} = \frac{\alpha}{2}$$
得
$$\lambda_1 = \frac{1}{F_{\frac{\alpha}{2}}(n_2-1, n_1-1)},\quad \lambda_2 = F_{\frac{\alpha}{2}}(n_1-1, n_2-1).$$
因此
$$P\left\{\frac{1}{F_{\frac{\alpha}{2}}(n_1-1, n_2-1)}\frac{S_1^2}{S_2^2} < \frac{\sigma_1^2}{\sigma_2^2} < F_{\frac{\alpha}{2}}(n_2-1, n_1-1)\frac{S_1^2}{S_2^2}\right\} = 1-\alpha,$$

$$P\left\{\frac{\sigma_1^2}{\sigma_2^2} < \frac{1}{F_{\frac{\alpha}{2}}(n_1-1, n_2-1)}\frac{S_1^2}{S_2^2}\right\} = P\left\{\frac{\sigma_1^2}{\sigma_2^2} > F_{\frac{\alpha}{2}}(n_2-1, n_1-1)\frac{S_1^2}{S_2^2}\right\} = \frac{\alpha}{2},$$

故 $\frac{\sigma_1^2}{\sigma_2^2}$ 的置信度为 $1-\alpha$ 的置信区间为

$$\left(\frac{1}{F_{\frac{\alpha}{2}}(n_1-1, n_2-1)}\frac{S_1^2}{S_2^2},\ F_{\frac{\alpha}{2}}(n_2-1, n_1-1)\frac{S_1^2}{S_2^2}\right).$$
(7-17)

例 9 在例 8 中,若 σ_1^2 及 σ_2^2 未知,现求 $\dfrac{\sigma_1^2}{\sigma_2^2}$ 的置信度为 95% 的置信区间.

解 由例 8 知 $S_1^2=6.57, S_2^2=4.77, n_1=8, n_2=10$,又 $1-\alpha=0.95, \dfrac{\alpha}{2}=0.025$,查分位数表得

$$F_{\frac{\alpha}{2}}(n_1-1,n_2-1)=F_{0.025}(7,9)=4.2, \quad F_{\frac{\alpha}{2}}(n_2-1,n_1-1)=F_{0.025}(9,7)=4.82,$$

由公式(7-17)可得 $\dfrac{\sigma_1^2}{\sigma_2^2}$ 的置信度为 0.95 的置信区间为 $(0.33,6.64)$.

两个正态总体均值差和方差比的置信区间如表 7.2 所示.

表 7.2 两个正态总体均值差和方差比的置信区间

待估参数	条件	抽样分布	双侧置信区间
$\mu_1-\mu_2$	σ_1^2,σ_2^2 已知	$U=\dfrac{(\overline{X}-\overline{Y})-(\mu_1-\mu_2)}{\sqrt{\dfrac{\sigma_1^2}{n_1}+\dfrac{\sigma_2^2}{n_2}}}\sim N(0,1)$	$\left(\overline{X}-\overline{Y}-u_\alpha\sqrt{\dfrac{\sigma_1^2}{n_1}+\dfrac{\sigma_2^2}{n_2}},\ \overline{X}-\overline{Y}+u_\alpha\sqrt{\dfrac{\sigma_1^2}{n_1}+\dfrac{\sigma_2^2}{n_2}}\right)$
	$\sigma_1^2=\sigma_2^2=\sigma^2$,但 σ^2 未知	$T=\dfrac{(\overline{X}-\overline{Y})-(\mu_1-\mu_2)}{S_W\sqrt{\dfrac{1}{n_1}+\dfrac{1}{n_2}}}\sim t(n_1+n_2-2)$	$\left(\overline{X}-\overline{Y}-kS_W\sqrt{\dfrac{1}{n_1}+\dfrac{1}{n_2}},\ \overline{X}-\overline{Y}+kS_W\sqrt{\dfrac{1}{n_1}+\dfrac{1}{n_2}}\right)$
$\dfrac{\sigma_1^2}{\sigma_2^2}$	μ_1,μ_2,σ_1^2,σ_2^2 未知	$F=\dfrac{S_1^2}{S_2^2}\cdot\dfrac{\sigma_2^2}{\sigma_1^2}\sim F(n_1-1,n_2-1)$	$\left(\dfrac{1}{F_{\frac{\alpha}{2}}(n_1-1,n_2-1)}\cdot\dfrac{S_1^2}{S_2^2},\ F_{\frac{\alpha}{2}}(n_2-1,n_1-1)\cdot\dfrac{S_1^2}{S_2^2}\right)$

表中 $k=t_\alpha(n_1+n_2-2), S_W=\sqrt{\dfrac{(n_1-1)S_1^2+(n_2-1)S_2^2}{n_1+n_2-2}}$.

*§7.3 单侧置信区间

一、单侧置信区间的概念

§7.2 介绍了总体参数 θ 的置信度为 $1-\alpha$ 的置信区间的概念及求法,可知求参数 θ 的置信度为 $1-\alpha$ 的置信区间,实际上就是要构造两个统计量 $\underline{\theta}=\underline{\theta}(X_1,X_2,\cdots,X_n)$ 和 $\overline{\theta}=\overline{\theta}(X_1,X_2,\cdots,X_n)$,使得 $P\{\underline{\theta}<\theta<\overline{\theta}\}=1-\alpha$,这样 $(\underline{\theta},\overline{\theta})$ 便是 θ 的置信度为 $1-\alpha$ 的置信区间.因此,§7.2 中的求参数 θ 的置信区间问题实质上是构造置信下、上限的问题,一旦

置信下、上限确定,参数的置信区间便确定,故我们以后称那样得到的置信区间为双侧置信区间.但对有些具体问题,我们可将参数的置信上限取为 $+\infty$,只需研究如何构造统计量作为参数的置信下限;对另一些具体问题,可将参数的置信下限取为 $-\infty$ 或 0,只需研究如何构造统计量作为参数的置信上限进而得到参数的区间估计.像这种只需构造置信下限或上限进而得到参数的区间估计的方法称为**单侧置信区间估计法**,由此得到的参数的置信区间称为**单侧置信区间**.

定义 7.6 设 θ 为总体的一个未知参数,若对任意给定的数 $\alpha(0<\alpha<1)$,统计量 $\bar{\theta}(X_1,X_2,\cdots,X_n)$ 满足

$$P\{\theta < \bar{\theta}\} = 1-\alpha, \tag{7-18}$$

则称区间 $(-\infty,\bar{\theta})$ 或 $(0,\bar{\theta})$ 为**参数 θ 的置信度为 $1-\alpha$ 的左(单)侧置信区间**,$\bar{\theta}$ 称为参数 θ 的**单侧置信上限**,$1-\alpha$ 称为置信度.

定义 7.7 设 θ 为总体的一个未知参数,若对任意给定的数 $\alpha(0<\alpha<1)$,统计量 $\underline{\theta}(X_1,X_2,\cdots,X_n)$ 满足

$$P\{\theta > \underline{\theta}\} = 1-\alpha, \tag{7-19}$$

则称区间 $(\underline{\theta},+\infty)$ 为 θ 的**置信度为 $1-\alpha$ 的右(单)侧置信区间**,$\underline{\theta}$ 称为 θ 的单侧置信下限,$1-\alpha$ 称为置信度.

左、右(单)侧置信区间统称为单侧置信区间.

二、单侧置信区间的求法

由单侧置信区间的定义可知,单侧置信区间与双侧置信区间的求解步骤完全一样.下面仅就单个正态总体均值与方差的单侧置信区间做简单介绍.

为方便起见,不妨设总体 X 服从参数为 μ,σ^2 的正态分布 $N(\mu,\sigma^2)$,$(X_1,X_2,\cdots,X_n)$ 是 X 的样本,$\bar{X},S^2$ 分别为样本均值与样本(修正)方差.

1. 均值 μ 的单侧置信区间

1) σ^2 已知,求均值 μ 的单侧置信区间

(1) 左侧置信区间.

选取随机变量

$$U = \frac{\bar{X}-\mu}{\sigma/\sqrt{n}},$$

则

$$U \sim N(0,1).$$

由 $P\{U > \lambda_1\} = 1-\alpha$,得 $\lambda_1 = -u_{2\alpha}$,故

$$P\left\{\mu < \bar{X} + \frac{\sigma}{\sqrt{n}}u_{2\alpha}\right\} = 1-\alpha,$$

于是 μ 的置信度为 $1-\alpha$ 的左侧置信区间为

$$\left(-\infty, \bar{X} + \frac{\sigma}{\sqrt{n}}u_{2\alpha}\right). \tag{7-20}$$

(2) 右侧置信区间.

与上面选取同样的随机变量,由 $P\{U < \lambda_2\} = 1-\alpha$,得 $\lambda_2 = u_{2\alpha}$,故

$$P\left\{\mu > \overline{X} - \frac{\sigma}{\sqrt{n}} u_{2\alpha}\right\} = 1-\alpha,$$

于是 μ 的置信度为 $1-\alpha$ 的右侧置信区间为

$$\left(\overline{X} - \frac{\sigma}{\sqrt{n}} u_{2\alpha}, +\infty\right). \tag{7-21}$$

例 1 一种液体存贮器的耐裂指标为其平均爆破压力,现从该批存贮器中任抽测 9 个,得爆破压力数据如下:543,560,530,545,550,545,540,555,537. 根据经验,这种存贮器的爆破压力 X 服从正态分布 $N(\mu, 20^2)$. 试求该批存贮器的平均爆破压力 μ 的置信度为 95% 的左侧置信区间.

解 由题意得

$$n=9, \quad \sigma=20, \quad \overline{X}=545, \quad 1-\alpha=0.95.$$

选取随机变量

$$U = \frac{\overline{X}-\mu}{\sigma/\sqrt{n}},$$

则 $U \sim N(0,1)$. 查表得 $u_{2\alpha} = u_{0.10} = 1.64$,故 μ 的置信度为 95% 的置信区间为 $(0, 555.93)$.

2) σ^2 未知,求均值 μ 的单侧置信区间

(1) 左侧置信区间.

选取随机变量

$$T = \frac{\overline{X}-\mu}{S/\sqrt{n}},$$

则

$$T \sim t(n-1).$$

由 $P\{T > \lambda_1\} = 1-\alpha$,得 $\lambda_1 = -t_{2\alpha}(n-1)$,故

$$P\left\{\mu < \overline{X} + t_{2\alpha}(n-1)\frac{S}{\sqrt{n}}\right\} = 1-\alpha,$$

于是 μ 的置信度为 $1-\alpha$ 的左侧置信区间为

$$\left(-\infty, \overline{X} + t_{2\alpha}(n-1)\frac{S}{\sqrt{n}}\right). \tag{7-22}$$

(2) 右侧置信区间.

与上面类似分析可得 μ 的置信度为 $1-\alpha$ 的右侧置信区间为

$$\left(\overline{X} - t_{2\alpha}(n-1)\frac{S}{\sqrt{n}}, +\infty\right). \tag{7-23}$$

例 2 从一批灯泡中随机地抽取 5 只做寿命试验,测得其寿命(单位:h)为 1050, 1100, 1120, 1250, 1280. 设灯泡寿命 X 服从正态分布 $N(\mu, \sigma^2)$,试求该批灯泡寿命 μ 的置信度为 0.95 的右侧置信区间.

解 由题意知
$$1-\alpha = 0.95, \quad n = 5, \quad \overline{X} = 1160, \quad S = 99.75.$$
选取随机变量
$$T = \frac{\overline{X} - \mu}{S/\sqrt{n}},$$
查分位数表得
$$t_{2\alpha}(n-1) = t_{0.10}(4) = 2.132,$$
故 μ 的置信度为 0.95 的右侧置信区间为 $(1064.9, +\infty)$.

2. 方差 σ^2 的单侧置信区间

1) μ 已知，求 σ^2 的单侧置信区间

(1) 左侧置信区间.

选取随机变量
$$\chi^2 = \frac{1}{\sigma^2}\sum_{i=1}^{n}(X_i - \mu)^2,$$
则
$$\chi^2 \sim \chi^2(n).$$
由 $P\{\chi^2 > \lambda_1\} = 1 - \alpha$，得 $\lambda_1 = \chi^2_{1-\alpha}(n)$，因此
$$P\left\{\frac{1}{\sigma^2}\sum_{i=1}^{n}(X_i - \mu)^2 > \chi^2_{1-\alpha}(n)\right\} = 1 - \alpha,$$
于是 σ^2 的置信度为 $1-\alpha$ 的左侧置信区间为
$$\left(0, \frac{\sum_{i=1}^{n}(X_i - \mu)^2}{\chi^2_{1-\alpha}(n)}\right]. \tag{7-24}$$

(2) 右侧置信区间.

与上述推导类似，可得 σ^2 的置信度为 $1-\alpha$ 的右侧置信区间为
$$\left[\frac{\sum_{i=1}^{n}(X_i - \mu)^2}{\chi^2_{\alpha}(n)}, +\infty\right). \tag{7-25}$$

例 3 从一批铜丝中随机地抽取 9 根，测得其抗拉强度为 $578, 582, 584, 569, 574, 580, 586, 591, 576$. 设该批铜丝的抗拉强度 X 服从正态分布 $N(580, \sigma^2)$，试求 σ^2 的置信度为 0.95 的右侧置信区间.

解 由题意知
$$1-\alpha = 0.95, \quad n = 9, \quad \mu = 580, \quad \sum_{i=1}^{9}(X_i - \mu)^2 = 354.$$
选取随机变量
$$\chi^2 = \frac{1}{\sigma^2}\sum_{i=1}^{n}(X_i - \mu)^2,$$
查分位数表得
$$\chi^2_{\alpha}(n) = \chi^2_{0.05}(9) = 16.919,$$

故 σ^2 的置信度为 0.95 的右侧置信区间为 $(20.923, +\infty)$.

2) μ 未知,求 σ^2 的单侧置信区间

(1) 左侧置信区间.

选取随机变量
$$\chi^2 = \frac{(n-1)S^2}{\sigma^2},$$

则
$$\chi^2 \sim \chi^2(n-1).$$

由 $P\{\chi^2 > \lambda_1\} = 1-\alpha$,得 $\lambda_1 = \chi^2_{1-\alpha}(n-1)$,因此
$$P\left\{\sigma^2 < \frac{(n-1)S^2}{\chi^2_{1-\alpha}(n-1)}\right\} = 1-\alpha,$$

于是 σ^2 的置信度为 $1-\alpha$ 的左侧置信区间为
$$\left(0, \frac{(n-1)S^2}{\chi^2_{1-\alpha}(n-1)}\right). \tag{7-26}$$

(2) 右侧置信区间.

与上述分析类似,可得 σ^2 的置信度为 $1-\alpha$ 的右侧置信区间为
$$\left(\frac{(n-1)S^2}{\chi^2_{\alpha}(n-1)}, +\infty\right). \tag{7-27}$$

例 4 某自动包装机包装洗衣粉,洗衣粉的质量 X 服从正态分布 $N(\mu,\sigma^2)$. 今随机地抽查 12 袋,测得质量(单位:g)分别为 1001,1000,1003,1002,999,1004,999,1000,996,1004,997,998. 试求该包装机所包装洗衣粉的方差 σ^2 的置信度为 0.95 的单侧置信区间.

解 由题意知
$$1-\alpha = 0.95, \quad n = 12, \quad \overline{X} = 1000.25, \quad (n-1)S^2 = 65.25.$$

选取随机变量
$$\chi^2 = \frac{(n-1)S^2}{\sigma^2},$$

查分位数表得
$$\chi^2_{1-\alpha}(n-1) = \chi^2_{0.95}(11) = 4.575,$$
$$\chi^2_{\alpha}(n-1) = \chi^2_{0.05}(11) = 19.675,$$

故 σ^2 的置信度为 0.95 的左、右侧置信区间分别为 $(0, 14.2623), (3.3164, +\infty)$.

单个正态总体均值与方差的单侧置信区间如表 7.3 所示.

两个正态总体均值差和方差比的单侧置信区间的推导较为简单,在此不再一一赘述,请读者自己完成,单侧置信区间的结论如表 7.4 所示.

表 7.3 单个正态总体均值与方差的单侧置信区间

待估参数	条件	抽样分布	单侧置信区间
μ	σ^2 已知	$U=\dfrac{\overline{X}-\mu}{\sigma/\sqrt{n}} \sim N(0,1)$	$\left(-\infty,\ \overline{X}+\dfrac{\sigma}{\sqrt{n}}u_{2\alpha}\right)$, $\left(\overline{X}-\dfrac{\sigma}{\sqrt{n}}u_{2\alpha},\ +\infty\right)$
μ	σ^2 未知	$T=\dfrac{\overline{X}-\mu}{S/\sqrt{n}} \sim t(n-1)$	$\left(-\infty,\ \overline{X}+t_{2\alpha}(n-1)\dfrac{S}{\sqrt{n}}\right)$, $\left(\overline{X}-t_{2\alpha}(n-1)\dfrac{S}{\sqrt{n}},\ +\infty\right)$
σ^2	μ 已知	$\chi^2=\dfrac{\sum\limits_{i=1}^{n}(X_i-\mu)^2}{\sigma^2} \sim \chi^2(n)$	$\left(0,\ \dfrac{\sum\limits_{i=1}^{n}(X_i-\mu)^2}{\chi^2_{1-\alpha}(n)}\right)$, $\left(\dfrac{\sum\limits_{i=1}^{n}(X_i-\mu)^2}{\chi^2_{\alpha}(n)},\ +\infty\right)$
σ^2	μ 未知	$\chi^2=\dfrac{(n-1)S^2}{\sigma^2} \sim \chi^2(n-1)$	$\left(0,\ \dfrac{(n-1)S^2}{\chi^2_{1-\alpha}(n-1)}\right)$, $\left(\dfrac{(n-1)S^2}{\chi^2_{\alpha}(n-1)},\ +\infty\right)$

表 7.4 两个正态总体均值差和方差比的单侧置信区间

待估参数	条件	抽样分布	单侧置信区间
$\mu_1-\mu_2$	σ_1^2,σ_2^2 已知	$U=\dfrac{(\overline{X}-\overline{Y})-(\mu_1-\mu_2)}{\sqrt{\dfrac{\sigma_1^2}{n_1}+\dfrac{\sigma_2^2}{n_2}}} \sim N(0,1)$	$\left(-\infty,\ \overline{X}-\overline{Y}+u_{2\alpha}\sqrt{\dfrac{\sigma_1^2}{n_1}+\dfrac{\sigma_2^2}{n_2}}\right)$, $\left(\overline{X}-\overline{Y}-u_{2\alpha}\sqrt{\dfrac{\sigma_1^2}{n_1}+\dfrac{\sigma_2^2}{n_2}},\ +\infty\right)$
$\mu_1-\mu_2$	$\sigma_1^2=\sigma_2^2=\sigma^2$, 但 σ^2 未知	$T=\dfrac{(\overline{X}-\overline{Y})-(\mu_1-\mu_2)}{S_W\sqrt{\dfrac{1}{n_1}+\dfrac{1}{n_2}}} \sim t(n_1+n_2-2)$	$\left(-\infty,\ \overline{X}-\overline{Y}+kS_W\sqrt{\dfrac{1}{n_1}+\dfrac{1}{n_2}}\right)$, $\left(\overline{X}-\overline{Y}-kS_W\sqrt{\dfrac{1}{n_1}+\dfrac{1}{n_2}},\ +\infty\right)$
$\dfrac{\sigma_1^2}{\sigma_2^2}$	$\mu_1,\mu_2,\sigma_1^2,\sigma_2^2$ 未知	$F=\dfrac{S_1^2}{S_2^2}\cdot\dfrac{\sigma_2^2}{\sigma_1^2} \sim F(n_1-1,n_2-1)$	$\left(0,\ F_{\alpha}(n_2-1,n_1-1)\cdot\dfrac{S_1^2}{S_2^2}\right)$, $\left(\dfrac{1}{F_{\alpha}(n_1-1,n_2-1)}\cdot\dfrac{S_1^2}{S_2^2},\ +\infty\right)$

表中 $k=t_{2\alpha}(n_1+n_2-2)$, $S_W=\sqrt{\dfrac{(n_1-1)S_1^2+(n_2-1)S_2^2}{n_1+n_2-2}}$.

习 题 7

1. 设总体 X 的概率密度为 $f(x;a) = \begin{cases} (a+1)x^a, & 0<x<1; \\ 0, & \text{其他}. \end{cases}$ 其中 a 为未知参数,且 $a>-1$. 又 $(X_1, X_2, \cdots, X_n)$ 为来自总体 X 的样本,求总体概率密度中参数 a 的矩估计量.

2. 设总体 X 的概率密度为 $f(x) = \begin{cases} \theta(1-x)^{\theta-1}, & 0<x<1; \\ 0, & \text{其他}. \end{cases}$ $(X_1, X_2, \cdots, X_n)$ 为来自总体 X 的简单随机样本,求 θ 的矩估计量.

3. 随机地取 8 只活塞环,测得它们的直径(以 mm 计)为 74.001,74.005,74.003,74.001,74.000,73.998,74.006,74.002,试求总体均值 μ 及方差 σ^2 的矩估计值,并求样本方差 S^2.

4. 设总体 X 的分布函数为

$$F(x;\beta) = \begin{cases} 1-\dfrac{1}{x^\beta}, & x>1; \\ 0, & x\leqslant 1. \end{cases}$$

其中未知参数 $\beta>1$. $(X_1, X_2, \cdots, X_n)$ 为来自总体 X 的简单随机样本,求:

(1) β 的矩估计量;

(2) β 的最大似然估计量.

5. 已知总体 X 服从参数为 p 的几何分布,即

$$P\{X=x\} = p(1-p)^{x-1} \quad (x=1,2,\cdots; 0<p<1).$$

$(X_1, X_2, \cdots, X_n)$ 是来自总体 X 的样本,求参数 p 的最大似然估计.

6. 若总体 X 服从参数为 λ 的泊松分布,即

$$P\{X=x\} = \dfrac{\lambda^x}{x!}e^{-\lambda} \quad (x=1,2,\cdots; \lambda>0),$$

$(X_1, X_2, \cdots, X_n)$ 是来自总体 X 的样本,求参数 λ 的最大似然估计.

7. 设总体 X 服从指数分布,其概率密度为

$$\varphi(x;\theta,\lambda) = \begin{cases} \dfrac{1}{\lambda}e^{-(x-\theta)/\lambda}, & x\geqslant\theta; \\ 0, & x<\theta. \end{cases}$$

其中 $\lambda>0$. $(X_1, X_2, \cdots, X_n)$ 为总体 X 的简单随机样本,试求参数 θ 与 λ 的最大似然估计量.

8. 设某种元件的使用寿命 X 的概率密度为

$$f(x;\theta) = \begin{cases} 2e^{-2(x-\theta)}, & x>\theta; \\ 0, & x\leqslant\theta. \end{cases}$$

$(X_1, X_2, \cdots, X_n)$ 为总体 X 的简单随机样本,求参数 θ 的最大似然估计量.

9. 设 $(X_1, X_2, \cdots, X_n)$ 是总体 $X \sim N(\mu, \sigma^2)$ 的容量为 n 的简单随机样本,已知 $T = C\sum_{i=1}^{n-1}(X_{i+1}-X_i)^2$ 是 σ^2 的无偏估计量,求常数 C 的值.

10. 设 $(X_1, X_2, \cdots, X_n)$ 是来自总体 X 的容量为 n 的简单随机子样,试证:

(1) $W = \sum_{i=1}^{n} \alpha_i X_i (\alpha_i \geqslant 0$ 为常数，且 $\sum_{i=1}^{n} \alpha_i = 1)$ 为总体均值的无偏估计量；

(2) 在形如 $W = \sum_{i=1}^{n} \alpha_i X_i (\alpha_i \geqslant 0$ 为常数，且 $\sum_{i=1}^{n} \alpha_i = 1)$ 的总体均值的无偏估计量中，$\overline{X}$ 最为有效.

11. 设 $\xi \sim U[\theta, \theta+1]$，$(\xi_1, \xi_2, \cdots, \xi_n)$ 是来自总体 ξ 的简单随机子样.

(1) 试证明：$\hat{\theta}_1 = \bar{\xi} - \dfrac{1}{2}$，$\hat{\theta}_2 = \max_{1 \leqslant i \leqslant n} \{\xi_i\} - \dfrac{n}{n+1}$，$\hat{\theta}_3 = \min_{1 \leqslant i \leqslant n} \{\xi_i\} - \dfrac{1}{n+1}$ 都是 θ 的无偏估计量；

(2) 比较 θ 的三个无偏估计量 $\hat{\theta}_1, \hat{\theta}_2, \hat{\theta}_3$，说明哪一个方差最小；

(3) 证明 $\hat{\theta}_1, \hat{\theta}_2, \hat{\theta}_3$ 都是 θ 的相合估计量.

12. 设 $(X_1, X_2, \cdots, X_n)$ 是来自正态总体 $X \sim N(\mu, \sigma^2)$ 的一个简单随机样本，在以下三个统计量中：

$$S_1^2 = \dfrac{1}{n-1} \sum_{i=1}^{n} (X_i - \overline{X})^2, \quad S_2^2 = \dfrac{1}{n} \sum_{i=1}^{n} (X_i - \overline{X})^2, \quad S_3^2 = \dfrac{1}{n+1} \sum_{i=1}^{n} (X_i - \overline{X})^2.$$

问：哪一个是 σ^2 的无偏估计？哪一个对 σ^2 的均方误差 $E(S_i^2 - \sigma^2)^2 (i=1,2,3)$ 最小？

13. 设某种电子元件的使用寿命服从正态分布，从中任抽 9 个，其寿命（单位：h）如下：

3540, 4130, 3210, 3700, 3650, 2950, 3670, 3830, 3810.

试在以下两种条件下，求该批电子元件平均寿命的置信度为 0.99 的置信区间.

(1) 已知总体的标准差 $\sigma = 400$ h；

(2) 总体的标准差未知.

14. 从一批零件中随机抽取 10 件，测量其直径尺寸与标准尺寸之间的偏差（单位：mm）分别为 2，1，-2，3，2，4，-2，5，3，4. 已知零件直径尺寸的偏差 X 是一个随机变量，且 $X \sim N(\mu, \sigma^2)$，试求：

(1) μ, σ^2 的无偏估计值；

(2) μ 的置信度为 $1-\alpha (\alpha = 0.10)$ 的置信区间；

(3) σ^2 的置信度为 90% 的置信区间.

15. 我们已经检验了某铁矿区的磁化率服从正态分布 $N(0.132, 0.0728)$，其中 0.132 及 0.0728 是由容量为 52 的子样估计而得，现在要问该矿区磁化率的数学期望落在什么区间内 $(\alpha = 0.05)$.

16. 设总体 $X \sim N(\mu, \sigma^2)$，已知 $\sigma = \sigma_0$，要使 μ 的置信度为 $1-\alpha$ 的置信区间长度不大于 l，问应抽取多大容量的样本.

17. 从一批火箭推力装置中抽取 10 个进行试验，测得燃烧时间（单位：s）如下：

50.7, 54.9, 54.3, 44.8, 42.2, 69.8, 53.4, 66.1, 48.1, 34.5.

设燃烧时间服从正态分布 $N(\mu, \sigma^2)$，求燃烧时间标准差 σ 的置信度为 90% 的置信区间.

18. 假设由不同原料生产的某种电子管的寿命相互独立且都服从正态分布，并且假定原料仅影响平均寿命，不影响方差. 现对使用不同原料生产的电子管各抽取一部分进行

测试,得如下测定值(单位:h):

原料 A:1460, 1550, 1640, 1600, 1620, 1660, 1740, 1820;

原料 B:1580, 1640, 1750, 1640, 1700.

以 μ_A, μ_B 分别表示使用原料 A,B 生产的电子管的平均寿命,试求 $\mu_A - \mu_B$ 的置信度为 0.95 的置信区间.

19. 甲、乙两台机床生产同一型号的滚珠,今从甲、乙机床生产的产品中各抽取 8 个和 9 个样品,测得它们的直径(单位:mm)如下:

甲:15.0, 14.5, 15.2, 15.5, 14.8, 15.1, 15.2, 14.8;

乙:15.2, 15.0, 14.8, 15.2, 15.0, 15.0, 14.8, 15.1, 14.8.

设滚珠直径服从正态分布.

(1) 求方差比 $\dfrac{\sigma_1^2}{\sigma_2^2}$ 的置信度为 95% 的置信区间;

(2) 设 $\sigma_1^2 = \sigma_2^2 = \sigma^2$,求 $\mu_1 - \mu_2$ 的置信度为 95% 的置信区间.

*20. 某车间生产一批零件,其长度 $X \sim N(\mu, \sigma^2)$,按设计要求其长度的标准差 σ 不得超过 0.3 mm.今随机抽取 10 件,测得其长度值(单位:mm)如下:

11.5, 11.21, 11.05, 11.08, 11.07,

11.1, 11.06, 11.04, 11.11, 11.03.

试以 95% 的置信度估计这批零件长度的标准差是否符合设计要求.

*21. 某手表厂生产的飞达表,其走时误差(单位:s/日)服从正态分布 $N(\mu, \sigma^2)$,检验员从装配线上随机抽取 9 只进行检测,测得结果如下:

−4.0, 3.1, 2.5, −2.9, 0.9, 1.1, 2.0, −3.0, 2.8.

求该种手表走时误差的方差 σ^2 的置信度为 0.975 的单侧置信区间.

*22. 从一批铜丝中随机抽取 9 根,测得其抗拉强度为

578, 582, 574, 568, 596, 572, 570, 584, 578.

设铜丝的抗拉强度 X 服从正态分布 $N(578, \sigma^2)$,求 σ^2 的置信度为 97.5% 的单侧置信区间.

第8章 假设检验

第7章我们讨论了统计推断的一个重要问题——参数估计问题,并学习了如何利用样本提供的信息,对已知总体的分布函数中的未知参数进行点估计以及区间估计.本章将讨论数理统计学中的另一重要问题——假设检验问题.

在许多实际问题中,总体的分布函数类型或分布函数中的某个(些)参数是未知的,为了研究总体的性质,常常对所研究的总体的分布函数类型或分布函数中的某个(些)参数作出某种可能的假设,然后再根据试验所得的样本数据,对所作假设的正确性做出判断.这类问题就是所谓的假设检验问题.假设检验分为两类:一类是总体的分布函数类型已知,对总体的分布函数的一个(些)参数或数字特征进行的假设检验,称为参数假设检验;另一类是对总体的分布函数类型的假设检验,称为非参数假设检验.本章主要讨论正态总体的参数假设检验,简单介绍非参数假设检验.

§8.1 假设检验的基本思想和概念

一、假设检验问题的提出

为了对假设检验有一个初步了解,先看几个实例.

例1 某车间用一台包装机包装食盐,设包装的袋装盐重服从正态分布.长期实践表明,其标准差为 10 g,当机器正常工作时,其均值为 500 g.为检验某天包装机是否正常,从该天所包装的盐中任取 16 袋,称得其样本平均值为 510 g,试问:该天机器工作是否正常?

分析 设该天包装的袋装盐重 $X \sim N(\mu, \sigma^2)$,已知 $\sigma = 10$,μ 未知.要判断该天机器工作是否正常,就是要判断这一天包装的袋装盐重 X 的均值是否等于 500 g,即是说要检验假设 $\mu = 500$ 是否正确.这个问题是有关正态总体方差已知时,对总体均值的假设检验.

例2 A,B两厂生产同一种铸件,假设两厂铸件的重量都服从正态分布,测得重量(单位:kg)如下:

A 厂:55.7, 56.3, 55.1, 54.8, 55.9;
B 厂:50.6, 53.4, 54.7, 51.3, 55.8, 54.8.

问:A,B 两厂铸件重量的方差是否相等?

分析 设 X,Y 分别表示 A,B 两厂铸件的重量,则 X,Y 都是随机变量,$X \sim N(\mu_1,$

σ_1^2),$Y \sim N(\mu_2, \sigma_2^2)$. 现在的问题是要检验假设 $\sigma_1^2 = \sigma_2^2$ 是否正确,这是对两个正态总体方差比较大小的检验.

例 3 随机抽查 100 个铸件,其表面的砂眼数如下表所示:

砂眼数 i	0	1	2	3	4	5	6
频数 n_i	14	27	26	20	7	3	3

试问:铸件的砂眼数是否服从泊松分布?

分析 设 X 表示铸件的砂眼数,则 X 是随机变量. 现在的问题是要检验假设 $X \sim P(\lambda)$ 是否成立,这是有关总体分布函数类型的假设检验.

在实际工作中,类似的问题还有许许多多,只要加以分析便可看出,尽管它们的具体内容各不相同,但它们确有下述共同特点:

第一,总体的分布函数类型已知,然而分布函数中含有未知的参数或未知的数字特征,要回答问题需要对分布的一个或几个参数的值或数字特征做出"假设". 或者,总体的分布函数类型未知,要对分布类型提出假设.

第二,问题中已经给出了一组样本观测值 $x_1, x_2, \cdots, x_n$,希望通过所给的样本观测值对假设做出成立还是不成立的判断.

一般地,对总体的未知参数或数字特征所作的假设用字母"H"来表示. 如果关于总体有两个对立的假设 H_0 和 H_1,即要么 H_0 成立而 H_1 不成立,要么 H_1 成立而 H_0 不成立,那么习惯上把其中的一个称作**原假设**(基本假设或零假设),而把另一个称作**对立假设**或**备择假设**. 一般以 H_0 表示原假设,以 H_1 表示备择假设.

定义 8.1 利用样本提供的信息,在对参数或数字特征的原假设 H_0 与备择假设 H_1 之间做出拒绝哪一个假设、接受哪一个假设的判断过程称为**参数假设检验**,简称 H_0 对 H_1 的检验.

如例 1 中的原假设和备择假设可以分别写作"$H_0: \mu = 500$"和"$H_1: \mu \neq 500$". 因此,例 1 的问题实际上是 H_0 对 H_1 的检验问题.

值得注意的是,在实际问题的两个假设中,关于原假设和备择假设的选取并不是绝对的. 在处理具体问题时,通常将重点考察并且易于处理的假设作为原假设.

二、假设检验的基本思想

我们结合例 1 来加以说明. 设 $X \sim N(\mu, \sigma^2)$,其中参数 $\sigma = \sigma_0 = 10 \text{ g}$,$\mu$ 未知. 若机器工作正常,则总体 X 的均值 μ 应等于 500 g,为此,提出如下假设

$$H_0: \mu = \mu_0 = 500; \quad H_1: \mu \neq \mu_0.$$

因为这是有关总体均值的假设检验,所以很自然地想到能否借助于样本平均值 $\overline{X}$ 来判断. 我们知道,样本平均值 $\overline{X}$ 是总体均值 μ 的无偏估计,如果原假设 H_0 正确,那么 $\overline{X}$ 与 μ_0 的偏差 $|\overline{X} - \mu_0|$ 不应太大. 如果 $|\overline{X} - \mu_0|$ 过大,我们就有理由怀疑 H_0 的正确性而拒绝 H_0,从而认为机器工作不正常,需要进行检修. 反之,如果 $|\overline{X} - \mu_0|$ 不是很大,即是说 $\overline{X}$ 与 μ_0 的差异是由随机因素引起的,那么就不拒绝 H_0. 由于当 H_0 成立时,统计量

$$U = \frac{\overline{X} - \mu_0}{\sigma/\sqrt{n}} \sim N(0,1),$$

故可以把对 $|\overline{X} - \mu_0|$ 的大小衡量归结为对 $|U|$ 的大小衡量，我们称 U 为**检验统计量**. 其方法是先给定一个小正数 α，使得

$$P\{|U| > u_\alpha\} = \alpha, \tag{8-1}$$

再计算统计量 U 的观测值 U_0，若有 $|U_0| > u_\alpha$，则拒绝 H_0，否则就不拒绝 H_0.

做出这样判断的理论根据是概率论中的实际推断原理. 这个原理告诉我们：**小概率事件在一次试验中实际不会发生**. 因为 α 通常取很小的值，如 $\alpha = 0.05$ 或 0.01 等，所以由式 (8-1) 知，事件 $\{|U| > u_\alpha\}$ 是一个小概率事件，若 H_0 正确，则在一次试验中，该事件实际上是不会发生的. 在本例中，若取 $\alpha = 0.05$，查表得 $u_\alpha = 1.96$. 如今抽样结果为 $n = 16, \overline{x} = 510$，且已知 $\sigma = 10$，于是统计量 $|U|$ 的观测值为

$$|U_0| = \left|\frac{510 - 500}{10/\sqrt{16}}\right| = 4 > 1.96.$$

小概率事件 $\{|U| > 1.96\}$ 在一次试验中竟然发生了，那么我们就要怀疑原假设 H_0 的正确性，故拒绝 H_0，认为这天机器工作不正常.

这里包含了反证法思想，但它与一般的反证法是有区别的. 因为这里仅仅根据小概率事件的实际推断原理来论证，所以这里的反证法是带有概率性质的. 给定的 α 称为**显著性水平**，拒绝原假设 H_0 成立的区域称为**否定域**（或**拒绝域**），反之称为**接受域**. 否定域和接受域的边界值称为**临界值**. 如本例中，否定域为 $(-\infty, -u_\alpha) \cup (u_\alpha, +\infty)$，临界值为 $-u_\alpha$ 和 u_α.

例 4 正常人的脉搏频率平均为 72 (次/min). 现对 10 位某种疾病患者的脉搏频率进行测量，测得脉搏频率为 54, 68, 65, 77, 70, 64, 69, 72, 62, 71. 设患者的脉搏频率 X 服从正态分布，试问：患者的脉搏与正常人的脉搏有无差异？

解 由题设条件可知：$\overline{X} = 67.2, S^2 = 40.178, n = 10$. 取 $\alpha = 0.05$，待检验的假设为

$$H_0: \mu = 72; \quad H_1: \mu \neq 72.$$

选取统计量 $T = \dfrac{\overline{X} - \mu}{S/\sqrt{n}}$，则在 H_0 正确的条件下 $T \sim t(9)$.

由 $P\{|T| > \lambda\} = 0.05$ 与 $P\{T > \lambda\} = 0.025$ 均成立，查分位数表得：$\lambda = t_{0.05}(9) = 2.262$. 因此 $A = \{T | |T| > 2.262\}$ 为小概率事件，即 T 取值于区域 $(-\infty, -2.262) \cup (2.262, +\infty)$ 是小概率事件. 由样本观测值可得

$$T = \frac{67.2 - 72}{6.34/10} = -2.395 \in (-\infty, -2.262) \cup (2.262, +\infty).$$

这就是说，小概率事件在一次试验中发生了，故拒绝 H_0 接受 H_1，即认为患有疾病的人与正常人的脉搏有显著性差异.

三、假设检验的一般步骤

在小概率原理中，关于"小概率"并没有统一的规定，通常都是根据实际问题的要求规

定一个界限 $\alpha(0<\alpha<1)$，当一个事件的概率不大于 α 时，即认为它是小概率事件. 在假设检验中，**显著性水平** α 通常取 0.10，0.05，0.01，0.025，0.005，0.001 等比较小的正数.

对总体分布函数中的未知参数提出的假设，有以下三种形式：

(1) $H_0: \theta = \theta_0$;　　$H_1: \theta \neq \theta_0$;

(2) $H_0: \theta \leq \theta_0$;　　$H_1: \theta > \theta_0$;

(3) $H_0: \theta \geq \theta_0$;　　$H_1: \theta < \theta_0$.

形如(1)的假设检验称为**双侧（或双边）假设检验**，形如(2),(3)的假设检验称为**单侧（或单边）假设检验**.

根据上面的分析，现将假设检验的一般步骤归纳如下：

(1) 根据问题的要求提出原假设 H_0；

(2) 选择检验的统计量或随机变量，并找出在 H_0 成立的条件下，该统计量或随机变量所服从的概率分布；

(3) 根据所给的显著性水平 α，查分位数表，并确定否定域；

(4) 用样本值计算统计量的值，考察计算出的统计量的值是否落入否定域，据此做出对 H_0 拒绝或接受的结论.

四、假设检验的两类错误

由于假设检验是基于一个样本对总体分布函数中的未知参数或数字特征做出的推断，依据的是小概率原理，而这一原理并非一定成立，因而假设检验有可能出现错误. 事实上，可能出现以下两类错误.

第一类错误：原假设 H_0 是正确的，但检验结果却把它否定了. 这叫"**弃真**"错误，或叫"**以真为假**"的错误，也称作**第一类错误**. 常用 α 表示犯这类错误的概率，可知 $\alpha = P\{拒绝 H_0 | H_0 为真\}$.

第二类错误：原假设 H_0 是不正确的，但检验结果却把它肯定了. 这叫"**取伪**"错误，或叫"**以假为真**"的错误，也称作**第二类错误**. 常用 β 表示犯这类错误的概率，可知 $\beta = P\{接受 H_0 | H_0 为假\}$.

自然地，人们希望犯这两类错误的概率越小越好，即 α, β 越小越好. 但对于一定的样本容量 n，当 α 减少时，β 就会增大；反之，当 β 减少时，α 又会增大. 要它们同时减少是不可能的，因此，在实际应用中可根据问题的需要在控制犯第一类错误的概率 α 的条件下，通过增大样本容量 n 来降低犯第二类错误的概率 β.

§8.2　一个正态总体的假设检验

一个正态总体的参数假设检验，即为关于正态总体的均值和方差的假设检验. 为方便起见，设总体 $X \sim N(\mu, \sigma^2)$，$(X_1, X_2, \cdots, X_n)$ 是来自 X 的样本，$\bar{X}$ 和 S^2 分别为样本均值和样本(修正)方差. 关于总体均值 μ 的假设, 表现为未知参数 μ 和常数 μ_0 的比较, 有三种形式:

(1) $H_0: \mu = \mu_0$; $H_1: \mu \neq \mu_0$.

(2) $H_0: \mu \leq \mu_0$; $H_1: \mu > \mu_0$.

(3) $H_0: \mu \geq \mu_0$; $H_1: \mu < \mu_0$.

关于总体方差 σ^2 的假设, 表现为未知参数 σ^2 与给定值 σ_0^2 的比较, 也有三种形式:

(1) $H_0: \sigma^2 = \sigma_0^2$; $H_1: \sigma^2 \neq \sigma_0^2$.

(2) $H_0: \sigma^2 \leq \sigma_0^2$; $H_1: \sigma^2 > \sigma_0^2$.

(3) $H_0: \sigma^2 \geq \sigma_0^2$; $H_1: \sigma^2 < \sigma_0^2$.

现分别介绍如下.

一、正态总体均值的假设检验

1. σ^2 已知, 关于 μ 的假设检验

1) $H_0: \mu = \mu_0$

取统计量
$$U = \frac{\overline{X} - \mu_0}{\sigma/\sqrt{n}}, \tag{8-2}$$

在 H_0 成立时 U 服从标准正态分布, 即 $U \sim N(0,1)$. 对于给定的显著性水平 α, 由
$$P\{|U| > u_\alpha\} = \alpha$$

查标准正态分布表得 u_α (其中 $\Phi(u_\alpha) = 1 - \frac{\alpha}{2}$). 于是得到否定域为
$$\left|\frac{\overline{X} - \mu_0}{\sigma/\sqrt{n}}\right| > u_\alpha,$$

即区间
$$(-\infty, -u_\alpha) \cup (u_\alpha, +\infty).$$

根据样本值, 计算出 U 的值为 U_0. 若 $|U_0| > u_\alpha$, 即 $U_0 \in (-\infty, -u_\alpha) \cup (u_\alpha, +\infty)$, 亦即 U_0 落在否定域内, 则拒绝 H_0, 否则接受 H_0.

2) $H_0: \mu \leq \mu_0$

取统计量
$$U = \frac{\overline{X} - \mu_0}{\sigma/\sqrt{n}},$$

当 H_0 成立时, U 不一定服从正态分布, 即 U 的分布未确定, 但随机变量
$$U_1 = \frac{\overline{X} - \mu}{\sigma/\sqrt{n}} \sim N(0,1).$$

由于 U_1 中含有未知参数 μ, 无法计算 U_1 的值, 但在 H_0 成立时, 有 $U \leq U_1$. 由 $P\{U_1 > u_{2\alpha}\} = \alpha$ 及 $\{U > u_{2\alpha}\} \subset \{U_1 > u_{2\alpha}\}$ 得
$$P\{U > u_{2\alpha}\} \leq P\{U_1 > u_{2\alpha}\},$$

因而
$$P\{U > u_{2\alpha}\} \leqslant \alpha.$$
所以,在显著性水平 α 很小时,事件
$$\left\{\frac{\overline{X}-\mu_0}{\sigma/\sqrt{n}} > u_{2\alpha}\right\}$$
的概率更小,是一个小概率事件,于是原假设的否定域为
$$\frac{\overline{X}-\mu_0}{\sigma/\sqrt{n}} > u_{2\alpha},$$
即 $H_0: \mu \leqslant \mu_0$ 的否定域为 $(u_{2\alpha}, +\infty)$. 查表得 $u_{2\alpha}$,其中 $\Phi(u_{2\alpha})=1-\alpha$,根据样本值,计算出 U 的值为 U_0. 若 $U_0 > u_{2\alpha}$,则否定 H_0,否则接受 H_0.

3) $H_0: \mu \geqslant \mu_0$

取统计量
$$U = \frac{\overline{X}-\mu_0}{\sigma/\sqrt{n}},$$
选取随机变量
$$U_2 = \frac{\overline{X}-\mu}{\sigma/\sqrt{n}},$$
可知 $U_2 \sim N(0,1)$. 当 H_0 成立时,有 $U \geqslant U_2$,即 $-U \leqslant -U_2$. 与 $\mu \leqslant \mu_0$ 时的推导类似,可得 H_0 在显著性水平 α 下的否定域为 $(-\infty, -u_{2\alpha})$,其中 $\Phi(u_{2\alpha})=1-\alpha$. 因此,由样本计算出 U 的值为 U_0,若 $U_0 < -u_{2\alpha}$,则否定 H_0,否则接受 H_0. 具体推导过程读者自己可作为练习写出来.

例 1 某种橡胶的伸长率 $X \sim N(0.53, 0.015^2)$,现改进橡胶配方,对改进配方后的橡胶取样分析,测得其伸长率如下:

0.56, 0.53, 0.55, 0.55, 0.58, 0.56, 0.57, 0.57, 0.54.

已知改进配方前后橡胶伸长率的方差不变,问:改进配方后橡胶的平均伸长率有无显著变化?($\alpha=0.05$)

解 由题设条件可得 $\overline{X}=0.557$,$n=9$,$\sigma=0.015$.

考虑假设检验问题如下
$$H_0: \mu = 0.53; \quad H_1: \mu \neq 0.53.$$
选取统计量
$$U = \frac{\overline{X}-\mu}{\sigma/\sqrt{n}},$$
当 H_0 为真时,$U \sim N(0,1)$. 由 $\alpha=0.05$ 查标准正态分布表得 $u_\alpha=1.96$,于是 H_0 的否定域为 $|U| > 1.96$. 又由样本数据可得
$$|U_0| = \left|\frac{\overline{X}-0.53}{\sigma/\sqrt{n}}\right| = \left|\frac{0.557-0.53}{0.015/\sqrt{9}}\right| = 5.4 > 1.96,$$
故拒绝 H_0,即在 $\alpha=0.05$ 的条件下可认为改进配方后橡胶的平均伸长率有显著变化.

例 2 用传统工艺加工的红果罐头,每听的维生素 C 平均含量(单位:g)服从正态分

布 $N(19,\sigma^2)$. 现改进加工工艺后, 抽查 9 听罐头, 测得维生素 C 的含量为 23, 21, 19, 20.5, 18.8, 23, 18, 19.2, 19.5. 假定新工艺的方差 $\sigma^2=4$, 问: 新工艺下维生素 C 的含量是否比旧工艺下高？（取显著性水平 $\alpha=0.05$）

解 由题设条件可得 $\bar{X}=20.22, n=9, \sigma=2$.

考虑假设检验问题如下
$$H_0:\mu \leqslant 19; \quad H_1:\mu > 19.$$

选取统计量
$$U=\frac{\bar{X}-19}{\sigma/\sqrt{n}}$$

及随机变量
$$U_1=\frac{\bar{X}-\mu}{\sigma/\sqrt{n}} \sim N(0,1),$$

对于给定的显著性水平 $\alpha=0.05$, 查标准正态分布表得 $u_{2\alpha}=1.64$, 于是 H_0 的否定域为 $(1.64,+\infty)$. 又由样本数据可得

$$U_0=\frac{\bar{X}-19}{\sigma/\sqrt{n}}=\frac{20.22-19}{2/\sqrt{9}}=1.83 \in (1.64,+\infty),$$

故拒绝 H_0, 即认为新工艺下维生素 C 的含量比旧工艺下高.

例 3 条件同例 2, 试在显著性水平 $\alpha=0.05$ 下检验新工艺下维生素 C 的含量是否比旧工艺下低.

解 由题设条件可得 $\bar{X}=20.22, n=9, \sigma=2$.

考虑假设检验问题如下
$$H_0:\mu \geqslant 19; \quad H_1:\mu < 19.$$

选取统计量
$$U=\frac{\bar{X}-19}{\sigma/\sqrt{n}}$$

及随机变量
$$U_2=\frac{\bar{X}-\mu}{\sigma/\sqrt{n}} \sim N(0,1),$$

对于给定的显著性水平 $\alpha=0.05$, 查标准正态分布表得 $u_{2\alpha}=1.64$, 于是 H_0 的否定域为 $(-\infty,-1.64)$. 又由样本数据可得

$$U_0=\frac{\bar{X}-19}{\sigma/\sqrt{n}}=\frac{20.22-19}{2/\sqrt{9}}=1.83 \notin (-\infty,-1.64),$$

故接受 H_0, 即认为新工艺下维生素 C 的含量不比旧工艺下低.

2. σ^2 未知, 关于 μ 的假设检验

实际问题中, σ^2 往往是未知的, 故对这种情形的检验更加重要.

1) $H_0:\mu=\mu_0$

取统计量

$$T = \frac{\overline{X} - \mu_0}{S/\sqrt{n}}, \quad (8\text{-}3)$$

在 H_0 成立时，T 服从自由度为 $n-1$ 的 t 分布. 对于给定的显著性水平 α，由
$$P\{|T| > t_\alpha(n-1)\} = \alpha$$
查 t 分布双侧分位数表得 $t_\alpha(n-1)$，从而得到 H_0 的否定域为 $|T| > t_\alpha(n-1)$，即 $(-\infty, -t_\alpha(n-1)) \cup (t_\alpha(n-1), +\infty)$. 由样本值计算出统计量 T 的值 T_0，若 $|T_0| > t_\alpha(n-1)$，即 $T_0 \notin [-t_\alpha(n-1), t_\alpha(n-1)]$，则拒绝 H_0，否则接受 H_0.

2) $H_0: \mu \leqslant \mu_0$

取统计量
$$T = \frac{\overline{X} - \mu_0}{S/\sqrt{n}},$$

选随机变量
$$T_1 = \frac{\overline{X} - \mu}{S/\sqrt{n}} \sim t(n-1),$$

当 H_0 为真时，$T \leqslant T_1$. 对于给定的 α，由 $P\{T_1 > t_{2\alpha}(n-1)\} = \alpha$ 及 $\{T > t_{2\alpha}(n-1)\} \subset \{T_1 > t_{2\alpha}(n-1)\}$ 可知
$$P\{T > t_{2\alpha}(n-1)\} \leqslant \alpha,$$

其中 $t_{2\alpha}(n-1)$ 可由 t 分布双侧分位数表查出，从而 H_0 的否定域为 $(t_{2\alpha}(n-1), +\infty)$. 由样本值计算出 T 的值为 T_0，则 $T_0 > t_{2\alpha}(n-1)$ 时，拒绝 H_0，否则接受 H_0.

3) $H_0: \mu \geqslant \mu_0$

取统计量
$$T = \frac{\overline{X} - \mu_0}{S/\sqrt{n}},$$

选随机变量
$$T_2 = \frac{\overline{X} - \mu}{S/\sqrt{n}} \sim t(n-1),$$

当 H_0 成立时，$T \geqslant T_2$，于是 $-T \leqslant -T_2$. 类似 $H_0: \mu \leqslant \mu_0$ 的推导，可知此时 H_0 的否定域为 $(-\infty, -t_{2\alpha}(n-1))$. 由样本值计算出 T 的值 T_0，若 $T_0 < -t_{2\alpha}(n-1)$，则拒绝 H_0，否则接受 H_0.

例 4 设某次考试的考生成绩服从正态分布，从中随机抽取 36 位考生的成绩，算得平均成绩为 66.5 分，标准差为 15 分. 问：在显著性水平 $\alpha = 0.05$ 下，是否可认为这次考试全体考生的平均成绩为 70 分？

解 由题设条件可得 $\overline{X} = 66.5, S = 15, n = 36$.

考虑假设检验问题如下
$$H_0: \mu = 70; \quad H_1: \mu \neq 70.$$

选取随机变量

$$T = \frac{\overline{X} - \mu}{S/\sqrt{n}},$$

在 H_0 为真时,$T \sim t(35)$. 对于给定的显著性水平 $\alpha = 0.05$,查 t 分布双侧分位数表得 $t_{0.05}(35) = 2.0301$,于是 H_0 的否定域为 $|T| > 2.0301$. 而

$$|T_0| = \left|\frac{\overline{X} - 70}{S/\sqrt{n}}\right| = \left|\frac{66.5 - 70}{15/\sqrt{36}}\right| = 1.4 < 2.0301,$$

故接受 H_0,因此可以认为这次考试全体考生的平均成绩为 70 分.

例 5 某装置的平均工作温度据制造厂家称不高于 190℃. 今从一个由 16 台装置构成的随机样本中测得工作温度的平均值和标准差分别为 195℃ 和 8℃. 根据这些数据能否说明平均工作温度比制造厂所说的要高?设 $\alpha = 0.05$,并假设工作温度近似服从正态分布.

解 由题设条件可得 $\overline{X} = 195, n = 16, S = 8$.

考虑假设检验问题如下

$$H_0: \mu \leq 190; \quad H_1: \mu > 190.$$

选取统计量

$$T = \frac{\overline{X} - 190}{S/\sqrt{n}}$$

及随机变量

$$T_1 = \frac{\overline{X} - \mu}{S/\sqrt{n}} \sim t(n-1),$$

对于给定的显著性水平 $\alpha = 0.05$,查 t 分布双侧分位数表得 $t_{2\alpha}(n-1) = t_{0.1}(15) = 1.753$,于是 H_0 的否定域为 $(1.753, +\infty)$. 而

$$T_0 = \frac{\overline{X} - 190}{S/\sqrt{n}} = \frac{195 - 190}{8/\sqrt{16}} = 2.5 > 1.753,$$

故拒绝 H_0,即说明平均工作温度比制造厂所说的要高.

例 6 某厂生产的缆绳,其抗拉强度 X(单位:kg)服从正态分布,均值为 10600. 今改变工艺,从改变工艺后生产的一批缆绳中任抽 10 根,测得其抗拉强度为 10533, 10641, 10688, 10572, 10793, 10729, 10600, 10633, 10721, 10570. 试在显著性水平 $\alpha = 0.05$ 下,检验新工艺所生产缆绳的抗拉强度是否比原生产缆绳的抗拉强度低.

解 由题设条件可得 $\overline{X} = 10648, n = 10, S = \frac{\sqrt{62178}}{3}$.

考虑假设检验问题如下

$$H_0: \mu \geq 10600; \quad H_1: \mu < 10600.$$

选取统计量

$$T = \frac{\overline{X} - 10600}{S/\sqrt{n}}$$

及随机变量

$$T_2 = \frac{\overline{X} - \mu}{S/\sqrt{n}} \sim t(n-1),$$

对于给定的显著性水平 $\alpha = 0.05$,查 t 分布双侧分位数表得 $t_{2\alpha}(n-1) = t_{0.1}(9) = 1.833$,于

是 H_0 的否定域为 $(-\infty, -1.833)$. 而

$$T_0 = \frac{\overline{X} - 10600}{S/\sqrt{n}} = \frac{10648 - 10600}{\sqrt{62178/3}\sqrt{10}} = 1.826 \notin (-\infty, -1.833),$$

故接受 H_0,即认为新工艺所生产缆绳的抗拉强度不比原生产缆绳的抗拉强度低.

二、正态总体方差的假设检验

1. μ 已知,关于 σ^2 的假设检验

1) $H_0: \sigma^2 = \sigma_0^2$

取统计量

$$W = \frac{1}{\sigma_0^2} \sum_{i=1}^{n} (X_i - \mu)^2, \tag{8-4}$$

在 H_0 为真时,W 服从自由度为 n 的 χ^2 分布.对于给定的显著性水平 α,根据 W 的分布,确定实数 a 和 b,使之满足

$$P\{W < a\} = \frac{\alpha}{2}, \quad P\{W > b\} = \frac{\alpha}{2}.$$

由 χ^2 分布上侧分位数表查得

$$a = \chi^2_{1-\frac{\alpha}{2}}(n), \quad b = \chi^2_{\frac{\alpha}{2}}(n),$$

此时

$$P\{a < W < b\} = 1 - \alpha, \quad P(\{W < a\} \cup \{W > b\}) = \alpha.$$

因此,$(0, \chi^2_{1-\frac{\alpha}{2}}(n)) \cup (\chi^2_{\frac{\alpha}{2}}(n), +\infty)$ 为原假设的否定域.再由所给的样本值,计算出统计量 W 的值 W_0.若 $W_0 < \chi^2_{1-\frac{\alpha}{2}}(n)$ 或 $W_0 > \chi^2_{\frac{\alpha}{2}}(n)$,即 W_0 落在 H_0 的否定域内,则拒绝 H_0;否则,若 W_0 落在 H_0 的接受域内,即 $\chi^2_{1-\frac{\alpha}{2}}(n) < W_0 < \chi^2_{\frac{\alpha}{2}}(n)$,则接受 H_0.

2) $H_0: \sigma^2 \leqslant \sigma_0^2$

考察统计量

$$W = \frac{1}{\sigma_0^2} \sum_{i=1}^{n} (X_i - \mu)^2$$

及随机变量

$$W_1 = \frac{1}{\sigma^2} \sum_{i=1}^{n} (X_i - \mu)^2,$$

当 H_0 为真时,W 的分布未知,但随机变量 $W_1 \sim \chi^2(n)$,且 $W_1 \geqslant W$.因此

$$\{W > \lambda\} \subset \{W_1 > \lambda\}, \quad P\{W > \lambda\} \leqslant P\{W_1 > \lambda\}.$$

给定显著性水平 α,由 $P\{W_1 > b\} = \alpha$ 查 χ^2 分布上侧分位数表得 $b = \chi^2_\alpha(n)$,从而 $P\{W > b\} \leqslant \alpha$,故区间 $(\chi^2_\alpha(n), +\infty)$ 为 H_0 的否定域.由样本值计算出统计量的值 W_0,当 $W_0 > \chi^2_\alpha(n)$ 时,拒绝 H_0,否则接受 H_0.

3) $H_0: \sigma^2 \geqslant \sigma_0^2$

取统计量

$$W = \frac{1}{\sigma_0^2} \sum_{i=1}^{n} (X_i - \mu)^2$$

及随机变量

$$W_2 = \frac{1}{\sigma^2}\sum_{i=1}^{n}(X_i-\mu)^2 \sim \chi^2(n),$$

类似2)的推导可得:对于给定的显著性水平α,H_0的否定域为$(0,\chi^2_{1-\alpha}(n))$.因此,由样本值计算出统计量的值W_0,当$W_0 \in (0,\chi^2_{1-\alpha}(n))$时,拒绝$H_0$,否则接受$H_0$.

例7 某厂生产的铜丝的折断力X服从正态分布$N(575.2,\sigma^2)$.今从其产品中任取10根,测得折断力数据(单位:kg)如下:

570, 578, 570, 572, 568, 572, 570, 572, 596, 584.

试问:是否可以认为该厂所生产铜丝的折断力的方差为64?(取显著性水平$\alpha=0.05$)

解 由题设条件可得$\mu=575.2,n=10$.

考虑假设检验问题如下

$$H_0:\sigma^2=64; \quad H_1:\sigma^2\neq 64.$$

选取统计量

$$W = \frac{1}{64}\sum_{i=1}^{n}(X_i-\mu)^2,$$

在H_0为真时,$W \sim \chi^2(n)$.对于给定的显著性水平$\alpha=0.05$,查χ^2分布上侧分位数表得$\chi^2_{1-\frac{\alpha}{2}}(n) = \chi^2_{0.975}(10) = 3.247$,$\chi^2_{\frac{\alpha}{2}}(n) = \chi^2_{0.025}(10) = 20.483$,于是$H_0$的否定域为$(0,3.247) \cup (20.483,+\infty)$.而

$$W_0 = \frac{1}{64}\sum_{i=1}^{10}(X_i-575.2)^2 = 10.64 \notin (0,3.247) \cup (20.483,+\infty),$$

故接受H_0,即认为该厂所生产铜丝的折断力的方差为64.

例8 在例7的条件下,试问:是否可以认为该厂所生产铜丝的折断力的方差小于64?(取显著性水平$\alpha=0.05$)

解 由题设条件可得$\mu=575.2,n=10$.

考虑假设检验问题如下

$$H_0:\sigma^2 \geq 64; \quad H_1:\sigma^2 < 64.$$

选取统计量

$$W = \frac{1}{64}\sum_{i=1}^{n}(X_i-575.2)^2$$

及随机变量

$$W_2 = \frac{1}{\sigma^2}\sum_{i=1}^{n}(X_i-575.2)^2 \sim \chi^2(n),$$

对于给定的显著性水平$\alpha=0.05$,查χ^2分布上侧分位数表得

$$\chi^2_{1-\alpha}(n) = \chi^2_{0.95}(10) = 3.94,$$

于是H_0的否定域为$(0,3.94)$.而

$$W_0 = \frac{1}{64}\sum_{i=1}^{10}(X_i-575.2)^2 = 10.64 \notin (0,3.94),$$

故接受H_0,即认为该厂所生产铜丝的折断力的方差不小于64.

2. μ 未知,关于 σ^2 的假设检验

1) $H_0: \sigma^2 = \sigma_0^2$

取统计量

$$W = \frac{(n-1)S^2}{\sigma_0^2}, \tag{8-5}$$

在 H_0 为真时 $W \sim \chi^2(n-1)$. 对于给定的显著性水平 α,由

$$P\{W < a\} = \frac{\alpha}{2}, \quad P\{W > b\} = \frac{\alpha}{2}$$

查 χ^2 分布上侧分位数表得

$$a = \chi^2_{1-\frac{\alpha}{2}}(n-1), \quad b = \chi^2_{\frac{\alpha}{2}}(n-1),$$

从而 H_0 的否定域为 $(0, \chi^2_{1-\frac{\alpha}{2}}(n-1)) \cup (\chi^2_{\frac{\alpha}{2}}(n-1), +\infty)$. 由样本值计算出统计量 W 的值 W_0,若 W_0 落在 $(0, \chi^2_{1-\frac{\alpha}{2}}(n-1)) \cup (\chi^2_{\frac{\alpha}{2}}(n-1), +\infty)$ 内,则拒绝 H_0,否则接受 H_0.

2) $H_0: \sigma^2 \leqslant \sigma_0^2$

考察统计量

$$W = \frac{(n-1)S^2}{\sigma_0^2}$$

及随机变量

$$W_1 = \frac{(n-1)S^2}{\sigma^2} \sim \chi^2(n-1),$$

显然当 H_0 为真时,$W \leqslant W_1$,从而 $\{W > \lambda\} \subset \{W_1 > \lambda\}$,故

$$P\{W > \lambda\} \leqslant P\{W_1 > \lambda\}.$$

给定显著性水平 α,由

$$P\{W_1 > b\} = \alpha$$

查 χ^2 分布上侧分位数表得

$$b = \chi^2_\alpha(n-1),$$

因此

$$P\{W > b\} \leqslant \alpha,$$

于是得 H_0 的否定域为 $(\chi^2_\alpha(n-1), +\infty)$. 由样本值计算出统计量 W 的值 W_0,若 $W_0 \in (\chi^2_\alpha(n-1), +\infty)$,则拒绝 H_0,否则接受 H_0.

3) $H_0: \sigma^2 \geqslant \sigma_0^2$

选取统计量

$$W = \frac{(n-1)S^2}{\sigma_0^2}$$

及随机变量

$$W_2 = \frac{(n-1)S^2}{\sigma^2} \sim \chi^2(n-1),$$

可以推导得:对于给定的显著性水平 α,得 H_0 的否定域为 $(0, \chi^2_{1-\alpha}(n-1))$. 因此,由样本值计算出 W 的值 W_0,若 $W_0 \in (0, \chi^2_{1-\alpha}(n-1))$,则拒绝 H_0,否则接受 H_0.

例 9 用自动包装机包装食盐,每袋质量 X 服从正态分布 $N(\mu, \sigma^2)$. 在正常情况下,

每袋质量为 500 g,标准差为 15 g. 每隔一段时间需要检验机器的工作情况,现从刚生产出来的该袋装食盐中抽取 9 袋,测得其质量(单位:g)分别为 524,506,518,511,497,510,488,512,515. 试在显著性水平 $\alpha=0.05$ 下检验自动包装机的工作是否正常.

解 由题设条件可得 $\overline{X}=509, S^2=118.75, n=9$.

考虑如下两个假设检验问题:

(1) $H_0: \sigma^2 = 15^2$; (2) $H_0: \mu = 500$.

下面分别给出它们的检验.

(1) 选取统计量

$$W = \frac{(n-1)S^2}{\sigma_0^2},$$

在 H_0 为真时,$W \sim \chi^2(8)$. 对于给定的显著性水平 $\alpha=0.05$,查 χ^2 分布上侧分位数表得

$$\chi^2_{1-\frac{\alpha}{2}}(n-1) = \chi^2_{0.975}(8) = 2.180, \quad \chi^2_{\frac{\alpha}{2}}(n-1) = \chi^2_{0.025}(8) = 17.535,$$

于是 H_0 的否定域为 $(0, 2.180) \bigcup (17.535, +\infty)$. 而

$$W_0 = \frac{8 \times 118.75}{15^2} = 4.22 \notin (0, 2.18) \bigcup (17.535, +\infty),$$

故接受 H_0,即认为方差为 15^2.

(2) 选取统计量

$$U = \frac{\overline{X} - \mu_0}{\sigma/\sqrt{n}},$$

在 $\alpha=0.05$ 下,查标准正态分布表得 $u_{0.05}=1.96$,于是 H_0 的接受域为 $(-1.96, 1.96)$. 而

$$U_0 = \frac{\overline{X} - \mu}{\sigma/\sqrt{n}} = \frac{509 - 500}{15/3} = 1.8 \in (-1.96, 1.96),$$

故接受 H_0,即认为平均质量符合标准.

综上所述可得:自动包装机的生产处于正常状态.

例 10 电工器材厂生产一批保险丝,现抽取 10 根试验其熔断时间,结果为 42,65,75,78,71,59,57,68,54,55. 问:是否可认为整批保险丝熔断时间的方差不大于 80?(熔断时间服从正态分布,显著性水平 $\alpha=0.05$)

解 由题设条件可得 $n=10$.

检验假设为

$$H_0: \sigma^2 \leqslant 80; \quad H_1: \sigma^2 > 80.$$

选取统计量

$$W = \frac{(n-1)S^2}{\sigma_0^2}$$

及随机变量

$$W_1 = \frac{(n-1)S^2}{\sigma^2} \sim \chi^2(n-1),$$

对于给定的显著性水平 $\alpha=0.05$,查 χ^2 分布上侧分位数表得 $\chi^2_\alpha(n-1) = \chi^2_{0.05}(9) = 16.919$. 因此,$H_0$ 的否定域为 $(16.919, +\infty)$. 又由样本值计算得

$$W_0 = \frac{\sum_{i=1}^{10}(X_i - \overline{X})^2}{\sigma_0^2} \approx 13.7 \in (0, 16.919),$$

故接受 H_0,即在 $\alpha=0.05$ 下可认为整批保险丝熔断时间的方差不大于 80.

关于 μ 的假设检验,区分 σ^2 已知与未知两种情况:当 σ^2 已知时,使用 U 检验;当 σ^2 未知时,使用 t 检验.关于 σ^2 的假设检验,使用 χ^2 检验.

细心的读者可能已经发现,关于正态总体均值与方差的假设检验问题与其相应的区间估计有着极其密切的联系.为了方便比较,我们在表 8.1 中进行了归纳总结.

表 8.1 一个正态总体的假设检验

条件	原假设	统计量	应查分布表	否定域
σ^2 已知	$H_0: \mu = \mu_0$	$U = \dfrac{\overline{X} - \mu_0}{\sigma/\sqrt{n}},$ 其中 $\overline{X} = \dfrac{1}{n}\sum_{i=1}^{n} X_i$	$N(0,1)$	$\|U\| > u_\alpha$
	$H_0: \mu \leq \mu_0$			$U > u_{2\alpha}$
	$H_0: \mu \geq \mu_0$			$U < -u_{2\alpha}$

续表

条件	原假设	统计量	应查分布表	否定域
σ^2 未知	$H_0: \mu = \mu_0$	$T = \dfrac{\overline{X} - \mu_0}{S/\sqrt{n}}$，其中 $S^2 = \dfrac{1}{n-1}\sum\limits_{i=1}^{n}(X_i - \overline{X})^2$	$t(n-1)$	$\|T\| > t_\alpha(n-1)$
	$H_0: \mu \leqslant \mu_0$			$T > t_{2\alpha}(n-1)$
	$H_0: \mu \geqslant \mu_0$			$T < -t_{2\alpha}(n-1)$
μ 已知	$H_0: \sigma^2 = \sigma_0^2$	$W = \dfrac{1}{\sigma_0^2}\sum\limits_{i=1}^{n}(X_i - \mu)^2$	$\chi^2(n)$	$W < \chi^2_{1-\frac{\alpha}{2}}(n)$ 或 $W > \chi^2_{\frac{\alpha}{2}}(n)$
	$H_0: \sigma^2 \leqslant \sigma_0^2$			$W > \chi^2_\alpha(n)$
	$H_0: \sigma^2 \geqslant \sigma_0^2$			$W < \chi^2_{1-\alpha}(n)$

续表

条件	原假设	统计量	应查分布表	否定域
μ 未知	$H_0: \sigma^2 = \sigma_0^2$	$W = \dfrac{(n-1)S^2}{\sigma_0^2}$	$\chi^2(n-1)$	$W > \chi^2_{\frac{\alpha}{2}}(n-1)$ 或 $W < \chi^2_{1-\frac{\alpha}{2}}(n-1)$
	$H_0: \sigma^2 \leqslant \sigma_0^2$			$W > \chi^2_{\alpha}(n-1)$
	$H_0: \sigma^2 \geqslant \sigma_0^2$			$W < \chi^2_{1-\alpha}(n-1)$

§8.3 两个正态总体的假设检验

设 X,Y 是两个相互独立的随机变量,且 $X \sim N(\mu_1, \sigma_1^2)$,$Y \sim N(\mu_2, \sigma_2^2)$,$(X_1, X_2, \cdots, X_{n_1})$ 和 $(Y_1, Y_2, \cdots, Y_{n_2})$ 分别是来自总体 X 和 Y 的样本. 它们的样本均值和样本(修正)方差分别记为 $\overline{X}, S_1^2$ 和 $\overline{Y}, S_2^2$.

关于两正态总体均值 μ_1, μ_2 的假设有如下三种形式:

(1) $H_0: \mu_1 = \mu_2$; (2) $H_0: \mu_1 \leqslant \mu_2$; (3) $H_0: \mu_1 \geqslant \mu_2$.

关于两正态总体方差 σ_1^2, σ_2^2 的假设也有三种形式:

(1) $H_0: \sigma_1^2 = \sigma_2^2$; (2) $H_0: \sigma_1^2 \leqslant \sigma_2^2$; (3) $H_0: \sigma_1^2 \geqslant \sigma_2^2$.

关于均值的假设检验,只介绍总体方差 σ_1^2 与 σ_2^2 已知和总体方差 σ_1^2 与 σ_2^2 未知但知道其相等两种情形. 关于方差的假设检验,只讨论 μ_1 与 μ_2 未知的情形.

一、关于 μ_1, μ_2 的假设检验

1. σ_1^2, σ_2^2 已知,关于 μ_1, μ_2 的假设检验

1) $H_0: \mu_1 = \mu_2$

由前面的假设条件知

$$\overline{X} \sim N\left(\mu_1, \frac{\sigma_1^2}{n_1}\right),$$

$$\overline{Y} \sim N\left(\mu_2, \frac{\sigma_2^2}{n_2}\right),$$

且 $\overline{X}$ 与 $\overline{Y}$ 相互独立,因而

$$\overline{X} - \overline{Y} \sim N\left(\mu_1 - \mu_2, \frac{\sigma_1^2}{n_1} + \frac{\sigma_2^2}{n_2}\right),$$

从而

$$\frac{(\overline{X} - \overline{Y}) - (\mu_1 - \mu_2)}{\sqrt{\frac{\sigma_1^2}{n_1} + \frac{\sigma_2^2}{n_2}}} \sim N(0, 1). \tag{8-6}$$

当 H_0 为真时,统计量

$$U = \frac{\overline{X} - \overline{Y}}{\sqrt{\frac{\sigma_1^2}{n_1} + \frac{\sigma_2^2}{n_2}}} \sim N(0, 1), \tag{8-7}$$

对于给定的 α,查标准正态分布表得 u_α,使之满足 $P\{|U| > u_\alpha\} = \alpha$,其中 $\Phi(u_\alpha) = 1 - \frac{\alpha}{2}$,从而得到 H_0 的否定域为 $(-\infty, -u_\alpha) \cup (u_\alpha, +\infty)$. 若由样本值算出统计量 U 的值落在 H_0 的否定域内,则拒绝 H_0,否则接受 H_0.

2) $H_0: \mu_1 \leqslant \mu_2$

选取统计量

$$U = \frac{\overline{X} - \overline{Y}}{\sqrt{\frac{\sigma_1^2}{n_1} + \frac{\sigma_2^2}{n_2}}}$$

及随机变量

$$U_1 = \frac{\overline{X} - \overline{Y} - (\mu_1 - \mu_2)}{\sqrt{\frac{\sigma_1^2}{n_1} + \frac{\sigma_2^2}{n_2}}},$$

显然 $U_1 \sim N(0, 1)$,但 U 服从的分布未知,然而在 H_0 成立时,即 $\mu_1 - \mu_2 \leqslant 0$ 时,有 $U \leqslant U_1$,于是 $\{U > u_{2\alpha}\} \subset \{U_1 > u_{2\alpha}\}$,故 $P\{U > u_{2\alpha}\} \leqslant P\{U_1 > u_{2\alpha}\}$.

对于给定的显著性水平 α,由 $P\{U_1 > u_{2\alpha}\} = \alpha$ 得 $P\{U > u_{2\alpha}\} \leqslant \alpha$. 查标准正态分布表得 $u_{2\alpha}$,其中 $\Phi(u_{2\alpha}) = 1 - \alpha$,从而得 H_0 的否定域为 $(u_{2\alpha}, +\infty)$. 由样本值计算出统计量 U 的值为 U_0,若 $U_0 > u_{2\alpha}$,即 U_0 落在 H_0 的否定域内,则拒绝 H_0,否则接受 H_0.

对 $H_0: \mu_1 \geqslant \mu_2$ 的检验与对 $H_0: \mu_1 \leqslant \mu_2$ 的检验完全类似,请读者自己推导.

例1 卷烟厂向化验室送去 A,B 两种烟草,欲化验它们的尼古丁含量是否相同. 从 A,B 中随机地抽取质量相同的 5 例进行化验,测得尼古丁的含量(单位:mg)为

$$A:24, \quad 27, \quad 26, \quad 21, \quad 24;$$
$$B:27, \quad 28, \quad 23, \quad 31, \quad 26.$$

根据经验知道,尼古丁的含量服从正态分布,且 A 种的方差为 5,B 种的方差为 8. 取 $\alpha=0.05$,问:这两种烟草的尼古丁含量是否有差异?

解 设两种烟草的尼古丁含量均值分别为 μ_1 和 μ_2,则由题设条件得

$$n_1 = n_2 = 5, \quad \overline{X} = 24.4, \quad \overline{Y} = 27.$$

待检假设为

$$H_0:\mu_1 = \mu_2; \quad H_1:\mu_1 \neq \mu_2.$$

选取统计量

$$U = \frac{\overline{X} - \overline{Y}}{\sqrt{\frac{\sigma_1^2}{n_1} + \frac{\sigma_2^2}{n_2}}},$$

在显著性水平 $\alpha=0.05$ 下,查标准正态分布表得 $u_\alpha=1.96$. 因此, H_0 的否定域为 $(-\infty, -1.96) \cup (1.96, +\infty)$. 而

$$U_0 = \frac{\overline{X} - \overline{Y}}{\sqrt{\frac{\sigma_1^2}{n_1} + \frac{\sigma_2^2}{n_2}}} = \frac{24.4 - 27}{\sqrt{\frac{5}{5} + \frac{8}{5}}} = -1.612 \notin (-\infty, -1.96) \cup (1.96, +\infty),$$

故接受 H_0,即认为这两种烟草的尼古丁含量无显著差异.

例2 在某大学中,从经常参加体育运动的男生中随意选出 50 人,测得其平均身高为 174.34 cm,从不常参加运动的男生中随意选出 50 人,测得其平均身高为 172.42 cm. 假设两种类型男生的身高都服从正态分布,其标准差相应地为 5.35 cm 和 6.11 cm. 问:该校中经常参加体育运动的男生是否比不常参加体育运动的男生身体要高些? (取 $\alpha=0.05$)

解 以 X 表示经常参加体育运动的男生的身高,以 Y 表示不常参加体育运动的男生的身高,则由题设条件可得

$$X \sim N(\mu_1, 5.35^2), \quad Y \sim N(\mu_2, 6.11^2).$$

待检假设为

$$H_0:\mu_1 \leqslant \mu_2; \quad H_1:\mu_1 > \mu_2.$$

利用前面分析得到的结论可得:在显著性水平 $\alpha=0.05$ 下, H_0 的否定域为 $(u_{2\alpha}, +\infty)$,即 $(1.64, +\infty)$. 而由样本值计算得到 $U_0=1.66 \in (1.64, +\infty)$,所以拒绝 H_0,即认为经常参加体育运动的男生比不常参加体育运动的男生明显高些.

2. σ_1^2, σ_2^2 未知,但 $\sigma_1^2 = \sigma_2^2 = \sigma^2$,关于 μ_1, μ_2 的假设检验

1) $H_0:\mu_1 = \mu_2$

H_0 成立时,统计量

$$T = \frac{\overline{X} - \overline{Y}}{S_W \sqrt{\frac{1}{n_1} + \frac{1}{n_2}}} \sim t(n_1 + n_2 - 2), \tag{8-8}$$

其中
$$S_w^2 = \frac{(n_1-1)S_1^2 + (n_2-1)S_2^2}{n_1+n_2-2}. \tag{8-9}$$

对于给定的显著性水平 α，查自由度为 $n=n_1+n_2-2$ 的 t 分布双侧分位数表，得统计量 T 的临界值 $t_\alpha(n)$，使之满足
$$P\{|T| > t_\alpha(n)\} = \alpha,$$
从而得到 H_0 的接受域为 $(-t_\alpha(n), t_\alpha(n))$. 由样本值计算出统计量 T 的值 T_0，若 $|T_0| > t_\alpha(n)$，即 T_0 落在 H_0 的否定域内，则拒绝 H_0，否则接受 H_0.

2) $H_0: \mu_1 \leqslant \mu_2$

选取统计量
$$T = \frac{\overline{X}-\overline{Y}}{S_w\sqrt{\frac{1}{n_1}+\frac{1}{n_2}}}$$

及随机变量
$$T_1 = \frac{\overline{X}-\overline{Y}-(\mu_1-\mu_2)}{S_w\sqrt{\frac{1}{n_1}+\frac{1}{n_2}}},$$

可知 $T_1 \sim t(n_1+n_2-2)$. 当 H_0 为真时，$T \leqslant T_1$，$\{T > \lambda\} \subset \{T_1 > \lambda\}$，所以有
$$P\{T > \lambda\} \leqslant P\{T_1 > \lambda\}.$$
对于给定的 α，$P\{T_1 > \lambda\} = \alpha$，可得
$$\lambda = t_{2\alpha}(n_1+n_2-2),$$
$$P\{T > \lambda\} \leqslant \alpha,$$
从而得到 H_0 的否定域为 $(t_{2\alpha}(n_1+n_2-2), +\infty)$. 由样本值计算出 T 的值 T_0，若 $T_0 > t_{2\alpha}(n_1+n_2-2)$，则拒绝 H_0，否则接受 H_0.

对 $H_0: \mu_1 \geqslant \mu_2$ 的检验与对 $H_0: \mu_1 \leqslant \mu_2$ 的检验完全类似，只是选取的统计量和随机变量有所不同，分别为
$$T = \frac{\overline{Y}-\overline{X}}{S_w\sqrt{\frac{1}{n_1}+\frac{1}{n_2}}}, \quad T_2 = \frac{\overline{Y}-\overline{X}-(\mu_2-\mu_1)}{S_w\sqrt{\frac{1}{n_1}+\frac{1}{n_2}}},$$

在此不再赘述.

例 3 对用两种不同的热处理方法加工的某金属材料做抗拉强度试验，得到试验的数据（单位：kg/m）如下：

第一种方法：32，34，31，29，32，26，34，38，35，29，30，31；
第二种方法：29，24，26，30，28，32，29，31，26，28，32，29.

设用两种热处理方法加工的金属材料的抗拉强度均服从正态分布，且方差相等．在给定显著性水平 $\alpha=0.05$ 下，问：这两种金属材料的抗拉强度有无显著差异？

解 用 X 和 Y 分别表示第一种和第二种方法加工的金属材料的抗拉强度，由题意知 $X \sim N(\mu_1, \sigma^2)$，$Y \sim N(\mu_2, \sigma^2)$，$\sigma^2$ 未知．待检假设为
$$H_0: \mu_1 = \mu_2; \quad H_1: \mu_1 \neq \mu_2.$$

选取统计量

$$T = \frac{\overline{X} - \overline{Y}}{S_W \sqrt{\frac{1}{n_1} + \frac{1}{n_2}}}.$$

已知 $n_1 = n_2 = 12$，通过计算得 $\overline{X} = 31.75$，$\overline{Y} = 28.67$，$S_1^2 = 10.205$，$S_2^2 = 6.058$. 由(8-9)式计算得

$$S_W = \sqrt{\frac{(12-1) \times 10.205 + (12-1) \times 6.058}{12 + 12 - 2}} = 2.85,$$

而 $\alpha = 0.05$，查表得 $t_\alpha(n_1 + n_2 - 2) = t_{0.05}(22) = 2.074$. 由样本值计算

$$|T_0| = \frac{|31.75 - 28.67|}{2.85 \sqrt{\frac{1}{12} + \frac{1}{12}}} = 2.647 > 2.074,$$

故拒绝 H_0，即认为这两种金属材料的抗拉强度有显著差异.

二、关于 σ_1^2, σ_2^2 的假设检验

下面介绍 μ_1, μ_2 未知时关于 σ_1^2, σ_2^2 的假设检验.

1. $H_0: \sigma_1^2 = \sigma_2^2$

选取统计量

$$F = \frac{S_1^2/\sigma_1^2}{S_2^2/\sigma_2^2} = \frac{S_1^2}{S_2^2} \cdot \frac{\sigma_2^2}{\sigma_1^2}, \tag{8-10}$$

当 H_0 为真时，

$$F = \frac{S_1^2}{S_2^2} \sim F(n_1 - 1, n_2 - 1).$$

对于给定的显著性水平 α，查 F 分布上侧分位数表得

$$P\{F < a\} = \frac{\alpha}{2}, \quad a = F_{1-\frac{\alpha}{2}}(n_1 - 1, n_2 - 1),$$

$$P\{F > b\} = \frac{\alpha}{2}, \quad b = F_{\frac{\alpha}{2}}(n_1 - 1, n_2 - 1),$$

于是得 H_0 的否定域为 $(0, a) \bigcup (b, +\infty)$. 由样本值计算 F 的值 F_0，若 $a < F_0 < b$，则接受 H_0，否则拒绝 H_0.

2. $H_0: \sigma_1^2 \leqslant \sigma_2^2$

这类问题的假设检验在实际工作中也是经常遇到的，如比较两种设备的加工精度哪一种更优、技术革新后精度是否有提高等.

考察统计量

$$F = \frac{S_1^2}{S_2^2}$$

及随机变量

$$F_1 = \frac{S_1^2}{S_2^2} \cdot \frac{\sigma_2^2}{\sigma_1^2},$$

可知 $F_1 \sim F(n_1-1, n_2-1)$. 当 H_0 成立时, 有 $F \leqslant F_1, \{F > \lambda\} \subset \{F_1 > \lambda\}$, 所以
$$P\{F > \lambda\} \leqslant P\{F_1 > \lambda\}.$$
对于给定的显著性水平 α, 由
$$P\{F_1 > \lambda\} = \alpha$$
查 F 分布上侧分位数表得 $\lambda = F_\alpha(n_1-1, n_2-1)$, 从而得 H_0 的否定域为 $(\lambda, +\infty)$. 若由样本计算出 F 的值 F_0 大于 λ, 即 F_0 落在 H_0 的否定域内, 则拒绝 H_0, 否则接受 H_0.

例 4 甲、乙两厂生产同一电阻, 现从甲、乙两厂生产的产品中分别随机抽取 12 件和 10 件样品, 测得它们的电阻值后, 计算出样本方差分别为 $S_1^2 = 1.40, S_2^2 = 4.38$. 假设电阻值服从正态分布, 在显著性水平 $\alpha = 0.10$ 下, 我们是否可以认为两厂生产的电阻值的方差有如下结论: (1) $\sigma_1^2 = \sigma_2^2$; (2) $\sigma_1^2 \leqslant \sigma_2^2$.

解 以 X 表示甲厂电阻的阻值, 以 Y 表示乙厂电阻的阻值, 则由题设条件可得
$$X \sim N(\mu_1, \sigma_1^2), \quad Y \sim N(\mu_2, \sigma_2^2),$$
$$n_1 = 12, \quad n_2 = 10, \quad S_1^2 = 1.40, \quad S_2^2 = 4.38.$$

(1) 该问题即检验假设
$$H_0: \sigma_1^2 = \sigma_2^2; \quad H_1: \sigma_1^2 \neq \sigma_2^2.$$
因为 $n_1 = 12, n_2 = 10, \alpha = 0.10$, 所以我们需要得到 $F_{1-\frac{\alpha}{2}}(n_1-1, n_2-1) = F_{0.95}(11, 9)$, 但一般在 F 分布上侧分位数表中查不到这个值. 利用 F 分布的性质, 有
$$F_{0.95}(11, 9) = \frac{1}{F_{0.05}(9, 11)} = \frac{1}{2.90} = 0.34.$$
选取统计量
$$F = \frac{S_1^2}{S_2^2} \cdot \frac{\sigma_2^2}{\sigma_1^2},$$
在 H_0 成立的条件下, 利用样本值计算得
$$F_0 = \frac{S_1^2}{S_2^2} = \frac{1.40}{4.38} = 0.32 < 0.34 = F_{0.95}(11, 9),$$
所以拒绝原假设 H_0, 即认为两厂生产的电阻值的方差不同.

(2) 该问题即检验假设
$$H_0: \sigma_1^2 \leqslant \sigma_2^2; \quad H_1: \sigma_1^2 > \sigma_2^2.$$
因为 $n_1 = 12, n_2 = 10, \alpha = 0.10$, 所以我们需要查 $F_\alpha(n_1-1, n_2-1) = F_{0.10}(11, 9)$ 的值, 但在普通的 F 分布上侧分位数表中查不到这个值, 于是用 $F_{0.10}(10, 9)$ 和 $F_{0.10}(12, 9)$ 的平均值作为它的近似值, 故有
$$F_{0.10}(11, 9) = \frac{1}{2}[F_{0.10}(10, 9) + F_{0.10}(12, 9)] = \frac{1}{2}(2.42 + 2.38) = 2.40.$$
由样本值计算统计量
$$F_0 = \frac{S_1^2}{S_2^2} = \frac{1.40}{4.38} = 0.32 < 2.40,$$
于是我们接受原假设 H_0, 即认为甲厂生产的电阻值的方差(即波动性)较小.

两个正态总体的假设检验的结论如表 8.2 所示.

表 8.2 两个正态总体的假设检验

条件	原假设	统计量	应查分布表	否定域
σ_1^2, σ_2^2 已知	$H_0: \mu_1 = \mu_2$	$U = \dfrac{\overline{X} - \overline{Y}}{\sqrt{\dfrac{\sigma_1^2}{n_1} + \dfrac{\sigma_2^2}{n_2}}}$	$N(0,1)$	$\|U\| > u_\alpha$
	$H_0: \mu_1 \leqslant \mu_2$			$U > u_{2\alpha}$
	$H_0: \mu_1 \geqslant \mu_2$			$U < -u_{2\alpha}$
已知 $\sigma_1^2 = \sigma_2^2$ 但未知其值	$H_0: \mu_1 = \mu_2$	$T = \dfrac{\overline{X} - \overline{Y}}{S_W \sqrt{\dfrac{1}{n_1} + \dfrac{1}{n_2}}}$, 其中 $S_W^2 = \dfrac{(n_1-1)S_1^2 + (n_2-1)S_2^2}{n_1 + n_2 - 2}$	$t(n_1 + n_2 - 2)$	$\|T\| > t_\alpha(n_1 + n_2 - 2)$
	$H_0: \mu_1 \leqslant \mu_2$			$T > t_{2\alpha}(n_1 + n_2 - 2)$
	$H_0: \mu_1 \geqslant \mu_2$			$T < -t_{2\alpha}(n_1 + n_2 - 2)$

续表

条件	原假设	统计量	应查分布表	否定域
μ_1, μ_2 未知	$H_0:\sigma_1^2=\sigma_2^2$	$F=\dfrac{S_1^2}{S_2^2}$	$F(n_1-1, n_2-1)$	$F<F_{1-\frac{\alpha}{2}}(n_1-1,n_2-1)$ 或 $F>F_{\frac{\alpha}{2}}(n_1-1,n_2-1)$
	$H_0:\sigma_1^2\leqslant\sigma_2^2$			$F>F_\alpha(n_1-1,n_2-1)$
	$H_0:\sigma_1^2\geqslant\sigma_2^2$			$F<F_{1-\alpha}(n_1-1,n_2-1)$

*§8.4　0-1 分布参数的假设检验

前面我们介绍了正态总体的参数假设检验,在应用中,我们有时还需要知道总体中具有某种特征的项目所占的比例有多大. 比如,某市老龄人口研究会想知道该市老龄人口所占的比重,质检员想估计产品的不合格率,等等. 即是说,我们有时需要对 0-1 分布总体的参数 p 进行假设检验.

设总体 $X\sim B(1,p)$,其分布律为

$$P\{X=k\}=p^k(1-p)^{1-k}, \quad k=0,1. \tag{8-11}$$

其中 $0<p<1$,且 p 未知. 我们先提出一个待检假设

$$H_0:p=p_0; \quad H_1:p\neq p_0. (p_0\text{ 已知}) \tag{8-12}$$

因为由(8-11)可得

$$E(X)=p, \quad D(X)=p(1-p),$$

所以若 H_0 成立,则由中心极限定理可知,当样本容量 n 充分大时,统计量

$$U = \frac{\overline{X} - p_0}{\sqrt{p_0(1-p_0)/n}} \tag{8-13}$$

近似地服从标准正态分布 $N(0,1)$,从而可用前面所介绍的 U 检验法进行近似检验. 故对于给定的显著性水平 α,查标准正态分布表得出 u_α,从而(8-12)的近似否定域为

$$\{|U| > u_\alpha\},$$

即区间 $(-\infty, -u_\alpha) \cup (u_\alpha, +\infty)$.

类似地还可得出单侧检验

$$H_0: p \leqslant p_0; \quad H_1: p > p_0$$

及

$$H_0: p \geqslant p_0; \quad H_1: p < p_0$$

的近似否定域分别为

$$\{U > u_{2\alpha}\} \text{ 与 } \{U < -u_{2\alpha}\}.$$

例 1 按规定,某种型号的电子元件,若其使用寿命低于 500 h,则为不合格品. 从某厂生产的产品中任意抽取 300 件样品进行检测,发现有 14 件的使用寿命低于 500 h. 问:是否可以认为该厂产品的不合格率不超过 4%?($\alpha = 0.05$)

解 设该厂产品的不合格率为 p,其待检假设是

$$H_0: p \leqslant p_0 = 4\%; \quad H_1: p > p_0.$$

引入随机变量

$$X = \begin{cases} 1, & \text{抽得的产品为不合格品}; \\ 0, & \text{抽得的产品为合格品}. \end{cases}$$

则 $X \sim B(1, p)$,有 $E(X) = p, D(X) = p(1-p)$. 选取统计量

$$U = \frac{\overline{X} - p_0}{\sqrt{p_0(1-p_0)/n}},$$

若 H_0 为真,则 U 近似地服从标准正态分布 $N(0,1)$,对于取定的 $\alpha = 0.05$,查标准正态分布表得 $u_{2\alpha} = 1.64$,于是 H_0 的否定域为 $(1.64, +\infty)$.

代入样本值,由于 $\overline{X} = \frac{14}{300} = 0.0467$,从而

$$U_0 = \frac{0.0467 - 0.04}{\sqrt{0.04 \times 0.96/300}} = 0.592 < 1.64,$$

所以在显著性水平 $\alpha = 0.05$ 下接受 H_0,即认为该厂产品的不合格率不超过 4%.

*§8.5 总体分布的 χ^2 检验法

前面我们讨论了当总体分布类型已知时,对总体分布未知参数的假设检验. 而当总体分布未知时,则需要根据样本观察值对总体的分布进行推断,这就是总体分布的拟合检验. 拟合检验法不止一种,但本书只介绍其中最常用的皮尔逊(Pearson)的 χ^2 检验法.

设总体 X 的分布函数 $F(x)$ 未知,$(X_1,X_2,\cdots,X_n)$ 为总体 X 的一个样本,检验假设
$$H_0:F(x)=F_0(x); \quad H_1:F(x)\neq F_0(x). \tag{8-14}$$
这里 $F_0(x)$ 已知,其参数可未知,备择假设 H_1 可省略.

若总体为离散型,则需检验假设
$$H_0:\text{总体 } X \text{ 的分布律为 } P\{X=x_i\}=p_i,i=1,2,\cdots(p_i \text{ 已知}). \tag{8-15}$$
若总体为连续型,则待检假设是
$$H_0:X \text{ 的概率密度为 } f(x)\ (f(x) \text{ 已知}). \tag{8-16}$$
至于概率密度 $f(x)$(或分布律)的具体形式,可由以往经验或根据样本的观测值利用直方图来推测.关于分布中的未知参数,可先利用最大似然法求出其估计值.

χ^2 检验法的基本思想:将随机试验的可能结果的全体分为 k 个互不相容的事件 A_1, $A_2,\cdots,A_k$,在 H_0 成立的条件下计算 $P(A_i)=p_i,i=1,2,\cdots,k$. 在 n 次试验中,事件 A_i 出现的频率 $\dfrac{n_i}{n}$ ($\sum_{i=1}^{k}n_i=n$) 与 p_i 常有差异,但由大数定律可知,如果试验次数很多,那么在 H_0 成立的条件下,$\left|\dfrac{n_i}{n}-p_i\right|$ 的值应该比较小.基于此,皮尔逊选用统计量
$$\chi^2=\sum_{i=1}^{k}\frac{(n_i-np_i)^2}{np_i}, \tag{8-17}$$
并证明了如下定理.

定理 8.1 若 n 充分大 ($n\geqslant 50$),则当 H_0 成立时,不论总体 X 服从何种分布,统计量 (8-17) 都近似地服从自由度为 $k-r-1$ 的 χ^2 分布,其中 r 是分布中未知参数的个数.

于是在 H_0 成立时,可计算 (8-17) 中 χ^2 的值,对于给定的显著性水平 α,查表得 $\chi_\alpha^2(k-r-1)$. 若 $\chi^2>\chi_\alpha^2(k-r-1)$,则拒绝 H_0,否则接受 H_0.

χ^2 检验法的步骤:

(1) 提出原假设 $H_0:F(x)=F_0(x)$(或 $H_0:X$ 服从某种分布);

(2) 将实数轴分为 k 个不相交的区间 $(a_0,a_1],(a_1,a_2],\cdots,(a_{k-1},a_k]$,其中 a_0 可取至 $-\infty$,a_k 可取至 $+\infty$,一般有 $5\leqslant k\leqslant 16$;

(3) 计算观测值频数 n_i,即 n 个样本观测值 $x_1,x_2,\cdots,x_n$ 中落入第 i 个区间 $(a_{i-1},a_i]$ 的个数 ($i=1,2,\cdots,k$);

(4) 在 H_0 成立的条件下,计算 X 落入各区间的概率
$$p_i=P\{a_{i-1}<X\leqslant a_i\}=F_0(a_i)-F_0(a_{i-1}),$$
进而得到理论频数 np_i ($i=1,2,\cdots,k$);

(5) 将 n_i,np_i 代入 (8-17) 求出 χ^2 的值;

(6) 查 χ^2 分布上侧分位数表得 $\chi_\alpha^2(k-r-1)$;

(7) 下结论:若 $\chi^2>\chi_\alpha^2(k-r-1)$,则拒绝 H_0,否则可接受 H_0.

应注意的是,利用 χ^2 检验法时一般要求 $np_i\geqslant 5$ ($i=1,2,\cdots,k$),否则应适当地将相邻的区间合并以满足此要求.当然,此时区间个数 k 亦相应减少.

例 1 §8.1 中例 3 之解,取 $\alpha=0.05$.

解 用随机变量 X 表示铸件的砂眼数,提出原假设

$$H_0: X \sim P(\lambda)(\lambda \text{ 未知}).$$

由于此泊松分布中参数 λ 未知,所以先用最大似然法求 λ 的估计值,得

$$\hat{\lambda} = \bar{x} = \frac{1}{100}(0 \times 14 + 1 \times 27 + \cdots + 6 \times 3) = 2.$$

现在利用 χ^2 检验法检验假设

$$H_0: X \sim P(2),$$

算出理论概率 $p_i = P\{X = i\} = \dfrac{2^i e^{-2}}{i!}, i = 0, 1, 2, \cdots$,从而得到理论频数 np_i,如下表所示.

i	n_i	p_i	np_i	$(n_i - np_i)^2 / np_i$
0	14	0.1353	13.53	0.0163
1	27	0.2707	27.07	0.0002
2	26	0.2707	27.07	0.0423
3	20	0.1804	18.04	0.2129
4	7	0.0902	9.02	
5	3	0.0361	3.61 $\Big\}$ 13.83	0.0498
6	3	0.0120	1.20	
合计	100			0.3215

由上表得 $\chi^2 = 0.3215$,合并后区间个数 $k = 5$,由于分布中只有一个未知参数 λ 需要估计,所以 $r = 1$,对给定的 $\alpha = 0.05$,查表得

$$\chi_\alpha^2(k - r - 1) = \chi_{0.05}^2(3) = 7.815 > 0.3215.$$

由于 $\chi^2 < \chi_{0.05}^2(3)$,故接受 H_0,认为铸件的砂眼数服从参数为 2 的泊松分布.

例 2 一自动化车床连续用刀具加工某种零件,从换上新刀具开始到损坏为止加工的零件个数为刀具的寿命,现记录 100 把刀具的寿命如下:

  344, 352, 340, 351, 353, 348, 353, 349, 351, 355,
  350, 345, 352, 349, 355, 341, 351, 355, 352, 348,
  353, 348, 341, 346, 349, 350, 351, 348, 353, 362,
  338, 355, 352, 356, 350, 351, 349, 357, 348, 358,
  353, 346, 352, 350, 352, 345, 347, 354, 351, 347,
  346, 343, 347, 343, 357, 349, 353, 345, 350, 358,
  354, 344, 349, 340, 345, 359, 348, 356, 346, 357,
  359, 349, 355, 354, 344, 353, 346, 351, 354, 352,
  352, 344, 347, 363, 355, 342, 366, 352, 350, 347,
  346, 349, 350, 360, 346, 358, 350, 345, 349, 355.

问:刀具的寿命是否服从正态分布?($\alpha = 0.05$)

解 以随机变量 X 表示刀具的寿命,需要检验原假设

$$H_0: X \sim N(\mu, \sigma^2)(\mu, \sigma^2 \text{ 未知}).$$

既然两参数 μ 与 σ^2 都是未知的,那么先用最大似然法求其估计值:

$$\hat{\mu} = \bar{x}, \quad \hat{\sigma}^2 = \frac{1}{n}\sum_{i=1}^{n}(x_i - \bar{x})^2.$$

将题中的样本观测值代入得

$$\hat{\mu} = \bar{x} = 350.38, \quad \hat{\sigma} = 5.2,$$

故现在需要检验假设

$$H_0: X \sim N(350.38, 5.2^2).$$

将实数轴分为 10 个区间,第一个区间是 $(-\infty, 339.5]$,最后一个区间是 $(363.5, +\infty)$,其他 8 个区间长度相等. 下面计算 X 落入各区间的概率:

$$\begin{aligned} p_i &= P\{a_{i-1} < X \leqslant a_i\} \\ &= \Phi\left(\frac{a_i - 350.38}{5.2}\right) - \Phi\left(\frac{a_{i-1} - 350.38}{5.2}\right), i = 1, 2, \cdots, 10. \\ p_1 &= P\{X \leqslant 339.5\} = \Phi\left(\frac{339.5 - 350.38}{5.2}\right) \\ &= \Phi(-2.09) = 0.0183, \\ p_2 &= P\{339.5 < X \leqslant 342.5\} \\ &= \Phi\left(\frac{342.5 - 350.38}{5.2}\right) - \Phi\left(\frac{339.5 - 350.38}{5.2}\right) \\ &= \Phi(-1.52) - \Phi(-2.09) = 0.0460. \end{aligned}$$

类似地可计算 $p_3, p_4, \cdots, p_{10}$ 的值,结果见下表.

组号	区间	n_i	p_i	np_i	$(n_i - np_i)^2/np_i$
1	$(-\infty, 339.5]$	1	0.0183	1.83 ⎫ 6.43	0.0288
2	$(339.5, 342.5]$	5	0.0460	4.60 ⎭	
3	$(342.5, 345.5]$	11	0.1093	10.93	0.0004
4	$(345.5, 348.5]$	18	0.1858	18.58	0.0181
5	$(348.5, 351.5]$	24	0.2277	22.77	0.0664
6	$(351.5, 354.5]$	20	0.1981	19.81	0.0018
7	$(354.5, 357.5]$	12	0.1295	12.95	0.0697
8	$(357.5, 360.5]$	6	0.0597	5.97 ⎫	
9	$(360.5, 363.5]$	2	0.0197	1.97 ⎬ 8.53	0.0259
10	$(363.5, +\infty)$	1	0.0059	0.59 ⎭	
合计		100			0.2111

合并后区间个数 $k=7$,这里有两个待估参数,故 $r=2$. 对于 $\alpha=0.05$,查表得

$$\chi^2_\alpha(k-r-1) = \chi^2_{0.05}(4) = 9.488,$$

因为 $\chi^2 = 0.2111 << \chi^2_{0.05}(4)$,所以接受 H_0,认为刀具的寿命服从正态分布 $N(350.38, 5.2^2)$.

习 题 8

1. 设某产品指标服从正态分布,它的均方差为 150 h.今在一批该产品中随机地抽取 26 个,测得指标平均值为 1637 h.问:能否认为这批产品的指标为 1600 h?（取 $\alpha=0.05$）

2. 糖厂用打包机装糖入包,当打包机正常工作时,糖的包重服从正态分布 $N(100, 2^2)$.每天开工后,需要检验打包机是否正常工作,即要检验所装糖包的总体均值是否合乎标准(100 kg).某天开工后,测得 9 包糖重(单位:kg)如下:

    99.3, 98.7, 100.5, 101.2, 98.3, 99.7, 99.5, 102.1, 100.5.

(1) 若已知总体方差保持不变,问:该天打包机是否正常工作?（$\alpha=0.05$）

(2) 若不能确定总体方差是否变化,问:该天打包机是否正常工作?（$\alpha=0.05$）

3. 一种原件,要求其平均使用寿命不得低于 1000 h.现从这批元件中随机抽取 25 只,测得其平均寿命为 950 h.已知该元件的使用寿命服从标准差为 100 h 的正态分布,试在显著性水平 $\alpha=0.05$ 下确定这批元件是否合格.

4. 某种柴油发动机,每升柴油的运转时间服从正态分布,现测试 5 台柴油机,每升柴油的运转时间(单位:min)分别为 28,27,31,29,27.按设计要求,每升柴油的运转时间平均应在 30 min 以上,问:在显著性水平 $\alpha=0.05$ 下,这种柴油机是否符合设计要求?

5. 某厂生产的某种钢索,其断裂强度服从正态分布 $N(\mu,\sigma^2)$,其中 $\sigma=40$ kg/cm^2.现从一批这种钢索中抽取容量为 9 的一个样本,测得断裂强度平均值为 $\overline{X}$,与以往正常生产时的 μ 相比,$\overline{X}$ 较 μ 大 20 kg/cm^2.设总体方差不变,问:在显著性水平 $\alpha=0.01$ 下,能否认为这批钢索的质量有显著提高?

6. 某批矿砂的 5 个样品中镍的含量经测定为

    $x\%$:3.25, 3.27, 3.24, 3.26, 3.24.

设测定值服从正态分布,问在显著性水平 $\alpha=0.01$ 下能否接受假设:这批矿砂的镍含量为 3.25.

7. 已知某炼铁厂的铁水含碳量服从均值为 4.53 的正态分布,某日随机测定了 9 炉铁水,得含碳量如下:

    4.43, 4.50, 4.58, 4.42, 4.47, 4.60, 4.53, 4.46, 4.42.

问:该日铁水的平均含碳量是否仍为 4.53?（$\alpha=0.05$）

8. 某轧钢车间冷轧不锈带钢,产品规格为 1.2 mm 厚.第一次试轧后,检查了 10 处的厚度,结果平均厚度为 1.3 mm,标准差为 0.15 mm.问:在显著性水平 $\alpha=0.05$ 下,检查结果是否说明试轧厚度显著偏大?

9. 某种导线,要求其电阻的标准差不得超过 0.005 Ω,今在生产的一批导线中取 9 根样品,测得样本标准差 $S=0.007$.假设总体服从正态分布,问:在显著性水平 $\alpha=0.05$ 下,能认为这批导线的标准差显著偏大吗?

10. 已知某工厂在正常情况下生产的细纱支数的标准差为 1.2.今随意抽验 16 缕纱的支数,求得标准差为 1.7.问:抽验结果是否说明纱的均匀度明显降低了?（取 $\alpha=0.01$）

11. 某种罐头在正常情况下按规格平均净重为 379 g,标准差为 11 g,现在抽查 10

盒,测得如下数据:

$$370.74, \quad 372.80, \quad 386.43, \quad 398.14, \quad 369.21,$$
$$381.67, \quad 367.90, \quad 371.93, \quad 386.22, \quad 393.08.$$

试根据抽样结果,说明平均净重和标准差是否符合规格要求. ($\alpha=0.05$)

12. 某厂生产的某种型号的电池,其使用寿命长期以来服从方差 $\sigma^2 = 5000 \text{ h}^2$ 的正态分布,现从一批这种型号的电池中随机取 26 只,测得其寿命的样本方差为 9200 h^2. 问:这批电池寿命的方差较以往有无显著变化? ($\alpha=0.02$)

13. 甲、乙两台车床生产同一型号的滚珠. 今从甲、乙两车床生产的滚珠中分别抽取 8 个及 9 个,测得直径(单位:mm)如下:

甲:15.0, 14.5, 15.2, 15.5, 14.8, 15.1, 15.2, 14.8;
乙:15.2, 15.0, 14.8, 15.2, 15.0, 15.0, 14.8, 15.1, 14.8.

设该滚珠的直径服从正态分布,试问:

(1) 甲、乙两车床生产的滚珠的直径方差是否相等? ($\alpha=0.05$)
(2) 甲、乙两车床生产的滚珠的直径均值有无显著差异? ($\alpha=0.05$)

14. 据推测,认为矮个子的人比高个子的人寿命要长一些. 下面将美国 31 个自然死亡的总统分为矮个子与高个子两类(以 172.72 cm 为界),其寿命如下:

矮个子	85	79	67	90	80				
高个子	68	53	63	70	88	74	64	66	60
	60	78	71	67	90	73	71	77	72
	57	78	67	56	63	64	83	65	

设两个寿命总体均服从正态分布,且方差相等. 问:数据显示是否符合推测? ($\alpha=0.05$)

15. 用旧工艺生产的机械零件的指标方差较大,抽查了 25 个,得 $S_1^2 = 6.27$. 现改用新工艺生产,抽查 25 个零件,得 $S_2^2 = 3.19$. 设两种生产过程得到的零件指标都服从正态分布,问:新工艺的精度是否比旧工艺显著好? ($\alpha=0.05$)

16. 为比较不同季节出生的女婴的体重方差,从某年 12 月份和 6 月份出生的女婴中分别随机抽取 6 名及 10 名,测得其体重(单位:g)如下:

12 月份:3520, 2960, 2560, 2960, 3260, 3960;
6 月份:3220, 3220, 3760, 3000, 2920, 3740, 3060, 3080, 2940, 3060.

假定新生女婴的体重服从正态分布,问:新生女婴的体重方差是否冬季的比夏季的小?
($\alpha=0.05$)

17. 使用 A 与 B 两种方法来研究冰的潜热,样本都是 -2℃ 的冰,下列数据是每克冰从 -2℃ 变为 0℃ 水的过程中热量的变化(单位:cal/g):

A:79.98, 80.04, 80.02, 80.04, 80.03, 80.30, 80.0,
79.97, 80.05, 80.03, 80.02, 80.00, 80.02;
B:80.02, 79.94, 79.37, 79.98, 79.97, 80.03, 79.95, 79.97.

假定每种方法测得的数据都具有正态分布,并且它们的方差相等. 试在显著性水平 $\alpha = 0.05$ 下检验假设 H_0:两种方法的总体均值相等.

18. 两位化验员甲、乙对一种矿砂的含铁量各独立地用同一方法做了 5 次分析,得到样本方差分别为 0.4322 与 0.5006. 若甲、乙测定值的总体都是正态分布,其方差分别为 σ_1^2 与 σ_2^2,试在显著性水平 $\alpha=0.05$ 下检验方差假设 $H_0:\sigma_1^2 = \sigma_2^2$.

19. 为检验两只高温计所确定的温度读数之间有无系统误差,设计了一个试验,用这两只高温计同时对一热炽灯丝进行观察,得数据如下:

灯丝号	1	2	3	4	5	6	7	8	9	10
高温计 x	1050	825	918	1183	1200	980	1258	1308	1420	1550
高温计 y	1072	820	936	1185	1211	1002	1254	1330	1425	1545

设两个总体都服从正态分布,且方差相同. 试根据这些数据来确定这两只高温计所确定的温度读数之间有无系统误差. ($\alpha=0.01$)

*20. 取 9 份马铃薯的块茎,将每份块茎分成两半,分别用两种不同的方法测定其淀粉含量,每对测定结果的差值如下:

      0.2,   0.0,   0.2,   0.3,   −0.3,   0.2,   0.0,   −0.1,   0.1.

问:分析结果是否说明两种测定方法有显著差异?($\alpha=0.05$)

21. 一台自动机床加工某型号零件,现在分别从一月份上旬和下旬的产品中随意取若干件,测定其直径,得如下数据(单位:mm):

上旬产品	20.5	19.8	19.7	20.4	20.1	20.0	19.0	19.9
下旬产品	19.7	20.8	20.5	19.8	19.4	20.6	19.2	

若刀具磨损是引起变化的唯一原因,问:抽检结果能否表明加工精度显著降低了?(取 $\alpha=0.05$)

*22. 一项调查结果声称某市老年人口的比重为 15.2%. 该市老龄人口研究会为了检验该项调查结果是否可靠,随机抽选了 400 名居民,发现其中有 62 位老年人. 问:调查结果是否支持该市老年人口比重为 15.2% 的看法?($\alpha=0.05$)

*23. 某电话站在一小时内接到电话用户的呼叫次数按每分钟记录得如下数据:

呼叫次数	0	1	2	3	4	5	6	≥7
频数	8	16	17	10	6	2	1	0

试问:每分钟内呼叫次数是否服从泊松分布?($\alpha=0.05$)

*24. 测量 100 根人造纤维的长度(单位:mm),所得数据如下:

长度	5.5~6.0	6.0~6.5	6.5~7.0	7.0~7.5	7.5~8.0	8.0~8.5	8.5~9.0
频数	2	7	6	17	17	14	16
长度	9.0~9.5	9.5~10.0	10.0~10.5	10.5~11.0			
频数	10	7	3	1			

问:能认为人造纤维的长度服从正态分布吗?($\alpha=0.05$)

*25. 从一个工厂生产的某种灯泡中随机抽取 120 只,测其光通量(单位:流明),统计数据如下:

光通量区间	频数 n_i	光通量区间	频数 n_i
189.5～192.5	1	207.5～210.5	23
192.5～195.5	2	210.5～213.5	22
195.5～198.5	3	213.5～216.5	14
198.5～201.5	7	216.5～219.5	8
201.5～204.5	14	219.5～222.5	6
204.5～207.5	20		

试检验这种灯泡的光通量是否服从正态分布.($\alpha=0.05$)

第9章 方差分析

在生产过程和科学试验中,影响产品产量、质量和试验结果的因素很多.例如,在化工生产中,影响结果的因素有配方、设备、温度、压力、催化剂、操作人员等.有的因素对试验结果影响大些,有的影响小些,那么究竟哪些因素对试验结果影响显著,哪些因素影响不那么显著,以及影响试验结果的因素处于何种状态时,才能使试验结果达到一个较高的水平,这些就是方差分析(analysis of variance)所要解决的问题.

方差分析是由英国的统计学家费歇尔(R. A. Fisher)最早提出来的,他在20世纪20年代首先将其应用到农业试验中.经过几十年的发展,方差分析的内容现已十分丰富,并广泛应用于农业、工业、生物和医学等方面.它可以用较少的试验有效地获得大量的信息.

§9.1 单因素试验的方差分析

在试验中,把所要考察对象的某种特征称为**指标**.试验条件分为可控制的与不可控制的两类,称可控制的试验条件为**因素**,因素所处的状态称为该因素的**水平**,每个水平又称为试验的一个**处理**.若在一项试验中只有一个因素在变化,则称它为**单因素试验**.若试验中变化因素多于一个,则称它为**双因素**以及**多因素试验**.

一、数学模型

例1 有 A_1, A_2, A_3 三个厂生产同种型号的电池,为评定质量,今从各厂的产品中分别抽取5只电池,测得其寿命(单位:h)如表9.1所示.试问:各厂所生产电池的平均寿命是否有显著差异?

表9.1 电池的寿命数据

电池寿命　试验号　工厂	1	2	3	4	5
A_1	51	45	56	48	48
A_2	57	41	48	49	41
A_3	64	72	65	57	54

在这里,电池的寿命为指标,工厂为因素,A_1, A_2, A_3 三个厂为该因素的三个水平,这

是单因素三水平试验.

表 9.1 中的数据可视为来自三个不同总体的样本观测值,将各总体的均值依次记为 μ_1, μ_2, μ_3,由题意知,要检验假设

$$H_0: \mu_1 = \mu_2 = \mu_3; \quad H_1: \mu_1, \mu_2, \mu_3 \text{ 不全相等}.$$

上一章所讲的对两个总体均值的比较,实际上就是单因素两水平试验.这里单因素多水平试验就是对多个总体均值的比较,这时用 t 检验已不合适.对此,方差分析是一种有效的方法.

设因素 A 有 r 个水平 $A_1, A_2, \cdots, A_r$,在水平 $A_i(i=1,2,\cdots,r)$ 下进行 $n_i(n_i \geq 2)$ 次独立试验,试验记录如表 9.2 所示.

表 9.2 单因素试验资料表

样本\水平	试验号	1	$\cdots$	j	$\cdots$	n_i	和 $T_i.$	平均 $\bar{X}_i.$	$T_i^2.$
A_1		X_{11}	$\cdots$	X_{1j}		X_{1n_i}	$T_1.$	$\bar{X}_1.$	$T_1^2.$
$\vdots$		$\vdots$		$\vdots$		$\vdots$	$\vdots$	$\vdots$	$\vdots$
A_i		X_{i1}	$\cdots$	X_{ij}	$\cdots$	X_{in_i}	$T_i.$	$\bar{X}_i.$	$T_i^2.$
$\vdots$		$\vdots$		$\vdots$		$\vdots$	$\vdots$	$\vdots$	$\vdots$
A_r		X_{r1}	$\cdots$	X_{rj}	$\cdots$	X_{rn_i}	$T_r.$	$\bar{X}_r.$	$T_r^2.$
和							$T..$	$\bar{X}$	$\sum_{i=1}^{r} T_i^2.$

表中 X_{ij} 表示在第 i 水平 A_i 下进行第 j 次试验的可能结果.表中后三列是对试验数据进行初步处理得到的资料.

假设各水平 $A_i(i=1,2,\cdots,r)$ 下的样本 $(X_{i1}, X_{i2}, \cdots, X_{in_i})$ 取自具有相同方差 σ^2,均值分别为 $\mu_i(i=1,2,\cdots,r)$ 的正态总体 $N(\mu_i, \sigma^2)$,其中 μ_i, σ^2 未知,并且设不同水平下的样本相互独立.由 $X_{ij} \sim N(\mu_i, \sigma^2)$ 得 $X_{ij} - \mu_i \sim N(0, \sigma^2)$,记 $\varepsilon_{ij} = X_{ij} - \mu_i$,可引入如下线性模型:

$$\begin{cases} X_{ij} = \mu_i + \varepsilon_{ij}, & i=1,2,\cdots,r, \quad j=1,2,\cdots,n_i; \\ \varepsilon_{ij} \sim N(0, \sigma^2), & \mu_i, \sigma^2 \text{ 未知},\text{且各 } \varepsilon_{ij} \text{ 相互独立}. \end{cases} \quad (9\text{-}1)$$

对于模型(9-1),待检假设为

$$H_0: \mu_1 = \mu_2 = \cdots = \mu_r; \quad H_1: \mu_1, \mu_2, \cdots, \mu_r \text{ 不全相等}. \quad (9\text{-}2)$$

记

$$\begin{cases} n = \sum_{i=1}^{r} n_i, \quad \mu = \frac{1}{n} \sum_{i=1}^{r} n_i \mu_i; \\ \alpha_i = \mu_i - \mu, \quad i=1,2,\cdots,r. \end{cases} \quad (9\text{-}3)$$

称 μ 为**总均值**,α_i 为**水平 A_i 的效应**.易证

$$\sum_{i=1}^{r} n_i \alpha_i = 0,$$

于是,模型(9-1)可改写为

$$\begin{cases} X_{ij} = \mu + \alpha_i + \varepsilon_{ij}, \quad i = 1, 2, \cdots, r, \quad j = 1, 2, \cdots, n_i; \\ \sum_{i=1}^{r} n_i \alpha_i = 0; \\ \varepsilon_{ij} \sim N(0, \sigma^2), \text{且各 } \varepsilon_{ij} \text{ 相互独立}. \end{cases} \quad (9\text{-}4)$$

相应地，假设(9-2)等价于

$$H_0: \alpha_1 = \alpha_2 = \cdots = \alpha_r = 0; \quad H_1: \alpha_1, \alpha_2, \cdots, \alpha_r \text{ 不全为零}. \quad (9\text{-}5)$$

二、离差平方和的分解及统计检验

如果 H_0 成立，那么 r 个总体间无显著差异，即是说因素 A 对试验结果的影响不显著，所有 X_{ij} 可视为来自同一个总体 $N(\mu, \sigma^2)$，各 X_{ij} 间的差异只是由随机因素引起的. 若 H_0 不成立，则在所有 X_{ij} 的总变差中，除了由随机波动引起的变差外，还应包括由于因素 A 的不同水平作用产生的差异. 如果不同水平作用产生的差异比随机因素引起的差异大得多，那么就认为因素 A 对试验结果有显著影响；否则，就认为因素 A 对试验结果的影响不显著. 为此，可在总变差中先将这两种差异分开，然后再进行比较.

记

$$\begin{cases} \overline{X}_{i\cdot} = \frac{1}{n_i} \sum_{j=1}^{n_i} X_{ij}, \quad i = 1, 2, \cdots, r; \\ \overline{X} = \frac{1}{n} \sum_{i=1}^{r} \sum_{j=1}^{n_i} X_{ij}. \end{cases} \quad (9\text{-}6)$$

称 $\overline{X}_{i\cdot}$ 为第 i 组的样本均值，$\overline{X}$ 为样本总均值. 再记

$$S_T = \sum_{i=1}^{r} \sum_{j=1}^{n_i} (X_{ij} - \overline{X})^2, \quad (9\text{-}7)$$

称 S_T 为**总离差平方和**.

我们将 S_T 分解如下：

$$S_T = \sum_{i=1}^{r} \sum_{j=1}^{n_i} [(X_{ij} - \overline{X}_{i\cdot}) + (\overline{X}_{i\cdot} - \overline{X})]^2$$

$$= \sum_{i=1}^{r} \sum_{j=1}^{n_i} (X_{ij} - \overline{X}_{i\cdot})^2 + \sum_{i=1}^{r} \sum_{j=1}^{n_i} (\overline{X}_{i\cdot} - \overline{X})^2 + 2 \sum_{i=1}^{r} \sum_{j=1}^{n_i} (X_{ij} - \overline{X}_{i\cdot})(\overline{X}_{i\cdot} - \overline{X}).$$

上面的交叉项(第三项)

$$2 \sum_{i=1}^{r} \sum_{j=1}^{n_i} (X_{ij} - \overline{X}_{i\cdot})(\overline{X}_{i\cdot} - \overline{X})$$

$$= 2 \sum_{i=1}^{r} (\overline{X}_{i\cdot} - \overline{X}) \left[\sum_{j=1}^{n_i} (X_{ij} - \overline{X}_{i\cdot}) \right]$$

$$= 2 \sum_{i=1}^{r} (\overline{X}_{i\cdot} - \overline{X}) \cdot (n_i \overline{X}_{i\cdot} - n_i \overline{X}_{i\cdot}) = 0.$$

记

$$\begin{cases} S_A = \sum_{i=1}^{r}\sum_{j=1}^{n_i}(\overline{X}_{i\cdot} - \overline{X})^2 = \sum_{i=1}^{r} n_i(\overline{X}_{i\cdot} - \overline{X})^2, \\ S_E = \sum_{i=1}^{r}\sum_{j=1}^{n_i}(X_{ij} - \overline{X}_{i\cdot})^2, \end{cases} \quad (9\text{-}8)$$

则有
$$S_T = S_A + S_E, \quad (9\text{-}9)$$

其中 S_A 的各项 $n_i(\overline{X}_{i\cdot} - \overline{X})^2$ 表示各组的样本均值 $\overline{X}_{i\cdot}$ 与样本总均值 $\overline{X}$ 的差异,故称 S_A 为**组间平方和**,它反映了从各不同水平的总体中取出的各样本之间的差异. S_E 表示从每一个总体中所取的样本的内部离差平方和,故称 S_E 为**组内平方和**(或**误差平方和**),它反映了试验过程中由随机因素所引起的随机误差.

由 S_E 和 S_A 的数学期望可以看到,当 H_0 为真时,由于 $X_{ij} \sim N(\mu, \sigma^2)$,且它们相互独立,故由定理 6.7 可推得

$$\frac{S_T}{\sigma^2} \sim \chi^2(n-1), \quad \frac{S_A}{\sigma^2} \sim \chi^2(r-1), \quad \frac{S_E}{\sigma^2} \sim \chi^2(n-r), \quad (9\text{-}10)$$

而 S_T, S_A 和 S_E 的自由度分别为 $df_T = n-1, df_A = r-1, df_E = n-r$,且有 $df_T = df_A + df_E$.

若组间变差比组内变差大得多,则说明因素的不同水平间有显著差异,应拒绝 H_0;否则,说明各水平的效应差异不显著,可接受 H_0. 为此,选取统计量

$$F = \frac{S_A/df_A}{S_E/df_E} = \frac{S_A/(r-1)}{S_E/(n-r)} = \frac{MS_A}{MS_E}, \quad (9\text{-}11)$$

可以证明:当 H_0 为真时,S_A 和 S_E 是相互独立的,统计量

$$F = \frac{S_A/(r-1)}{S_E/(n-r)} \sim F(r-1, n-r). \quad (9\text{-}12)$$

对于给定的显著性水平 α,查自由度为 $r-1, n-r$ 的 F 分布上侧分位数表得临界值 $F_\alpha(r-1, n-r)$,使得

$$P\{F > F_\alpha(r-1, n-r)\} = \alpha. \quad (9\text{-}13)$$

当 $F > F_\alpha(r-1, n-r)$ 时,说明小概率事件发生了,而一次试验中小概率事件居然能发生,说明原假设不真,故拒绝 H_0,认为因素 A 的各水平差异对试验指标的影响显著. 若 $F \leqslant F_\alpha(r-1, n-r)$,则接受 H_0,认为因素 A 的各水平差异对试验指标的影响不显著.

由此可见,对于给定的显著性水平 α,拒绝域为

$$W = \{F > F_\alpha(r-1, n-r)\}. \quad (9\text{-}14)$$

将计算结果列成表,称为**方差分析表**(见表 9.3).

表 9.3 单因素方差分析表

方差来源	平方和	自由度	均方和	F 值	F 的临界值
组间	S_A	$df_A = r-1$	$MS_A = \dfrac{S_A}{df_A}$	$F = \dfrac{MS_A}{MS_E}$	$F_\alpha(r-1, n-r)$
组内	S_E	$df_E = n-r$	$MS_E = \dfrac{S_E}{df_E}$		
总和	S_T	$df_T = n-1$			

三、计算格式和例题

1. 离差平方和、自由度的计算

在实际应用中，我们可以按以下较简便的公式来计算 S_T, S_A 和 S_E. 记

$$T_{i\cdot} = \sum_{j=1}^{n_i} X_{ij}\,(i=1,2,\cdots,r), \quad T_{\cdot\cdot} = \sum_{i=1}^{r}\sum_{j=1}^{n_i} X_{ij}, \tag{9-15}$$

即有

$$\begin{cases} S_T = \sum_{i=1}^{r}\sum_{j=1}^{n_i} X_{ij}^2 - n\overline{X}^2 = \sum_{i=1}^{r}\sum_{j=1}^{n_i} X_{ij}^2 - \dfrac{T_{\cdot\cdot}^2}{n}, \\ S_A = \sum_{i=1}^{r} n_i \overline{X}_{i\cdot}^2 - n\overline{X}^2 = \sum_{i=1}^{r} \dfrac{T_{i\cdot}^2}{n_i} - \dfrac{T_{\cdot\cdot}^2}{n}, \\ S_E = S_T - S_A, \end{cases} \tag{9-16}$$

自由度 $df_T = n-1, df_A = r-1, df_E = n-r$.

特别地，对于单因素等重复试验，即 $n_1 = n_2 = \cdots = n_r \stackrel{\triangle}{=} s$，由 (9-16) 得

$$S_A = \dfrac{1}{s}\sum_{i=1}^{r} T_{i\cdot}^2 - \dfrac{T_{\cdot\cdot}^2}{n}. \tag{9-17}$$

为了简化计算，有时可将 X_{ij} 都减去同一个常数，甚至还可以再乘以一个非零常数，使得变换后的数据比较简单，便于计算．可以证明，这样不会影响分析的结果．

2. 列表进行方差分析

通常把计算的结果列成如下方差分析表：

方差来源	平方和	自由度	F 值	F 的临界值
组间	S_A	$r-1$	$F=\dfrac{S_A/(r-1)}{S_E/(n-r)}$	$F_\alpha(r-1, n-r)$
组内	S_E	$n-r$		
总和	S_T	$n-1$		

在实际应用中，一般 α 的取值为 $0.05, 0.01$ 等，通常

(1) $F > F_{0.01}$，称因素的差异在显著性水平 $\alpha=0.01$ 下极为显著，记为"＊＊"；

(2) $F_{0.05} < F \leqslant F_{0.01}$，称因素的差异在显著性水平 $\alpha=0.05$ 下显著，记为"＊"；

(3) $F \leqslant F_{0.01}$，称因素的差异不显著．

例 2 对 §9.1 的例 1，取 $\alpha=0.05$，要检验的假设是

$$H_0: \mu_1 = \mu_2 = \mu_3; \quad H_1: \mu_1, \mu_2, \mu_3 \text{ 不全相等}.$$

解 由题设知，$r=3, n_1=n_2=n_3=5, n=15$. 根据表 9.1 中的观测数据及式 (9-16) 得

$$S_T = \sum_{i=1}^{3}\sum_{j=1}^{5} X_{ij}^2 - \dfrac{T_{\cdot\cdot}^2}{n} = 43356 - \dfrac{(796)^2}{15} = 1114.933,$$

$$S_A = \dfrac{1}{5}\sum_{i=1}^{3} T_{i\cdot}^2 - \dfrac{T_{\cdot\cdot}^2}{n} = \dfrac{214544}{5} - \dfrac{(796)^2}{15} = 667.733,$$

$$S_E = S_T - S_A = 1114.933 - 667.733 = 447.2,$$

从而计算统计量 F 的观测值为

$$F = \frac{S_A/(r-1)}{S_E/(n-r)} = \frac{667.733/2}{447.2/12} = 8.958.$$

当 $\alpha=0.05$ 时,查表得

$$F_\alpha(r-1, n-r) = F_{0.05}(2,12) = 3.89.$$

将计算结果列成方差分析表:

方差来源	平方和	自由度	F 值	F 的临界值
组间	$S_A=667.733$	2	$F=8.958^*$	$F_{0.05}(2,12)=3.89$
组内	$S_E=447.2$	12		
总和	$S_T=1114.933$	14		

由上表知 $F > F_{0.05}(2,12)$,从而拒绝 H_0,认为这三个厂生产的电池的平均寿命有显著差异.

§9.2 双因素试验的方差分析

在实际问题中,多数情况下遇到的是同时考察几个因素对试验指标的影响. 如在化工试验中有时要研究不同的反应温度、不同的反应时间对转化率的影响,这里涉及温度和时间两个因素. 多因素方差分析与单因素方差分析的基本思想是一致的,不同之处在于不但各因素对试验指标起作用,而且各因素不同水平的搭配也对试验指标起作用. 统计学上把多因素不同水平的搭配对试验指标的影响称为**交互作用**. 交互作用的效应只有在重复的试验中才能分析出来,而在无重复的试验中由于交互作用与试验误差混在一起,使我们无法分析出交互作用的大小. 下面我们分情况来介绍.

一、无交互作用的双因素试验的方差分析

1. 数学模型

设在某一试验中有两个因素对试验指标 X 有影响. 因素 A 有 a 个水平:$A_1, A_2, \cdots,$ A_a;因素 B 有 b 个水平:$B_1, B_2, \cdots, B_b$. 这样,A 与 B 的不同水平组合 $A_iB_j (i=1,2,\cdots,a;$ $j=1,2,\cdots,b)$ 共有 ab 个,每个水平组合称为试验的一个**处理**. 每个处理只做一次观察,共得观察值 $X_{ij} (i=1,2,\cdots,a; j=1,2,\cdots,b)$ ab 个. 全部试验结果列成下表 9.4.

表 9.4 双因素无重复试验资料表

样本\因素A \ 因素B	B_1	B_2	$\cdots$	B_b	和 $T_{i\cdot}$	平均值 $\overline{X}_{i\cdot}$
A_1	X_{11}	X_{12}	$\cdots$	X_{1b}	$T_{1\cdot}$	$\overline{X}_{1\cdot}$
A_2	X_{21}	X_{22}	$\cdots$	X_{2b}	$T_{2\cdot}$	$\overline{X}_{2\cdot}$
$\vdots$	$\vdots$	$\vdots$		$\vdots$	$\vdots$	$\vdots$
A_a	X_{a1}	X_{a2}	$\cdots$	X_{ab}	$T_{a\cdot}$	$\overline{X}_{a\cdot}$
和 $T_{\cdot j}$	$T_{\cdot 1}$	$T_{\cdot 2}$	$\cdots$	$T_{\cdot b}$	T	
平均值 $\overline{X}_{\cdot j}$	$\overline{X}_{\cdot 1}$	$\overline{X}_{\cdot 2}$	$\cdots$	$\overline{X}_{\cdot b}$		$\overline{X}$

与单因素方差分析一样,这里假定 X_{ij} 是相互独立且服从正态分布 $N(\mu_{ij},\sigma^2)$ 的随机变量,也就是说,X_{ij} 是从正态分布 $N(\mu_{ij},\sigma^2)$ 的总体中抽得的子样,且是相互独立的.在 A 和 B 间没有交互作用的情况下,我们考虑下列模型:

$$X_{ij} = \mu + \alpha_i + \beta_j + \varepsilon_{ij} \quad (i=1,2,\cdots,a; j=1,2,\cdots,b), \tag{9-18}$$

其中 μ 是 $a \times b$ 个总体数学期望的总平均,

$$\sum_{i=1}^{a}\alpha_i = 0, \quad \sum_{j=1}^{b}\beta_j = 0, \quad \varepsilon_{ij} \sim N(0,\sigma^2),$$

且 ε_{ij} 相互独立,α_i,β_j 分别为 A_i,B_j 的效应.

要分析 A 和 B 的差异影响是否有统计意义就等价于检验假设

$$H_{01}: \alpha_1 = \alpha_2 = \cdots = \alpha_a = 0; \tag{9-19}$$

$$H_{02}: \beta_1 = \beta_2 = \cdots = \beta_b = 0. \tag{9-20}$$

2. 离差平方和的分解及统计检验

依照单因素方差分析的方法,令

$$T_{i\cdot} = \sum_{j=1}^{b} X_{ij}, \quad \overline{X}_{i\cdot} = \frac{T_{i\cdot}}{b}, \quad i=1,2,\cdots,a;$$

$$T_{\cdot j} = \sum_{i=1}^{a} X_{ij}, \quad \overline{X}_{\cdot j} = \frac{T_{\cdot j}}{a}, \quad j=1,2,\cdots,b;$$

$$T = \sum_{i=1}^{a}\sum_{j=1}^{b} X_{ij}, \quad \overline{X} = \frac{T}{ab},$$

结合式(9-18)知

$$\overline{X}_{i\cdot} = \mu + \alpha_i + \overline{\varepsilon}_{i\cdot}, \quad i=1,2,\cdots,a;$$

$$\overline{X}_{\cdot j} = \mu + \beta_j + \overline{\varepsilon}_{\cdot j}, \quad j=1,2,\cdots,b;$$

$$\overline{X} = \mu + \overline{\varepsilon}.$$

其中 $\overline{\varepsilon}_{i\cdot} = \frac{1}{b}\sum_{j=1}^{b}\varepsilon_{ij}$,$\overline{\varepsilon}_{\cdot j} = \frac{1}{a}\sum_{i=1}^{a}\varepsilon_{ij}$,$\overline{\varepsilon} = \frac{1}{ab}\sum_{i=1}^{a}\sum_{j=1}^{b}\varepsilon_{ij}$.则总离差平方和

$$S_T = \sum_{i=1}^{a}\sum_{j=1}^{b}(X_{ij}-\overline{X})^2$$

$$= \sum_{i=1}^{a}\sum_{j=1}^{b}[(\overline{X}_{i\cdot}-\overline{X})+(\overline{X}_{\cdot j}-\overline{X})+(X_{ij}-\overline{X}_{i\cdot}-\overline{X}_{\cdot j}+\overline{X})]^2$$

$$= b\sum_{i=1}^{a}(\overline{X}_{i\cdot}-\overline{X})^2+a\sum_{j=1}^{b}(\overline{X}_{\cdot j}-\overline{X})^2+\sum_{i=1}^{a}\sum_{j=1}^{b}(X_{ij}-\overline{X}_{i\cdot}-\overline{X}_{\cdot j}+\overline{X})^2 \quad (9\text{-}21)$$

$$= S_A+S_B+S_E,$$

其中

$$\left.\begin{aligned} S_A &= b\sum_{i=1}^{a}(\overline{X}_{i\cdot}-\overline{X})^2 = b\sum_{i=1}^{a}(\alpha_i+\bar{\varepsilon}_{i\cdot}-\bar{\varepsilon})^2, \\ S_B &= a\sum_{j=1}^{b}(\overline{X}_{\cdot j}-\overline{X})^2 = a\sum_{j=1}^{b}(\beta_j+\bar{\varepsilon}_{\cdot j}-\bar{\varepsilon})^2, \\ S_E &= \sum_{i=1}^{a}\sum_{j=1}^{b}(X_{ij}-\overline{X}_{i\cdot}-\overline{X}_{\cdot j}+\overline{X})^2 = \sum_{i=1}^{a}\sum_{j=1}^{b}(\varepsilon_{ij}-\bar{\varepsilon}_{i\cdot}-\bar{\varepsilon}_{\cdot j}+\bar{\varepsilon})^2. \end{aligned}\right\} \quad (9\text{-}22)$$

由此可以看出,S_A 反映了因素 A 对试验结果的影响,S_B 反映了因素 B 对试验结果的影响,S_E 反映了除去因素 A,B 的效应后试验误差对试验结果的影响.

下面我们求各离差平方和的分布.

当 H_{01} 与 H_{02} 成立时,一切 $X_{ij} \sim N(\mu, \sigma^2)$,且相互独立,故 $\overline{X}_{i\cdot} \sim N(\mu, \frac{\sigma^2}{b})$,$\overline{X}_{\cdot j} \sim N(\mu, \frac{\sigma^2}{a})$,$\overline{X} \sim N(\mu, \frac{\sigma^2}{ab})$,于是

$$\frac{S_T}{\sigma^2} \sim \chi^2(ab-1), \quad \frac{S_A}{\sigma^2} \sim \chi^2(a-1),$$

$$\frac{S_B}{\sigma^2} \sim \chi^2(b-1), \quad \frac{S_E}{\sigma^2} \sim \chi^2((a-1)(b-1)),$$

S_T, S_A, S_B, S_E 的自由度分别为 $df_T=ab-1, df_A=a-1, df_B=b-1, df_E=(a-1)(b-1)$,满足自由度分解公式 $df_T=df_A+df_B+df_E$.

可以证明,当 H_{01} 与 H_{02} 为真时,S_A, S_B 及 S_E 相互独立. 所以当 H_{01} 成立时,统计量

$$F_A = \frac{S_A/df_A}{S_E/df_E} = \frac{MS_A}{MS_E} \sim F(a-1, (a-1)(b-1)); \quad (9\text{-}23)$$

当 H_{02} 成立时,统计量

$$F_B = \frac{S_B/df_B}{S_E/df_E} = \frac{MS_B}{MS_E} \sim F(b-1, (a-1)(b-1)). \quad (9\text{-}24)$$

从而可用 F_A, F_B 作为检验统计量来分别检验因素 A, B 的差异影响是否有统计意义.

由子样算得 F_A 及 F_B,对于给定的检验水平 α,当

$$F_A > F_\alpha(a-1, (a-1)(b-1))$$

时拒绝 H_{01},当 $F_B > F_\alpha(b-1, (a-1)(b-1))$ 时拒绝 H_{02}.

总结以上分析,可列成方差分析表 9.5.

表 9.5 双因素无重复试验方差分析表

方差来源	平方和	自由度	均方和	F 值	F 的临界值
因素 A	S_A	$df_A = a-1$	$MS_A = \dfrac{S_A}{df_A}$	$F_A = \dfrac{MS_A}{MS_E}$	$F_\alpha(a-1,(a-1)(b-1))$
因素 B	S_B	$df_B = b-1$	$MS_B = \dfrac{S_B}{df_B}$	$F_B = \dfrac{MS_B}{MS_E}$	$F_\alpha(b-1,(a-1)(b-1))$
误差	S_E	$df_E = (a-1)(b-1)$	$MS_E = \dfrac{S_E}{df_E}$		
总和	S_T	$df_T = ab-1$			

3. 计算格式和例题

1) 离差平方和、自由度的计算

在实际应用中常用下面简化后的公式计算. 令

$$\left.\begin{aligned} &P = \frac{1}{ab}\left(\sum_{i=1}^{a}\sum_{j=1}^{b}X_{ij}\right)^2 = \frac{T^2}{ab},\quad D_A = \frac{1}{b}\sum_{i=1}^{a}\left(\sum_{j=1}^{b}X_{ij}\right)^2 = \frac{1}{b}\sum_{i=1}^{a}T_{i\cdot}^2, \\ &D_B = \frac{1}{a}\sum_{j=1}^{b}\left(\sum_{i=1}^{a}X_{ij}\right)^2 = \frac{1}{a}\sum_{j=1}^{b}T_{\cdot j}^2,\quad R = \sum_{i=1}^{a}\sum_{j=1}^{b}X_{ij}^2, \\ &S_A = D_A - P,\quad S_B = D_B - P, \\ &S_E = R - D_A - D_B + P,\quad S_T = R - P. \end{aligned}\right\} \quad (9\text{-}25)$$

自由度

$$df_A = a-1, df_B = b-1, df_E = (a-1)(b-1), df_T = ab-1. \quad (9\text{-}26)$$

2) 列表进行方差分析

方差来源	平方和	自由度	F 值	F 的临界值
因素 A	S_A	$df_A = a-1$	$F_A = \dfrac{S_A/df_A}{S_E/df_E}$	$F_{A0.05}$ $F_{A0.01}$
因素 B	S_B	$df_B = b-1$	$F_B = \dfrac{S_B/df_B}{S_E/df_E}$	$F_{B0.05}$ $F_{B0.01}$
误差	S_E	$df_E = (a-1)(b-1)$		
总和	S_T	$df_T = ab-1$		

同单因素方差分析一样,为了简化计算,有时可将 X_{ij} 减去同一个数,甚至可以再乘以同一个非零常数. 可以证明,这样不会影响方差分析的结果.

例 1 测试某种钢的不同含铜量在各种温度下的冲击值(单位:kg·m·cm^{-1}),表 9.6 列出了试验的数据(冲击值),问:试验温度、含铜量对钢的冲击值的影响是否显著? ($\alpha = 0.01$)

表 9.6 钢的不同含铜量在各种温度下的冲击值数据

冲击值 \ 含铜量 \ 试验温度	0.2%	0.4%	0.8%	和 $T_i.$	平均值 $\bar{X}_i.$
20℃	10.6	11.6	14.5	36.7	12.23
0℃	7.0	11.1	13.3	31.4	10.13
−20℃	4.2	6.8	11.5	22.5	7.5
−40℃	4.2	6.3	8.7	19.2	6.4
和 $T._j$	26.0	35.8	48.0	$T=109.8$	
平均值 $\bar{X}._j$	6.5	8.95	12.0		

解 (1) 由已知,$a=4,b=3$,利用公式(9-25)计算得

$$P = \frac{T^2}{ab} = \frac{(109.8)^2}{12} = 1004.67, \quad D_A = \frac{3207.74}{3} = 1069.25,$$

$$D_B = \frac{4261.64}{4} = 1065.41, \quad R = 1135.43,$$

$$S_A = D_A - P = 64.58, \quad S_B = D_B - P = 60.74,$$

$$S_E = R - D_A - D_B + P = 5.43, \quad S_T = R - P = 130.75.$$

(2) 列方差分析表:

方差来源	平方和	自由度	均方和	F 值	$F_{0.01}$
温度作用 A	64.58	3	21.53	23.78**	9.78
含铜量作用 B	60.74	2	30.37	33.56**	10.92
试验误差 E	5.43	6	0.905		
总和	130.75	11			

由于 $F_{0.01}(3,6)=9.78<F_A, F_{0.01}(2,6)=10.92<F_B$,所以检验结果表明,试验温度、含铜量对钢的冲击值的影响是极显著的.

二、有交互作用的双因素试验的方差分析

当有两个因素时,除每个因素的影响之外,还有这两个因素的搭配问题. 如表 9.7 中的两组试验结果,都有两个因素 A 和 B,每个因素取两个水平.

表 9.7(a) 两因素两水平的试验结果 1

A \ B	A_1	A_2
B_1	30	50
B_2	70	90

表 9.7(b) 两因素两水平的试验结果 2

A \ B	A_1	A_2
B_1	30	50
B_2	100	80

在表 9.7(a)中,无论 B 在什么水平(B_1 还是 B_2),水平 A_2 下的结果总比 A_1 下的高 20;同样,无论 A 是什么水平,水平 B_2 下的结果总比 B_1 下的高 40. 这说明 A 和 B 单独地各自对试验结果有影响,而互相之间没有作用.

在表 9.7(b) 中,当 B 为 B_1 时,A_2 下的结果比 A_1 下的高,而当 B 为 B_2 时,A_1 下的结果比 A_2 下的高;类似地,当 A 为 A_1 时,B_2 下的结果比 B_1 下的高 70,而 A 为 A_2 时,B_2 下的结果比 B_1 下的高 30.这表明 A 的作用与 B 所取的水平有关,而 B 的作用也与 A 所取的水平有关.即 A 和 B 不仅各自对结果有影响,而且它们的搭配方式也对结果有影响.我们把这种影响称作因素 A 和 B 的**交互作用**,记作 $A \times B$.在双因素试验的方差分析中,我们不仅要检验水平 A 和 B 的作用,还要检验它们的交互作用.

1. 数学模型

为了分析出双因素试验中处理 $A_i B_j$ 的交互效应 $(\alpha\beta)_{ij}$,试验必须设置重复.设各个处理重复观察 n 次,则试验的资料可表示成表 9.8.

表 9.8 双因素有重复试验表

试验结果 因素 A	因素 B	B_1	B_2	$\cdots$	B_b
A_1		X_{111} X_{112} $\vdots$ X_{11n}	X_{121} X_{122} $\vdots$ X_{12n}	$\cdots$ $\cdots$ $\cdots$	X_{1b1} X_{1b2} $\vdots$ X_{1bn}
A_2		X_{211} X_{212} $\vdots$ X_{21n}	X_{221} X_{222} $\vdots$ X_{22n}	$\cdots$ $\cdots$ $\cdots$	X_{2b1} X_{2b2} $\vdots$ X_{2bn}
$\vdots$		$\vdots$	$\vdots$	$\cdots$	$\vdots$
A_a		X_{a11} X_{a12} $\vdots$ X_{a1n}	X_{a21} X_{a22} $\vdots$ X_{a2n}	$\cdots$ $\cdots$ $\cdots$	X_{ab1} X_{ab2} $\vdots$ X_{abn}

和单因素方差分析一样,把每种搭配 $A_i B_j$ 看作一个总体 X_{ij},并假设总体 X_{ij} ($i=1,2,\cdots,a;j=1,2,\cdots,b$) 是服从正态分布 $N(\mu_{ij},\sigma^2)$ 的随机变量,而且 X_{ij} 之间相互独立,数据 X_{ijk} ($k=1,2,\cdots,n$) 是来自总体 X_{ij} 的容量为 n 的子样.

在 A 与 B 存在交互作用的情况下,我们设其模型为

$$X_{ijk} = \mu + \alpha_i + \beta_j + (\alpha\beta)_{ij} + \varepsilon_{ijk}, \tag{9-27}$$

其中 $\mu = \dfrac{1}{ab}\sum\limits_{i=1}^{a}\sum\limits_{j=1}^{b}\mu_{ij}$,$\alpha_i,\beta_j$ 分别为 A_i,B_j 的效应,$(\alpha\beta)_{ij}$ 为 A_i 与 B_j 对试验指标的交互效应.

$$\sum_{i=1}^{a}\alpha_i = 0, \quad \sum_{j=1}^{b}\beta_j = 0, \quad \sum_{i=1}^{a}(\alpha\beta)_{ij} = 0, \quad \sum_{j=1}^{b}(\alpha\beta)_{ij} = 0,$$

ε_{ijk} 相互独立,均服从 $N(0,\sigma^2)$,其中 $i=1,2,\cdots,a;j=1,2,\cdots,b;k=1,2,\cdots,n$.

从数学模型可知,要判断因素 A,B 的差异影响及交互作用 $A \times B$ 的影响是否有统计意义,分别等价于检验假设

$$H_{01}: \alpha_1 = \alpha_2 = \cdots = \alpha_a = 0; \quad H_{02}: \beta_1 = \beta_2 = \cdots = \beta_b = 0;$$

$$H_{03}: (\alpha\beta)_{ij} = 0, \text{对于一切} \ i=1,2,\cdots,a; \ j=1,2,\cdots,b.$$

2. 离差平方和的分解及统计检验

设

$$T_{i\cdot\cdot} = \sum_{j=1}^{b}\sum_{k=1}^{n} X_{ijk}, \quad \overline{X}_{i\cdot\cdot} = \frac{T_{i\cdot\cdot}}{bn}, \quad i=1,2,\cdots,a;$$

$$T_{\cdot j\cdot} = \sum_{i=1}^{a}\sum_{k=1}^{n} X_{ijk}, \quad \overline{X}_{\cdot j\cdot} = \frac{T_{\cdot j\cdot}}{an}, \quad j=1,2,\cdots,b;$$

$$T_{ij\cdot} = \sum_{k=1}^{n} X_{ijk}, \quad \overline{X}_{ij\cdot} = \frac{T_{ij\cdot}}{n}, \ i=1,2,\cdots,a, \quad j=1,2,\cdots,b;$$

$$T_{\cdot\cdot\cdot} = \sum_{i=1}^{a}\sum_{j=1}^{b}\sum_{k=1}^{n} X_{ijk}, \quad \overline{X} = \frac{T_{\cdot\cdot\cdot}}{abn}.$$

总离差平方和

$$\begin{aligned}
S_T &= \sum_{i=1}^{a}\sum_{j=1}^{b}\sum_{k=1}^{n} (X_{ijk} - \overline{X})^2 \\
&= \sum_{i=1}^{a}\sum_{j=1}^{b}\sum_{k=1}^{n} [(\overline{X}_{i\cdot\cdot} - \overline{X}) + (\overline{X}_{\cdot j\cdot} - \overline{X}) \\
&\quad + (\overline{X}_{ij\cdot} - \overline{X}_{i\cdot\cdot} - \overline{X}_{\cdot j\cdot} + \overline{X}) + (X_{ijk} - \overline{X}_{ij\cdot})]^2 \\
&= S_A + S_B + S_{A\times B} + S_E,
\end{aligned} \tag{9-28}$$

其中

$$\left. \begin{aligned}
S_A &= bn \sum_{i=1}^{a} (\overline{X}_{i\cdot\cdot} - \overline{X})^2 = bn \sum_{i=1}^{a} (\alpha_i + \overline{\varepsilon}_{i\cdot\cdot} - \overline{\varepsilon})^2, \\
S_B &= an \sum_{j=1}^{b} (\overline{X}_{\cdot j\cdot} - \overline{X})^2 = an \sum_{j=1}^{b} (\beta_j + \overline{\varepsilon}_{\cdot j\cdot} - \overline{\varepsilon})^2, \\
S_{A\times B} &= n \sum_{i=1}^{a}\sum_{j=1}^{b} (\overline{X}_{ij\cdot} - \overline{X}_{i\cdot\cdot} - \overline{X}_{\cdot j\cdot} + \overline{X})^2 \\
&= n \sum_{i=1}^{a}\sum_{j=1}^{b} ((\alpha\beta)_{ij} + \overline{\varepsilon}_{ij\cdot} - \overline{\varepsilon}_{i\cdot\cdot} - \overline{\varepsilon}_{\cdot j\cdot} + \overline{\varepsilon})^2, \\
S_E &= \sum_{i=1}^{a}\sum_{j=1}^{b}\sum_{k=1}^{n} (X_{ijk} - \overline{X}_{ij\cdot})^2 = \sum_{i=1}^{a}\sum_{j=1}^{b}\sum_{k=1}^{n} (\varepsilon_{ijk} - \overline{\varepsilon}_{ij\cdot})^2.
\end{aligned} \right\} \tag{9-29}$$

由此可以看出: S_A 反映了因素 A 波动对试验结果的影响, S_B 反映了因素 B 波动对试验结果的影响, $S_{A\times B}$ 反映了因素 A 波动和因素 B 波动的交互作用对试验结果的影响, S_E 反映了试验误差.

计算各离差平方和的自由度. 可知 S_A 的自由度 $df_A = a-1$, S_B 的自由度 $df_B = b-1$, $S_{A\times B}$ 的自由度 $df_{A\times B} = (a-1)(b-1)$, S_E 的自由度 $df_E = ab(n-1)$. 依照前面的讨论,类似可得:

当 H_{01} 成立时,$F_A = \dfrac{S_A/df_A}{S_E/df_E} = \dfrac{MS_A}{MS_E} \sim F(a-1, ab(n-1))$; (9-30)

当 H_{02} 成立时,$F_B = \dfrac{S_B/df_B}{S_E/df_E} = \dfrac{MS_B}{MS_E} \sim F(b-1, ab(n-1))$; (9-31)

当 H_{03} 成立时,$F_{A\times B} = \dfrac{S_{A\times B}/df_{A\times B}}{S_E/df_E} = \dfrac{MS_{A\times B}}{MS_E} \sim F((a-1)(b-1), ab(n-1))$. (9-32)

因此将 $F_A, F_B, F_{A\times B}$ 作为检验 H_{01}, H_{02}, H_{03} 的统计量. 由子样算得 $F_A, F_B, F_{A\times B}$, 对于给定的检验水平 α:

若 $F_A > F_\alpha(a-1, ab(n-1))$,则拒绝 H_{01};

若 $F_B > F_\alpha(b-1, ab(n-1))$,则拒绝 H_{02};

若 $F_{A\times B} > F_\alpha((a-1)(b-1), ab(n-1))$,则拒绝 H_{03}.

以上的分析结果可列成方差分析表(见表 9.9).

表 9.9 双因素有重复试验方差分析表

方差来源	平方和	自由度	均方和	F 值	F 的临界值
因素 A	S_A	$df_A = a-1$	$MS_A = \dfrac{S_A}{df_A}$	$F_A = \dfrac{MS_A}{MS_E}$	$F_\alpha(a-1, ab(n-1))$
因素 B	S_B	$df_B = b-1$	$MS_B = \dfrac{S_B}{df_B}$	$F_B = \dfrac{MS_B}{MS_E}$	$F_\alpha(b-1, ab(n-1))$
$A \times B$	$S_{A\times B}$	$df_{A\times B} = (a-1)(b-1)$	$MS_{A\times B} = \dfrac{S_{A\times B}}{df_{A\times B}}$	$F_{A\times B} = \dfrac{MS_{A\times B}}{MS_E}$	$F_\alpha((a-1)(b-1), ab(n-1))$
误差	S_E	$df_E = ab(n-1)$	$MS_E = \dfrac{S_E}{df_E}$		
总和	S_T	$df_T = abn-1$			

3. 计算格式及例题

1) 离差平方和、自由度的计算

为了简便起见,常用简化后的公式作计算. 令

$$\left.\begin{aligned}
P &= \frac{1}{abn}\Big(\sum_{i=1}^{a}\sum_{j=1}^{b}\sum_{k=1}^{n}X_{ijk}\Big)^2 = \frac{T_{\cdots}^2}{abn}, \\
D_A &= \frac{1}{bn}\sum_{i=1}^{a}\Big(\sum_{j=1}^{b}\sum_{k=1}^{n}X_{ijk}\Big)^2 = \frac{1}{bn}\sum_{i=1}^{a}T_{i\cdot\cdot}^2, \\
D_B &= \frac{1}{an}\sum_{j=1}^{b}\Big(\sum_{i=1}^{a}\sum_{k=1}^{n}X_{ijk}\Big)^2 = \frac{1}{an}\sum_{j=1}^{b}T_{\cdot j\cdot}^2, \\
D &= \frac{1}{n}\sum_{i=1}^{a}\sum_{j=1}^{b}\Big(\sum_{k=1}^{n}X_{ijk}\Big)^2 = \frac{1}{n}\sum_{i=1}^{a}\sum_{j=1}^{b}T_{ij\cdot}^2, \\
R &= \sum_{i=1}^{a}\sum_{j=1}^{b}\sum_{k=1}^{n}X_{ijk}^2,
\end{aligned}\right\} \quad (9\text{-}33)$$

于是有

$$\left.\begin{array}{ll} S_A = D_A - P, & df_A = a-1; \\ S_B = D_B - P, & df_B = b-1; \\ S_{A\times B} = D - D_A - D_B + P, & df_{A\times B} = (a-1)(b-1); \\ S_E = R - D, & df_E = ab(n-1); \\ S_T = R - P, & df_T = abn-1. \end{array}\right\} \quad (9\text{-}34)$$

2) 列表进行方差分析

将上述计算的结果列成方差分析表如下：

表 9.10 方差分析表

方差来源	平方和	自由度	均方和	F 值	F 的临界值
因素 A	S_A	df_A	$MS_A = \dfrac{S_A}{df_A}$	$F_A = \dfrac{MS_A}{MS_E}$	$F_{A\,0.05}$ $F_{A\,0.01}$
因素 B	S_B	df_B	$MS_B = \dfrac{S_B}{df_B}$	$F_B = \dfrac{MS_B}{MS_E}$	$F_{B\,0.05}$ $F_{B\,0.01}$
$A\times B$	$S_{A\times B}$	$df_{A\times B}$	$MS_{A\times B} = \dfrac{S_{A\times B}}{df_{A\times B}}$	$F_{A\times B} = \dfrac{MS_{A\times B}}{MS_E}$	$F_{A\times B\,0.05}$ $F_{A\times B\,0.01}$
误差	S_E	df_E	$MS_E = \dfrac{S_E}{df_E}$		
总和	S_T	df_T			

例 2 某种橡胶的配方中考虑了三种不同的促进剂、四种不同的氧化锌,在每种配方下各做两次试验,测得 300% 定强值如表 9.11 所示,试分析促进剂、氧化锌以及它们的交互作用对定强值是否有显著影响.

表 9.11 橡胶定强值数据表

促进剂(A) \ 氧化锌(B)	B_1		B_2		B_3		B_4	
A_1	31	33	34	36	35	36	39	38
A_2	33	34	36	37	37	39	38	41
A_3	35	37	37	38	39	40	42	44

解 做线性变换使原数据的绝对值尽量减小,令

$$Y_{ijk} = X_{ijk} - 37,$$

得变换后的数据表如表 9.12 所示(Y_{ijk} 仍记为 X_{ijk}).

表 9.12 变换后的橡胶定强值数据表

A \ B	B_1		B_2		B_3		B_4		$\sum\limits_{j=1}^{4}\sum\limits_{k=1}^{2} X_{ijk}^2$
A_1	-6	-4	-3	-1	-2	-1	2	1	72
A_2	-4	-3	-1	0	0	2	1	4	47
A_3	-2	0	0	1	2	3	5	7	92

由表 9.12 中的数据,利用公式(9-33)求得

$$P \approx 0, \quad D_A = 56.6, \quad D_B = 132.2, \quad D = 193.5, \quad R = \sum_{i=1}^{3}\sum_{j=1}^{4}\sum_{k=1}^{2} X_{ijk}^2 = 211,$$

由此得数据计算表(见表 9.13). 表中 $S_A, S_B, S_{A\times B}, S_E$ 是通过公式(9-34)计算得到的.

表 9.13 橡胶定强值数据计算表

因素 A	因素 B	B 水平				$T_{i..}$	$T_{i..}^2$	$\sum_{j=1}^{4} T_{ij.}^2$
		B_1	B_2	B_3	B_4			
A 水 平	A_1	−10	−4	−3	3	−14	196	134
	A_2	−7	−1	2	5	−1	1	79
	A_3	−2	1	5	12	16	256	174
$T_{.j.}$		−19	−4	4	20	1	453	D=193.5
$T_{.j.}^2$		361	16	16	400	793	$D_A=56.6$ $D_B=132.2$ $P\approx 0$	R=211
结果			$S_A=56.6$,	$S_B=132.2$,	$S_{A\times B}=4.7$,	$S_E=17.5$		

表 9.14 橡胶定强值方差分析表

方差来源	平方和	自由度	均方和	F 值	$F_{0.05}$	$F_{0.01}$
因素 A	56.6	2	28.3	19.4**	3.89	6.93
因素 B	132.2	3	44.1	30.2**	3.49	5.95
$A\times B$	4.7	6	0.78 ⎫ 2.24	0.53	3.00	4.82
误差	17.5	12	1.46 ⎭			
总平方和	211					

可以看出,A 与 B 的影响十分显著,而 A 与 B 的交互作用则对定强值没有显著的影响. 在这种情况下,通常把交互作用合并到随机误差中一并处理.

以上我们只介绍了方差分析的基本思想和基本方法,至于更深入的讨论,请读者参阅有关专著.

§9.3 正交试验设计及其方差分析

在工农业生产和科学试验中,为改革旧工艺、寻求最优生产条件等,经常要做许多试验,而影响这些试验结果的因素很多,我们把含有两个以上因素的试验称为多因素试验. 前两节讨论的单因素试验和双因素试验均属于全面试验(即每一个因素的各种水平的相互搭配都要进行试验),由于多因素试验要考虑的因素较多,所以当每个因素的水平较大

时,若进行全面试验,则试验次数将会更大. 因此,对于多因素试验,存在一个如何安排好试验的问题. 正交试验设计是研究和处理多因素试验的一种科学方法,它利用一套现存规格化的表——正交表(orthogonal table)来安排试验,通过少量的试验,获得满意的试验结果.

一、正交试验设计的基本方法

正交试验设计包含两个内容:
(1) 怎样安排试验方案;
(2) 如何分析试验结果.
先介绍正交表,如表 9.15 所示.

表 9.15 正交表 $L_4(2^3)$

列号 试验号	1	2	3
1	1	1	1
2	1	2	2
3	2	1	2
4	2	2	1

正交表是预先编好的一种表格. 比如表 9.15 即为正交表 $L_4(2^3)$,其中字母 L 表示正交,它的 3 个数字有 3 种不同的含义.

(1) $L_4(2^3)$ 表的结构:有 4 行、3 列,表中出现两个反映水平的数码 1,2.

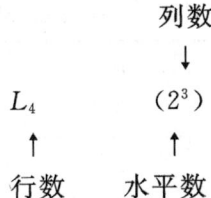

(2) $L_4(2^3)$ 表的用法:做 4 次试验,最多可安排 3 个两水平的因素.

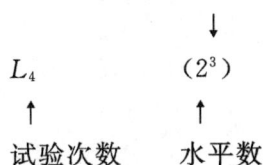

(3) $L_4(2^3)$ 表的效率:3 个两水平的因素,它的全面试验数为 $2^3=8$ 次,使用正交表只需从 8 次试验中选出 4 次来做试验,效率是高的.

正交表的特点:
(1) 表中任一列,不同数字出现的次数相同. 如正交表 $L_4(2^3)$ 中,数字 1,2 在每列中均出现 2 次.
(2) 表中任两列,其横向形成的有序数对出现的次数相同. 如表 $L_4(2^3)$ 中任意两列,数字 1,2 间的搭配是均衡的.

凡满足上述两性质的表都称为正交表.

常用的正交表有 $L_9(3^4)$, $L_8(2^7)$, $L_{16}(4^5)$ 等,见附表 8. 用正交表来安排试验的方法,就叫**正交试验设计**. 一般正交表 $L_p(n^m)$ 中, $p=m(n-1)+1$. 下面通过实例来说明如何用正交表来安排试验.

例 1 提高某化工产品转化率的试验.

某种化工产品的转化率可能与反应温度 A, 反应时间 B, 某两种原料之配比 C 和真空度 D 有关. 为了寻找最优的生产条件,考虑对 A,B,C,D 这 4 个因素进行试验. 根据以往的经验,确定各个因素的 3 个不同水平,如表 9.16 所示. 分析各因素对产品的转化率是否产生显著影响,并指出最好的生产条件.

表 9.16 化工产品转化率各因素的不同水平

因素 \ 水平	1	2	3
A:反应温度(℃)	60	70	80
B:反应时间(h)	2.5	3.0	3.5
C:原料配比	1.1:1	1.15:1	1.2:1
D:真空度(mmHg)	500	550	600

解 本题是 4 因素 3 水平,选用正交表 $L_9(3^4)$,如表 9.17 所示.

表 9.17 正交表 $L_9(3^4)$

试验号 \ 列号	A 1	B 2	C 3	D 4
1	1	1	1	1
2	1	2	2	2
3	1	3	3	3
4	2	1	2	3
5	2	2	3	1
6	2	3	1	2
7	3	1	3	2
8	3	2	1	3
9	3	3	2	1

把表头上各因素相应的水平任意给一个水平号. 本例的水平编号就采用表 9.16 的形式. 将各因素诸水平所表示的实际状态或条件代入正交表中,得到 9 个试验方案,如表 9.18 所示.

表 9.18　正交试验表

水平＼列号 试验号	A 1	B 2	C 3	D 4
1	1(60)	1(2.5)	1(1.1∶1)	1(500)
2	1	2(3.0)	2(1.15∶1)	2(550)
3	1	3(3.5)	3(1.2∶1)	3(600)
4	2(70)	1	2	3
5	2	2	3	1
6	2	3	1	2
7	3(80)	1	3	2
8	3	2	1	3
9	3	3	2	1

从表 9.18 可以看出,第一行是 1 号试验,其试验条件是反应温度为 60℃,反应时间为 2.5 h,原料配比为 1.1∶1,真空度为 500 mmHg,记作 $A_1B_1C_1D_1$. 依此类推,第 9 号试验条件是 $A_3B_3C_2D_1$.

由此可见,因素和水平可以任意排,但一经排定,试验条件也就完全确定. 按正交试验表9.18安排试验,试验的结果依次记于试验方案右侧,见表 9.19.

表 9.19　试验方案及试验结果表

水平＼列号 试验号	A	B	C	D	试验结果(%)
1	1(60)	1(2.5)	1(1.1∶1)	1(500)	38
2	1	2(3.0)	2(1.15∶1)	2(550)	37
3	1	3(3.5)	3(1.2∶1)	3(600)	76
4	2(70)	1	2	3	51
5	2	2	3	1	50
6	2	3	1	2	82
7	3(80)	1	3	2	44
8	3	2	1	3	55
9	3	3	2	1	86

二、试验结果的直观分析

正交试验设计的直观分析就是要通过计算将各因素、水平对试验结果指标的影响大小,用极差分析,综合比较,以确定出最优化试验方案. 有时也称直观分析法为**极差分析法**.

例 1 的试验结果即转化率列在表 9.19 中,在 9 次试验中,以第 9 次试验的指标 86 为最高,其生产条件是 $A_3B_3C_2D_1$. 由于全面搭配试验有 81 种,现只做了 9 次,9 次试验中最好的结果是否一定是全面搭配试验中最好的结果呢?还需进一步分析.

1. 极差计算

在代表因素 A 的表 9.19 的第 1 列中,将与水平"1"相对应的第 1,2,3 号试验结果相加,记作 T_{11},求得 $T_{11}=38+37+76=151$. 同样,将第 1 列中与水平"2"对应的第 4,5,6 号试验结果相加,记作 T_{21},求得 $T_{21}=183$.

一般地,定义 T_{ij} 为表 9.19 的第 j 列中与水平 i 对应的各次试验结果之和($i=1,2,3$;$j=1,2,3,4$). 记 T 为 9 次试验结果的总和,R_j 为第 j 列的 3 个 T_{ij} 中最大值与最小值之差,称为极差.

显然 $T=\sum_{i=1}^{3}T_{ij},j=1,2,3,4.$ 此处

T_{11} 大致反映了 A_1 对试验结果的影响;

T_{21} 大致反映了 A_2 对试验结果的影响;

T_{31} 大致反映了 A_3 对试验结果的影响;

T_{12},T_{22} 和 T_{32} 分别反映了 B_1,B_2,B_3 对试验结果的影响;

T_{13},T_{23} 和 T_{33} 分别反映了 C_1,C_2,C_3 对试验结果的影响;

T_{14},T_{24} 和 T_{34} 分别反映了 D_1,D_2,D_3 对试验结果的影响.

R_j 反映了第 j 列因素的水平改变对试验结果的影响大小,R_j 越大反映第 j 列因素影响越大,上述结果列于表 9.20 中.

表 9.20 试验结果的直观分析

列号 j 试验结果和	1	2	3	4	总和
T_{1j}	151	133	175	174	
T_{2j}	183	142	174	163	$T=519$
T_{3j}	185	244	170	182	
R_j	34	111	5	19	

2. 极差分析(analysis of range)

由极差大小顺序排出因素的主次顺序:

主→次

$B;A,D;C$

这里,R_j 值相近的两因素间用","号隔开,而 R_j 值相差较大的两因素间用";"号隔开. 由此看出,特别要求在生产过程中控制好因素 B,即反应时间,其次是要考虑因素 A 和 D,即要控制好反应温度和真空度,至于原料配比就不那么重要了.

选择较好的因素水平搭配与所要求的指标有关. 若要求指标越大越好,则应选取指标大的水平. 反之,若希望指标越小越好,则应选择指标小的水平. 在例 1 中,希望转化率越高越好,所以应在第 1 列选最大的 $T_{31}=185$,即取水平 A_3,同理可选 $B_3 C_1 D_3$. 故例 1 中较好的因素水平搭配是 $A_3 B_3 C_1 D_3$.

例 2 在某试验中被考察的因素有 5 个:A,B,C,D,E,每个因素有两个水平. 选用正交表 $L_8(2^7)$,现分别把 A,B,C,D,E 安排在表 $L_8(2^7)$ 的第 1,2,4,5,7 列上,空出第 3,6

列.仿照例1的做法,按方案进行试验,记下试验结果,进行极差计算,得表9.21.

试验目的是找出使试验结果最小的工艺条件及影响因素的主次顺序.从表9.21的极差 R_j 的大小顺序排出因素的主次顺序为

$$\text{主} \rightarrow \text{次}$$
$$A, B; D; C, E$$

最优工艺条件为 $A_2B_1C_1D_2E_1$.

表9.21中因没有安排因素而空出了第3,6列,从理论上说,这两列的极差 R_j 应为0,但因存在随机误差,所以这两个空列的极差值实际上是相当小的.

表 9.21 试验结果及直观分析表

水平\列号 试验号	A 1	B 2	3	C 4	D 5	6	E 7	试验结果
1	1	1	1	1	1	1	1	14
2	1	1	1	2	2	2	2	13
3	1	2	2	1	1	2	2	17
4	1	2	2	2	2	1	1	17
5	2	1	2	1	2	1	2	8
6	2	1	2	2	1	2	1	10
7	2	2	1	1	2	2	1	11
8	2	2	1	2	1	1	2	15
T_{1j}	61	45	53	50	56	54	52	$T=105$
T_{2j}	44	60	52	55	49	51	53	
R_j	17	15	1	5	7	3	1	

三、方差分析

正交试验设计的极差分析简便易行,计算量小,也较直观,但极差分析精度较差,判断因素的作用时缺乏一个定量的标准.要用定量的标准较精确地来判断和分析问题,就需要用方差分析的方法来解决.

设有一试验,使用正交表 $L_p(n^m)$,试验的 p 个结果为 $y_1, y_2, \cdots, y_p$,记

$$T = \sum_{i=1}^{p} y_i, \quad \bar{y} = \frac{1}{p}\sum_{i=1}^{p} y_i = \frac{T}{p}.$$

$$S_T = \sum_{i=1}^{p}(y_i - \bar{y})^2$$

为试验的 p 个结果的总变差;

$$S_j = r\sum_{i=1}^{n}\left(\frac{T_{ij}}{r} - \frac{T}{p}\right)^2 = \frac{1}{r}\sum_{i=1}^{n}T_{ij}^2 - \frac{T^2}{p}$$

为第 j 列上所安排因素的变差平方和,其中 $r = \frac{p}{n}$.可证明

$$S_T = \sum_{j=1}^{m} S_j,$$

即总变差为各列变差平方和之和,且 S_T 的自由度为 $p-1$,S_j 的自由度为 $n-1$. 当正交表的所有列没有被排满因素时,即有空列时,所有空列的 S_j 之和就是误差的变差平方和 S_e,这时 S_e 的自由度 f_e 也为这些空列自由度之和. 当正交表的所有列都排有因素时,即无空列时,取 S_j 中的最小值作为误差的变差平方和 S_e.

从以上分析可知,在使用正交表 $L_p(n^m)$ 的正交试验方差分析中,对正交表所安排的因素选用的统计量为

$$F = \frac{S_j/(n-1)}{S_e/f_e},$$

当因素作用不显著时,

$$F \sim F(n-1, f_e),$$

其中第 j 列安排的是被检因素.

在实际应用时,先求出各列的 $\frac{S_j}{n-1}$ 及 $\frac{S_e}{f_e}$,若某个 $\frac{S_j}{n-1}$ 比 $\frac{S_e}{f_e}$ 还小,则此第 j 列就可当作误差列并入 S_e 中,这样使误差 S_e 的自由度增大,在进行 F 检验时会更灵敏. 将所有可当作误差列的 S_j 全并入 S_e 后得到新的误差变差平方和,记为 $S_e^\triangle$,其相应的自由度为 $f_e^\triangle$,这样选用统计量

$$F = \frac{S_j/(n-1)}{S_e^\triangle/f_e^\triangle} \sim F(n-1, f_e^\triangle).$$

例 3 对例 2 中的表 9.21 做方差分析.

解 由表 9.21 的最后一行极差值 R_j,利用公式 $S_j = \frac{1}{r}\sum_{i=1}^{n} T_{ij}^2 - \frac{T^2}{p}$,得表 9.22.

表 9.22 变差平方和

	A	B		C	D		E	
	1	2	3	4	5	6	7	
R_j	17	15	1	5	7	3	1	
S_j	36.125	28.125	0.125	3.125	6.125	1.125	0.125	$S_T=74.875$

在表 9.22 中,第 3,6 列为空列,因此 $S_e = S_3 + S_6 = 1.250$,其中 $f_e = 1+1 = 2$,所以 $\frac{S_e}{f_e} = 0.625$,而第 7 列的 $S_7 = 0.125$,$\frac{S_7}{f_7} = \frac{0.125}{1} = 0.125$,比 $\frac{S_e}{f_e}$ 小,故将它并入误差项中. 因此,$S_e^\triangle = S_e + S_7 = 1.375$,$f_e^\triangle = 3$. 将上述结果整理成方差分析表,如表 9.23 所示.

表 9.23 整理后的方差分析表

方差来源	S_j	f_j	$\frac{S_j}{f_j}$	$F = \frac{S_j/f_j}{S_e^\triangle/f_e^\triangle}$	临界值
A	36.125	1	36.125	78.818**	$F_{0.05} = 10.13$
B	28.125	1	28.125	61.364**	$F_{0.01} = 34.12$
C	3.125	1	3.125	6.818	
D	6.125	1	6.125	13.364*	
$E^\triangle$	0.125	1	0.125		
e	1.25	2	0.625		
$e^\triangle$	1.375	3	0.458		

由于 $F_{0.05}(1,3)=10.13$，$F_{0.01}(1,3)=34.12$，故因素 A,B 作用极显著，因素 C 作用不显著，因素 D 作用显著，这与前面极差分析的结果是一致的. F 检验法要求选取 S_e，且希望 f_e 要大，故在安排试验时，适当留出些空列是有好处的. 在双因素试验的方差分析中，讨论因素 A 和 B 的交互作用 $A\times B$，这类交互作用在正交试验设计中同样有表现，即一个因素 A 的水平对试验结果指标的影响同另一个因素 B 的水平选取有关. 当试验考虑交互作用时，也可用前面讲的基本方法来处理，本章就不再介绍了.

习 题 9

1. 设有三种机器 A,B,C 制造一种产品，对每种机器各观测 5 天，其日产量如下：

机器 \ 日产量 \ 试验批号	1	2	3	4	5
A	41	48	41	49	57
B	65	57	54	72	64
C	45	51	56	48	48

问：机器与机器之间是否真正存在差别？（$\alpha=0.05$）

2. 粮食加工厂试验 5 种贮藏方法，检验它们对粮食含水率是否有显著影响，在贮藏前这些粮食的含水率几乎没有差别，贮藏后含水率如下：

因素（贮藏方法）\ 含水率(%) \ 试验批号	1	2	3	4	5
A_1	7.3	8.3	7.6	8.4	8.3
A_2	5.4	7.4	7.1		
A_3	8.1	6.4			
A_4	7.9	9.5	10.0		
A_5	7.1				

问：不同的贮藏方法对含水率的影响是否有明显差异？（$\alpha=0.05$）

3. 一个年级有 3 个小班，他们进行了一次数学考试，现从各个班级随机地抽取了一些学生，记录其成绩如下：

I		II		III	
73	66	88	77	68	41
89	60	78	31	79	59
82	45	48	78	56	68
43	93	91	62	91	53
80	36	51	76	71	79
73	77	85	96	71	15
		74	80	87	
		56			

试在显著性水平 0.05 下检验各班级的平均分数有无显著差异，设各个总体服从正态分

布，且方差相等.

4. 灯泡厂用 4 种不同的材料制成灯丝，现检验灯丝材料这一因素对灯泡寿命的影响. 若灯泡寿命服从正态分布，不同材料的灯丝制成的灯泡寿命方差相同，试根据下表中的试验结果记录，在显著性水平 0.05 下检验灯泡寿命是否因灯丝材料不同而有显著差异.

材料因素 \ 试验批号	1	2	3	4	5	6	7	8
A_1	1660	1610	1650	1680	1700	7120	1800	
A_2	1580	1640	1640	1640	1700	1750		
A_3	1460	1550	1600	1620	1640	1660	1740	1820
A_4	1510	1520	1530	1570	1600	1680		

5. 今有三批某型号的电池，它们分别是 A,B,C 三个工厂所生产的. 为评比其质量，各随机抽取 5 只电池为样品，经试验得其寿命如下：

A	B	C
40	26	39
48	34	40
38	30	43
42	28	50
45	32	50

试在显著性水平 0.05 下，检验电池的平均寿命有无显著差异，若差异显著，试求均值差 $\mu_A-\mu_B, \mu_A-\mu_C$ 及 $\mu_B-\mu_C$ 的置信度为 95% 的置信区间，设各工厂所生产电池的寿命服从同方差的正态分布.

6. 将抗生素注入人体会产生抗生素与血浆蛋白质结合的现象，以致减轻药效. 下面列出 5 种常用的抗生素注入到牛的体内时，抗生素与血浆蛋白质结合的百分比：

青霉素	四环素	链霉素	红霉素	氯霉素
29.6	27.3	5.8	21.6	29.2
24.3	32.6	6.2	17.4	32.8
28.5	30.8	11.0	18.3	25.0
32.0	34.8	8.3	19.0	24.2

试在显著性水平 $\alpha=0.05$ 下检验这些百分比的均值有无显著差异，设各总体服从正态分布，且方差相同.

7. 考察一种人造纤维在不同温度的水中浸泡后的缩水率，现分别在 40℃，50℃，……，90℃ 的水中进行 4 次试验，得到该种纤维在每次试验中的缩水率（%）如下：

试验号 \ 温度 缩水率	40℃	50℃	60℃	70℃	80℃	90℃
1	4.3	6.1	10.0	6.5	9.3	9.5
2	7.8	7.3	4.8	8.3	8.7	8.8
3	3.2	4.2	5.4	8.6	7.2	11.4
4	6.5	4.1	9.6	8.2	10.1	7.8

试问浸泡水的温度对缩水率有无显著影响.

8. 设 4 名工人操作机器 A_1, A_2, A_3 各一天,其日产量如下:

机器 \ 工人 日产量	B_1	B_2	B_3	B_4	$\bar{x}_i$
A_1	50	47	47	53	49.25
A_2	53	54	57	58	55.5
A_3	52	42	41	48	45.75
$\bar{x}_j$	51.67	47.67	48.33	53	

问:机器之间或工人之间是否有显著差异?($\alpha=0.05$)

9. 为研究三聚磷酸钠纯度与聚合时间及温度的关系,经试验得到产品纯度数据如下:

机器 \ 温度(℃) 纯度	320	340	360	380
22	82.7	82.0	88.5	86.0
28	92.41	94.5	94.0	95.0
32	90.2	94.0	96.0	94.5

据此,试在显著性水平 $\alpha=0.05$ 下分析聚合时间及温度对三聚磷酸钠纯度的影响.

10. 酿造厂有 3 名化验员担任发酵粉的颗粒检验工作,今由 3 位化验员每天在该厂所产的发酵粉中抽样一次,连续 10 天,每天检验其中所含颗粒的百分率,结果如下:

因素 A(化验员) \ 因素 B(化验时间) 百分率(%)	B_1	B_2	B_3	B_4	B_5	B_6	B_7	B_8	B_9	B_{10}
A_1	10.1	4.7	3.1	3.0	7.8	8.2	7.8	6.0	4.9	3.4
A_2	10.0	4.9	3.1	3.2	7.8	8.2	7.7	6.2	5.1	3.4
A_3	10.2	4.8	3.0	3.0	7.8	8.4	7.8	6.1	5.0	3.3

设显著性水平 $\alpha=5\%$,试分析 3 名化验员的化验技术之间以及每日所抽取样本之间有无显著差异.

11. 为了研究金属管的防腐蚀功能,考虑了4种不同的涂料涂层,将金属管埋在3种不同性质的土壤中,经历了一定的时间,测得金属管腐蚀的最大深度如下:

最大深度 \ 土壤类型(因素B) 涂层(因素A)	1	2	3
A_1	1.63	1.35	1.27
A_2	1.34	1.30	1.22
A_3	1.19	1.14	1.27
A_4	1.30	1.09	1.32

试取显著性水平 $\alpha=0.05$,检验在不同涂层下腐蚀的最大深度的平均值有无显著差异,在不同土壤下腐蚀的最大深度的平均值有无显著差异.设两因素间没有交互作用效应.

12. 一火箭使用4种燃料、3种推进器的组合各做一次试验,得火箭射程(单位:海里)如下:

火箭射程 \ 推进器(B) 燃料(A)	B_1	B_2	B_3
A_1	58.2	56.2	65.3
A_2	49.1	54.1	51.6
A_3	60.1	70.9	39.2
A_4	75.8	58.2	48.7

试在显著性水平 $\alpha=0.05$ 下,检验燃料与推进器的不同是否会对火箭射程产生显著的影响.

13. 对12题中燃料与推进器的每一种水平组合,各发射火箭两次,使之成为一等重复试验,射程数据如下:

火箭射程 \ 推进器(B) 燃料(A)	B_1		B_2		B_3	
A_1	58.2	52.6	56.2	41.2	65.3	60.8
A_2	49.1	42.8	54.1	50.5	51.6	48.4
A_3	60.1	58.3	70.9	73.2	39.2	40.7
A_4	75.8	71.5	58.2	51.0	48.7	41.4

试在显著性水平 $\alpha=0.05$ 下,检验燃料和推进器两种因素对火箭射程的影响是否显著,又因素 A 和 B 的交互作用是否显著.

14. 对某种工具钢进行淬火试验,取时间因素(因素A)3个水平,温度因素(因素B)4个水平,每一种组合下进行两次试验,测量淬火后工具钢的硬度,得数据(单位:HRC)如下(已减去 60 HRC):

硬度 因素B / 因素A	B_1		B_2		B_3		B_4	
A_1	−13	−10	3	5	−3	−2	−10	−7
A_2	5	2	11	12	3	4	−8	−7
A_3	9	10	6	5	2	0	−10	−8

试检验因素 A,B 及其交互作用的影响是否显著.

15. 考察合成纤维中对纤维弹性有影响的两个因素:收缩率(因素 A)和总拉伸倍数(因素 B). 设 A 和 B 各取 4 种水平,每种不同的水平组合下各做两次试验,试验结果如下：

弹性 因素B / 因素A	B_1		B_2		B_3		B_4	
A_1	71	73	72	73	75	73	77	75
A_2	73	75	76	74	78	77	74	74
A_3	76	73	79	77	74	75	74	73
A_4	75	73	73	72	70	71	69	69

试问:因素 A 与因素 B 分别对纤维弹性有无显著影响？二者的交互作用对纤维弹性有无显著影响？分析时取显著性水平 $\alpha=0.05$.

16. 用不同的生产方法(不同的硫化时间和不同的加速剂)制造的硬橡胶,其抗牵拉强度(以 $kg \cdot cm^{-2}$ 为单位)的观察数据如下表所示.

抗牵拉强度 加速剂 / 硫化时间	甲		乙		丙	
40	39	36	43	37	37	41
60	41	35	42	39	39	40
80	40	30	43	36	36	38

试在显著性水平 0.10 下分析不同的硫化时间(A)、加速剂(B)以及它们的交互作用($A \times B$)对抗牵拉强度有无显著影响.

17. 研究氯乙醇胶在各种硫化系统下的性能(油体膨胀绝对值越小越好)需要补强剂(A)、防老剂(B)、硫化系统(C)3 个因素(各取 3 个水平),根据专业理论经验,交互作用可完全忽略,选用 $L_9(3^4)$ 表做 9 次试验,试验结果如下:

试验号 \ 水平列号	1	2	3	4	试验结果
1	1	1	1	1	7.25
2	1	2	2	2	5.48
3	1	3	3	3	5.35
4	2	1	2	3	5.40
5	2	2	3	1	4.42
6	2	3	1	2	5.90
7	3	1	3	2	4.68
8	3	2	1	3	5.90
9	3	3	2	1	5.63

(1) 试做最优生产条件的直观分析,并对 3 因素排出主次关系;

(2) 给定 $\alpha=0.05$,做方差分析与(1)比较.

18. 某农科试行早稻品种试验(产量越高越好),需考察品种(A),施氮肥量(B),氮、磷、钾肥比例(C),插植规格(D)4 个因素,根据专业理论和经验,交互作用可完全忽略,早稻试验方案及结果分析如下:

试验号 \ 水平因素	A 品种	B 施氮肥量	C 氮、磷、钾肥比例	D 插植规格	试验指标 产量
1	1(科 6 号)	1(20)	1(2∶2∶1)	1(5×6)	19.0
2	1	2(25)	2(3∶2∶3)	2(6×6)	20.0
3	2(科 5 号)	1	1	2	21.9
4	2	2	2	1	22.3
5	3(科 7 号)	1	2	1	21.0
6	3	2	1	2	21.0
7	4(珍珠矮)	1	2	2	18.0
8	4	2	1	1	18.2

(1) 试做出最优生产条件的直观分析,并对 4 因素排出主次关系;

(2) 给定 $\alpha=0.05$,做方差分析与(1)比较.

第 10 章 回 归 分 析

自然界中变量与变量之间的关系可以分为确定性关系与不确定性关系两种. 例如, 做匀速直线运动的物体, 其位移 s 与速度 v 以及运动时间 t 之间的关系为 $s=vt$, s 的值由 v 和 t 唯一确定; 又如, 球的体积 V 和半径 r 之间的关系为 $V=\frac{4}{3}\pi r^3$, V 的值由 r 唯一确定. 这是一种函数关系, 属确定性关系, 还有一类是不确定性关系. 例如, 单位面积上某种作物的产量 Y 与施肥量 x 是相关的, 单位面积上的施肥量多少是影响产量高低的原因之一, 但是, 施肥量相同的单位面积上的产量并不一定相同. 这里施肥量 x 是一个可以控制的变量, 而产量 Y 是一个随机变量, 产量 Y 不能由施肥量 x 唯一确定; 又如, 钢的硬度 S 与钢的含碳量 X 是相关的, 但含碳量相同的钢其硬度却不完全相同, 这里钢的含碳量 X 是随机变量, 钢的硬度 S 也是随机变量, 钢的硬度 S 不能由钢的含碳量唯一确定.

所有变量之间的不确定性关系, 无论是可控变量与随机变量的关系, 还是随机变量与随机变量之间的关系, 都统称为**相关关系**. 当自变量为可控变量(即普通变量), 而因变量是随机变量时, 这种相关关系称为**因果相关关系**, 否则便为**一般相关关系**. 对相关关系的研究常用的数学工具是回归分析. 回归分析就是根据已得的试验结果以及以往的经验来建立统计模型, 并研究变量间的相关关系, 这是用一个或一组非随机变量去估计或预测某个随机变量的取值的统计分析方法. 它主要解决以下几方面问题:

(1) 从一组观察数据出发, 确定这些变量之间的回归方程;

(2) 对回归方程进行假设检验;

(3) 利用回归方程进行预测和控制.

回归方程中最简单的也是最完善的一种情况, 就是线性回归方程. 在许多实际问题中, 当自变量局限于一定范围时, 可以满意地取这种模型作为真实模型的近似, 其误差从实用的观点看无关紧要. 因此, 本章重点讨论有关线性回归的问题. 现在有许多数学软件如 Matlab, SAS 等都有非常有效的线性回归方面的计算程序, 使用者只要把数据按程序要求输入到计算机, 就可很快得到所要的各种计算结果和相应的图形, 用起来十分方便.

本章重点讨论一元线性回归, 对多元线性回归只做简单介绍.

§10.1 一元线性回归

一、一元线性回归的基本概念

在一元线性回归里,设有两个变量 x 和 Y,其中 x 是可控变量(或普通变量),Y 是随机变量,Y 的值依赖于 x 的值,但 x,Y 之间的关系不是简单的函数关系. 在 $x=x_1,x_2,\cdots,x_n$ 的条件下,分别对 Y 进行观测或试验,得到关于 (x,Y) 的若干对数据 $(x_1,y_1),(x_2,y_2),\cdots,(x_n,y_n)$,那么如何根据这些数据建立两个变量之间关系的数学表达式?一般步骤是利用图像法,即把 $(x_1,y_1),(x_2,y_2),\cdots,(x_n,y_n)$ 看成平面上的 n 个点,画在平面直角坐标系上,根据这些点的散布情况,初步确定其表达式的类型,然后用分析法估计表达式中的未知参数,最常用的方法是最小二乘法. 一元线性回归就是在根据 n 个点得出 Y 和 x 具有近似的线性关系,即认为 $E(Y)=a+bx$ 的条件下,建立 Y 与 x 的关系模型.

例 1 某化学纤维的耐热水性能可以用指标缩醛化度 Y 来衡量. 这个指标越高,耐热水性能越好,而甲醛浓度是影响缩醛化度的重要因素,在生产中常用甲醛浓度 $x(g/L)$ 去控制这一指标. 为此必须找出它们之间的关系,现通过试验得到一组数据如下:

甲醛浓度 $x(g/L)$	18	20	22	24	26	28	30
缩醛化度 Y(克分子%)	26.86	28.35	28.75	28.87	29.75	30.00	30.36

若重复进行这一试验,在甲醛浓度 x 与上表完全一样的条件下,得到的缩醛化度 Y 与上表不会完全一致. 这说明 x 与 Y 之间不能用一个完全确定的函数关系来表达. 为了看出它们之间的关系,可在平面直角坐标系 xOy 上,把 7 对数作为 7 个点描述出来(见图10.1). 从图上可以发现,随着甲醛浓度 x 的增加,缩醛化度 Y 也增加,且以 (x,Y) 的试验数据为坐标的点 $(x_i,y_i)(i=1,2,\cdots,7)$ 散布在一条直线的附近,而不在一条直线上,这说明虽然 Y 不能由 x 唯一确定,但 Y 可以近似地由 x 线性表示. Y 与 x 的这种关系称为回归关系,Y 关于 x 的近似线性表达式 $\hat{y}=a+bx$ 称为**线性回归函数**或**回归方程**.

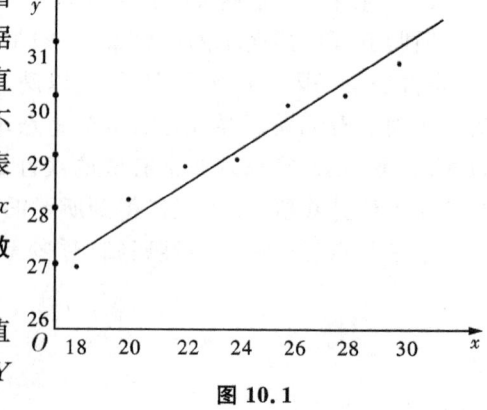

图 10.1

若以 ε 表示 Y 的实际值与它的回归函数值 $a+bx$ 之间的误差,则 ε 是一个随机变量,并且 Y 与 x 之间的关系为

$$Y = a + bx + \varepsilon,$$

其中 a,b 未知,x 取什么值可看作是已知的,而相应的 Y 值只能通过试验得到.

一般地，若一个自变量 x 与一个随机变量 Y 之间有关系
$$Y = a + bx + \varepsilon, \tag{10-1}$$
其中 a,b 未知，x 为自变量，Y 为因变量，ε 为随机误差，现进行 n 次试验，若第 i 次试验中自变量取值为 x_i，因变量的观测值为
$$y_i = a + bx_i + \varepsilon_i, \quad i = 1, 2, \cdots, n, \tag{10-2}$$
其中 ε_i 为第 i 次试验的误差，且

(1) $\varepsilon_1, \varepsilon_2, \cdots, \varepsilon_n$ 相互独立；

(2) $\varepsilon_1, \varepsilon_2, \cdots, \varepsilon_n$ 均服从正态分布 $N(0, \sigma^2)$，但 σ^2 是与 x 无关的未知数，

则称式(10-2)为**一元线性回归模型**. 方程 $\hat{y} = a + bx$ 称作**一元线性回归方程**，x 称为**回归变量**.

要完全确定例 1 的回归方程，就需要确定参数 a 和 b. 从散点图上看，可以在上面画一条直线，使该直线从总体上看最接近 7 个点，则直线在 y 轴上的截距就是要求的 a，斜率就是要求的 b. 这种几何作图的方法比较简单直观，但是精度差、局限性大. 下面介绍一种应用广泛的方法——最小二乘法.

二、最小二乘法

利用观测数据 $(x_i, y_i)(i = 1, 2, \cdots, n)$ 估计 a, b 的一种常用方法是**最小二乘法**. 用最小二乘法求出的 a, b 的估计称作它们的**最小二乘估计**.

a, b 的最小二乘估计是使全部误差平方和
$$Q(a, b) = \sum_{i=1}^{n} \varepsilon_i^2 = \sum_{i=1}^{n} [y_i - (a + bx_i)]^2 \tag{10-3}$$
达到最小值的 a, b. 由多元函数极值理论可得
$$\begin{cases} \dfrac{\partial Q}{\partial a} = -2 \sum_{i=1}^{n} [y_i - (a + bx_i)] = 0, \\ \dfrac{\partial Q}{\partial b} = -2 \sum_{i=1}^{n} [y_i - (a + bx_i)] x_i = 0, \end{cases} \tag{10-4}$$
整理后得
$$\begin{cases} na + n\bar{x}b = n\bar{y}, \\ n\bar{x}a + \sum_{i=1}^{n} x_i^2 b = \sum_{i=1}^{n} x_i y_i, \end{cases} \tag{10-5}$$
其中 $\bar{x} = \dfrac{1}{n} \sum_{i=1}^{n} x_i, \bar{y} = \dfrac{1}{n} \sum_{i=1}^{n} y_i$，此方程组称为**正规方程组**.

由于 x_i 不全相等，正规方程组的系数行列式
$$\begin{vmatrix} n & n\bar{x} \\ n\bar{x} & \sum_{i=1}^{n} x_i^2 \end{vmatrix} = n \left(\sum_{i=1}^{n} x_i^2 - n\bar{x}^2 \right) = n \sum_{i=1}^{n} (x_i - \bar{x})^2 \neq 0,$$
故此方程组有唯一解. 把方程组的解记为 $\hat{a}, \hat{b}$，则

$$\hat{a} = \bar{y} - \hat{b}\bar{x}, \tag{10-6}$$

$$\hat{b} = \frac{\sum_{i=1}^{n} x_i y_i - n\bar{x}\bar{y}}{\sum_{i=1}^{n} x_i^2 - n\bar{x}^2} = \frac{\sum_{i=1}^{n}(x_i - \bar{x})(y_i - \bar{y})}{\sum_{i=1}^{n}(x_i - \bar{x})^2}. \tag{10-7}$$

记

$$I_{xx} = \sum_{i=1}^{n}(x_i - \bar{x})^2 = \sum_{i=1}^{n} x_i^2 - n\bar{x}^2,$$

$$I_{yy} = \sum_{i=1}^{n}(y_i - \bar{y})^2 = \sum_{i=1}^{n} y_i^2 - n\bar{y}^2,$$

$$I_{xy} = \sum_{i=1}^{n}(x_i - \bar{x})(y_i - \bar{y}) = \sum_{i=1}^{n} x_i y_i - n\bar{x}\bar{y},$$

则有

$$\hat{b} = \frac{I_{xy}}{I_{xx}}, \tag{10-8}$$

$$\hat{a} = \bar{y} - \hat{b}\bar{x} = \bar{y} - \frac{I_{xy}}{I_{xx}} \cdot \bar{x}. \tag{10-9}$$

$\hat{a}$ 称为**回归常数**,$\hat{b}$ 称为**回归系数**. 对于给定的 n 个观测值$(x_1, y_1), (x_2, y_2), \cdots, (x_n, y_n)$,分别由式(10-6)和式(10-7)求出 $\hat{a}, \hat{b}$,就可得到所求的回归方程

$$\hat{y} = \hat{a} + \hat{b}x. \tag{10-10}$$

若将 $\hat{a} = \bar{y} - \hat{b}\bar{x}$ 代入式(10-10),则回归方程变为

$$\hat{y} = \bar{y} + \hat{b}(x - \bar{x}), \tag{10-11}$$

此式表示回归方程通过散点图的几何重心为$(\bar{x}, \bar{y})$.

例 2 求例 1 中的缩醛化度 Y 对时间 x 的回归方程.

解 由条件得

$$n = 7, \quad \sum_{i=1}^{7} x_i = 168, \quad \sum_{i=1}^{7} y_i = 202.94,$$

$$\bar{x} = 24, \quad \bar{y} = 28.9914,$$

$$\sum_{i=1}^{7} x_i^2 = 4144, \quad \sum_{i=1}^{7} y_i^2 = 5892.0136, \quad \sum_{i=1}^{7} x_i y_i = 4900.16,$$

$$\frac{1}{7}\Big(\sum_{i=1}^{7} x_i\Big)^2 = 4032, \quad \frac{1}{7}\Big(\sum_{i=1}^{7} y_i\Big)^2 = 5883.5205, \quad \frac{1}{7}\Big(\sum_{i=1}^{7} x_i\Big)\Big(\sum_{i=1}^{7} y_i\Big) = 4870.56,$$

$$I_{xx} = 112, \quad I_{yy} = 8.4931, \quad I_{xy} = 29.6,$$

$$\hat{b} = \frac{I_{xy}}{I_{xx}} = 0.2643, \quad \hat{a} = \bar{y} - \hat{b}\bar{x} = 22.6482,$$

所以回归方程为

$$\hat{y} = 22.6482 + 0.2643x.$$

§10.2 一元线性回归效果的显著性检验

前面由最小二乘法获得了 a,b 的估计值 $\hat{a},\hat{b}$ 之后,建立了回归方程 $\hat{y}=\hat{a}+\hat{b}x$,然而,这个回归方程是否就说明 Y 与 x 之间具有密切的线性关系呢?值得注意的是,对任何不具有线性关系的点,也可以利用最小二乘法建立线性回归方程,而这种线性回归方程毫无意义.因此,有必要对变量间是否具有线性相关关系进行检验.

一、平方和分解公式

回归方程 $\hat{y}=\hat{a}+\hat{b}x$ 只反映了由 x 的变化引起的 Y 的变化,而没有包含其他因素引起的 Y 的变化,所以回归值 $\hat{y}_i=\hat{a}+\hat{b}x_i$ 只是 y_i 中受 x_i 影响的那一部分,而 $y_i-\hat{y}_i$ 则是除去 x_i 的影响后受其他种种因素影响的部分,故把 $y_i-\hat{y}_i$ 称为**残差**或**剩余**,于是观测值 y_i 可以分解成回归值与残差之和,即

$$y_i = \hat{y}_i + (y_i - \hat{y}_i),$$

因此

$$y_i - \bar{y} = (\hat{y}_i - \bar{y}) + (y_i - \hat{y}_i).$$

于是 $y_1,y_2,\cdots,y_n$ 的总偏差

$$I_{yy} = \sum_{i=1}^{n}(y_i - \bar{y})^2$$

可以分解成两部分

$$\begin{aligned}
I_{yy} &= \sum_{i=1}^{n}(y_i - \bar{y})^2 \\
&= \sum_{i=1}^{n}[(\hat{y}_i - \bar{y}) + (y_i - \hat{y}_i)]^2 \\
&= \sum_{i=1}^{n}(\hat{y}_i - \bar{y})^2 + \sum_{i=1}^{n}(y_i - \hat{y}_i)^2 + 2\sum_{i=1}^{n}(\hat{y}_i - \bar{y})(y_i - \hat{y}_i),
\end{aligned}$$

又由 $\hat{a}=\bar{y}-\hat{b}\bar{x}$,可见

$$\begin{aligned}
\sum_{i=1}^{n}(\hat{y}_i - \bar{y})(y_i - \hat{y}_i) &= \sum_{i=1}^{n}(\hat{a} + \hat{b}x_i - \bar{y})(y_i - \hat{a} - \hat{b}x_i) \\
&= \sum_{i=1}^{n}\hat{b}(x_i - \bar{x})[(y_i - \bar{y}) - \hat{b}(x_i - \bar{x})] \\
&= \hat{b}[\sum_{i=1}^{n}(x_i - \bar{x})(y_i - \bar{y}) - \hat{b}\sum_{i=1}^{n}(x_i - \bar{x})^2] \\
&= 0,
\end{aligned}$$

从而有平方和分解公式

$$I_{yy} = \sum_{i=1}^{n}(y_i - \bar{y})^2 = \sum_{i=1}^{n}(\hat{y}_i - \bar{y})^2 + \sum_{i=1}^{n}(y_i - \hat{y}_i)^2. \tag{10-12}$$

记 $\sum_{i=1}^{n}(\hat{y}_i - \bar{y})^2 = U$，$\sum_{i=1}^{n}(y_i - \hat{y}_i)^2 = Q$，则平方和分解公式(10-12)可以写成

$$I_{yy} = U + Q.$$

$\sum_{i=1}^{n}(y_i - \bar{y})^2$ 是 n 个数据 $y_1, y_2, \cdots, y_n$ 的偏差平方和，它的大小描述了这 n 个数据的分散程度. 由于

$$\frac{1}{n}\sum_{i=1}^{n}\hat{y}_i = \frac{1}{n}\sum_{i=1}^{n}(\hat{a} + \hat{b}x_i) = \hat{a} + \hat{b} \cdot \frac{1}{n}\sum_{i=1}^{n}x_i = \hat{a} + \hat{b}\bar{x} = \bar{y},$$

则 $\bar{y}$ 是 $y_1, y_2, \cdots, y_n$ 这 n 个数的平均数，也是 $\hat{y}_1, \hat{y}_2, \cdots, \hat{y}_n$ 的平均数，故 $\sum_{i=1}^{n}(\hat{y}_i - \bar{y})^2$ 就是 $\hat{y}_1, \hat{y}_2, \cdots, \hat{y}_n$ 这 n 个数的偏差平方和，它描述了 $\hat{y}_1, \hat{y}_2, \cdots, \hat{y}_n$ 的分散程度. 又 $\hat{y}_i$ 是回归直线上的纵坐标，相对应的横坐标是 x_i，因此，$\hat{y}_1, \hat{y}_2, \cdots, \hat{y}_n$ 的分散性来源于 $x_1, x_2, \cdots, x_n$ 的分散性，它是通过 x 对 Y 的相关关系引起的，因此 U 称为**回归平方和**.

关于 U 还有如下计算公式：

$$\begin{aligned} U &= \sum_{i=1}^{n}(\hat{y}_i - \bar{y})^2 = \sum_{i=1}^{n}[\hat{a} + \hat{b}x_i - (\hat{a} + \hat{b}\bar{x})]^2 \\ &= \sum_{i=1}^{n}\hat{b}^2(x_i - \bar{x})^2 = \hat{b}^2 I_{xx} = \hat{b} I_{xy}. \end{aligned} \tag{10-13}$$

$$Q = \sum_{i=1}^{n}(y_i - \hat{y}_i)^2 = \sum_{i=1}^{n}[y_i - (\hat{a} + \hat{b}x_i)]^2$$

表示除去 x 对 Y 的线性影响以外其他所有影响之和，称 Q 为**残差平方和**或**剩余平方和**. 实际上，它就是 $Q(a,b)$ 的最小值.

由式(10-12)和式(10-13)可得 Q 的计算式：

$$Q = I_{yy} - U = I_{yy} - \hat{b}I_{xy}. \tag{10-14}$$

由上式可知，若 $Q=0$，则 $I_{yy}=U$，说明 y_i 的值由回归值 $\hat{y}_i$ 完全确定，即 Y 的值由 x 所确定，故 x 与 Y 之间的线性关系非常密切. 反之，若 $U=0$，则 $I_{yy}=Q$，表明 y_i 的离差与 x 无关，是由 x 以外的因素引起的. 当 I_{yy} 给定后，U, Q 的大小反映了 x 对 Y 的影响程度，U 越大，x 对 Y 的线性影响就越大. 因此，可以用 Q, U 相对的比值来判断 x 与 Y 之间的线性相关程度.

二、F 检验

有了平方和分解公式，我们可以建立 x 与 Y 之间的线性相关关系的检验法. 考虑比值 $\dfrac{U}{Q}$，它反映了线性相关关系与随机因素对 Y 的影响大小，通常选用

$$F = \frac{U}{Q/(n-2)} \tag{10-15}$$

作为检验统计量.

可以证明,$\hat{a}$,$\hat{b}$,$\dfrac{Q}{n-2}$分别是a,b,σ^2的无偏估计量(请读者自己证明).

为判断x与Y之间是否具有线性相关关系,可以提出待检验的假设如下:
$$H_0: b = 0.$$
这样假设的原因是若H_0为真,即$b=0$成立,则$y=a+\varepsilon$,这说明x对Y没有线性影响,也就是x与Y之间不存在线性相关关系.若否定H_0,即有$b\neq 0$,则说明x与Y之间存在线性相关关系.

在假定H_0成立时,$F=\dfrac{U}{Q/(n-2)}$服从自由度为$1,n-2$的F分布.在给定的显著性水平α下,由第8章介绍过的方法得到H_0的否定域.对一组观测值$(x_i, y_i)(i=1,2,\cdots,n)$,经过计算得出统计量$F$的值$F_0$.若$F_0$落在否定域内,则拒绝$H_0$,即$b\neq 0$,认为$x$与$Y$之间具有线性相关关系;否则,接受$H_0$,即认为$x$与$Y$之间不具有线性相关关系.

相关性检验的步骤可以归纳如下:

(1) 提出假设$H_0:b=0$.

(2) 在H_0为真时,统计量$F=\dfrac{U}{Q/(n-2)}\sim F(1,n-2)$,由给定的显著性水平$\alpha$,查$F$分布上侧分位数表得否定域.

(3) 计算U,Q,F的值.

(4) 若F的值落在否定域内,则拒绝假设"$H_0:b=0$",即认为x与Y之间存在线性相关关系;否则,接受H_0,认为x与Y之间不具有线性相关关系.

例1 某企业近年的年利润与年科研经费的数据如下所示:

年科研经费x(万元)	15	20	25	30	35	40	45
年 利 润Y(万元)	330	345	365	405	445	490	455

(1) 求年利润Y对年科研经费x的回归方程;

(2) 用F检验法检验x,Y的线性相关性.($\alpha=0.05$)

解 (1) 作散点图如图10.2所示,可以看出,这7个点大致在一条直线上,又由题设条件得
$$n=7,\quad \sum_{i=1}^{7}x_i = 210,$$
$$\sum_{i=1}^{7}y_i = 2835,$$
$$\bar{x} = 30,\quad \bar{y} = 405,$$
$$\sum_{i=1}^{7}x_i^2 = 7000,$$
$$\sum_{i=1}^{7}y_i^2 = 1170325,$$

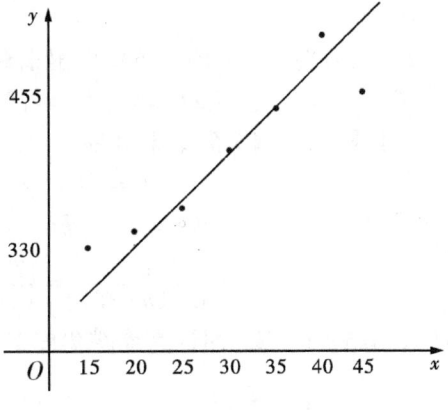

图10.2

$$\sum_{i=1}^{7} x_i y_i = 88775,$$
$$I_{xx} = 700, \quad I_{yy} = 22150, \quad I_{xy} = 3725,$$
$$\hat{b} = \frac{I_{xy}}{I_{xx}} = 5.3214,$$
$$\hat{a} = \bar{y} - \hat{b}\bar{x} = 245.36,$$

所以回归方程为
$$\hat{y} = 245.36 + 5.3214x.$$

(2) 待检假设
$$H_0 : b = 0.$$

选取统计量
$$F = \frac{U}{Q/(n-2)},$$

在 H_0 为真时，$F \sim F(1,5)$，由显著性水平 $\alpha = 0.05$，查分位数表可得 H_0 的否定域为 $(0, F_{1-\frac{\alpha}{2}}(1,5)) \cup (F_{\frac{\alpha}{2}}(1,5), +\infty)$，即 $(0, 0.0011) \cup (10.01, +\infty)$.

由(1)可得
$$U = \hat{b} I_{xy} = 5.3214 \times 3725 = 19822.215,$$
$$Q = I_{yy} - \hat{b} I_{xy} = 22150 - 19822.215 = 2327.785,$$
$$F = \frac{U}{Q/(n-2)} = \frac{19822.215}{2327.785/5} \approx 42.58 \in (0, 0.0011) \cup (10.01, +\infty),$$

所以拒绝接受 H_0，即认为年利润 Y 对年科研经费 x 有显著的线性相关关系.

例 2 在显著性水平 $\alpha = 0.01$ 下检验 §10.1 例 1 中的缩醛化度 Y 对甲醛浓度 x 的线性相关性.

解 待检假设
$$H_0 : b = 0.$$

选取统计量
$$F = \frac{U}{Q/(n-2)},$$

在 H_0 为真时，$F \sim F(1,5)$. 由显著性水平 $\alpha = 0.01$，查分位数表可得 H_0 的否定域为 $(0, F_{1-\frac{\alpha}{2}}(1,5)) \cup (F_{\frac{\alpha}{2}}(1,5), +\infty)$，即 $(0, 0.00004) \cup (22.78, +\infty)$.

由 §10.1 例 2 的结果可得
$$U = \hat{b} I_{xy} = 0.2643 \times 29.6 = 7.82328,$$
$$Q = I_{yy} - \hat{b} I_{xy} = 8.4931 - 7.8233 = 0.6698,$$
$$F = \frac{U}{Q/(n-2)} = \frac{7.82328}{0.6698/5} \approx 58.40 \in (22.78, +\infty),$$

所以拒绝接受 H_0，即认为缩醛化度 Y 对甲醛浓度 x 有显著的线性相关关系.

三、相关系数的显著性检验

定义 10.1 称统计量

$$r = \frac{\sum_{i=1}^{n}(x_i-\bar{x})(y_i-\bar{y})}{\sqrt{\sum_{i=1}^{n}(x_i-\bar{x})^2 \sum_{i=1}^{n}(y_i-\bar{y})^2}} = \frac{I_{xy}}{\sqrt{I_{xx}I_{yy}}} \tag{10-16}$$

为**样本相关系数**,简称为**相关系数**.

由式(10-13)可得回归平方和 U 的另一种表示方法是

$$U = \sum_{i=1}^{n}(\hat{y}_i-\bar{y})^2 = \sum_{i=1}^{n}[\hat{b}(x_i-\bar{x})]^2 = \hat{b}^2 I_{xx}, \tag{10-17}$$

所以,U 在总偏差平方和 I_{yy} 中的比值为

$$\frac{U}{I_{yy}} = \frac{\hat{b}^2 I_{xx}}{I_{yy}} = \left(\frac{I_{xy}}{I_{xx}}\right)^2 \frac{I_{xx}}{I_{yy}} = \frac{I_{xy}^2}{I_{xx}I_{yy}} = r^2. \tag{10-18}$$

由式(10-18)可见,r^2 恰为回归平方和 U 与总偏差平方和 I_{yy} 的比值.所以,r^2 反映了回归平方和在总偏差平方和中所占的比重.

在 $I_{yy}=Q+U$ 中,由于 $U\geqslant 0,Q\geqslant 0$,所以必有 $U\leqslant I_{yy}$,由式(10-18)易见

$$0 \leqslant r^2 \leqslant 1,$$

即

$$0 \leqslant |r| \leqslant 1.$$

(1) 当 $r=0$ 时,$U=\hat{b}^2 I_{xx}=0$,所以有 $\hat{b}=0$.此时回归直线平行于 x 轴,散点图呈无规则或非线性状态(见图 10.3(a)).

(2) 当 $|r|=1$ 时,$U=I_{yy}$,从而 $Q=0$.这时,所有观测值 $(x_i,y_i)(i=1,2,\cdots,n)$ 都在回归直线上,称这种情况为**完全线性相关**(见图 10.3(b)).$r=1$ 时,称**完全正相关**;$r=-1$ 时,称**完全负相关**.

(3) 当 $0<|r|<1$ 时,x 与 Y 线性相关的程度要随 $|r|$ 的取值大小来决定.$|r|$ 越小,回归效果越差;$|r|$ 越接近 1,观测值 (x_i,y_i) 就越接近回归直线,x 与 Y 的线性关系就越明显(见图 10.3(c)).当 $0<r<1$ 时,称**正相关**;当 $-1<r<0$ 时,称**负相关**.

综上所述,r 值的大小的确反映出了两个变量间线性相关的密切程度,但需要注意,相关系数 r 接近 1 的程度与样本容量 n 有关.当 n 较小时,$|r|$ 是很容易接近 1 的.特别地,当 $n=2$ 时,由于两点决定一直线,所以有 $|r|\equiv 1$.在书末的附录中,我们给出了相关系数临界值表,对给定的显著性水平 α 及样本容量 n,可查出相应的临界值 $r_\alpha(n-2)$.当 $|r|>r_\alpha(n-2)$ 时,认为线性回归效果显著;当 $|r|\leqslant r_\alpha(n-2)$ 时,认为线性回归效果不显著.

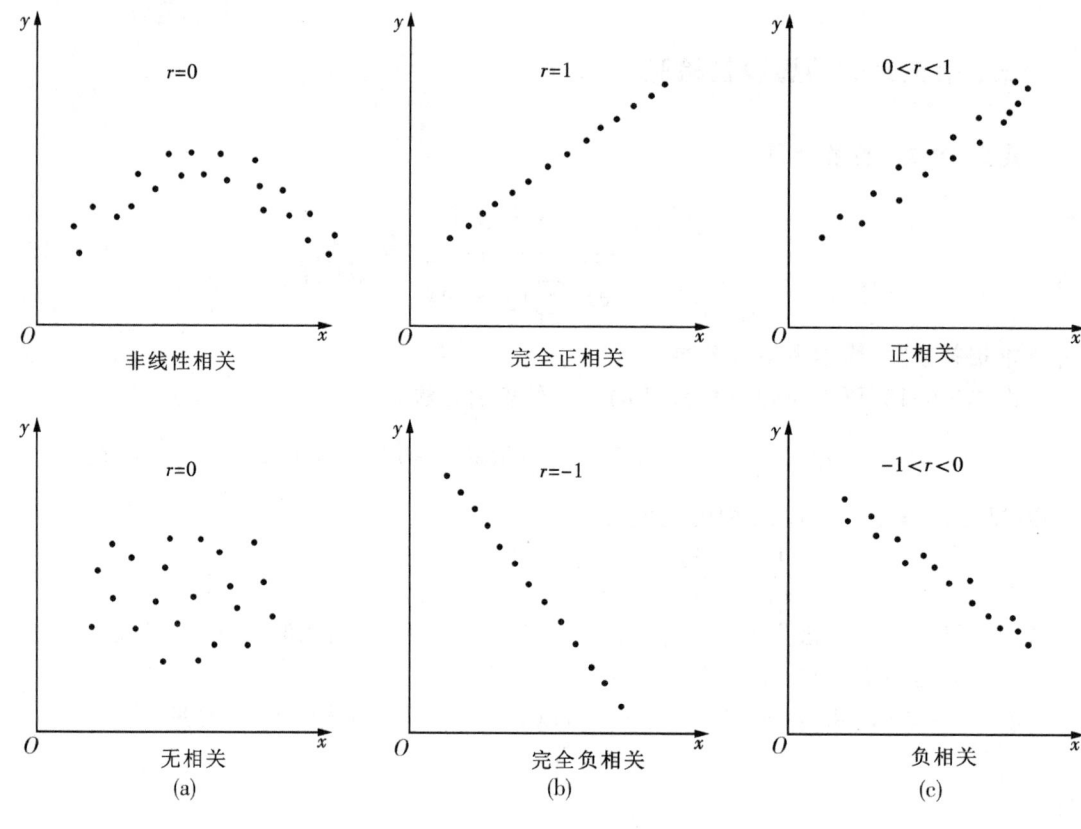

图 10.3

例 3 对例 1 中建立的线性回归方程
$$\hat{y} = 245.36 + 5.3214x,$$
在 $\alpha = 0.05$ 下,利用相关系数法检验 Y 与 x 的线性相关关系是否显著.

解 由例 1 可得
$$r = \frac{I_{xy}}{\sqrt{I_{xx} \cdot I_{yy}}} = \frac{3725}{\sqrt{700 \times 22150}} = 0.946,$$
在 $\alpha = 0.05$ 下,查相关系数临界值表得 $r_{0.05}(5) = 0.7545$. 因为 $|r| > r_{0.05}(5)$,所以在显著性水平 $\alpha = 0.05$ 下,认为 Y 与 x 的线性相关关系显著,即回归效果显著.

由例 1 与例 3 可以看出,两种检验都得到了同一结论. 事实上,由 F 和 r 提供的两种检验方法是一回事,这是因为
$$U = \hat{b} I_{xy} = \frac{I_{xy}^2}{I_{xx}} = I_{yy} r^2, \quad Q = I_{yy} - U = I_{yy}(1 - r^2),$$
于是,F 和 r 有如下关系:
$$F = (n-2)\frac{U}{Q} = (n-2)\frac{r^2}{1 - r^2}.$$

有时同一假设用不同的方法进行检验,所得结果相互矛盾,但这种可能性很小. 当出现这种情况时,为慎重起见,可再抽取一个样本进行检验.

§10.3 利用一元线性回归进行预测和控制

如果变量 Y 与 x 之间具有显著的线性相关关系,那么利用观测数据 (x_i, y_i) ($i=1, 2, \cdots, n$)求出的线性回归方程

$$\hat{y} = \hat{a} + \hat{b}x$$

就反映了变量 Y 与 x 之间的变化规律,因此我们可以利用回归方程进行预测与控制.

一、预测

所谓预测,就是利用得到的回归方程 $\hat{y} = \hat{a} + \hat{b}x$,对给定的 x 值,估计 Y 的取值或取值范围.

因为 Y 是随机变量,因而 x 与 Y 之间的关系不是确定性的,所以对于自变量的确定值 x_0,不能精确地知道 Y 的相应值 Y_0. 这时自然想到利用 $\hat{y} = \hat{a} + \hat{b}x_0$ 作为 $Y_0 = a + bx_0 + \varepsilon_0$ 的预测值,这就是**点预测**.

在实际应用中,为了保证预测的精确性与可靠性,常对自变量的确定值 x_0 估计 Y 的取值范围,即在给定的置信度 $1-\alpha$ 下,求出 Y 的取值 Y_0 的置信区间,称为**预测区间**. 这种预测称为**区间预测**.

为了建立 Y_0 的置信区间,我们利用统计量

$$T \triangleq \frac{Y_0 - \hat{y}_0}{S\sqrt{1 + \frac{1}{n} + \frac{(x_0 - \bar{x})^2}{I_{xx}}}}, \tag{10-19}$$

其中

$$S = \sqrt{\frac{Q}{n-2}} = \sqrt{\frac{I_{yy} - \hat{b}I_{xy}}{n-2}}. \tag{10-20}$$

当 $\varepsilon_i \sim N(0, \sigma^2)$ 且相互独立时,T 服从自由度为 $n-2$ 的 t 分布. 由

$$P\left\{ \left| \frac{Y_0 - \hat{y}_0}{S\sqrt{1 + \frac{1}{n} + \frac{(x_0 - \bar{x})^2}{I_{xx}}}} \right| < \lambda \right\} = 1 - \alpha \tag{10-21}$$

查 t 分布双侧分位数表得

$$\lambda = t_{\frac{\alpha}{2}}(n-2),$$

由此得出 Y_0 的置信度为 $1-\alpha$ 的置信区间为

$$\left(\hat{y}_0 - \lambda S\sqrt{1 + \frac{1}{n} + \frac{(x_0 - \bar{x})^2}{I_{xx}}}, \quad \hat{y}_0 + \lambda S\sqrt{1 + \frac{1}{n} + \frac{(x_0 - \bar{x})^2}{I_{xx}}} \right). \tag{10-22}$$

记

$$\delta(x) = \lambda S\sqrt{1 + \frac{1}{n} + \frac{(x - \bar{x})^2}{I_{xx}}},$$

对给定的样本观察值，作出曲线
$$\begin{cases} v_1(x) = \hat{y} - \delta(x), \\ v_2(x) = \hat{y} + \delta(x). \end{cases} \quad (10\text{-}23)$$

对于任意的 x，$Y=a+bx+\varepsilon$ 的置信度为 $1-\alpha$ 的预测区间为 $(\hat{y}-\delta(x),\hat{y}+\delta(x))$，其中 $\hat{y}=\hat{a}+\hat{b}x$ 夹在两曲线 $v_1(x)$ 和 $v_2(x)$ 之间的部分就是 $Y=a+bx+\varepsilon$ 的置信度为 $1-\alpha$ 的"预测带". 回归直线 $\hat{y}=\hat{a}+\hat{b}x$ 为预测带的"中线". 预测带在 $x=\bar{x}$ 处最窄，x 越远离 $\bar{x}$，预测带越宽，两端呈喇叭口状，如图 10.4 所示.

当 n 较大，且 x 较接近 $\bar{x}$ 时，有
$$\sqrt{1+\frac{1}{n}+\frac{(x-\bar{x})^2}{l_{xx}}} \approx 1,$$

因此式(10-22)就近似于
$$(\hat{y}-\lambda S, \hat{y}+\lambda S), \quad (10\text{-}24)$$

又当 n 较大时，自由度为 $n-2$ 的 t 分布接近标准正态分布 $N(0,1)$，所以这里的 λ 也可通过查标准正态分布表得到. 故式(10-24)可以表示成
$$(\hat{y}-u_\alpha S, \hat{y}+u_\alpha S). \quad (10\text{-}25)$$

$y=\hat{y}-u_\alpha S$，$y=\hat{y}+u_\alpha S$ 是两条直线，如图 10.5 所示.

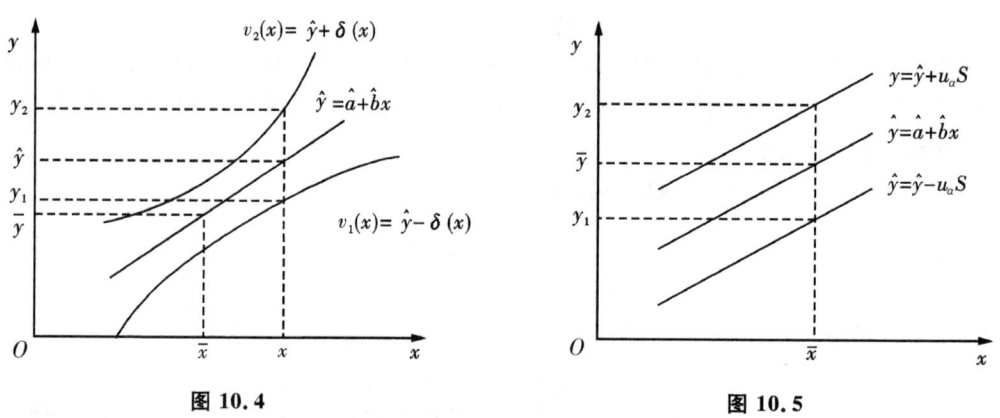

图 10.4　　　　　图 10.5

特别地，当 $\alpha=0.05$ 时，$u_\alpha=1.96$，置信区间是 $(\hat{y}-1.96S, \hat{y}+1.96S)$.

置信区间的长度直接关系到预测结果，其长度为
$$2\lambda S \sqrt{1+\frac{1}{n}+\frac{(x_0-\bar{x})^2}{l_{xx}}}.$$

例 1 在 §10.2 例 1 的情况下，试在年科研经费投入为 32 万元的条件下，求年利润 Y 的预测区间.（$\alpha=0.025$）

解 由题设条件得 $x_0=32$，所以
$$\hat{y}=245.36+5.3214\times 32 \approx 415.65,$$
由 $\alpha=0.025$ 得 $\lambda=t_{\frac{\alpha}{2}}(n-2)=t_{0.05}(5)=2.571$，又
$$S=\sqrt{\frac{Q}{n-2}}=21.57,\quad \sqrt{1+\frac{1}{n}+\frac{(x_0-\bar{x})^2}{l_{xx}}}\approx 1.07,$$
故用式(10-24)算得年利润 Y 的预测区间为 $(360.14, 471.06)$.

二、控制

控制是预测的逆问题,即如果要求 Y 的观测值 y 落在指定区间 (y_1,y_2) 内,那么我们应该怎样控制 x 的取值呢? 亦即要求 x_1,x_2,使 x 的取值满足 $x_1<x<x_2$ 时,所对应 Y 的观测值 y 以 $1-\alpha$ 的概率落在区间 (y_1,y_2) 内.

由式(10-23)解出 x_1 和 x_2 是比较困难的,但若利用几何图形则很容易理解. 如图 10.6 和图 10.7 所示可以看出,由于 x_0 处的预测区间要求包含在指定区间 (y_1,y_2) 内才能满足控制要求,所以讨论控制问题时,指定的控制区间的长度 y_2-y_1 应大于预测区间的长度 $2\lambda S\sqrt{1+\dfrac{1}{n}+\dfrac{(x_0-\bar{x})^2}{I_{xx}}}$ 才能求解.

当 n 较大时,由式(10-25)有

$$x_1=\frac{y_1-\hat{a}+u_\alpha S}{\hat{b}}, \quad x_2=\frac{y_2-\hat{a}-u_\alpha S}{\hat{b}}. \tag{10-26}$$

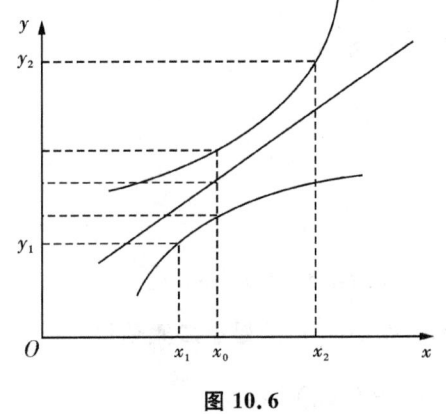

图 10.6

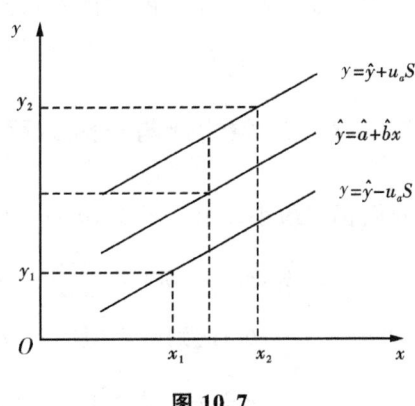

图 10.7

§10.4 多元线性回归的最小二乘法

前面讨论的只是两个变量间的相互关系,因变量只与一个自变量有关,但在许多实际问题中,一个随机变量往往会受多个因素的影响,处理这类问题要用多元回归分析. 多元线性回归分析原理与一元线性回归分析相同,只是计算更加复杂,但在计算机的帮助下,问题就变得非常简单了.

一、多元线性回归的数学模型

设随机变量 Y 与自变量 $x_1,x_2,\cdots,x_k$ 有关系式

$$Y = b_0 + b_1 x_1 + b_2 x_2 + \cdots + b_k x_k + \varepsilon, \tag{10-27}$$

其中 ε 是随机项,服从正态分布 $N(0, \sigma^2)$.

$$(y_1; x_{11}, x_{21}, \cdots, x_{k1}),$$
$$(y_2; x_{12}, x_{22}, \cdots, x_{k2}),$$
$$\cdots\cdots$$
$$(y_n; x_{1n}, x_{2n}, \cdots, x_{kn})$$

是 n 组观测数据,y_j 是在 $x_1 = x_{1j}, x_2 = x_{2j}, \cdots, x_k = x_{kj}$ 的条件下对 Y 的观测值. 假定

$$\begin{cases} Y_1 = b_0 + b_1 x_{11} + b_2 x_{21} + \cdots + b_k x_{k1} + \varepsilon_1, \\ Y_2 = b_0 + b_1 x_{12} + b_2 x_{22} + \cdots + b_k x_{k2} + \varepsilon_2, \\ \cdots\cdots \\ Y_n = b_0 + b_1 x_{1n} + b_2 x_{2n} + \cdots + b_k x_{kn} + \varepsilon_n. \end{cases} \tag{10-28}$$

$b_0, b_1, \cdots, b_k$ 是待估参数,称为**回归系数**;$\varepsilon_1, \varepsilon_2, \cdots, \varepsilon_k$ 相互独立且都服从正态分布 $N(0, \sigma^2)$,它们都是随机误差,σ^2 未知.

我们的任务是根据样本观测值,求出未知参数 $b_0, b_1, \cdots, b_k$ 的估计值 $\hat{b}_0, \hat{b}_1, \cdots, \hat{b}_k$,从而得到 Y 对 $x_1, x_2, \cdots, x_k$ 的线性回归方程:

$$\hat{y} = \hat{b}_0 + \hat{b}_1 x_1 + \hat{b}_2 x_2 + \cdots + \hat{b}_k x_k.$$

二、最小二乘估计与正规方程

我们仍用最小二乘法求 $b_0, b_1, \cdots, b_k$ 的估计. 令

$$Q(b_0, b_1, \cdots, b_k) = \sum_{j=1}^{n} [y_j - (b_0 + b_1 x_{1j} + b_2 x_{2j} + \cdots + b_k x_{kj})]^2,$$

称使 $Q(b_0, b_1, \cdots, b_k)$ 达到最小值的 $\hat{b}_0, \hat{b}_1, \cdots, \hat{b}_k$ 为 $b_0, b_1, \cdots, b_k$ 的**最小二乘估计**.

$$\begin{cases} \dfrac{\partial Q}{\partial b_0} = -2 \sum_{j=1}^{n} [y_j - (b_0 + b_1 x_{1j} + \cdots + b_k x_{kj})] = 0, \\ \dfrac{\partial Q}{\partial b_1} = -2 \sum_{j=1}^{n} [y_j - (b_0 + b_1 x_{1j} + \cdots + b_k x_{kj})] x_{1j} = 0, \\ \cdots\cdots \\ \dfrac{\partial Q}{\partial b_k} = -2 \sum_{j=1}^{n} [y_j - (b_0 + b_1 x_{1j} + \cdots + b_k x_{kj})] x_{kj} = 0. \end{cases} \tag{10-29}$$

由(10-29)的第一式得

$$b_0 + b_1 \bar{x}_1 + b_2 \bar{x}_2 + \cdots + b_k \bar{x}_k = \bar{y},$$

其中

$$\bar{x}_i = \frac{1}{n} \sum_{j=1}^{n} x_{ij}, \quad i = 1, 2, \cdots, k, \qquad \bar{y} = \frac{1}{n} \sum_{j=1}^{n} y_j.$$

将上述结果代入(10-29)的其余各式,经整理可得方程组

$$\begin{cases} b_0 = \bar{y} - b_1\bar{x}_1 - b_2\bar{x}_2 - \cdots - b_k\bar{x}_k, \\ S_{11}b_1 + S_{12}b_2 + \cdots + S_{1k}b_k = S_{1y}, \\ S_{21}b_1 + S_{22}b_2 + \cdots + S_{2k}b_k = S_{2y}, \\ \cdots \cdots \\ S_{k1}b_1 + S_{k2}b_2 + \cdots + S_{kk}b_k = S_{ky}, \end{cases} \tag{10-30}$$

其中

$$S_{ij} = S_{ji} = \sum_{t=1}^{n}(x_{it} - \bar{x}_i)(x_{jt} - \bar{x}_j), \quad i,j = 1,2,\cdots,k,$$

$$S_{iy} = \sum_{t=1}^{n}(x_{it} - \bar{x}_i)(y_t - \bar{y}), \quad i = 1,2,\cdots,k.$$

方程组(10-30)称为**正规方程组**,解正规方程组得 $\hat{b}_0, \hat{b}_1, \cdots, \hat{b}_k$,从而得回归方程为

$$\hat{y} = \hat{b}_0 + \hat{b}_1 x_1 + \hat{b}_2 x_2 + \cdots + \hat{b}_k x_k.$$

三、平方和分解公式

与一元回归类似,仍有平方和分解公式

$$S_{yy} = U + Q, \tag{10-31}$$

其中

$$S_{yy} = \sum_{t=1}^{n}(y_t - \bar{y})^2,$$

$$U = \sum_{t=1}^{n}(\hat{y}_t - \bar{y})^2,$$

$$Q = \sum_{t=1}^{n}(y_t - \hat{y}_t)^2,$$

它们分别称为**偏差平方和**、**回归平方和**与**残差平方和**.

四、相关性检验

与一元回归情况相似,首先建立待检假设

$$H_0 : b_1 = b_2 = \cdots = b_k = 0.$$

若经过检验否定假设 H_0,则认为 Y 与 $x_1, x_2, \cdots, x_k$ 之间存在线性相关关系.

选取统计量

$$F = \frac{U/k}{Q/(n-k-1)}, \tag{10-32}$$

当 H_0 成立时, $F \sim F(k, n-k-1)$. 于是,对给定的显著性水平 α,查 F 分布上侧分位数表得临界值 λ_1, λ_2. 计算统计量 F,若 $F > \lambda_2$ 或 $F < \lambda_1$,则否定 H_0,否则接受 H_0,其中 $\lambda_1 = F_{1-\frac{\alpha}{2}}(k, n-k-1), \lambda_2 = F_{\frac{\alpha}{2}}(k, n-k-1)$.

五、回归变量主次因素的判别

回归平方和 U 刻画了全部自变量 $x_1, x_2, \cdots, x_k$ 对随机变量 Y 的线性影响. 若从这 k 个自变量中剔除某一个 x_i, 考虑 Y 对剩下的 $k-1$ 个变量的线性回归, 把相应的回归平方和记作 $U_{(i)}$, 则它反映了不包括 x_i 在内的其余 $k-1$ 个自变量对 Y 的线性作用, 我们称

$$U_i = U - U_{(i)} \tag{10-33}$$

为 $x_1, x_2, \cdots, x_k$ 中 x_i 的偏回归平方和, 这个偏回归平方和就可以看作 x_i 产生的作用, 因此可用它来衡量 x_i 在对 $x_1, x_2, \cdots, x_k$ 的线性回归中的作用大小.

假设 $H_0: b_i = 0$, 取统计量

$$F_i = \frac{U_i}{Q/(n-k-1)}, \tag{10-34}$$

在 H_0 成立的条件下, $F_i \sim F(1, n-k-1)$. 对于 U_i, 有计算公式

$$U_i = \frac{\hat{b}_i^2}{C_{ii}} (i = 1, 2, \cdots, k), \tag{10-35}$$

其中 C_{ii} 是正规方程组(10-30)的 k 个方程的系数矩阵

$$L = \begin{pmatrix} S_{11} & S_{12} & \cdots & S_{1k} \\ S_{21} & S_{22} & \cdots & S_{2k} \\ \vdots & \vdots & & \vdots \\ S_{k1} & S_{k2} & \cdots & S_{kk} \end{pmatrix}$$

的逆矩阵 L^{-1} 的主对角线上的第 i 个元素.

对给定的显著性水平 α, 查自由度为 $1, n-k-1$ 的 F 分布上侧分位数表, 得临界值 λ_1, λ_2. 若 $F_i > \lambda_2$ 或 $F_i < \lambda_1$, 则否定 H_0 (当 $\alpha = 0.05$ 时, 称 x_i 是显著的; 当 $\alpha = 0.01$ 时, 称 x_i 高度显著); 若 $\lambda_1 < F_i < \lambda_2$, 则应从回归方程中剔除 x_i. 其中 $\lambda_2 = F_{\frac{\alpha}{2}}(1, n-k-1)$, $\lambda_1 = F_{1-\frac{\alpha}{2}}(1, n-k-1)$.

注 在实际应用中, 因多元线性回归涉及的数据量较大, 相关分析与计算较复杂, 故通常采用统计分析软件 SPSS 或 SAS 完成, 有兴趣的读者可进一步参考相关资料.

§10.5 非线性回归的线性化处理

前面讨论了线性回归问题, 对线性情形我们有了一整套的理论与方法. 在实际问题中我们也常会遇见更为复杂的非线性回归问题, 此时一般是采用变量代换法将非线性模型线性化, 再按照线性回归方法进行处理, 举例如下.

模型:
$$y = a + b\sin t + \varepsilon, \quad \varepsilon \sim N(0, \sigma^2), \tag{10-36}$$

其中 a, b, σ^2 为与 t 无关的未知参数, 只要令 $x = \sin t$, 即可将式(10-36)化为式(10-1).

模型:
$$y = a + bt + ct^2 + \varepsilon, \quad \varepsilon \sim N(0, \sigma^2), \tag{10-37}$$

其中 a,b,c,σ^2 为与 t 无关的未知参数,令 $x_1=t, x_2=t^2$,得
$$y = a+bx_1+cx_2+\varepsilon, \quad \varepsilon \sim N(0,\sigma^2), \tag{10-38}$$
它为多元线性回归的情形.

模型: $\quad \dfrac{1}{y}=a+\dfrac{b}{x}+\varepsilon, \quad \varepsilon\sim N(0,\sigma^2),$

令 $y'=\dfrac{1}{y}, x'=\dfrac{1}{x}$,则有 $y'=a+bx'+\varepsilon, \varepsilon\sim N(0,\sigma^2).$

模型: $\quad y=a+b\ln x+\varepsilon, \quad \varepsilon\sim N(0,\sigma^2),$

令 $x'=\ln x$,则有 $y=a+bx'+\varepsilon, \varepsilon\sim N(0,\sigma^2).$

模型: $\quad y=a\mathrm{e}^{bx+\varepsilon}\sim N(0,\sigma^2).$

当 $a>0$ 时,令 $y'=\ln y, c=\ln a$,则有 $y'=c+bx+\varepsilon, \varepsilon\sim N(0,\sigma^2)$;

当 $a<0$ 时,令 $y'=\ln(-y), c=\ln(-a)$,则有 $y'=c+bx+\varepsilon, \varepsilon\sim N(0,\sigma^2)$,化为了(10-1)式.

模型: $\quad y=\dfrac{1}{a+b\mathrm{e}^{-x}+\varepsilon}, \quad \varepsilon\sim N(0,\sigma^2),$

令 $y'=\dfrac{1}{y}, x'=\mathrm{e}^{-x}$,则有 $y'=a+bx'+\varepsilon, \varepsilon\sim N(0,\sigma^2).$

另外,还有下述模型
$$Q(y) = a+bx+\varepsilon, \quad \varepsilon \sim N(0,\sigma^2),$$
其中 Q 为已知函数,且设 $Q(y)$ 存在单值的反函数,a,b,σ^2 为与 x 无关的未知参数. 这时,令 $z=Q(y)$,得
$$z = a+bx+\varepsilon, \quad \varepsilon \sim N(0,\sigma^2).$$
在求得 z 的回归方程和预测区间后,再按 $z=Q(y)$ 的逆变换变回原变量 y. 我们分别称它们为关于 y 的回归方程和预测区间. 此时 y 的回归方程的图像是曲线,故又称为曲线回归方程.

例 1 炼钢时用来盛钢水的钢包,由于钢水对耐火材料的侵蚀,容积会不断扩大.通过试验,得到了使用次数 x 与钢包增大的容积 y 之间的 17 组数据,如下表所示,求使用次数 x 与增大容积 y 的回归方程.

x	y	x	y
2	6.42	11	10.59
3	8.20	12	10.60
4	9.58	13	10.80
5	9.50	14	10.60
6	9.70	15	10.90
7	10.00	16	10.76
8	9.93	18	11.00
9	9.99	19	11.20
10	10.49		

解 散点图如图 10.8 所示.

看起来 y 与 x 呈倒指数关系 $\ln y = a + b\dfrac{1}{x} + \varepsilon$,记 $y' = \ln y, x' = \dfrac{1}{x}$,求出 x', y' 的值如下:

x'	y'	x'	y'
0.5000	1.8594	0.0909	2.3599
0.3333	2.1041	0.0833	2.3609
0.2500	2.2597	0.0769	2.3795
0.2000	2.2513	0.0714	2.3609
0.1667	2.2721	0.0667	2.3888
0.1429	2.3026	0.0625	2.3758
0.1250	2.2956	0.0556	2.3979
0.1111	2.3016	0.0526	2.4159
0.1000	2.3504		

作 (x', y') 的散点图,如图 10.9 所示.

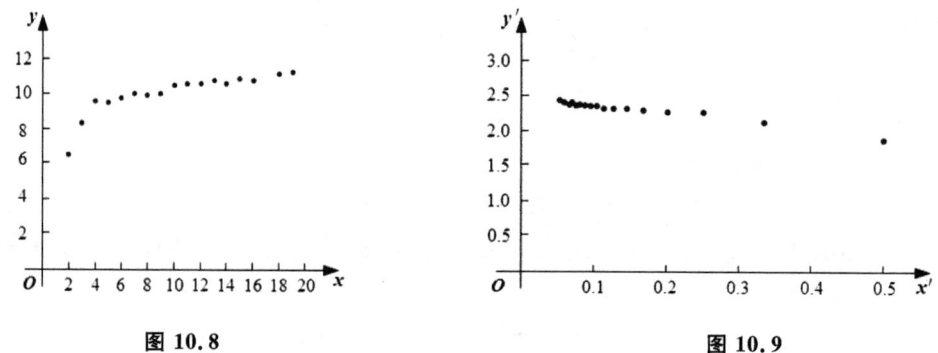

图 10.8   图 10.9

由图 10.9 可见各点基本在一直线上,故可设
$$y' = a + bx' + \varepsilon, \quad \varepsilon \sim N(0, \sigma^2).$$
经计算,得
$$\bar{x}' = 0.1464, \quad \bar{y}' = 2.2963,$$
$$\sum_{i=1}^{17}(x_i')^2 = 0.5902, \quad \sum_{i=1}^{17}(y_i')^2 = 89.9311, \quad \sum_{i=1}^{17} x_i' y_i' = 5.4627,$$
$$\hat{b} = -1.1183, \quad \hat{a} = 2.4600,$$
于是 y' 对于 x' 的线性回归方程为
$$y' = -1.1183 x' + 2.4600,$$
换回原变量得
$$\hat{y} = 11.70046 e^{-\frac{1.1183}{x}}.$$
现对 x' 与 y' 的线性相关关系的显著性用 F 检验法进行检验,得
$$F = 379.3115 > F_{0.01}(1, 15) = 8.68,$$
检验结论表明,此线性回归方程的效果是显著的.

习 题 10

1. 在考察硝酸钠的可溶性程度时,在一系列不同温度下观察从 100 mL 的水中溶解的硝酸钠的质量,获得观察结果如下:

温度 x_i(℃)	0	4	10	15	21	29	36	51	68
质量 y_i(g)	66.7	71.0	76.3	80.6	85.7	92.9	99.4	113.6	125.1

从经验和理论知 y_i 与 x_i 之间有下述关系
$$y_i = a + bx_i + \varepsilon_i (i=1,2,\cdots,9),$$
其中各 ε_i 相互独立,并且都服从正态分布 $N(0,\sigma^2)$. 试求质量 y 与温度 x 之间的直线回归方程.

2. 下表中的数据是退火温度 x(℃)对黄铜延性 y 效应的试验结果,y 是沿长度方向的延性率,且以对于给定的 x,y 为正态变量,其方差与 x 无关. 根据数据画出散点图,并求 y 对于 x 的线性回归方程.

退火温度 x(℃)	300	400	500	600	700	800
黄铜延性 y(%)	40	50	55	60	67	70

3. 某医院用光电比色计检验尿汞时,得尿汞含量(mg/L)与消光系数的读数结果如下:

尿汞含量 x_i	2	4	6	8	10
消光系数 y_i	64	138	205	285	360

已知它们之间有关系式 $y_i = \beta_0 + \beta_1 x_i + \varepsilon_i$,各 $\varepsilon_i \sim N(0,\sigma^2)$ 且相互独立,试求 β_0,β_1 的最小二乘估计,并在 $\alpha=0.05$ 下检验 β_1 是否为零.

4. 假设儿子的身高 y 与父亲的身高 x 适合一元线性回归模型,现观察了 10 对英国父子的身高(英寸),得数据如下:

x	60	62	64	65	66	67	68	70	72	74
y	63.6	65.2	66	65.5	66.9	67.1	67.4	63.3	70.1	70

(1) 建立 y 关于 x 的线性回归方程;
(2) 对线性回归方程做假设检验(显著性水平取 0.05);
(3) $x_0=69$ 时,求 y_0 的置信度为 95% 的预测区间.

5. 在钢线的含碳量对电阻效应的研究中,得到如下数据:

含碳量 x(%)	0.10	0.30	0.40	0.55	0.70	0.80	0.95
电阻 y(20℃时,单位:$\mu\Omega$)	15	18	19	21	22.6	23.8	26

设对于给定的 x,y 为正态变量,且方差与 x 无关.
(1) 画出散点图.
(2) 求线性回归方程 $\hat{y} = \hat{a} + \hat{b}x$.

(3) 检验假设 $H_0: b=0$; $H_1: b\neq 0$.

(4) 若回归效果显著,求 b 的置信度为 0.95 的置信区间.

(5) 求 $x=0.50$ 处 y 的置信度为 0.95 的预测区间.

6. 某一种特定的合金铸品,x_1 和 x_2 表示合金中所含的 A 及 B 两种元素的百分比,现对 x_1 及 x_2 各选 4 种,共有 $4\times 4=16$ 种不同的组合,y 表示各种不同成分的铸品数,根据下表中的数据求二元线性回归方程.

所含 A	x_1	5	5	5	5	10	10	10	10	15	15	15	15	20	20	20	20
所含 B	x_2	1	2	3	4	1	2	3	4	1	2	3	4	1	2	3	4
铸品数	y	28	30	48	74	29	50	57	42	20	24	31	47	9	18	22	31

7. 将一种合金在某种添加剂的不同浓度之下各做三次试验,得数据如下:

浓度 x	10.0	15.0	20.0	25.0	30.0
抗压强度 y	25.2	29.8	31.2	31.7	29.4
	27.3	31.1	32.6	30.1	30.8
	28.7	27.8	29.7	32.3	32.8

以模型 $y=b_0+b_1x+b_2x^2+\varepsilon$, $\varepsilon\sim N(0,\sigma^2)$ 拟合数据,其中 b_0, b_1, b_2, σ^2 与 x 无关,求回归方程 $\hat{y}=\hat{b}_0+\hat{b}_1x+\hat{b}_2x^2$.

8. 在彩色显像中,根据以往经验,形成染料的光学密度 y 与析出银的光学密度 x 之间有如下关系式:

$$y = ae^{-\frac{b}{x}}(b>0).$$

现对 x 及 y 同时做 11 次试验,测得数据如下:

x	0.47	0.43	0.38	0.31	0.25	0.20	0.14	0.10	0.07	0.06	0.05
y	1.29	1.25	1.19	1.12	1.00	0.79	0.59	0.37	0.23	0.14	0.10

求 y 关于 x 的回归方程,并求当 $x=0.13$ 时 y 的置信度为 95% 的预测区间.

9. 混凝土的抗压强度随养护时间的延长而增加.现将一批混凝土浇制了 12 个试块,记录养护时间 t(单位:天)与抗压强度 y(单位:100 千帕)的数据如下:

t	2	3	4	5	7	9	12	14	17	21	28	56
y	35	42	47	53	59	65	68	73	76	82	86	99

由建筑材料学的专业知识得到,养护天数 t 与抗压强度 y 之间有下列近似关系:

$$y = \beta_0 + \beta_1 \ln t,$$

试求 β_0 和 β_1,以确定 y 和 t 之间的关系.

附　　表

附表 1　二项分布累计概率值表

$$F(x) = \sum_{m=0}^{x} C_n^m p^m (1-p)^{n-m}$$

* 表中未写出的数为 1.0000

n	x	$p=0.01$	$p=0.02$	$p=0.03$	$p=0.04$	$p=0.05$
5	0	0.9510	0.9039	0.8587	0.8153	0.7738
	1	9980	9962	9945	9352	9774
	2			0.9997	9994	9988
10	0	0.9044	0.8171	0.7374	0.6648	0.5987
	1	9957	9838	9655	9418	9139
	2	9999	9991	9972	9938	9885
	3			9999	9996	9990
15	0	0.8601	0.7386	0.6333	0.5421	0.4633
	1	9904	9647	9270	8809	8290
	2	9996	9970	9906	9797	9638
	3		9998	9992	9976	9945
	4			9999	9998	9994
20	0	0.8179	0.6676	0.5438	0.4420	0.3585
	1	9831	9401	8802	8103	7358
	2	9990	9929	9790	9561	9245
	3		9994	9973	9926	9841
	4			0.9997	0.9990	0.9974
	5				9999	9997
30	0	0.7397	0.5455	0.4040	0.2939	0.2146
	1	9639	8794	7731	6612	5535
	2	9967	9783	9399	8831	8122
	3	9998	9971	9881	9694	9392
	4	0.9999	0.9996	0.9982	0.9937	0.9844
	5			9997	9989	9967
	6				9999	9994
	7					9999
40	0	0.6690	0.4457	0.2957	0.1954	0.1285
	1	9393	8095	6615	5210	3991
	2	9925	9543	8822	7855	6767
	3	9993	9918	9686	9252	8619
	4		0.9988	0.9933	0.9790	0.9520
	5		9999	9988	9951	9861
	6			9998	9990	9966
	7				9998	9993
	8					9999

续表

n	x	$p=0.06$	$p=0.07$	$p=0.08$	$p=0.09$
5	0	0.7339	0.6957	0.6591	0.6240
	1	9681	9575	9466	9326
	2	9980	9969	9955	9937
	3		9999	9998	9997
10	0	0.5386	0.4840	0.4344	0.3894
	1	8824	8483	8121	7746
	2	9812	9717	9599	9460
	3	9980	9964	9942	9912
15	0	0.3953	0.3367	0.2863	0.2430
	1	7738	7168	6597	6035
	2	9429	9171	8870	8534
	3	9896	9825	9727	9601
	4	9986	9972	9950	9918
	5	9999	9997	9993	9987
20	0	0.2901	0.2342	0.1887	0.1516
	1	6605	5869	5169	4516
	2	8850	8390	7879	7334
	3	9710	9529	9294	9007
	4	0.9944	0.9893	0.9817	0.9710
	5	9991	9981	9962	9932
	6	9999	9997	9994	9987
30	0	0.1563	0.1134	0.0820	0.0591
	1	4555	3694	2958	2343
	2	7324	6488	5654	4855
	3	8974	8450	7842	7175
	4	0.9685	0.9447	0.9126	0.8723
	5	9921	9838	9707	9519
	6	9983	9960	9918	9848
	7	9997	9992	9980	9959
40	0	0.0842	0.0549	0.0356	0.0230
	1	2990	2201	1594	1140
	2	5665	4625	3694	2894
	3	7827	3837	6007	5092
	4	0.9104	0.8546	0.7868	0.7103
	5	9691	9419	9033	8535
	6	9909	9801	9624	9361
	7	9977	9942	9873	9758
	8	9995	9985	9963	9920

续表

n	x	$p=0.10$	$p=0.20$	$p=0.30$	$p=0.40$
5	0	0.5905	0.3277	0.1681	0.0778
	1	9185	7373	5282	3370
	2	9914	9421	8369	6826
	3	9995	9933	9692	9130
	4		9997	9976	9898
10	0	0.3487	0.1074	0.0282	0.0060
	1	7361	3758	1493	0464
	2	9298	6778	3828	1673
	3	9872	8791	6496	3823
	4	9984	9672	8497	6331
	5	0.9999	0.9936	0.9527	0.8338
	6		9991	9894	9452
	7		9999	9984	9877
	8			9999	9983
15	0	0.2059	0.0352	0.0047	0.0005
	1	5490	1671	0353	0052
	2	8159	3980	1268	0271
	3	9445	6482	2969	0905
	4	9873	8358	5155	2173
	5	0.9978	0.9389	0.7216	0.4032
	6	9997	9819	8689	6098
	7		9958	9500	7869
	8		9992	9848	9050
	9		9999	9963	9662
	10			0.9993	0.9907
20	0	0.1216	0.0115	0.0008	—
	1	3917	0692	0076	0.0005
	2	6769	2061	0355	0036
	3	8670	4114	1071	0160
	4	9568	6296	2375	0510
	5	0.9887	0.8042	0.4164	0.1256
	6	9976	9133	6080	2500
	7	9996	9679	7723	4159
	8	9999	9900	8867	5956
	9		9974	9520	7553
	10		0.9994	0.9829	0.8725
	11		9999	9949	9435
	12			9987	9790
	13			9997	9935

续表

n	x	$p=0.10$	$p=0.20$	$p=0.30$	$p=0.40$
30	0	0.0424	0.0012	0.0000	—
	1	1837	0405	0008	—
	2	4114	0442	0021	0.0000
	3	6474	1227	0093	0003
	4	8245	2552	0302	0015
	5	0.9268	0.4275	0.0766	0.0067
	6	9742	6070	1595	0172
	7	9922	7608	2814	0435
	8	9980	8713	4315	0940
	9	9995	9389	5988	1763
	10	0.9999	0.9744	0.7304	0.2915
	11		9905	8407	4011
	12		9969	9155	5785
	13		9991	9599	7145
	14		9998	9831	8246
	15			0.9936	0.9029
	16			9979	9519
	17			9994	9798
	18			9998	9917
40	0	0.0148	0.0001	—	—
	1	0805	0015	—	—
	2	2228	0079	0.0001	—
	3	4231	0285	0006	—
	4	6290	0759	0026	—
	5	0.7937	0.1613	0.0086	0.0001
	6	9005	2859	0238	0006
	7	9581	4371	0553	0021
	8	9845	5931	1100	0061
	9	9949	7318	1959	0156
	10	0.9985	0.8392	0.3087	0.0352
	11	9996	9425	4406	0709
	12	9999	9568	5772	1285
	13		9806	7032	2112
	14		9921	8074	3174
	15		0.9971	0.8849	0.4402
	16		9990	9367	5681
	17		9997	9680	6885
	18		9999	9852	7911
	19			9937	8702
	20			0.9976	0.9256
	21			9991	9608
	22			9997	9811
	23			9999	9917

附表2 泊松分布表

$$1-F(x-1)=\sum_{r=x}^{\infty}\frac{e^{-\lambda}\lambda^r}{r!}$$

x	$\lambda=0.2$	$\lambda=0.3$	$\lambda=0.4$	$\lambda=0.5$	$\lambda=0.6$	$\lambda=0.7$	$\lambda=0.8$
0	1.0000000	1.0000000	1.0000000	1.000000	1.000000	1.000000	1.000000
1	0.1812692	0.2591818	0.3296800	0.393469	0.451188	0.503415	0.550671
2	0.0175231	0.0369363	0.0615519	0.090204	0.121901	0.155805	0.191208
3	0.0011485	0.0035995	0.0079263	0.014388	0.023115	0.034142	0.047423
4	0.0000568	0.0002658	0.0007763	0.001752	0.003358	0.005753	0.009080
5	0.0000023	0.0000158	0.0000612	0.000172	0.000394	0.000786	0.001411
6	0.0000001	0.0000008	0.0000040	0.000014	0.000039	0.000090	0.000184
7			0.0000002	0.000001	0.000003	0.000009	0.000021
8						0.000001	0.000002

x	$\lambda=0.9$	$\lambda=1.0$	$\lambda=1.2$	$\lambda=1.4$	$\lambda=1.6$	$\lambda=1.8$	$\lambda=2.0$
0	1.000000	1.000000	1.000000	1.000000	1.000000	1.000000	1.000000
1	0.593430	0.632121	0.698806	0.753403	0.798103	0.834701	0.864665
2	0.227518	0.264241	0.337373	0.408167	0.475069	0.537163	0.593994
3	0.062857	0.080301	0.120513	0.166502	0.216642	0.269379	0.323324
4	0.013459	0.018988	0.033769	0.053725	0.078813	0.108708	0.142877
5	0.002344	0.003660	0.007746	0.014253	0.023682	0.036407	0.052653
6	0.000343	0.000594	0.001500	0.003201	0.006040	0.010378	0.016564
7	0.000043	0.000083	0.000251	0.000622	0.001336	0.002569	0.004534
8	0.000005	0.000010	0.000037	0.000107	0.000260	0.000562	0.001097
9		0.000001	0.000005	0.000016	0.000045	0.000110	0.000237
10			0.000001	0.000002	0.000007	0.000019	0.000046
11					0.000001	0.000003	0.000008
12							0.000001

x	$\lambda=2.5$	$\lambda=3.0$	$\lambda=3.5$	$\lambda=4.0$	$\lambda=4.5$	$\lambda=5.0$
0	1.000000	1.000000	1.000000	1.000000	1.000000	1.000000
1	0.917915	0.950213	0.969803	0.981684	0.988891	0.993262
2	0.712703	0.800852	0.864112	0.908422	0.938901	0.959572
3	0.456187	0.576810	0.679153	0.761897	0.826422	0.875348
4	0.242424	0.352768	0.463367	0.566530	0.657704	0.734974
5	0.108822	0.184737	0.274555	0.371163	0.467896	0.559507
6	0.042021	0.083918	0.142386	0.214870	0.297070	0.384039
7	0.014187	0.033509	0.065288	0.110674	0.168949	0.237817
8	0.004247	0.011905	0.026739	0.051134	0.086586	0.133372
9	0.001140	0.003803	0.009874	0.021363	0.040257	0.068094
10	0.000277	0.001102	0.003315	0.008132	0.017093	0.031828
11	0.000062	0.000292	0.001019	0.002840	0.006669	0.013695
12	0.000013	0.000071	0.000289	0.000915	0.002404	0.005453
13	0.000002	0.000016	0.000076	0.000274	0.000805	0.002019
14		0.000003	0.000019	0.000076	0.000252	0.000698
15		0.000001	0.000004	0.000020	0.000074	0.000226
16			0.000001	0.000005	0.000020	0.000069
17				0.000001	0.000005	0.000020
18					0.000001	0.000005
19						0.000001

附表 3　标准正态分布表

$$\Phi(x) = \frac{1}{\sqrt{2\pi}} \int_{-\infty}^{x} e^{-\frac{t^2}{2}} dt \; (x \geq 0)$$

x	0.00	0.01	0.02	0.03	0.04	0.05	0.06	0.07	0.08	0.09	x
0.0	0.5000	0.5040	0.5080	0.5120	0.5160	0.5199	0.5239	0.5279	0.5319	0.5359	0.0
0.1	0.5398	0.5438	0.5478	0.5517	0.5557	0.5596	0.5636	0.5675	0.5714	0.5753	0.1
0.2	0.5793	0.5832	0.5871	0.5910	0.5948	0.5987	0.6026	0.6064	0.6103	0.6141	0.2
0.3	0.6179	0.6217	0.6255	0.6293	0.6331	0.6368	0.6406	0.6443	0.6480	0.6517	0.3
0.4	0.6554	0.6591	0.6628	0.6664	0.6700	0.6736	0.6772	0.6808	0.6844	0.6879	0.4
0.5	0.6915	0.6950	0.6985	0.7019	0.7054	0.7088	0.7123	0.7157	0.7190	0.7224	0.5
0.6	0.7257	0.7291	0.7324	0.7357	0.7389	0.7422	0.7454	0.7486	0.7517	0.7549	0.6
0.7	0.7580	0.7611	0.7642	0.7673	0.7704	0.7734	0.7764	0.7794	0.7823	0.7852	0.7
0.8	0.7881	0.7910	0.7939	0.7967	0.7995	0.8023	0.8051	0.8078	0.8106	0.8133	0.8
0.9	0.8159	0.8186	0.8212	0.8238	0.8264	0.8289	0.8315	0.8340	0.8365	0.8389	0.9
1.0	0.8413	0.8438	0.8461	0.8485	0.8508	0.8531	0.8554	0.8577	0.8599	0.8621	1.0
1.1	0.8643	0.8665	0.8686	0.8708	0.8729	0.8749	0.8770	0.8790	0.8810	0.8830	1.1
1.2	0.8849	0.8869	0.8888	0.8907	0.8925	0.8944	0.8962	0.8980	0.8997	0.90147	1.2
1.3	0.90320	0.90490	0.90658	0.90824	0.90988	0.91149	0.91309	0.91466	0.91621	0.91774	1.3
1.4	0.91924	0.92073	0.92220	0.92364	0.92507	0.92647	0.92785	0.92922	0.93056	0.93189	1.4
1.5	0.93319	0.93448	0.93574	0.93699	0.93822	0.93943	0.94062	0.94179	0.94295	0.94408	1.5
1.6	0.94520	0.94630	0.94738	0.94845	0.94950	0.95053	0.95154	0.95254	0.95352	0.95449	1.6
1.7	0.95543	0.95637	0.95728	0.95818	0.95907	0.95994	0.96080	0.96164	0.96246	0.96327	1.7
1.8	0.96407	0.96485	0.96562	0.96638	0.96712	0.96784	0.96856	0.96926	0.96995	0.97062	1.8
1.9	0.97128	0.97193	0.97257	0.97320	0.97381	0.97441	0.97500	0.97558	0.97615	0.97670	1.9

续表

x	0.00	0.01	0.02	0.03	0.04	0.05	0.06	0.07	0.08	0.09	x
2.0	0.97725	0.97778	0.97831	0.97882	0.97932	0.97982	0.98030	0.98077	0.98124	0.98169	2.0
2.1	0.98214	0.98257	0.98300	0.98341	0.98382	0.98422	0.98461	0.98500	0.98537	0.98574	2.1
2.2	0.98610	0.98645	0.98679	0.98713	0.98745	0.98778	0.98809	0.98840	0.98870	0.98899	2.2
2.3	0.98928	0.98956	0.98983	0.99010	0.99036	0.99061	0.99086	0.99111	0.99134	0.99158	2.3
2.4	0.99180	0.99202	0.99224	0.99245	0.99266	0.99286	0.99305	0.99324	0.99343	0.99361	2.4
2.5	0.99379	0.99396	0.99413	0.99430	0.99446	0.99461	0.99477	0.99492	0.99506	0.99520	2.5
2.6	0.99534	0.99547	0.99560	0.99573	0.99586	0.99598	0.99609	0.99621	0.99632	0.99643	2.6
2.7	0.99653	0.99664	0.99674	0.99683	0.99693	0.99702	0.99711	0.99720	0.99728	0.99737	2.7
2.8	0.99745	0.99752	0.99760	0.99767	0.99774	0.99781	0.99788	0.99795	0.99801	0.99807	2.8
2.9	0.99813	0.99819	0.99825	0.99831	0.99836	0.99841	0.99845	0.99851	0.99856	0.99861	2.9
3.0	0.99865	0.99869	0.99874	0.99878	0.99882	0.99886	0.99889	0.99893	0.99897	0.99900	3.0
3.1	0.99903	0.99906	0.99910	0.99913	0.99916	0.99918	0.99921	0.99924	0.99926	0.99929	3.1
3.2	0.99931	0.99934	0.99936	0.99938	0.99940	0.99942	0.99944	0.99946	0.99948	0.99950	3.2
3.3	0.99952	0.99953	0.99955	0.99957	0.99958	0.99960	0.99961	0.99962	0.99964	0.99965	3.3
3.4	0.99966	0.99968	0.99969	0.99970	0.99971	0.99972	0.99973	0.99974	0.99975	0.99976	3.4
3.5	0.99977	0.99978	0.99978	0.99979	0.99980	0.99981	0.99981	0.99982	0.99983	0.99983	3.5
3.6	0.99984	0.99985	0.99985	0.99986	0.99986	0.99987	0.99987	0.99988	0.99988	0.99989	3.6
3.7	0.99989	0.99990	0.99990	0.99990	0.99991	0.99991	0.99992	0.99992	0.99992	0.99992	3.7
3.8	0.99993	0.99993	0.99993	0.99994	0.99994	0.99994	0.99994	0.99995	0.99995	0.99995	3.8
3.9	0.99995	0.99995	0.99996	0.99996	0.99996	0.99996	0.99996	0.99996	0.99997	0.99997	3.9
4.0	0.99997	0.99997	0.99997	0.99997	0.99997	0.99997	0.99998	0.99998	0.99998	0.99998	4.0
4.1	0.99998	0.99998	0.99998	0.99998	0.99998	0.99998	0.99998	0.99998	0.99999	0.99999	4.1
4.2	0.99999	0.99999	0.99999	0.99999	0.99999	0.99999	0.99999	0.99999	0.99999	0.99999	4.2
4.3	0.99999	0.99999	0.99999	0.99999	0.99999	0.99999	0.99999	0.99999	0.99999	0.99999	4.3
4.4	0.99999	0.99999	1.00000	1.00000	1.00000	1.00000	1.00000	1.00000	1.00000	1.00000	4.4

附表4 χ^2 分布上侧分位数表

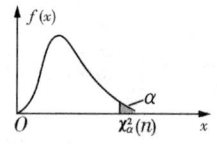

$$P\{\chi^2(n) > \chi^2_\alpha(n)\} = \alpha$$

n \ α	0.995	0.99	0.975	0.95	0.90	0.75	0.50
1	4×10^{-5}	2×10^{-4}	0.001	0.004	0.016	0.102	0.455
2	0.010	0.020	0.051	0.103	0.211	0.575	1.386
3	0.072	0.115	0.216	0.352	0.584	1.213	2.366
4	0.207	0.297	0.484	0.711	1.064	1.923	3.357
5	0.412	0.554	0.831	1.145	1.610	2.675	4.351
6	0.676	0.872	1.237	1.635	2.204	3.455	5.348
7	0.989	1.239	1.690	2.167	2.833	4.255	6.346
8	1.344	1.646	2.180	2.733	3.490	5.071	7.344
9	1.735	2.088	2.700	3.325	4.168	5.899	8.343
10	2.156	2.558	3.247	3.940	4.865	6.737	9.342
11	2.603	3.053	3.816	4.575	5.578	7.584	10.341
12	3.074	3.571	4.404	5.226	6.304	8.438	11.340
13	3.565	4.107	5.009	5.892	7.042	9.299	12.340
14	4.075	4.660	5.629	6.571	7.790	10.165	13.339
15	4.601	5.229	6.262	7.261	8.547	11.037	14.339
16	5.142	5.812	6.908	7.962	9.312	11.912	15.338
17	5.697	6.408	7.564	8.672	10.085	12.792	16.338
18	6.265	7.015	8.231	9.390	10.865	13.675	17.338
19	6.844	7.633	8.907	10.117	11.651	14.562	18.338
20	7.434	8.260	9.591	10.851	12.443	15.452	19.337
21	8.034	8.897	10.283	11.591	13.240	16.344	20.337
22	8.643	9.542	10.982	12.338	14.042	17.240	21.337
23	9.260	10.196	11.689	13.091	14.848	18.137	22.337
24	9.886	10.856	12.401	13.848	15.659	19.037	23.337
25	10.520	11.524	13.120	14.611	16.473	19.939	24.337
26	11.160	12.198	13.844	15.379	17.292	20.843	25.336
27	11.808	12.879	14.573	16.151	18.114	21.749	26.336
28	12.461	13.565	15.308	16.928	18.939	22.657	27.336
29	13.121	14.257	16.047	17.708	19.768	23.567	28.336
30	13.787	14.954	16.791	18.493	20.599	24.478	29.336
31	14.458	15.655	17.539	19.281	21.434	25.390	30.336
32	15.134	16.362	18.291	20.072	22.271	26.304	31.336
33	15.815	17.074	19.047	20.867	23.110	27.219	32.336
34	16.501	17.789	19.806	21.664	23.952	28.136	33.336
35	17.192	18.509	20.569	22.465	24.797	29.054	34.336
36	17.887	19.233	21.336	23.269	25.643	29.973	35.336
37	18.586	19.960	22.106	24.075	26.492	30.893	36.336
38	19.289	20.691	22.878	24.884	27.343	31.815	37.335
39	19.996	21.426	23.654	25.695	28.196	32.737	38.335
40	20.707	22.164	24.433	26.509	29.051	33.660	39.335
41	21.421	22.906	25.215	27.326	29.907	34.585	40.335
42	22.138	23.650	25.999	28.144	30.765	35.510	41.335
43	22.859	24.398	26.785	28.965	31.625	36.436	42.335
44	23.584	25.148	27.575	29.787	32.487	37.363	43.335
45	24.311	25.901	28.366	30.612	33.350	38.291	44.335

续表

α \ n	0.25	0.10	0.05	0.025	0.01	0.005
1	1.323	2.706	3.841	5.024	6.635	7.879
2	2.773	4.605	5.991	7.378	9.210	10.597
3	4.108	6.251	7.815	9.348	11.345	12.838
4	5.385	7.779	9.488	11.143	13.277	14.860
5	6.626	9.236	11.071	12.833	15.086	16.750
6	7.841	10.645	12.592	14.449	16.812	18.548
7	9.037	12.017	14.067	16.013	18.475	20.278
8	10.219	13.362	15.507	17.535	20.090	21.955
9	11.389	14.684	16.919	19.023	21.666	23.589
10	12.549	15.987	18.307	20.483	23.209	25.188
11	13.701	17.275	19.675	21.920	24.725	26.757
12	14.845	18.549	21.026	23.337	26.217	28.300
13	15.984	19.812	22.362	24.736	27.688	29.819
14	17.117	21.064	23.685	26.119	29.141	31.319
15	18.245	22.307	24.996	27.488	30.578	32.801
16	19.369	23.542	26.296	28.845	32.000	34.267
17	20.489	24.769	27.587	30.191	33.409	35.718
18	21.605	25.989	28.869	31.526	34.805	37.156
19	22.718	27.204	30.144	32.852	36.191	38.582
20	23.828	28.412	31.410	34.170	37.566	39.997
21	24.935	29.615	32.671	35.479	38.932	41.401
22	26.039	30.813	33.924	36.781	40.289	42.796
23	27.141	32.007	35.172	38.076	41.638	44.181
24	28.241	33.196	36.415	39.364	42.980	45.559
25	29.339	34.382	37.652	40.646	44.314	46.928
26	30.435	35.563	38.885	41.923	45.642	48.290
27	31.528	36.741	40.113	43.195	46.963	49.645
28	32.620	37.916	41.337	44.461	48.278	50.993
29	33.711	39.087	42.557	45.722	49.588	52.336
30	34.800	40.256	43.773	46.979	50.892	53.672
31	35.887	41.422	44.985	48.232	52.191	55.003
32	36.973	42.585	46.194	49.480	53.486	56.328
33	38.058	43.745	47.400	50.725	54.776	57.648
34	39.141	44.903	48.602	51.966	56.061	58.964
35	40.223	46.059	49.802	53.203	57.342	60.275
36	41.304	47.212	50.998	54.437	58.619	61.581
37	42.383	48.363	52.192	55.668	59.893	62.883
38	43.462	49.513	53.384	56.896	61.162	64.181
39	44.539	50.660	54.572	58.120	62.428	65.476
40	45.616	51.805	55.758	59.342	63.691	66.766
41	46.692	52.949	56.942	60.561	64.950	68.053
42	47.766	54.090	58.124	61.777	66.206	69.336
43	48.840	55.230	59.304	62.990	67.459	70.616
44	49.913	56.369	60.481	64.201	68.710	71.893
45	50.985	57.505	61.656	65.410	69.957	73.166

附表 5 t 分布双侧分位数表

$$P\{t(n) > t_\alpha(n)\} = \frac{\alpha}{2}$$

n \ α	0.9	0.8	0.7	0.6	0.5	0.4
1	0.158	0.325	0.510	0.727	1.000	1.376
2	0.142	0.289	0.445	0.617	0.816	1.061
3	0.137	0.277	0.424	0.584	0.765	0.978
4	0.134	0.271	0.414	0.569	0.741	0.941
5	0.132	0.267	0.408	0.559	0.727	0.920
6	0.131	0.265	0.404	0.553	0.718	0.906
7	0.130	0.263	0.402	0.549	0.711	0.896
8	0.130	0.262	0.399	0.546	0.706	0.889
9	0.129	0.261	0.398	0.543	0.703	0.883
10	0.129	0.260	0.397	0.542	0.700	0.879
11	0.129	0.260	0.396	0.540	0.697	0.876
12	0.128	0.259	0.395	0.539	0.695	0.873
13	0.128	0.259	0.394	0.538	0.694	0.870
14	0.128	0.258	0.393	0.537	0.692	0.868
15	0.128	0.258	0.393	0.536	0.691	0.866
16	0.128	0.258	0.392	0.535	0.690	0.865
17	0.128	0.257	0.392	0.534	0.689	0.863
18	0.127	0.257	0.392	0.534	0.688	0.862
19	0.127	0.257	0.391	0.533	0.688	0.861
20	0.127	0.257	0.391	0.533	0.687	0.860
21	0.127	0.257	0.391	0.532	0.686	0.859
22	0.127	0.256	0.390	0.532	0.686	0.858
23	0.127	0.256	0.390	0.532	0.685	0.858
24	0.127	0.256	0.390	0.531	0.685	0.857
25	0.127	0.256	0.390	0.531	0.684	0.856
26	0.127	0.256	0.390	0.531	0.684	0.856
27	0.127	0.256	0.389	0.531	0.684	0.855
28	0.127	0.256	0.389	0.530	0.683	0.855
29	0.127	0.256	0.389	0.530	0.683	0.854
30	0.127	0.256	0.389	0.530	0.683	0.854
40	0.126	0.255	0.388	0.529	0.681	0.851
60	0.126	0.254	0.387	0.527	0.679	0.848
120	0.126	0.254	0.386	0.526	0.677	0.845
∞	0.126	0.253	0.385	0.524	0.674	0.842

续表

α \ n	0.3	0.2	0.1	0.05	0.02	0.01	0.001
1	1.963	3.078	6.314	12.706	31.821	63.657	636.619
2	1.386	1.886	2.920	4.303	6.965	9.925	31.599
3	1.250	1.638	2.353	3.182	4.541	5.841	12.924
4	1.190	1.533	2.132	2.776	3.747	4.604	8.610
5	1.156	1.476	2.015	2.571	3.365	4.032	6.869
6	1.134	1.440	1.943	2.447	3.143	3.707	5.959
7	1.119	1.415	1.895	2.365	2.998	3.499	5.408
8	1.108	1.397	1.860	2.306	2.896	3.355	5.041
9	1.100	1.383	1.833	2.262	2.821	3.250	4.781
10	1.093	1.372	1.812	2.228	2.764	3.169	4.587
11	1.088	1.363	1.796	2.201	2.718	3.106	4.437
12	1.083	1.356	1.782	2.179	2.681	3.055	4.318
13	1.079	1.350	1.771	2.160	2.650	3.012	4.221
14	1.076	1.345	1.761	2.145	2.624	2.977	4.140
15	1.074	1.341	1.753	2.131	2.602	2.947	4.073
16	1.071	1.337	1.746	2.120	2.583	2.921	4.015
17	1.069	1.333	1.740	2.110	2.567	2.898	3.965
18	1.067	1.330	1.734	2.101	2.552	2.878	3.922
19	1.066	1.328	1.729	2.093	2.539	2.861	3.883
20	1.064	1.325	1.725	2.086	2.528	2.845	3.850
21	1.063	1.323	1.721	2.080	2.518	2.831	3.819
22	1.061	1.321	1.717	2.074	2.508	2.819	3.792
23	1.060	1.319	1.714	2.069	2.500	2.807	3.768
24	1.059	1.318	1.711	2.064	2.492	2.797	3.745
25	1.058	1.316	1.708	2.060	2.485	2.787	3.725
26	1.058	1.315	1.706	2.056	2.479	2.779	3.707
27	1.057	1.314	1.703	2.052	2.473	2.771	3.690
28	1.056	1.313	1.701	2.048	2.467	2.763	3.674
29	1.055	1.311	1.699	2.045	2.462	2.756	3.659
30	1.055	1.310	1.697	2.042	2.457	2.750	3.646
40	1.050	1.303	1.684	2.021	2.423	2.704	3.551
60	1.046	1.296	1.671	2.000	2.390	2.660	3.460
120	1.041	1.289	1.658	1.980	2.358	2.617	3.373
∞	1.036	1.282	1.645	1.960	2.326	2.576	3.291

附表6 F分布上侧分位数表

$$P\{F(n_1, n_2) > F_\alpha(n_1, n_2)\} = \alpha$$

$\alpha = 0.10$

n_2 \ n_1	1	2	3	4	5	6	7	8	9	10	12	15	20	24	30	40	60	120	∞
1	39.86	49.50	53.59	55.83	57.24	58.20	58.91	59.44	59.86	60.19	60.71	61.22	61.74	62.00	62.26	62.53	62.79	63.06	63.33
2	8.53	9.00	9.16	9.24	9.29	9.33	9.35	9.37	9.38	9.39	9.41	9.42	9.44	9.45	9.46	9.47	9.47	9.48	9.49
3	5.54	5.46	5.39	5.34	5.31	5.28	5.27	5.25	5.24	5.23	5.22	5.20	5.18	5.18	5.17	5.16	5.15	5.14	5.13
4	4.54	4.32	4.19	4.11	4.05	4.01	3.98	3.95	3.94	3.92	3.90	3.87	3.84	3.83	3.82	3.80	3.79	3.78	3.76
5	4.06	3.78	3.62	3.52	3.45	3.40	3.37	3.34	3.32	3.30	3.27	3.24	3.21	3.19	3.17	3.16	3.14	3.12	3.10
6	3.78	3.46	3.29	3.18	3.11	3.05	3.01	2.98	2.96	2.94	2.90	2.87	2.84	2.82	2.80	2.78	2.76	2.74	2.72
7	3.59	3.26	3.07	2.96	2.88	2.83	2.78	2.75	2.72	2.70	2.67	2.63	2.59	2.58	2.56	2.54	2.51	2.49	2.47
8	3.46	3.11	2.92	2.81	2.73	2.67	2.62	2.59	2.56	2.54	2.50	2.46	2.42	2.40	2.38	2.36	2.34	2.32	2.29
9	3.36	3.01	2.81	2.69	2.61	2.55	2.51	2.47	2.44	2.42	2.38	2.34	2.30	2.28	2.25	2.23	2.21	2.18	2.16
10	3.29	2.92	2.73	2.61	2.52	2.46	2.41	2.38	2.35	2.32	2.28	2.24	2.20	2.18	2.16	2.13	2.11	2.08	2.06
11	3.23	2.86	2.66	2.54	2.45	2.39	2.34	2.30	2.27	2.25	2.21	2.17	2.12	2.10	2.08	2.05	2.03	2.00	1.97
12	3.18	2.81	2.61	2.48	2.39	2.33	2.28	2.24	2.21	2.19	2.15	2.10	2.06	2.04	2.01	1.99	1.96	1.93	1.90
13	3.14	2.76	2.56	2.43	2.35	2.28	2.23	2.20	2.16	2.14	2.10	2.05	2.01	1.98	1.96	1.93	1.90	1.88	1.85
14	3.10	2.73	2.52	2.39	2.31	2.24	2.19	2.15	2.12	2.10	2.05	2.01	1.96	1.94	1.91	1.89	1.86	1.83	1.80
15	3.07	2.70	2.49	2.36	2.27	2.21	2.16	2.12	2.09	2.06	2.02	1.97	1.92	1.90	1.87	1.85	1.82	1.79	1.76
16	3.05	2.67	2.46	2.33	2.24	2.18	2.13	2.09	2.06	2.03	1.99	1.94	1.89	1.87	1.84	1.81	1.78	1.75	1.72
17	3.03	2.64	2.44	2.31	2.22	2.15	2.10	2.06	2.03	2.00	1.96	1.91	1.86	1.84	1.81	1.78	1.75	1.72	1.69
18	3.01	2.62	2.42	2.29	2.20	2.13	2.08	2.04	2.00	1.98	1.93	1.89	1.84	1.81	1.78	1.75	1.72	1.69	1.66
19	2.99	2.61	2.40	2.27	2.18	2.11	2.06	2.02	1.98	1.96	1.91	1.86	1.81	1.79	1.76	1.73	1.70	1.67	1.63

续表

$\alpha = 0.10$

n_1 \ n_2	1	2	3	4	5	6	7	8	9	10	12	15	20	24	30	40	60	120	∞
20	2.97	2.59	2.38	2.25	2.16	2.09	2.04	2.00	1.96	1.94	1.89	1.84	1.79	1.77	1.74	1.71	1.68	1.64	1.61
21	2.96	2.57	2.36	2.23	2.14	2.08	2.02	1.98	1.95	1.92	1.87	1.83	1.78	1.75	1.72	1.69	1.66	1.62	1.59
22	2.95	2.56	2.35	2.22	2.13	2.06	2.01	1.97	1.93	1.90	1.86	1.81	1.76	1.73	1.70	1.67	1.64	1.60	1.57
23	2.94	2.55	2.34	2.21	2.11	2.05	1.99	1.95	1.92	1.89	1.84	1.80	1.74	1.72	1.69	1.66	1.62	1.59	1.55
24	2.93	2.54	2.33	2.19	2.10	2.04	1.98	1.94	1.91	1.88	1.83	1.78	1.73	1.70	1.67	1.64	1.61	1.57	1.53
25	2.92	2.53	2.32	2.18	2.09	2.02	1.97	1.93	1.89	1.87	1.82	1.77	1.72	1.69	1.66	1.63	1.59	1.56	1.52
26	2.91	2.52	2.31	2.17	2.08	2.01	1.96	1.92	1.88	1.86	1.81	1.76	1.71	1.68	1.65	1.61	1.58	1.54	1.50
27	2.90	2.51	2.30	2.17	2.07	2.00	1.95	1.91	1.87	1.85	1.80	1.75	1.70	1.67	1.64	1.60	1.57	1.53	1.49
28	2.89	2.50	2.29	2.16	2.06	2.00	1.94	1.90	1.87	1.84	1.79	1.74	1.69	1.66	1.63	1.59	1.56	1.52	1.48
29	2.89	2.50	2.28	2.15	2.06	1.99	1.93	1.89	1.86	1.83	1.78	1.73	1.68	1.65	1.62	1.58	1.55	1.51	1.47
30	2.88	2.49	2.28	2.14	2.05	1.98	1.93	1.88	1.85	1.82	1.77	1.72	1.67	1.64	1.61	1.57	1.54	1.50	1.46
40	2.84	2.44	2.23	2.09	2.00	1.93	1.87	1.83	1.79	1.76	1.71	1.66	1.61	1.57	1.54	1.51	1.47	1.42	1.38
60	2.79	2.39	2.18	2.04	1.95	1.87	1.82	1.77	1.74	1.71	1.66	1.60	1.54	1.51	1.48	1.44	1.40	1.35	1.29
120	2.75	2.35	2.13	1.99	1.90	1.82	1.77	1.72	1.68	1.65	1.60	1.55	1.48	1.45	1.41	1.37	1.32	1.26	1.19
∞	2.71	2.30	2.08	1.94	1.85	1.77	1.72	1.67	1.63	1.60	1.55	1.49	1.42	1.38	1.34	1.30	1.24	1.17	1.00

$\alpha = 0.05$

n_1 \ n_2	1	2	3	4	5	6	7	8	9	10	12	15	20	24	30	40	60	120	∞
1	161.4	199.5	215.7	224.6	230.2	234.0	236.8	238.9	240.5	241.9	243.9	245.9	248.0	249.1	250.1	251.1	252.2	253.3	254.3
2	18.51	19.00	19.16	19.25	19.30	19.33	19.35	19.37	19.38	19.40	19.41	19.43	19.45	19.45	19.46	19.47	19.48	19.49	19.50
3	10.13	9.55	9.28	9.12	9.01	8.94	8.89	8.85	8.81	8.79	8.74	8.70	8.66	8.64	8.62	8.59	8.57	8.55	8.53
4	7.71	6.94	6.59	6.39	6.26	6.16	6.09	6.04	6.00	5.96	5.91	5.86	5.80	5.77	5.75	5.72	5.69	5.66	5.63
5	6.61	5.79	5.41	5.19	5.05	4.95	4.88	4.82	4.77	4.74	4.68	4.62	4.56	4.53	4.50	4.46	4.43	4.40	4.36
6	5.99	5.14	4.76	4.53	4.39	4.28	4.21	4.15	4.10	4.06	4.00	3.94	3.87	3.84	3.81	3.77	3.74	3.70	3.67
7	5.59	4.74	4.35	4.12	3.97	3.87	3.79	3.73	3.68	3.64	3.57	3.51	3.44	3.41	3.38	3.34	3.30	3.27	3.23
8	5.32	4.46	4.07	3.84	3.69	3.58	3.50	3.44	3.39	3.35	3.28	3.22	3.15	3.12	3.08	3.04	3.01	2.97	2.93
9	5.12	4.26	3.86	3.63	3.48	3.37	3.29	3.23	3.18	3.14	3.07	3.01	2.94	2.90	2.86	2.83	2.79	2.75	2.71

续表

$\alpha = 0.05$

n_1 \ n_2	1	2	3	4	5	6	7	8	9	10	12	15	20	24	30	40	60	120	∞
10	4.96	4.10	3.71	3.48	3.33	3.22	3.14	3.07	3.02	2.98	2.91	2.85	2.77	2.74	2.70	2.66	2.62	2.58	2.54
11	4.84	3.98	3.59	3.36	3.20	3.09	3.01	2.95	2.90	2.85	2.79	2.72	2.65	2.61	2.57	2.53	2.49	2.45	2.40
12	4.75	3.89	3.49	3.26	3.11	3.00	2.91	2.85	2.80	2.75	2.69	2.62	2.54	2.51	2.47	2.43	2.38	2.34	2.30
13	4.67	3.81	3.41	3.18	3.03	2.92	2.83	2.77	2.71	2.67	2.60	2.53	2.46	2.42	2.38	2.34	2.30	2.25	2.21
14	4.60	3.74	3.34	3.11	2.96	2.85	2.76	2.70	2.65	2.60	2.53	2.46	2.39	2.35	2.31	2.27	2.22	2.18	2.13
15	4.54	3.68	3.29	3.06	2.90	2.79	2.71	2.64	2.59	2.54	2.48	2.40	2.33	2.29	2.25	2.20	2.16	2.11	2.07
16	4.49	3.63	3.24	3.01	2.85	2.74	2.66	2.59	2.54	2.49	2.42	2.35	2.28	2.24	2.19	2.15	2.11	2.06	2.01
17	4.45	3.59	3.20	2.96	2.81	2.70	2.61	2.55	2.49	2.45	2.38	2.31	2.23	2.19	2.15	2.10	2.06	2.01	1.96
18	4.41	3.55	3.16	2.93	2.77	2.66	2.58	2.51	2.46	2.41	2.34	2.27	2.19	2.15	2.11	2.06	2.02	1.97	1.92
19	4.38	3.52	3.13	2.90	2.74	2.63	2.54	2.48	2.42	2.38	2.31	2.23	2.16	2.11	2.07	2.03	1.98	1.93	1.88
20	4.35	3.49	3.10	2.87	2.71	2.60	2.51	2.45	2.39	2.35	2.28	2.20	2.12	2.08	2.04	1.99	1.95	1.90	1.84
21	4.32	3.47	3.07	2.84	2.68	2.57	2.49	2.42	2.37	2.32	2.25	2.18	2.10	2.05	2.01	1.96	1.92	1.87	1.81
22	4.30	3.44	3.05	2.82	2.66	2.55	2.46	2.40	2.34	2.30	2.23	2.15	2.07	2.03	1.98	1.94	1.89	1.84	1.78
23	4.28	3.42	3.03	2.80	2.64	2.53	2.44	2.37	2.32	2.27	2.20	2.13	2.05	2.01	1.96	1.91	1.86	1.81	1.76
24	4.26	3.40	3.01	2.78	2.62	2.51	2.42	2.36	2.30	2.25	2.18	2.11	2.03	1.98	1.94	1.89	1.84	1.79	1.73
25	4.24	3.39	2.99	2.76	2.60	2.49	2.40	2.34	2.28	2.24	2.16	2.09	2.01	1.96	1.92	1.87	1.82	1.77	1.71
26	4.23	3.37	2.98	2.74	2.59	2.47	2.39	2.32	2.27	2.22	2.15	2.07	1.99	1.95	1.90	1.85	1.80	1.75	1.69
27	4.21	3.35	2.96	2.73	2.57	2.46	2.37	2.31	2.25	2.20	2.13	2.06	1.97	1.93	1.88	1.84	1.79	1.73	1.67
28	4.20	3.34	2.95	2.71	2.56	2.45	2.36	2.29	2.24	2.19	2.12	2.04	1.96	1.91	1.87	1.82	1.77	1.71	1.65
29	4.18	3.33	2.93	2.70	2.55	2.43	2.35	2.28	2.22	2.18	2.10	2.03	1.94	1.90	1.85	1.81	1.75	1.70	1.64
30	4.17	3.32	2.92	2.69	2.53	2.42	2.33	2.27	2.21	2.16	2.09	2.01	1.93	1.89	1.84	1.79	1.74	1.68	1.62
40	4.08	3.23	2.84	2.61	2.45	2.34	2.25	2.18	2.12	2.08	2.00	1.92	1.84	1.79	1.74	1.69	1.64	1.58	1.51
60	4.00	3.15	2.76	2.53	2.37	2.25	2.17	2.10	2.04	1.99	1.92	1.84	1.75	1.70	1.65	1.59	1.53	1.47	1.39
120	3.92	3.07	2.68	2.45	2.29	2.17	2.09	2.02	1.96	1.91	1.83	1.75	1.66	1.61	1.55	1.50	1.43	1.35	1.25
∞	3.84	3.00	2.60	2.37	2.21	2.10	2.01	1.94	1.88	1.83	1.75	1.67	1.57	1.52	1.46	1.39	1.32	1.22	1.00

续表

$\alpha = 0.025$

n_1 \ n_2	1	2	3	4	5	6	7	8	9	10	12	15	20	24	30	40	60	120	∞
1	647.8	799.5	864.2	899.6	921.8	937.1	948.2	956.7	963.3	968.6	976.7	984.9	993.1	997.2	1001	1006	1010	1014	1018
2	38.51	39.00	39.17	39.25	39.30	39.33	39.36	39.37	39.39	39.40	39.41	39.43	39.45	39.46	39.46	39.47	39.48	39.49	39.50
3	17.44	16.04	15.44	15.10	14.88	14.73	14.62	14.54	14.47	14.42	14.34	14.25	14.17	14.12	14.08	14.04	13.99	13.95	13.90
4	12.22	10.65	9.98	9.60	9.36	9.20	9.07	8.98	8.90	8.84	8.75	8.66	8.56	8.51	8.46	8.41	8.36	8.31	8.26
5	10.01	8.43	7.76	7.39	7.15	6.98	6.85	6.76	6.68	6.62	6.52	6.43	6.33	6.28	6.23	6.18	6.12	6.07	6.02
6	8.81	7.26	6.60	6.23	5.99	5.82	5.70	5.60	5.52	5.46	5.37	5.27	5.17	5.12	5.07	5.01	4.96	4.90	4.85
7	8.07	6.54	5.89	5.52	5.29	5.12	4.99	4.90	4.82	4.76	4.67	4.57	4.47	4.42	4.36	4.31	4.25	4.20	4.14
8	7.57	6.06	5.42	5.05	4.82	4.65	4.53	4.43	4.36	4.30	4.20	4.10	4.00	3.95	3.89	3.84	3.78	3.73	3.67
9	7.21	5.71	5.08	4.72	4.48	4.32	4.20	4.10	4.03	3.96	3.87	3.77	3.67	3.61	3.56	3.51	3.45	3.39	3.33
10	6.94	5.46	4.83	4.47	4.24	4.07	3.95	3.85	3.78	3.72	3.62	3.52	3.42	3.37	3.31	3.26	3.20	3.14	3.08
11	6.72	5.26	4.63	4.28	4.04	3.88	3.76	3.66	3.59	3.53	3.43	3.33	3.23	3.17	3.12	3.06	3.00	2.94	2.88
12	6.55	5.10	4.47	4.12	3.89	3.73	3.61	3.51	3.44	3.37	3.28	3.18	3.07	3.02	2.96	2.91	2.85	2.79	2.72
13	6.41	4.97	4.35	4.00	3.77	3.60	3.48	3.39	3.31	3.25	3.15	3.05	2.95	2.89	2.84	2.78	2.72	2.66	2.60
14	6.30	4.86	4.24	3.89	3.66	3.50	3.38	3.29	3.21	3.15	3.05	2.95	2.84	2.79	2.73	2.67	2.61	2.55	2.49
15	6.20	4.77	4.15	3.80	3.58	3.41	3.29	3.20	3.12	3.06	2.96	2.86	2.76	2.70	2.64	2.59	2.52	2.46	2.40
16	6.12	4.69	4.08	3.73	3.50	3.34	3.22	3.12	3.05	2.99	2.89	2.79	2.68	2.63	2.57	2.51	2.45	2.38	2.32
17	6.04	4.62	4.01	3.66	3.44	3.28	3.16	3.06	2.98	2.92	2.82	2.72	2.62	2.56	2.50	2.44	2.38	2.32	2.25
18	5.98	4.56	3.95	3.61	3.38	3.22	3.10	3.01	2.93	2.87	2.77	2.67	2.56	2.50	2.44	2.38	2.32	2.26	2.19
19	5.92	4.51	3.90	3.56	3.33	3.17	3.05	2.96	2.88	2.82	2.72	2.62	2.51	2.45	2.39	2.33	2.27	2.20	2.13
20	5.87	4.46	3.86	3.51	3.29	3.13	3.01	2.91	2.84	2.77	2.68	2.57	2.46	2.41	2.35	2.29	2.22	2.16	2.09
21	5.83	4.42	3.82	3.48	3.25	3.09	2.97	2.87	2.80	2.73	2.64	2.53	2.42	2.37	2.31	2.25	2.18	2.11	2.04
22	5.79	4.38	3.78	3.44	3.22	3.05	2.93	2.84	2.76	2.70	2.60	2.50	2.39	2.33	2.27	2.21	2.14	2.08	2.00
23	5.75	4.35	3.75	3.41	3.18	3.02	2.90	2.81	2.73	2.67	2.57	2.47	2.36	2.30	2.24	2.18	2.11	2.04	1.97
24	5.72	4.32	3.72	3.38	3.15	2.99	2.87	2.78	2.70	2.64	2.54	2.44	2.33	2.27	2.21	2.15	2.08	2.01	1.94

续表

$\alpha = 0.025$

n_1 \ n_2	1	2	3	4	5	6	7	8	9	10	12	15	20	24	30	40	60	120	∞
25	5.69	4.29	3.69	3.35	3.13	2.97	2.85	2.75	2.68	2.61	2.51	2.41	2.30	2.24	2.18	2.12	2.05	1.98	1.91
26	5.66	4.27	3.67	3.33	3.10	2.94	2.82	2.73	2.65	2.59	2.49	2.39	2.28	2.22	2.16	2.09	2.03	1.95	1.88
27	5.63	4.24	3.65	3.31	3.08	2.92	2.80	2.71	2.63	2.57	2.47	2.36	2.25	2.19	2.13	2.07	2.00	1.93	1.85
28	5.61	4.22	3.63	3.29	3.06	2.90	2.78	2.69	2.61	2.55	2.45	2.34	2.23	2.17	2.11	2.05	1.98	1.91	1.83
29	5.59	4.20	3.61	3.27	3.04	2.88	2.76	2.67	2.59	2.53	2.43	2.32	2.21	2.15	2.09	2.03	1.96	1.89	1.81
30	5.57	4.18	3.59	3.25	3.03	2.87	2.75	2.65	2.57	2.51	2.41	2.31	2.20	2.14	2.07	2.01	1.94	1.87	1.79
40	5.42	4.05	3.46	3.13	2.90	2.74	2.62	2.53	2.45	2.39	2.29	2.18	2.07	2.01	1.94	1.88	1.80	1.72	1.64
60	5.29	3.93	3.34	3.01	2.79	2.63	2.51	2.41	2.33	2.27	2.17	2.06	1.94	1.88	1.82	1.74	1.67	1.58	1.48
120	5.15	3.80	3.23	2.89	2.67	2.52	2.39	2.30	2.22	2.16	2.05	1.94	1.82	1.76	1.69	1.61	1.53	1.43	1.31
∞	5.02	3.69	3.12	2.79	2.57	2.41	2.29	2.19	2.11	2.05	1.94	1.83	1.71	1.64	1.57	1.48	1.39	1.27	1.00

$\alpha = 0.01$

n_1 \ n_2	1	2	3	4	5	6	7	8	9	10	12	15	20	24	30	40	60	120	∞
1	4052	4999.5	5403	5625	5764	5859	5928	5982	6022	6056	6106	6157	6209	6235	6261	6287	6313	6339	6366
2	98.50	99.00	99.17	99.25	99.30	99.33	99.36	99.37	99.39	99.40	99.42	99.43	99.45	99.46	99.47	99.47	99.48	99.49	99.50
3	34.12	30.82	29.46	28.71	28.24	27.91	27.67	27.49	27.35	27.23	27.05	26.87	26.69	26.60	26.50	26.41	26.32	26.22	26.13
4	21.20	18.00	16.69	15.98	15.52	15.21	14.98	14.80	14.66	14.55	14.37	14.20	14.02	13.93	13.84	13.75	13.65	13.56	13.46
5	16.26	13.27	12.06	11.39	10.97	10.67	10.46	10.29	10.16	10.05	9.89	9.72	9.55	9.47	9.38	9.29	9.20	9.11	9.02
6	13.75	10.92	9.78	9.15	8.75	8.47	8.26	8.10	7.98	7.87	7.72	7.56	7.40	7.31	7.23	7.14	7.06	6.97	6.88
7	12.25	9.55	8.45	7.85	7.46	7.19	6.99	6.84	6.72	6.62	6.47	6.31	6.16	6.07	5.99	5.91	5.82	5.74	5.65
8	11.26	8.65	7.59	7.01	6.63	6.37	6.18	6.03	5.91	5.81	5.67	5.52	5.36	5.28	5.20	5.12	5.03	4.95	4.86
9	10.56	8.02	6.99	6.42	6.06	5.80	5.61	5.47	5.35	5.26	5.11	4.96	4.81	4.73	4.65	4.57	4.48	4.40	4.31

续表

$\alpha = 0.01$

n_1 \ n_2	1	2	3	4	5	6	7	8	9	10	12	15	20	24	30	40	60	120	∞
10	10.04	7.56	6.55	5.99	5.64	5.39	5.20	5.06	4.94	4.85	4.71	4.56	4.41	4.33	4.25	4.17	4.08	4.00	3.91
11	9.65	7.21	6.22	5.67	5.32	5.07	4.89	4.74	4.63	4.54	4.40	4.25	4.10	4.02	3.94	3.86	3.78	3.69	3.60
12	9.33	6.93	5.95	5.41	5.06	4.82	4.64	4.50	4.39	4.30	4.16	4.01	3.86	3.78	3.70	3.62	3.54	3.45	3.36
13	9.07	6.70	5.74	5.21	4.86	4.62	4.44	4.30	4.19	4.10	3.96	3.82	3.66	3.59	3.51	3.43	3.34	3.25	3.17
14	8.86	6.51	5.56	5.04	4.69	4.46	4.28	4.14	4.03	3.94	3.80	3.66	3.51	3.43	3.35	3.27	3.18	3.09	3.00
15	8.68	6.36	5.42	4.89	4.56	4.32	4.14	4.00	3.89	3.80	3.67	3.52	3.37	3.29	3.21	3.13	3.05	2.96	2.87
16	8.53	6.23	5.29	4.77	4.44	4.20	4.03	3.89	3.78	3.69	3.55	3.41	3.26	3.18	3.10	3.02	2.93	2.84	2.75
17	8.40	6.11	5.18	4.67	4.34	4.10	3.93	3.79	3.68	3.59	3.46	3.31	3.16	3.08	3.00	2.92	2.83	2.75	2.65
18	8.29	6.01	5.09	4.58	4.25	4.01	3.84	3.71	3.60	3.51	3.37	3.23	3.08	3.00	2.92	2.84	2.75	2.66	2.57
19	8.18	5.93	5.01	4.50	4.17	3.94	3.77	3.63	3.52	3.43	3.30	3.15	3.00	2.92	2.84	2.76	2.67	2.58	2.49
20	8.10	5.85	4.94	4.43	4.10	3.87	3.70	3.56	3.46	3.37	3.23	3.09	2.94	2.86	2.78	2.69	2.61	2.52	2.42
21	8.02	5.78	4.87	4.37	4.04	3.81	3.64	3.51	3.40	3.31	3.17	3.03	2.88	2.80	2.72	2.64	2.55	2.46	2.36
22	7.95	5.72	4.82	4.31	3.99	3.76	3.59	3.45	3.35	3.26	3.12	2.98	2.83	2.75	2.67	2.58	2.50	2.40	2.31
23	7.88	5.66	4.76	4.26	3.94	3.71	3.54	3.41	3.30	3.21	3.07	2.93	2.78	2.70	2.62	2.54	2.45	2.35	2.26
24	7.82	5.61	4.72	4.22	3.90	3.67	3.50	3.36	3.26	3.17	3.03	2.89	2.74	2.66	2.58	2.49	2.40	2.31	2.21
25	7.77	5.57	4.68	4.18	3.85	3.63	3.46	3.32	3.22	3.13	2.99	2.85	2.70	2.62	2.54	2.45	2.36	2.27	2.17
26	7.72	5.53	4.64	4.14	3.82	3.59	3.42	3.29	3.18	3.09	2.96	2.81	2.66	2.58	2.50	2.42	2.33	2.23	2.13
27	7.68	5.49	4.60	4.11	3.78	3.56	3.39	3.26	3.15	3.06	2.93	2.78	2.63	2.55	2.47	2.38	2.29	2.20	2.10
28	7.64	5.45	4.57	4.07	3.75	3.53	3.36	3.23	3.12	3.03	2.90	2.75	2.60	2.52	2.44	2.35	2.26	2.17	2.06
29	7.60	5.42	4.54	4.04	3.73	3.50	3.33	3.20	3.09	3.00	2.87	2.73	2.57	2.49	2.41	2.33	2.23	2.14	2.03
30	7.56	5.39	4.51	4.02	3.70	3.47	3.30	3.17	3.07	2.98	2.84	2.70	2.55	2.47	2.39	2.30	2.21	2.11	2.01
40	7.31	5.18	4.31	3.83	3.51	3.29	3.12	2.99	2.89	2.80	2.66	2.52	2.37	2.29	2.20	2.11	2.02	1.92	1.80
60	7.08	4.98	4.13	3.65	3.34	3.12	2.95	2.82	2.72	2.63	2.50	2.35	2.20	2.12	2.03	1.94	1.84	1.73	1.60
120	6.85	4.79	3.95	3.48	3.17	2.96	2.79	2.66	2.56	2.47	2.34	2.19	2.03	1.95	1.86	1.76	1.66	1.53	1.38
∞	6.63	4.61	3.78	3.32	3.02	2.80	2.64	2.51	2.41	2.32	2.18	2.04	1.88	1.79	1.70	1.59	1.47	1.32	1.00

续表

$\alpha = 0.005$

n_1 \ n_2	1	2	3	4	5	6	7	8	9	10	12	15	20	24	30	40	60	120	∞
1	16211	20000	21615	22500	23056	23437	23715	23925	24091	24224	24426	24630	24836	24940	25044	25148	25253	25359	25465
2	198.5	199.0	199.2	199.2	199.3	199.3	199.4	199.4	199.4	199.4	199.4	199.4	199.4	199.5	199.5	199.5	199.5	199.5	199.5
3	55.55	49.80	47.47	46.19	45.39	44.84	44.43	44.13	43.88	43.69	43.39	43.08	42.78	42.62	42.47	42.31	42.15	41.99	41.83
4	31.33	26.28	24.26	23.15	22.46	21.97	21.62	21.35	21.14	20.97	20.70	20.44	20.17	20.03	19.89	19.75	19.61	19.47	19.32
5	22.78	18.31	16.53	15.56	14.94	14.51	14.20	13.96	13.77	13.62	13.38	13.15	12.90	12.78	12.66	12.53	12.40	12.27	12.14
6	18.63	14.54	12.92	12.03	11.46	11.07	10.79	10.57	10.39	10.25	10.03	9.81	9.59	9.47	9.36	9.24	9.12	9.00	8.88
7	16.24	12.40	10.88	10.05	9.52	9.16	8.89	8.68	8.51	8.38	8.18	7.97	7.75	7.65	7.53	7.42	7.31	7.19	7.08
8	14.69	11.04	9.60	8.81	8.30	7.95	7.69	7.50	7.34	7.21	7.01	6.81	6.61	6.50	6.40	6.29	6.18	6.06	5.95
9	13.61	10.11	8.72	7.96	7.47	7.13	6.88	6.69	6.54	6.42	6.23	6.03	5.83	5.73	5.62	5.52	5.41	5.30	5.19
10	12.83	9.43	8.08	7.34	6.87	6.54	6.30	6.12	5.97	5.85	5.66	5.47	5.27	5.17	5.07	4.97	4.86	4.75	4.64
11	12.23	8.91	7.60	6.88	6.42	6.10	5.86	5.68	5.54	5.42	5.24	5.05	4.86	4.76	4.65	4.55	4.44	4.34	4.23
12	11.75	8.51	7.23	6.52	6.07	5.76	5.52	5.35	5.20	5.09	4.91	4.72	4.53	4.43	4.33	4.23	4.12	4.01	3.90
13	11.37	8.19	6.93	6.23	5.79	5.48	5.25	5.08	4.94	4.82	4.64	4.46	4.27	4.17	4.07	3.97	3.87	3.76	3.65
14	11.06	7.92	6.68	6.00	5.56	5.26	5.03	4.86	4.72	4.60	4.43	4.25	4.06	3.96	3.86	3.76	3.66	3.55	3.44
15	10.80	7.70	6.48	5.80	5.37	5.07	4.85	4.67	4.54	4.42	4.25	4.07	3.88	3.79	3.69	3.58	3.48	3.37	3.26
16	10.58	7.51	6.30	5.64	5.21	4.91	4.69	4.52	4.38	4.27	4.10	3.92	3.73	3.64	3.54	3.44	3.33	3.22	3.11
17	10.38	7.35	6.16	5.50	5.07	4.78	4.56	4.39	4.25	4.14	3.97	3.79	3.61	3.51	3.41	3.31	3.21	3.10	2.98
18	10.22	7.21	6.03	5.37	4.96	4.66	4.44	4.28	4.14	4.03	3.86	3.68	3.50	3.40	3.30	3.20	3.10	2.99	2.87
19	10.07	7.09	5.92	5.27	4.85	4.56	4.34	4.18	4.04	3.93	3.76	3.59	3.40	3.31	3.21	3.11	3.00	2.89	2.78
20	9.94	6.99	5.82	5.17	4.76	4.47	4.26	4.09	3.96	3.85	3.68	3.50	3.32	3.22	3.12	3.02	2.92	2.81	2.69
21	9.83	6.89	5.73	5.09	4.68	4.39	4.18	4.01	3.88	3.77	3.60	3.43	3.24	3.15	3.05	2.95	2.84	2.73	2.61
22	9.73	6.81	5.65	5.02	4.61	4.32	4.11	3.94	3.81	3.70	3.54	3.36	3.18	3.08	2.98	2.88	2.77	2.66	2.55
23	9.63	6.73	5.58	4.95	4.54	4.26	4.05	3.88	3.75	3.64	3.47	3.30	3.12	3.02	2.92	2.82	2.71	2.60	2.48
24	9.55	6.66	5.52	4.89	4.49	4.20	3.99	3.83	3.69	3.59	3.42	3.25	3.06	2.97	2.87	2.77	2.66	2.55	2.43

续表

$\alpha = 0.005$

n_1 \ n_2	1	2	3	4	5	6	7	8	9	10	12	15	20	24	30	40	60	120	∞
25	9.48	6.60	5.46	4.84	4.43	4.15	3.94	3.78	3.64	3.54	3.37	3.20	3.01	2.92	2.82	2.72	2.61	2.50	2.38
26	9.41	6.54	5.41	4.79	4.38	4.10	3.89	3.73	3.60	3.49	3.33	3.15	2.97	2.87	2.77	2.67	2.56	2.45	2.33
27	9.34	6.49	5.36	4.74	4.34	4.06	3.85	3.69	3.56	3.45	3.28	3.11	2.93	2.83	2.73	2.63	2.52	2.41	2.29
28	9.28	6.44	5.32	4.70	4.30	4.02	3.81	3.65	3.52	3.41	3.25	3.07	2.89	2.79	2.69	2.59	2.48	2.37	2.25
29	9.23	6.40	5.28	4.66	4.26	3.98	3.77	3.61	3.48	3.38	3.21	3.04	2.86	2.76	2.66	2.56	2.45	2.33	2.21
30	9.18	6.35	5.24	4.62	4.23	3.95	3.74	3.58	3.45	3.34	3.18	3.01	2.82	2.73	2.63	2.52	2.42	2.30	2.18
40	8.83	6.07	4.98	4.37	3.99	3.71	3.51	3.35	3.22	3.12	2.95	2.78	2.60	2.50	2.40	2.30	2.18	2.06	1.93
60	8.49	5.79	4.73	4.14	3.76	3.49	3.29	3.13	3.01	2.90	2.74	2.57	2.39	2.29	2.19	2.08	1.96	1.83	1.69
120	8.18	5.54	4.50	3.92	3.55	3.28	3.09	2.93	2.81	2.71	2.54	2.37	2.19	2.09	1.98	1.87	1.75	1.61	1.43
∞	7.88	5.30	4.28	3.72	3.35	3.09	2.90	2.74	2.62	2.52	2.36	2.19	2.00	1.90	1.79	1.67	1.53	1.36	1.00

$\alpha = 0.001$

n_1 \ n_2	1	2	3	4	5	6	7	8	9	10	12	15	20	24	30	40	60	120	∞
1	4053+	5000+	5404+	5625+	5764+	5859+	5929+	5981+	6023+	6056+	6107+	6158+	6209+	6235+	6261+	6287+	6313+	6340+	6366+
2	998.5	999.0	999.2	999.2	999.3	999.3	999.4	999.4	999.4	999.4	999.4	999.4	999.4	999.5	999.5	999.5	999.5	999.5	999.5
3	167.0	148.5	141.1	137.1	134.6	132.8	131.6	130.6	129.9	129.2	128.3	127.4	126.4	125.9	125.4	125.0	124.5	124.0	123.5
4	74.14	61.25	56.18	53.44	51.71	50.53	49.66	49.00	48.47	48.05	47.41	46.76	46.10	45.77	45.43	45.09	44.75	44.40	44.05
5	47.18	37.12	33.20	31.09	29.75	28.84	28.16	27.64	27.24	26.92	26.42	25.91	25.39	25.14	24.87	24.60	24.33	24.06	23.79
6	35.51	27.00	23.70	21.92	20.81	20.03	19.46	19.03	18.69	18.41	17.99	17.56	17.12	16.89	16.67	16.44	16.21	15.99	15.75
7	29.25	21.69	18.77	17.19	16.21	15.52	15.02	14.63	14.33	14.08	13.71	13.32	12.93	12.73	12.53	12.33	12.12	11.91	11.70
8	25.42	18.49	15.83	14.39	13.49	12.86	12.40	12.04	11.77	11.54	11.19	10.84	10.48	10.30	10.11	9.92	9.73	9.53	9.33
9	22.86	16.39	13.90	12.56	11.71	11.13	10.70	10.37	10.11	9.89	9.57	9.24	8.90	8.72	8.55	8.37	8.19	8.00	7.81

注:后带"+"表示要将所列数乘以100.

续表

$\alpha = 0.001$

n_1 \ n_2	1	2	3	4	5	6	7	8	9	10	12	15	20	24	30	40	60	120	∞
10	21.04	14.91	12.55	11.28	10.48	9.92	9.52	9.20	8.96	8.75	8.45	8.13	7.80	7.64	7.47	7.30	7.12	6.94	6.76
11	19.69	13.81	11.56	10.35	9.58	9.05	8.66	8.35	8.12	7.92	7.63	7.32	7.01	6.85	6.68	6.52	6.35	6.17	6.00
12	18.64	12.97	10.80	9.63	8.89	8.38	8.00	7.71	7.48	7.29	7.00	6.71	6.40	6.25	6.09	5.93	5.76	5.59	5.42
13	17.81	12.31	10.21	9.07	8.35	7.86	7.49	7.21	6.98	6.80	6.52	6.23	5.93	5.78	5.63	5.47	5.30	5.14	4.97
14	17.14	11.78	9.73	8.62	7.92	7.43	7.08	6.80	6.58	6.40	6.13	5.85	5.56	5.41	5.25	5.10	4.94	4.77	4.60
15	16.59	11.34	9.34	8.25	7.57	7.09	6.74	6.47	6.26	6.08	5.81	5.54	5.25	5.10	4.95	4.80	4.64	4.47	4.31
16	16.12	10.97	9.00	7.94	7.27	6.81	6.46	6.19	5.98	5.81	5.55	5.27	4.99	4.85	4.70	4.54	4.39	4.23	4.06
17	15.72	10.66	8.73	7.68	7.02	6.56	6.22	5.96	5.75	5.58	5.32	5.05	4.78	4.63	4.48	4.33	4.18	4.02	3.85
18	15.38	10.39	8.49	7.46	6.81	6.35	6.02	5.76	5.56	5.39	5.13	4.87	4.59	4.45	4.30	4.15	4.00	3.84	3.67
19	15.08	10.16	8.28	7.26	6.62	6.18	5.85	5.59	5.39	5.22	4.97	4.70	4.43	4.29	4.14	3.99	3.84	3.68	3.51
20	14.82	9.95	8.10	7.10	6.46	6.02	5.69	5.44	5.24	5.08	4.82	4.56	4.29	4.15	4.00	3.86	3.70	3.54	3.38
21	14.59	9.77	7.94	6.95	6.32	5.88	5.56	5.31	5.11	4.95	4.70	4.44	4.17	4.03	3.88	3.74	3.58	3.42	3.26
22	14.38	9.61	7.80	6.81	6.19	5.76	5.44	5.19	4.99	4.83	4.58	4.33	4.06	3.92	3.78	3.63	3.48	3.32	3.15
23	14.19	9.47	7.67	6.69	6.08	5.65	5.33	5.09	4.89	4.73	4.48	4.23	3.96	3.82	3.68	3.53	3.38	3.22	3.05
24	14.03	9.34	7.55	6.59	5.98	5.55	5.23	4.99	4.80	4.64	4.39	4.14	3.87	3.74	3.59	3.45	3.29	3.14	2.97
25	13.88	9.22	7.45	6.49	5.88	5.46	5.15	4.91	4.71	4.56	4.31	4.06	3.79	3.66	3.52	3.37	3.22	3.06	2.89
26	13.74	9.12	7.36	6.41	5.80	5.38	5.07	4.83	4.64	4.48	4.24	3.99	3.72	3.59	3.44	3.30	3.15	2.99	2.82
27	13.61	9.02	7.27	6.33	5.73	5.31	5.00	4.76	4.57	4.41	4.17	3.92	3.66	3.52	3.38	3.23	3.08	2.92	2.75
28	13.50	8.93	7.19	6.25	5.66	5.24	4.93	4.69	4.50	4.35	4.11	3.86	3.60	3.46	3.32	3.18	3.02	2.86	2.69
29	13.39	8.85	7.12	6.19	5.59	5.18	4.87	4.64	4.45	4.29	4.05	3.80	3.54	3.41	3.27	3.12	2.97	2.81	2.64
30	13.29	8.77	7.05	6.12	5.53	5.12	4.82	4.58	4.39	4.24	4.00	3.75	3.49	3.36	3.22	3.07	2.92	2.76	2.59
40	12.61	8.25	6.60	5.70	5.13	4.73	4.44	4.21	4.02	3.87	3.64	3.40	3.15	3.01	2.87	2.73	2.57	2.41	2.23
60	11.97	7.76	6.17	5.31	4.76	4.37	4.09	3.87	3.69	3.54	3.31	3.08	2.83	2.69	2.55	2.41	2.25	2.08	1.89
120	11.38	7.32	5.79	4.95	4.42	4.04	3.77	3.55	3.38	3.24	3.02	2.78	2.53	2.40	2.26	2.11	1.95	1.76	1.54
∞	10.83	6.91	5.42	4.62	4.10	3.74	3.47	3.27	3.10	2.97	2.74	2.51	2.27	2.13	1.99	1.84	1.66	1.45	1.00

附表7 检验相关系数 $\rho=0$ 的临界值 (r_α) 表

$$P\{|r|>r_\alpha(n)\}=\alpha$$

α \ n	0.10	0.05	0.02	0.01	0.001	α \ n
1	0.98769	0.99692	0.999507	0.999877	0.9999988	1
2	0.90000	0.95000	0.98000	0.99000	0.99900	2
3	0.8054	0.8783	0.93433	0.95873	0.99116	3
4	0.7293	0.8114	0.8822	0.91720	0.97406	4
5	0.6694	0.7545	0.8329	0.8745	0.95074	5
6	0.6215	0.7067	0.7887	0.8343	0.92493	6
7	0.5822	0.6664	0.7498	0.7977	0.8982	7
8	0.5494	0.6319	0.7155	0.7646	0.8721	8
9	0.5214	0.6021	0.6851	0.7348	0.8471	9
10	0.4973	0.5760	0.6581	0.7079	0.8233	10
11	0.4762	0.5529	0.6339	0.6835	0.8010	11
12	0.4575	0.5324	0.6120	0.6614	0.7800	12
13	0.4409	0.5139	0.5923	0.6411	0.7603	13
14	0.4259	0.4973	0.5742	0.6226	0.7420	14
15	0.4124	0.4821	0.5577	0.6055	0.7246	15
16	0.4000	0.4683	0.5425	0.5897	0.7084	16
17	0.3887	0.4555	0.5285	0.5751	0.6932	17
18	0.3783	0.4438	0.5155	0.5614	0.6787	18
19	0.3687	0.4329	0.5034	0.5487	0.6652	19
20	0.3598	0.4227	0.4921	0.5368	0.6524	20
25	0.3233	0.3809	0.4451	0.4869	0.5974	25
30	0.2960	0.3494	0.4093	0.4487	0.5541	30
35	0.2746	0.3246	0.3810	0.4182	0.5189	35
40	0.2573	0.3044	0.3578	0.3932	0.4896	40
45	0.2428	0.2875	0.3384	0.3721	0.4648	45
50	0.2306	0.2732	0.3218	0.3541	0.4433	50
60	0.2108	0.2500	0.2948	0.3248	0.4078	60
70	0.1954	0.2319	0.2737	0.3017	0.3799	70
80	0.1829	0.2172	0.2565	0.2830	0.3568	80
90	0.1726	0.2050	0.2422	0.2673	0.3375	90
100	0.1638	0.1946	0.2301	0.2540	0.3211	100

附表 8 常用的正交表

$L_4(2^3)$

试验号 \ 列号	1	2	3
1	1	1	1
2	1	2	2
3	2	1	2
4	2	2	1

$L_9(3^4)$

试验号 \ 列号	1	2	3	4
1	1	1	1	1
2	1	2	2	2
3	1	3	3	3
4	2	1	2	3
5	2	2	3	1
6	2	3	1	2
7	3	1	3	2
8	3	2	1	3
9	3	3	2	1

$L_8(2^7)$

试验号 \ 列号	1	2	3	4	5	6	7
1	1	1	1	1	1	1	1
2	1	1	1	2	2	2	2
3	1	2	2	1	1	2	2
4	1	2	2	2	2	1	1
5	2	1	2	1	2	1	2
6	2	1	2	2	1	2	1
7	2	2	1	1	2	2	1
8	2	2	1	2	1	1	2

$L_8(2^7)$ 两列间的交互作用

试验号 \ 列号	1	2	3	4	5	6	7
(1)	3	2	5	4	7	6
	(2)	1	6	7	4	5
		(3)	7	6	5	4
			(4)	1	2	3
				(5)	3	2
					(6)	1
						(7)

$L_{16}(4^5)$

试验号 \ 列号	1	2	3	4	5
1	1	1	1	1	1
2	1	2	2	2	2
3	1	3	3	3	3
4	1	4	4	4	4
5	2	1	2	3	4
6	2	2	1	4	3
7	2	3	4	1	2
8	2	4	3	2	1
9	3	1	3	4	2
10	3	2	4	3	1
11	3	3	1	2	4
12	3	4	2	1	3
13	4	1	4	2	3
14	4	2	3	1	4
15	4	3	2	4	1
16	4	4	1	3	2

$L_{16}(4^3 \times 2^6)$

试验号 \ 列号	1	2	3	4	5	6	7	8	9
1	1	1	1	1	1	1	1	1	1
2	1	2	2	1	1	2	2	2	2
3	1	3	3	2	2	1	1	2	2
4	1	4	4	2	2	2	2	1	1
5	2	1	2	2	1	2	1	2	1
6	2	2	1	2	2	1	2	1	1
7	2	3	4	1	1	1	2	2	1
8	2	4	3	1	2	2	1	1	2
9	3	1	3	1	2	2	2	2	1
10	3	2	4	1	2	1	1	1	2
11	3	3	1	2	1	2	1	2	2
12	3	4	2	2	1	1	2	2	1
13	4	1	4	2	1	2	1	2	2
14	4	2	3	1	1	2	2	1	1
15	4	3	2	1	2	1	1	1	1
16	4	4	1	1	2	1	2	2	2

习题参考答案

习 题 1

1. (1) $\Omega = \left\{\dfrac{i}{n} \mid i = 0, 1, \cdots, 100n\right\}$,其中 n 为小班人数.

   (2) $\Omega = \{3, 4, \cdots, 18\}$.

   (3) $\Omega = \{10, 11, 12, \cdots\}$.

   (4) $\Omega = \{00, 100, 0100, 0101, 0110, 1100, 1010, 1011, 0111, 1101, 1110, 1111\}$,其中 1 表示正品,0 表示次品.

   (5) $\Omega = \{(x, y) \mid x^2 + y^2 < 1\}$.

   (6) $\Omega = \{(x, y, z) \mid x > 0, y > 0, z > 0, x + y + z = 1\}$,其中 x, y, z 分别表示第一、二、三段的长度.

2. $\overline{B} = \overline{A_1} \overline{A_2} \overline{A_3}$:表示"三人都未达优";

   $B - C = A_1 \overline{A_2} \cup A_1 \overline{A_3} \cup A_2 \overline{A_3}$:表示"至少有两人达优";

   $\overline{B - C} = \overline{A_1} \overline{A_2} \cup \overline{A_1} \overline{A_3} \cup \overline{A_2} \overline{A_3}$:表示"至少有两人未达优".

3. (1) Ω; (2) A; (3) $\overline{AB}$; (4) Ω.

4. 0.6.

5. (1) 当 $P(A \cup B) = 0.7$ 时,$P(AB)$ 取到最大值 0.6;

   (2) 当 $P(A \cup B) = 1$ 时,$P(AB)$ 取到最小值 0.3.

6. $\dfrac{3}{4}$. 7. $C_{13}^5 C_{13}^3 C_{13}^3 C_{13}^2 / C_{52}^{13}$.

8. (1) $\dfrac{3}{11}$; (2) $\dfrac{19}{55}$; (3) $\dfrac{9}{11}$.

9. (不放回) (1) 0.018; (2) 0.179; (3) 0.625.

   (有放回) (1) 0.095; (2) 0.206; (3) 0.625.

10. $P(A) = 1 - \dfrac{1}{2!} + \dfrac{1}{3!} - \cdots + (-1)^{n-1} \dfrac{1}{n!}$.

11. 0.0106. 12. $\dfrac{1}{1960}$.

13. (1) 0.019; (2) 0.40. 14. 0.619.

15. $\dfrac{1}{6}$. 16. $\dfrac{1}{2} \ln 2 + \dfrac{1}{4}$.

17. 0.8793.

18. 0.128, 0.872, 0.572, 0.428.

19. 略.

20. 0.25.

21. $\frac{4}{3}$ 或 $\frac{5}{3}$.

22. 均为 0.1.

23. 0.087.

24. 0.926.

25. (1) 0.70, 0.30, 0.50, 0.60; (2) 0.53.

26. 0.094.

27. 0.42.

28. 0.50, 0.27, 0.23.

29. $\frac{196}{197}$.

30. (1) 0.4; (2) 0.4856.

31. 0.37.

32. (1) 0.17, 0.54, 0.29; (2) 0.11.

33. (1) 0.175; (2) 0.057.

34. 0.7, 0.75.

35. 略.

36. 0.414, 0.531, 0.883.

37. 0.42, 0.2436, $0.42 \times (0.58)^{m-1}$.

38. 0.16.

39. 0.458.

40. 甲先投中的概率大, 它为 $\frac{4}{7}$.

41. $\frac{\alpha^2}{1-2\alpha\beta}$, $\frac{\beta^2}{1-2\alpha\beta}$.

42. 0.625, 0.375.

43. 0.9898, 11.

44. $\frac{1}{3}$.

45. 0.0123.

习 题 2

1. $\frac{5}{7}$. 2. $F(x) = \begin{cases} 0, & x < -1; \\ \frac{1}{3}, & -1 \leqslant x < 1; \\ \frac{2}{3}, & 1 \leqslant x < 2; \\ 1, & x \geqslant 2. \end{cases}$ $P\left\{\frac{1}{2} < X < \frac{9}{4}\right\} = \frac{2}{3}$.

3. (1) $C = \pm \frac{1}{\sqrt{2}}$; (2) $C = \frac{1}{e^\lambda - 1}$.

4. $C_{M-1}^{m-1} C_{N-M}^{n-m} / C_N^n$.

5. (1) 不放回抽样:

X	0	1	2
P	$\frac{6}{11}$	$\frac{9}{22}$	$\frac{1}{22}$

(2) 有放回抽样:

X	0	1	2
P	$\frac{81}{144}$	$\frac{54}{144}$	$\frac{9}{144}$

6. $P\{Y = k\} = C_{k-1}^{r-1} p^r (1-p)^{k-r}$, $k = r, r+1, \cdots$.

7. (1) $P\{X=k\}=\dfrac{1}{3}\cdot\left(\dfrac{2}{3}\right)^{k-1}$, $k=1,2,\cdots$.

(2)

Y	1	2	3
P	$\dfrac{1}{3}$	$\dfrac{1}{3}$	$\dfrac{1}{3}$

(3) $P\{X<Y\}=\dfrac{8}{27}$, $P\{X>Y\}=\dfrac{38}{81}$.

8. $\dfrac{13}{48}$.

9. $P\{X=k\}=p(1-p)^k$, $k=0,1,2,\cdots$.

10. (1) $P\{Z=k\}=\begin{cases}0.4\times 0.3^{m-1}, & k=2m-1;\\ 0.3^m, & k=2m\end{cases}$ $(m=1,2,3,\cdots)$.

(2) $P\{X=k\}=0.7\times(0.3)^{k-1}$, $k=1,2,3,\cdots$.

(3) $P\{Y=k\}=\begin{cases}0.42\times(0.3)^{k-1}, & k=1,2,3,\cdots;\\ 0.4, & k=0.\end{cases}$

11. $P\{X=k\}=C_4^k(0.2)^k(0.8)^{4-k}$, $k=0,1,2,3,4$.

12. 0.6472.   13. 0.6931.

14. (1) 0.1631; (2) 0.8732.   15. 4, 0.1959, 0.9972.

16. 0.0014.   17. (1) 0.2424; (2) 5.

18. 0.0803.   19. 0.00034.

20. 11 条.   21. (1) 0.002964; (2) 0.0227.

22. 0.014.   23. 0.9595723.

24. 0.92615, 8 和 9.   25. (1) $\dfrac{\pi}{2}$; (2) $\dfrac{1}{2}$.

26. $A=0.5$, $P\{|X|\leqslant 1\}=0.63$.   27. $a=0, b=1$.

28. (1) $c=4$; (2) $a=0.84$; (3) $b=0.997$.   29. $\sqrt[3]{4}$.

30. (1) $a=\dfrac{2}{\pi}$, $F(x)=\dfrac{2}{\pi}\arctan e^x$; (2) $a=\pi$, $F(x)=\begin{cases}0, & x<0;\\ \dfrac{x^2}{\pi^2}, & 0\leqslant x<\pi;\\ 1, & x\geqslant\pi.\end{cases}$

31. (1) $a=1$, $F(x)=\dfrac{1}{2}+\dfrac{1}{\pi}\arctan x$; (2) $\dfrac{1}{2}$.

32. (1) $A=\dfrac{k^3}{2}$.

(2) $F(x)=\begin{cases}1-\dfrac{1}{2}(k^2x^2+2kx+2)\mathrm{e}^{-kx}, & x>0;\\ 0, & x\leqslant 0.\end{cases}$

(3) 0.0803.

33. $f(x)=\begin{cases}(2-x)\mathrm{e}^{-x}, & x>0;\\ 0, & x\leqslant 0.\end{cases}$

34. $A=4$, $P\{0\leqslant X\leqslant 4\}=\dfrac{3}{4}$.

35. (1) $A=1$, $f(x)=\begin{cases}\dfrac{1}{2\sqrt{x}}, & 0<x<1;\\ 0, & \text{其他}.\end{cases}$ (2) $\dfrac{1}{2}$.

36. (1) $A=\dfrac{1}{2}$, $B=\dfrac{1}{\pi}$, $f(x)=\dfrac{1}{\pi(1+x^2)}$; (2) $\dfrac{1}{4}+\dfrac{1}{\pi}\arctan 2$.

37. $P\{X_n=k\}=C_n^k(0.01)^k(0.99)^{n-k}$, $k=0,1,2,\cdots,n$.

38. (1) $\dfrac{8}{27}$; (2) $\dfrac{1}{27}$.

39. (1) $c=1$, $f(x)=\begin{cases}2x, & 0<x<1;\\ 0, & \text{其他}.\end{cases}$ (2) 0.16.

40. $F(x)=\begin{cases}0, & x\leqslant 0;\\ x, & 0<x<1;\\ 1, & x\geqslant 1.\end{cases}$ 41. 0.6.

42. $\mu=4$. 43. $x=u_{\frac{1-a}{2}}$.

44. $P\{Y>t\}=\begin{cases}\mathrm{e}^{-\lambda t}, & t>0;\\ 1, & t\leqslant 0.\end{cases}$ $F(y)=\begin{cases}1-\mathrm{e}^{-\lambda y}, & y>0;\\ 0, & y\leqslant 0.\end{cases}$

45. (1) 0.9975; (2) 0.9301.

46. (1) 1.28; (2) 1.64; (3) 1.96; (4) -1.64.

47. $\mu=5.08$, $\sigma=2$, $P\{X>6\}=0.3228$.

48. 0.87. 49. 79.6.

50. $P\{Y=k\}=\left(\dfrac{1}{3}\right)^{|k|}$, $k=\pm 1,\pm 2,\cdots,\pm n,\cdots$.

51. $f_Y(y)=\begin{cases}\dfrac{2}{\pi\sqrt{1-y^2}}, & 0<y<1;\\ 0, & \text{其他}.\end{cases}$ 52. $f_Y(y)=\begin{cases}\dfrac{1}{\sqrt{y-2}}-1, & 2<y\leqslant 3;\\ 0, & \text{其他}.\end{cases}$

53. $f_Y(y)=\begin{cases}\dfrac{2}{\pi}, & 0<y<\dfrac{\pi}{2};\\ 0, & \text{其他}.\end{cases}$ $f_Z(z)=\begin{cases}\dfrac{2}{\pi(1+z^2)}, & z>0;\\ 0, & z\leqslant 0.\end{cases}$

54. $f_X(x)=\dfrac{1}{\pi(1+x^2)}$. 55. 略. 56. $\sigma_1<\sigma_2$.

习　题　3

1.

X \ Y	2	3
1	$\frac{3}{10}$	$\frac{1}{10}$
2	$\frac{3}{10}$	$\frac{3}{10}$

2.

X \ Y	1	3
0	0	$\frac{1}{8}$
1	$\frac{3}{8}$	0
2	$\frac{3}{8}$	0
3	0	$\frac{1}{8}$

3.

X \ Y	0	1	2
0	0	0	$\frac{1}{35}$
1	0	$\frac{6}{35}$	$\frac{6}{35}$
2	$\frac{3}{35}$	$\frac{12}{35}$	$\frac{3}{35}$
3	$\frac{2}{35}$	$\frac{2}{35}$	0

4. (1) $f(x,y)=\begin{cases} \cos x\cos y, & 0\leqslant x\leqslant\frac{\pi}{2}, 0\leqslant y\leqslant\frac{\pi}{2}; \\ 0, & 其他. \end{cases}$　　(2) 0.259.

5.

U \ V	0	1
0	0.25	0
1	0.25	0.5

6. $A=\frac{4}{\pi^2}$, $F(x,y)=\begin{cases} \frac{4}{\pi^2}\arctan x\arctan y, & x>0, y>0; \\ 0, & 其他. \end{cases}$

7. $f_X(x)=\begin{cases} 2x^2+\frac{2}{3}x, & 0\leqslant x\leqslant 1; \\ 0, & 其他. \end{cases}$　　$f_Y(y)=\begin{cases} \frac{y}{6}+\frac{1}{3}, & 0\leqslant y\leqslant 2; \\ 0, & 其他. \end{cases}$

8. (1) $A = \dfrac{1}{2}$.

(2) $f_X(x) = \begin{cases} \dfrac{1}{2}(\sin x + \cos x), & 0 < x < \dfrac{\pi}{2}; \\ 0, & \text{其他}. \end{cases}$

$f_Y(y) = \begin{cases} \dfrac{1}{2}(\sin y + \cos y), & 0 < y < \dfrac{\pi}{2}; \\ 0, & \text{其他}. \end{cases}$

9. (1) $f_X(x) = \begin{cases} e^{-x}, & x > 0; \\ 0, & x \leqslant 0. \end{cases}$ (2) $P\{X+Y \leqslant 1\} = 1 + e^{-1} - 2e^{-\frac{1}{2}}$.

10. $\dfrac{1}{4}$.

*11. $f(x \mid y) = \begin{cases} \dfrac{6x^2 + 2xy}{2 + y}, & 0 \leqslant x \leqslant 1, \ 0 \leqslant y \leqslant 2; \\ 0, & \text{其他}. \end{cases}$

$f(y \mid x) = \begin{cases} \dfrac{3x + y}{2 + 6x}, & 0 \leqslant x \leqslant 1, \ 0 \leqslant y \leqslant 2; \\ 0, & \text{其他}. \end{cases}$

12. $f_Y(y) = \begin{cases} -\ln(1-y), & 0 < y < 1; \\ 0, & \text{其他}. \end{cases}$

13. $a = 0.4$, $b = 0.1$.

14. (1)

X \ Y	0	1	2
0	$\dfrac{1}{9}$	$\dfrac{2}{9}$	$\dfrac{1}{9}$
1	$\dfrac{2}{9}$	$\dfrac{2}{9}$	0
2	$\dfrac{1}{9}$	0	0

(2)

Y	0	1	2
$P\{Y=y_j \mid X=0\}$	$\dfrac{1}{4}$	$\dfrac{1}{2}$	$\dfrac{1}{4}$

(3)

X	0	1	2
P	$\dfrac{4}{9}$	$\dfrac{4}{9}$	$\dfrac{1}{9}$

Y	0	1	2
P	$\dfrac{4}{9}$	$\dfrac{4}{9}$	$\dfrac{1}{9}$

(4)不独立.

15. (1)

X \ Y	0	1	$P_i.$
-1	0.25	0	0.25
0	0	0.5	0.5
1	0.25	0	0.25
$P._j$	0.5	0.5	1

(2) X 与 Y 不独立.

16. (1) 2.　　(2) $f_X(x)=\begin{cases}2e^{-2x}, & x>0;\\ 0, & x\leqslant 0.\end{cases}$　　$f_Y(y)=\begin{cases}e^{-y}, & y>0;\\ 0, & y\leqslant 0.\end{cases}$

(3) X 与 Y 相互独立.

17. (1) $f_X(x)=\begin{cases}\ln 2\cdot 2^{-x}, & x>0;\\ 0, & x\leqslant 0.\end{cases}$　　$f_Y(y)=\begin{cases}\ln 2\cdot 2^{-y}, & y>0;\\ 0, & y\leqslant 0.\end{cases}$

(2) X 与 Y 相互独立.

18. (1) $f_X(x)=\begin{cases}\dfrac{2}{x^3}, & x>1;\\ 0, & x\leqslant 1.\end{cases}$　　$f_Y(y)=\begin{cases}e^{1-y}, & y>1;\\ 0, & y\leqslant 1.\end{cases}$　X 与 Y 独立.

(2) $f_X(x)=\begin{cases}3x^2, & 0<x<1;\\ 0, & 其他.\end{cases}$　　$f_Y(y)=\begin{cases}\dfrac{3}{4}(1-y^2), & |y|\leqslant 1;\\ 0, & |y|>1.\end{cases}$　X 与 Y 不独立.

19. $\dfrac{1}{9}$.

20. (1) $N(0,2)$.　　(2) $f_Z(z)=\begin{cases}\dfrac{1}{2}z^2, & 0\leqslant z<1;\\ -z^2+3z-\dfrac{3}{2}, & 1\leqslant z<2;\\ \dfrac{1}{2}z^2-3z+\dfrac{9}{2}, & 2\leqslant z<3;\\ 0, & 其他.\end{cases}$

(3) $f_Z(z)=\begin{cases}\dfrac{z+4}{24}, & -4\leqslant z<0;\\ \dfrac{1}{6}, & 0\leqslant z<2;\\ \dfrac{6-z}{24}, & 2\leqslant z<6;\\ 0, & 其他.\end{cases}$　　(4) $f_Z(z)=\begin{cases}e^{-\frac{z}{3}}(1-e^{-\frac{z}{6}}), & z\geqslant 0;\\ 0, & z<0.\end{cases}$

21. $F_1(x)F_2(x)$.

22. (1) $f_Y(y) = \begin{cases} \dfrac{3}{8\sqrt{y}}, & 0 < y < 1; \\ \dfrac{1}{8\sqrt{y}}, & 1 \leqslant y \leqslant 4; \\ 0, & \text{其他}. \end{cases}$ (2) $\dfrac{1}{4}$.

23. (1) $P\{Y=m \mid X=n\} = C_n^m p^m (1-p)^{n-m}$, $0 \leqslant m \leqslant n$, $n = 0, 1, 2, \cdots$;

   (2) $P\{X=n, Y=m\} = C_n^m p^m (1-p)^{n-m} \dfrac{e^{-\lambda}}{n!} \lambda^n$, $0 \leqslant m \leqslant n$, $n = 0, 1, 2, \cdots$.

*24. $f_Z(z) = \begin{cases} 120z\left(\dfrac{1}{12} - \dfrac{4}{35}z + \dfrac{1}{15}z^6 - \dfrac{1}{28}z^8\right), & 0 \leqslant z \leqslant 1; \\ 0, & \text{其他}. \end{cases}$

25. (1) $C = 1$. (2) $f_Z(z) = \begin{cases} e^{-z} + \left(\dfrac{z}{2} - 1\right) e^{-\frac{z}{2}}, & z \geqslant 0; \\ 0, & z < 0. \end{cases}$

   (3) $f(u,v) = \begin{cases} v e^{-u}, & 0 \leqslant v \leqslant u; \\ 0, & \text{其他}. \end{cases}$

*26. (1) $f_Z(z) = \begin{cases} \dfrac{1}{a^2} \ln \dfrac{a^2}{z}, & 0 \leqslant z \leqslant a^2; \\ 0, & \text{其他}. \end{cases}$ (2) $f_U(u) = \begin{cases} \dfrac{1}{2}, & 0 < u < 1; \\ \dfrac{1}{2u^2}, & u \geqslant 1; \\ 0, & \text{其他}. \end{cases}$

*27. 略. *28. 略.

29. $f_Z(z) = \begin{cases} \dfrac{1}{2}, & 0 < z < 1; \\ \dfrac{1}{2z^2}, & z \geqslant 1; \\ 0, & \text{其他}. \end{cases}$ 30. $f_Z(z) = \begin{cases} \dfrac{1}{(1+z)^2}, & z > 0; \\ 0, & \text{其他}. \end{cases}$

*31. $f_Z(z) = \begin{cases} \dfrac{z}{\sigma^2} e^{-\frac{z^2}{2\sigma^2}}, & z > 0; \\ 0, & z \leqslant 0. \end{cases}$ *32. $f_X(x \mid X+Y=z) = \begin{cases} \dfrac{1}{z}, & 0 \leqslant x \leqslant z; \\ 0, & \text{其他}. \end{cases}$

*33. $f_X(x) = \begin{cases} n\left(1-\dfrac{x}{a}\right)^{n-1} \cdot \dfrac{1}{a}, & 0 < x < a; \\ 0, & \text{其他}. \end{cases}$ $f_Y(y) = \begin{cases} n\left(\dfrac{y}{a}\right)^{n-1} \cdot \dfrac{1}{a}, & 0 < y < a; \\ 0, & \text{其他}. \end{cases}$

*34. $f_X(x) = \begin{cases} \dfrac{\lambda^n}{(n-1)!} x^{n-1} e^{-\lambda x}, & x > 0; \\ 0, & x \leqslant 0. \end{cases}$

习 题 4

1. 0.4, 0.1, 0.5.
2. $\frac{3}{5}$, $\frac{6}{5}$.

3. (1) $\frac{3}{2}$;
(2) $\frac{1}{4}$.

4. 0.
5. 5.

6. $e-1$.

7. 3, 156.

8. $k=2$, $E(XY)=\frac{1}{4}$.
9. 4.

10. (1) $\frac{3}{4}$;
(2) $\frac{5}{8}$.

11. (1) $2k^2$; (2) $\frac{\sqrt{\pi}}{2k}$; (3) $\frac{4-\pi}{4k^2}$.

12. 0.3, 0.319.
13. $\frac{1}{e}$.

14. $E(X)=\frac{1}{p}$, $D(X)=\frac{1-p}{p^2}$.

15. -28.
16. 略.

17. 略.
18. $-\frac{1}{36}$, $-\frac{1}{2}$.

19. $-\left(\frac{\pi-4}{4}\right)^2$, $-\frac{\pi^2-8\pi+16}{\pi^2+8\pi-32}$.

20. -1.
21. 略.

22. $F(y)=\begin{cases} 0, & y<0; \\ 1-e^{-\frac{y}{5}}, & 0\leqslant y\leqslant 2; \\ 1, & y>2. \end{cases}$

23. 略.
24. 略.

25. $E(X^2)-[E(X)]^2=E(Y^2)-[E(Y)]^2$.

26. $f_T(t)=\begin{cases} 25te^{-5t}, & t\geqslant 0; \\ 0, & 其他. \end{cases}$ $E(T)=\frac{2}{5}$, $D(T)=\frac{2}{25}$.

27. $1-\frac{2}{\pi}$.
28. $\frac{1}{18}$.

29. (1) $(X,Y)\sim\begin{bmatrix} (-1,-1) & (-1,1) & (1,-1) & (1,1) \\ \frac{1}{4} & 0 & \frac{1}{2} & \frac{1}{4} \end{bmatrix}$; (2) 2.

30. (1) 0, 2; (2) 0, X 与 $|X|$ 不线性相关; (3) X 与 $|X|$ 不相互独立.

31. (1) $\frac{1}{3}$, 3; (2) 0; (3) X 与 Z 相互独立.

32. 0.   33. 略.

34. $\begin{pmatrix} \frac{(b_1-a_1)^2}{12} & 0 \\ 0 & \frac{(b_2-a_2)^2}{12} \end{pmatrix}.$ 35. $\mu = \left(\frac{5}{6}, \frac{5}{8}\right), C = \begin{pmatrix} \frac{5}{252} & \frac{5}{336} \\ \frac{5}{336} & \frac{17}{448} \end{pmatrix}.$

36. $f(x,y) = \frac{1}{32\pi} e^{-\frac{1}{512}(25x^2 - 24xy + 16y^2)}.$ 37. $C = \begin{pmatrix} 4 & 6 \\ 6 & 9 \end{pmatrix}.$

习 题 5

1. 250000.   2. 0.975.   3. 大于 $\frac{8}{9}$.

4. 用切比雪夫不等式估计概率大于 0.95,用拉普拉斯中心极限定理求得概率为 0.99999.

5. $2\Phi\left(\frac{10}{\sqrt{10p(1-p)}}\right) - 1.$

6. 0.9881.   7. 0.0384.   8. 0.022750.
9. (1) 略;   (2) 790.   10. 25.
11. (1) 0;   (2) 0.995, 0.5, 0.005.   12. 0.952.
13. 141.48 kW.   14. 551 个.
15. [-0.086, 0.086].   16. (1) 0.2912;   (2) 1042.4 kW·h.
17. 98 箱.   18. 09544.
19. 0.927.   20. 0.0124, 926<X<1074.

习 题 6

1. $\frac{\sigma^2}{n}.$ 2. (1) $\frac{n-1}{n}$;   (2) $-\frac{1}{n}.$ 3. $2(n-1)\sigma^2.$
4. 0.1336.   5. 35.   6. 0.66.   7. 0.1.
8. (1) 0.985;   (2) 0.94.   9. 0.05.
10. 5.43.   11. 约为 26.105.   12. $\frac{\lambda}{n}$, λ.
13. (1) 21.026;   (2) 28.412;   (3) 2.947;   (4) 2.523;
    (5) -1.725;   (6) 2.48;   (7) 3.67;   (8) 2.57.
14. $F(1, n-1).$ 15. $F(n, 1).$ 16. $\sigma^2.$
17. 0.9213, 0.017.   18. 略.

习 题 7

1. $\hat{a} = \dfrac{1-2\overline{X}}{\overline{X}-1}.$ 2. $\dfrac{1}{\overline{X}} - 1.$

3. 74.002, 0.000006, 0.0000069.

4. (1) $\hat{\beta} = \dfrac{\overline{X}}{\overline{X}-1}$; (2) $\hat{\beta} = \dfrac{n}{\sum_{i=1}^{n} \ln X_i}.$

5. $\hat{p} = \dfrac{1}{\overline{X}}.$ 6. $\hat{\lambda} = \overline{X}.$

7. $\hat{\theta} = \min_{1 \leqslant i \leqslant n}\{X_i\}$, $\hat{\lambda} = \dfrac{1}{n}\sum_{i=1}^{n}(X_i - \hat{\theta}).$

8. $\hat{\theta} = \min\{X_1, X_2, \cdots, X_n\}.$

9. $C = \dfrac{1}{2(n-1)}.$ 10. 略.

11. (1) 略; (2) $D(\hat{\theta}_1) = \dfrac{1}{12n}$, $D(\hat{\theta}_2) = D(\hat{\theta}_3) = \dfrac{n}{(n+2)(n+1)^2}$; (3) 略.

12. $E(S_1^2) = \sigma^2$, $E(S_3^2 - \sigma^2)^2$ 最小.

13. (1) (3266, 3954); (2) (3230, 4000).

14. (1) 2, $\dfrac{52}{9}$; (2) (0.6066, 3.3934); (3) (3.0735, 15.6391).

15. (0.1116, 0.1524). 16. $n \geqslant (2\sigma_0 u_\alpha / l)^2.$

17. (7.70, 17.36). 18. (−146.8, 94.8).

19. (1) (0.803, 17.834); (2) (−2.2268, 0.2740).

*20. 符合设计要求. *21. (0, 28.64), (3.56, +∞).

*22. (0, 219.259), (31.120, +∞).

习 题 8

1. 能. 2. (1) 正常; (2) 正常.
3. 不合格. 4. 符合设计要求.
5. 没有提高. 6. 能够接受.
7. 认为该日铁水的平均含碳量仍为 4.53. 8. 显著偏大.
9. 能认为显著偏大. 10. 没有明显降低.
11. 符合要求. 12. 有显著变化.
13. (1) 相等; (2) 无显著差异.
14. 符合推测,矮个子人的寿命要高于高个子人的寿命.

15. 新工艺的精度比旧工艺显著好.
16. 可以认为新生女婴的体重方差冬季的比夏季的小.
17. 拒绝 H_0.   　　 18. 接受 H_0.
19. 无系统误差.   　　 *20. 无显著差异.
21. 没有显著降低. 　　 *22. 支持.
*23. 服从泊松分布. 　　 *24. 服从正态分布.
*25. 服从正态分布.

习　题　9

1. 认为机器与机器之间存在显著差异.
2. 认为不同的贮藏方法对含水率的影响没有明显差异.
3. 各班级的平均分数无显著差异.
4. 无显著差异.
5. (1) 认为电池的平均寿命有显著差异;
   (2) $\mu_A - \mu_B$ 的置信度为 0.95 的置信区间为 (6.75, 18.45);
   (3) $\mu_A - \mu_C$ 的置信度为 0.95 的置信区间为 (−7.652, 4.052);
   (4) $\mu_B - \mu_C$ 的置信度为 0.95 的置信区间为 (−20.252, −8.548).
6. 这些百分比的均值有显著差异.
7. 浸泡水的温度对缩水率有显著影响,但不能说有高度显著的影响.
8. 机器之间有显著差异,工人之间无显著差异.
9. 聚合时间对产品纯度有显著影响,聚合温度对产品纯度的影响不显著.
10. 3 名化验员的化验技术之间无显著差异,每日所抽取样本之间有显著差异.
11. 认为两种因素的影响均不显著.
12. 燃料的差异和推进器的差异对火箭射程的影响都不太显著.
13. 认为燃料和推进器对火箭的射程均有显著的影响,而且两种因素的不同对火箭射程的影响十分显著.
14. $F_A = 68.11, F_B = 126.73, F_{A \times B} = 27.80$, 因素 A, B 及其交互作用均有特别显著的影响.
15. 因素 A 对纤维弹性有显著影响,因素 B 对纤维弹性无显著影响,因素 A 和因素 B 的交互作用对纤维弹性有显著影响.
16. 硫化时间、加速剂以及它们的交互作用对硬橡胶的抗牵拉强度的影响不显著.
17. $A_2 B_2 C_3$.
18. $A_1 B_2 C_2 D_2$.

习 题 10

1. $\hat{y}=67.52+0.87x$.

2. 散点图略,线性回归方程为 $\hat{y}=24.6286+0.0589x$.

3. $\hat{\beta}_0=-11.3, \hat{\beta}_1=36.95, \beta_1$ 不为零.

4. (1) $\hat{y}=41.7072+0.3713x$; (2) 认为回归方程显著.
   (3) (63.0432, 71.6106).

5. (1) 散点图略; (2) $\hat{y}=13.9584+12.5503x$;
   (3) 回归效果显著; (4) (11.8232, 13.2774);
   (5) (19.67, 20.80).

6. $\hat{y}=34.75-1.78x_1+9x_2$.

7. $\hat{y}=19.0333+1.0086x-0.020381x^2$.

8. $\hat{y}=1.73e^{-\frac{0.146}{x}}$,预测区间为 (0.529, 0.598).

9. $y=21.00+19.53\ln t$.

参 考 文 献

[1] 盛骤,谢式千,潘承毅.概率论与数理统计.4 版.北京:高等教育出版社,2010.

[2] 盛骤,谢式千,潘承毅.概率论与数理统计习题全解指南.4 版.北京:高等教育出版社,2008.

[3] 吴赣昌.概率论与数理统计:理工类.4 版.北京:中国人民大学出版社,2011.

[4] 杨荣,张静,付瑶.概率论与数理统计习题课教程.2 版.北京:清华大学出版社,2014.

[5] Sheldon Ross.概率论基础教程.赵先民,等译.北京:机械工业出版社,2006.

[6] 威廉·费勒.概率论及其应用:卷 1.胡迪鹤,译.3 版.北京:人民邮电出版社,2013.

[7] 何书元.概率论.北京:北京大学出版社,2006.

[8] 金治明,李永乐.概率论与数理统计.北京:科学出版社,2008.

[9] 罗汉,彭国强.概率论与数理统计.北京:科学出版社,2007.

[10] 茆诗松,程依明,濮晓龙.概率论与数理统计教程.2 版.北京:高等教育出版社,2011.

[11] 王松桂,张忠占,程维虎,高旅端.概率论与数理统计.2 版.北京:科学出版社,2006.